U0024050

核駁霸業？

— 競爭法反壟斷審查鉅型企業跨國併購之範例

吳胤瓛◎著

二〇〇九年刷新序
政治裁奪或准駁？企業襲奪或衡酌？
：金權傾軋之錯綜意趣

學術研究得以綜攝離奇、驚駭、隱澀、森羅萬象之現實。奠基於本研究所鑄構之綱要，延續2006-2009年進行彙編，擬再洗髓此──政權裁奪、企業襲奪──（核、駁霸業）之捭闔歷程。隨著產業兼併後續衍繹不可遏抑，霸圖風騷、謀算詭譎，機括獨運，故其發展脈絡，已被現實與料增羃添賦豐饒底「世界之肉」（*chair du monde*）。

私募股權基金部分：根據統計，2006年全球出現2282個私募基金併購，合計金額為6013億美金。相較於2001年一整年的885筆交易、713億美元總金額，質和量均是倍數激增。

繼黑石集團、高盛集團全資子公司高盛資本合夥公司、私人股本基金*KKR*以及德州太平洋集團以110億美元併購美國骨科醫療設備製造商*Biomet*成為有史來私募股權基金對醫療企業實施的第二大收購後，黑石集團（*Blackstone Group*）於2006年11月20日更以360億美元提出報價併購不動產投資公司「平均公司財產信託（*Equity Office*）」，一舉迅速刷新先前*KKR*，貝恩資本（*Bain Capital*）與美林私募基金以330億美元聯購美國最大醫院連鎖運營商*HCA*的槓桿收購紀錄，締造私募股權基金有史以來規模最為閎巨的收購案。

唯一如億萬富翁伊坎（*Carl Icahn*）在芮克森聯合地產公司（*Reckson Associates Realty (RA)*）接受SL Green Realty（*SLG*）收購提議後競相殺出報價之情況，該投資案群雄鏖戰，後續其餘對沖基金私募資本如澤普世（*Cerberus Capital Management*）、*Barry*

*Sternlicht of Starwood Capital Group*與*Neil Bluhm of Walton Street Capital*皆迭起表態開出凌駕此360億美元空前之天價。

　　澤普世（*Cerberus*）董事長為美前財政部長史諾、前副總統奎爾則擔任資深顧問；2006年5月甫從英國滙豐控股（*HSBC*）主席退休之龐約翰爵士（*Sir John Bond*）則被聘為*KKR*資深顧問；被稱為「私募沙皇」的黑石（*Blackstone*）共同創辦人史瓦茲曼（*Stephen A. Scharzman*）是美國共和黨的幕後金主。黑石集團係世界最大併購基金管理人，主要的成交標的多集中在*TMT*（科技、媒體、電信）產業，於數年間已收購10家上市房地產公司，包括*CarrAmerica*不動產公司、*MeriStar Hospitality*公司等。業績包括2006年成功收購摩托羅拉半導體部門的飛司卡爾（*Freescale*）半導體，金額是176億美元，足以買下三個日月光！

　　2006年11月27日，國際私募基金凱雷集團（即卡萊爾集團，*Carlyle Group*，可動用資金達15兆台幣約4000多億美金；比馬來西亞全國整年貿易進出口額3000億美金更多）即以新台幣每股39元加計可轉換債與員工認股憑證總計耗資57億美金約二千多億臺幣併購封測大廠日月光100%股權，曾創下臺灣歷年宣示最高收購金額。凱雷將全球最大的封測集團日月光集合全球第二大封測廠*Amkor*以及*Freescale*封測部門等合併成為全球超級封測集團，所擁有的產能超過全球40%以上，繼英商渣打銀行併購竹商銀、美商捷普宣布併購綠點後大纛高牙入主臺灣本國企業。經濟部投審會審議通過日月光併購大陸封測廠威宇科技一案，懸宕近三年的封測廠登陸禁令解除。而臺灣利率是全球第二低，僅次於日本。低利率環境，故適合進行私募股權業者最愛的融資併購（*LBO*）。凱雷集團自交易市場中收購，當收購股數逾50%，可召開股東會表決公司下市案，或是一旦收購股數超過75%，則全球最大的封測

集團將從臺灣的公開發行市場中撤除，至於規劃在何市場上市，國家無從置喙管轄，且併購後被併購之國內公司常被國外關係企業堆放債務（*debt push down*）。再者，持有一家公司，未逾20%股權，會計帳上係採成本法而不用權益法，故毋庸先認列被投資公司之虧損。

　　伊坎基金的投資工具手法，一是：買入上市公司的少數股份，並謀求改變公司管理，以發動股東的代理人投票相威脅，其目的是儘快實現大規模的股票回購、資產剝離、更換企業高管（包括CEO），讓公司股票受衝擊，但伊坎合夥人公司卻能實現不菲的收益。簡單的說就是「價值訛詐」。二是透過私募股權交易。策略是收購瀕臨破產或者無人問津的企業，相當長的一段時間（6-7年）保持控股權，然後重組，等企業運營改觀時出售。這是伊坎在不動產、博奕和能源領域的蕭條到繁榮所遵從的策略。收購成本更低，待行業和企業基本面好轉再套現，可說是價值投資的另類極致展現。伊坎為拆分時代華納，曾發起了長達半年的戰爭，最終讓時代華納主動妥協，同意實施公司改革計畫，這是典型的「逼

宮」（正如突襲「雅虎」Yahoo一般）。2006年1月，伊坎收購了摩托羅拉1.4%的股份，並要求在公司董事會裡有一席之地。伊坎開出的條件是摩托羅拉實施120億美元的股票回購以支撐股價，最終這次戰役發動董事會改選代理權爭奪，伊坎不僅獲利五千萬美元結束，竟讓摩托羅拉被拆解成手機及寬頻業務兩家獨立上市公司！

但投資狙擊手如遭遇到國家政權的抵禦呢？韓國第一個以外國投資者為首的敵意收購，韓國中小企業銀行（*Industrial Bank of Korea*），以及*Woori Bank*購買韓國煙草公司*KT&G Corp*股份，其旨乃為應對美國股東權益活動家伊坎（*Carl Icahn*）和對沖基金*Steel Partners II LP*威脅要收購該公司的行為。

2009年3月27日，中國五礦有色金屬（*China Minmetals Nonferrous Metals Co.*）對全球第二大鋅產商*OZ Minerals*的收購提議遭澳大利亞駁回。否決之因在*OZ Minerals*的*Prominent Hill*礦產業務位於南澳洲的伍默拉（*Woomera*）軍事禁區（武器試驗場）。澳洲國庫部長韋恩‧斯萬（*Wayne Swan*）聲明中表示政府出於國家安全考慮限制別國進入敏感地區乃是尋常之舉；不唯如此，澳外交部長史密斯（*Steve Smith*）也宣佈較強硬之立場籲示澳大利亞外商投資審核委員會（*Foreign Investment Review Board*）在裁定中國鋁業公司（*Aluminum Corp. of China*）以195億美元入股力拓（*Rio Tinto Ltd.*）故達持股比例18%的交易，勢將中鋁視為政府控制實體。於2009年2月12日中鋁公司與力拓集團簽署戰略合作協議，通過倫敦證券交易所和澳大利亞證券交易所發布聯合公告，但亦需要獲得力拓集團股東和中國、澳大利亞、加拿大、美國等國監管機構的批准。事實上從企業體權衡上，除了中鋁籌謀已久早先向力拓投資143億美元的初衷本就在阻止力拓（*Rio Tinto*）與競爭者必和必拓（*BHP Billiton*）的合併之外，也能進佔參股的力拓集團的資產，包括：澳

大利亞哈默斯利（*Hamersley*）鐵礦公司、全球最大的韋帕（*Weipa*）鋁土礦、雅文（*Yarwun*）氧化鋁廠及波恩（*Boyne*）電解鋁廠，以產量計全球最大銅礦智利埃斯孔迪達（*Escondida*）銅礦，美國肯納可（*Kennecott*）銅礦，全球可采儲量最大的銅金礦印尼格拉斯伯格（*Grasberg*）銅礦和是拉丁美洲最大的待開發銅礦秘魯拉格朗哈（*LaGranja*）銅礦分別占有15%至50%的股權等。中鋁公司本次交易的財務顧問為野村證券公司、黑石集團、中國國際金融有限公司和摩根大通。黑石集團曾資金籌措困難而導致破產；案例如透過卡拉漢公司投資近25億歐元收購德國北威州有線網55%的營運權，而後卻因為德國反壟斷機構要求追加投資建設寬頻網路，因而使此公司因資金難以籌措而宣告破產。

財閥豪門貴冑部分：除先前闡釋之德國*Rothschild*家族、瑞典*Wallenberg*家族外增添非洲首富兼操縱鑽石於眾多戰亂險境譬諸*Sierra Leone*（聯合國曾通過1306決議案全面禁止獅子山共和國的鑽石出口）、安哥拉、剛果、盧旺達、贊比亞、津巴布韋、納米比亞、布隆迪等國劫掠篡奪礦脈中獨能運籌集全球最大鑽石生產商戴比爾斯（*De Beers*）控股45%股權、全球最大黃金生產商安格魯阿山帝（*AngloGold Ashanti*）控股51.4%股權及世界上最大鉑金生產商英美鉑金（*Anglo Platinum*）控股74.8股權等於一體而壟斷市值高達376億英鎊之英美資源集團（*Anglo American*）之控股股東－奧本海默（*Oppenheimer*）家族。

英美資源集團曾透過收購泰瑪士（*Tarmac*）股份有限公司使其成為英國石材市場最大的生產商和水泥行業第二大公司。通過*Frantschach*等包裝公司的運作收購*Assi Domain*公司業務和俄羅斯瑟克特夫卡爾（*Syktyvkar*）森林企業的控股權以及收購殼牌公司在澳大利亞和委內瑞拉的煤炭股權；隨後收購哥倫比亞最大煤礦*Cerrejon Norte*礦三分之一的股份，更從埃克森美孚（*Exxon Mobil Corp*）企業收購智利大規模的銅礦迪斯普塔達（*Disputada*），從而確保英美資源集團作為世界領先的低成本銅生產企業的地位並收購全球第四大鐵礦商庫博礦業有限公司（*Kumba Resources Limited*）67%股權，裨能實現進入鐵礦行業的戰略。從核、駁霸業之權力面剖析，英美公司（*Anglo-American*）曾因該併購產生之稅收爭議與智利政府扦格。作為海外交易，根據智利資產收入稅收政策，應該免除該交易稅金。但在智利財政部長尼古拉斯·埃薩吉雷（*Nicolas Eyzaguirre*）與智利總統裏卡多·拉戈斯（*Ricardo Lagos*）堅持下，埃克森公司被迫同意將該交易歸屬為國內交易且需為價值13億美元的智利銅礦出售計畫繳納出4000至4500萬美元之稅金。

　　同樣地，奧本海默家族晚近於2006年12月15日方將家族所持英美資源集團33.3%之股份（占英美資源集團1.13%股權）計1700萬股按收盤價計算價值4.24億英鎊售予中國富豪榮智健所掌控之企業*China Vision Resources Ltd*（*CVRL*）。榮氏為中信泰富（*Citic Group Inc.*）集團主席，同一時段斥資19.1億美元併購加拿大石油公司*Nations Energy Co.*在哈薩克斯坦境內之油田資產。完成收購後，中信擁有哈國卡拉贊巴斯（*Karazhanbas*）油田的控制權及作業權，油田可採儲量約三點四億桶，平均日產超過四點五萬桶原油，而此開採合同有效期至二〇二〇年六月。惟在哈薩克總統納

札巴葉夫（*Nursultan Nazarbayev*）和總理馬西莫夫（*Karim Masimov*）主導政府修法下，明訂任何外國公司轉移石油資產，哈薩克政府具有優先否決的權利。此外，*Karazhanbas*油田和*PetroKazakhstan*公司兩項收購案縱然通過，哈薩克國營石油公司*KazMunaiGas*有權取得若干股權。2006年礦業最受人矚目的併購交易包括英瑞合資的礦業公司*Xstrata*收購加拿大鎳銅礦業*Falconbridge*、巴西淡水河谷（*CVRD*）收購加拿大國際鎳礦公司（*Inco*）等。

　全球第三大鋁生產商俄羅斯鋁業集團（*RUSAL*）收購烏拉爾鋁業公司（*SUAL*）及*Glencore International*（嘉能可國際公司）旗下的氧化鋁事業合併重整全球鋁業版圖。*XSTRATA*的40%的股權被*GLENCORE*國際有限掌控。*GLENCORE*國際有限公司則是世界上最大最隱密的大宗商品的交易商之一。*GLENCORE*本身是一家完全由私人控股的公司。美國70歲的流亡金融家*MARK RICH*創辦了*GLENCORE*，克林頓總統在當政的晚期，神秘的赦免了這位流亡金融家的罪案，億萬富翁*Rich*在1983年被指控逃稅、同伊朗進行非法貿易，但他逃到瑞士並定居。

　*Glencore*公司現由一些從前*Rich*先生的手下掌控。*Willy Strothotte*就是其中之一，他既是*Glencore*董事會的董事長也是*XSTRATA*董事會的董事。中央情報局曾認定*Glencore*捲入石油換糧食的醜聞。該弊案發現薩達姆海珊（*Saddam Hussein*）政府利用推翻聯合國制裁的方式及石油換糧食計畫非法獲取超過213億

美元利益的證據，後來聯合國安理會主導，並由前美國聯邦準備主席（*U.S. Federal Reserve*）保羅-沃爾克（*Paul Volcker*）領導調查聯合國石油換糧食弊案，成員包括南非的大法官理查-戈德斯通（*Richard Goldstone*），他曾起訴南斯拉夫的戰爭犯罪。中央情報局CIA公布的報告將*Glencore*列為對伊拉克石油採購量最多的公司之一，並宣稱該公司付了超過320萬美元的佣金給伊拉克政府。

　　資源醫藥民生部分：全球最大的學名藥廠、以色列製藥公司Teva於2008年12月24日完成併購全球第四大學名藥廠美國對手巴爾藥廠（*Barr Pharmaceuticals*）的75億美元（約台幣2475億元）交易案。美國醫藥福利管理企業*Express Scripts*則遞發260億美元敵意收購要約收購規模競爭對手*Caremark*公司，繼輝瑞藥廠（*Pfizer*）收購惠氏（*Wyeth Labs*）後，默克藥廠（*Merck*）也決定併購先靈葆雅（*Schering-Plough*）。美國電話電報（*AT&T*）以860億美元收購南方貝爾（*BellSouth*），創下2006年最大宗併購案。法國阿爾卡特（*Alcatel*）則以116億美元兼併美國朗訊科技（*Lucent Technologies*）成為全球最大電信設備製造商。全球鋼鐵業巨擘印度米塔爾鋼鐵（*Mittal Steel*）繼出資395億美元收購阿塞洛（*Arcelor*），籌組世界最大鋼鐵製造商（歐盟執委會審查併購編號 *Case M4408, TATA /CORUS20, Nov 2006*）後轉向墨西哥暨俄羅斯，提議以14億美元收購墨西哥*Villacero*集團工廠以成立墨西哥最大合金製造廠，並議購俄羅斯馬格尼托哥爾斯克鋼廠鋼鐵廠（*MMK, Magnitogorsk*）過半股權。

　　奠基於以擁有自主鐵礦之原料為核心的市場形勢戰略考量下，俄羅斯首富阿布拉莫維奇擁有的冶金集團耶弗拉茲集團（*Evraz*）控股公司和美國俄勒岡州波特蘭市的*Oregon Steel Mills*達成原則協定，以23億美元的價格收購美國公司95%以上的股

份，完成俄冶金業歷史上最大規模的海外資產併購交易。另俄羅斯諾里爾斯克鎳業公司（*Norilsk Nickel*）收購價格為4億800萬美元現金併購美國*OM Group*的鎳礦資產。2006年12月20日挪威國家石油公司（*Statoil*）宣佈以300億美元的價格，收購挪威海得魯公司（*Norsk Hydro*）石油及天然氣事業，合併後取代荷蘭皇家殼牌（*Royal DutchShell*）成為全球第一大離岸石油生產商；同一日，紐約證券交易所（*NYSE*）股東業批准以143億美元收購歐洲交易所（*Euronext*），成立全球首家跨洲際、且規模最大股票交易所的計畫；奧地利第一儲蓄銀行（*Erste Bank Der Oesterreichischen Sparkassen AG*）則同意收購烏克蘭*Prestige*銀行100%股份。

巴西鋼鐵生產商*Companhia Siderúrgica Nacional*（*CSN*）（*BR-CSNA3*）競購英國最大鋼鐵商-科魯斯集團（*Corus Group Plc*）（*GB-CS*），喊價提高至49億英鎊（96億美元），超越印度塔達集團（*Tata Steel Ltd.*）（*IN-TATA*）。美國麥克莫蘭銅金（*Freeport-McMoRanCopper & Gold*）以259億美元買下美國菲爾普斯道奇（*Phelps Dodge*）的銅鎳業務，合併後將超越*BHP Billiton*，象徵著全球最大的鎳礦企業橫空出世。

在電信業併購方面可以察鑒：2008年6月21日加拿大最高法院核准安大略教師退休基金為首的財團退休基金以五百一十七億美元（約新台幣一點五七兆元）併購電信巨擘加拿大貝爾，以利這椿全球歷年來最大規模的槓桿併購案順利進行。隨著這項判決，最高法院駁回加拿大貝爾的債券持有人指控這項交易對他們造成不公。最高法院在長達一頁的聲明中說：「魁北克上訴法院的裁定已遭駁回，審判法官確認核准這項併購協議。」。

歐洲能源巨擘德國*E.ON*以661億美元提議收購西班牙恩德薩（*Endesa*），2007年1月10日西班牙高級法庭撤銷德國*E.ON*收購恩

德薩的禁令，該交易制鋼於商業法庭所設定的第二層禁令撤銷。西班牙建築及能源公司 *Acciona SA* 亦在背後支持 *Jove* 對恩德薩公司股份的收購。*Acciona* 儼然試圖建立一個純正由西班牙股東組成的控股團體。除了 *E.ON* 公司以外，西班牙巴塞羅納 *Gas Natural SA* 公司也對恩德薩公司發起了收購，雙方之間的爭奪激烈。*E.ON* 的這份文件不僅是這兩家公司爭奪恩德薩公司控股權的反映，也是該收購交易涉案各方向西班牙監管當局所提出之一系列法律訴訟的一部分。E.ON公司指責 *Acciona* 公司和 *Gas Natura* 公司沆瀣一氣，意圖阻礙其以365億歐元現金收購恩德薩公司的交易。如果成功，則該交易將成為有史以來最大的公用事業跨境收購案。按市場佔有率和資產計算，恩德薩公司是西班牙最大的電力公司。*Acciona* 公司持有恩德薩公司21%的股份，是該公司最大的股東。該合併交易或將成為歐洲公共事業企業史上最大跨境併購案例。歐盟委員會發表聲明，認為西班牙當局上月對德國能源巨頭 *E.ON* 公司收購西班牙最大電力公司恩德薩（*Endesa*）設限違反了歐盟有關法律，必須在翌年1月19日前取消，否則將被起訴。歐盟委員會在聲明中說，西班牙當局對歐盟內部企業兼併進行干涉的做法違反了《歐盟兼併法》，其11月3日新修改的對 *E.ON* 的限制措施違反了歐盟法律中關於資本、貨物自由流動的規定。歐盟委員會2006年4月批准了 *E.ON* 對恩德薩的併購，但西班牙政府為此設置了一系列限制措施。在歐盟委員會的壓力下，西班牙政府取消了原先的限制，但在11月3日提出了新的條件，包括併購後恩德薩的企業名稱至少在5年內不得變更，原先使用西班牙煤炭的恩德薩發電廠仍然使用西班牙煤炭等條款。

　　金融財務證券部分：根據湯姆森的併購案排行榜，有史以來最大金額的金融機構併購交易—荷蘭銀行併購案—居首；不過這

項併購案的兩項出價金額資料卻與後來事情的演變結果有出入。湯姆森報告指出，荷蘭銀行同意英國巴克萊銀行出價九百零八億美元併購提案。不過，由英國蘇格蘭皇家銀行、比利時與荷蘭合資的富達銀行和西班牙國際銀行組成的歐洲銀行集團，稍後出價約一千億美元（約新台幣三兆兩千七百億元），後來居上勝過巴克萊的出價。2007年10月10日，荷蘭銀行併購案的金額已創下銀行史上新天價，超越美國旅行家集團一九九八年以七百二十五億美元併購花旗銀行的紀錄。

2006年12月20日紐約證券交易所（NYSE）股東業已批准以143億美元收購歐洲交易所（Euronext），成立全球首家跨洲界、且規模最大股票交易所的計畫。歐洲交易所股東會19日先以98.2%的贊成票通過此案。歐洲證券市場主管機關、荷蘭財政部、美國證券管理委員會（SEC）已核准放行。英國之Office of Fair Trade於月中旬公開表示爰以NYSE-Euronext合併案涉及Euronext之子公司英國的Liffe，設若未來美、法，成功併購，需依英國Enterprise Act 2002下之Merger Provisions申請註冊。甚者，設若此案負面影響市場競爭，OFT將移送此案至英國之Competition Commission審視是否可行。NYSE Euronext市值約200億美元，超過芝加哥商品交易所的156億美元，成為全球市值最高的證券交易市場。

法國金融市場監管機構AMF於2007年4月23日公佈NYSE Euronext通過其間接控股子公司NYSE Euronext（Holding）N.V.對歐洲交易所（Euronext N.V.）全部已發行股票實行的換股計畫的最終結果。NYSE-Euronext是紐約證交所集團公司（NYSE Group Inc.）與歐洲證交所合併形成的首個跨大西洋交易所。在最初階段（2007年2月15日至3月21日）和第二階段（4月2日至4月17日），歐洲交易所股東分別交易了102,897,398股和6,251,579股歐交所股票，占

歐交所96.97%的總股本和97.77%的具投票權股份。第二階段換股計畫的結算和交付工作於4月27日進行。因*NYSE Euronext*截至4月27日通過*NYSEEuronext（Holding）N.V.*所持歐交所的股本將超過95%，按照荷蘭民法法則，其計畫發起對歐交所股票的強制性收購程式，且只能用現金收購。預計該強制收購過程需幾個月才能完成。……

　　延續2006-2009年進行彙編的過程中，有幸同時經歷醫院實務暨法庭經驗和談判歷練，擔當經辦訴訟案件，洵有助於對多重爭點與論據之鑑別、審辨與融會貫通，並在其中藉由辯詰斡旋，基於對人性的尊重兼顧以期調和鼎鼐，澄清爭議、化解衝突。

　　任職公共事務室、法務室暨人力資源室等科室主任期間，曾擔任訴訟代理，相繼獲得：臺中地方法院民事案件93年度醫字第6號判決勝訴（泌尿科）、94年度醫字第15號判決勝訴（骨科）、94年度醫字第8號判決勝訴（神經內科）、95年度醫字第2號判決勝訴（骨科）、95年度醫字第8號判決勝訴（神經外科）、95年度醫字第10號判決勝訴（婦產科）、95年度醫字第14號抗告成功（腎臟科）、95醫字第19號判決勝訴（耳鼻喉科、麻醉科）、96年中醫字第2號判決（醫學影像科）及96年度醫簡上字第1號判決（檢驗科、正子照影）勝訴暨纏訟長達四年多之93年醫字第3號裁判（小兒科）全程獨自承辦終獲勝訴，且達成一審判決確定勝訴定讞；並介入處理醫療糾紛天價賠償經典訴訟案例：93年度醫字第9號案（中繼進入收拾，介入點係提出證據保全及聲請停止審判書狀）；臺灣高等法院臺中分院94年度醫上字第4號判決（參與方為軍團、急診科）勝訴、96年度醫上字第2號判決（泌尿科）二審勝訴定讞；最高法院民事九十五年度台上字第一一九號裁定對造上訴駁回三審勝訴定讞。

訴願方面：承辦不服行政院原民會稽收原住民就業代金近千萬行政處分之訴願案（透過陳述書辯駁暨主張被資遣或退休繼續參加勞保人數策略，業將金額在折衝之間撙節降幅達550萬餘並遞出訴願與數次補充意旨狀以延長審理期閾；另外在承辦不服市府噪音管制連續罰鍰案中，亦罕見地能夠於環保署爭審成功撤銷原處分。攸關眾著作權仲介協會擬聯合調高音樂著作公開播送使用報酬率暨原民會課徵醫界原住民代金之議題，個人所提之對策提案則業列入2008年6月份召開之臺灣醫院協會第19屆第11次理監事聯席會議程付之議決。

　　素仰外交法律耆老之夙昔典範，如海牙國際法院法官王寵惠、鄭天錫、徐謨、顧維鈞、倪征日奥和史久鏞等、東京大審判中之梅汝璈法官、魔鬼代言人泰裔法籍律師*Jacques Vergès*等人格志業，如此境界與意趣，是真正叛逆，偉大奮進，開闊格局！

　　對公共法政議題的學術研究熱忱常年關注，不因身在職場叢脞而或稍減，相反地，職業的經驗對問題的認識或辨析總是相生互成的薰陶。

　　承蒙諸多令人尊崇欽敬的尊長、前輩們的提攜及家人的體恤。感謝中山附醫周明仁董事與其夫人中山信子伉儷之照顧、以及蔡宗博總院長伉儷之關愛。尤其感謝親愛的父親吳文隆先生及母親黃麗琴女士的浩蕩養育之恩。

　　本書謹獻給愛妻思捷及兩個稚兒陌凰、鈤翔。祈願他們以後長大時，也可藉由這本當作小禮物的書，知道爸爸是怎麼樣的人，或是知道當你懷抱理想將可以如何有趣的思考世界與快樂生活著。

吳胤璁　二〇〇九年三月卅一日

致謝辭

——「青陽開動，根荄以遂，膏潤並愛，跂行畢逮。霆聲發榮，壧處頃聽，枯槁復產，迺成厥命。眾庶熙熙，施及夭胎，群生啿啿，惟春之祺。」《漢樂府詩漢郊祀歌》——

感謝在二〇〇〇年十二月曾膺任國際鋼琴大賽決賽評審接待，樂與鋼琴演奏大師如波蘭 *Andrzei Jasinski*、俄羅斯 *Sergi Dorenski*、德國 *Jörg Demus*、法國 *Bernard Ringessen*、美國紐約茱利亞音樂學院教授 *Jacob Lateiner* 等耆老相處。感謝曾經外交部甄選通過補助赴奧地利維也納模擬聯合國會議（*VIMUN*）獎助資格，更感謝英國倫敦內殿法學協會大律師法學院（*The Inns of Court School of Law, Inner Temple*）與法國 *Sophia Antipolis* 科學園區 *THESEUS* 國際管理學院曾相繼自遠洋慷慨函贈年鑑與申請註冊表單。感謝於二〇〇三年元月雪霽歲令翩然蒞臨法國巴黎大學（索邦大學）（*Sorbonne, Panthéon- Assas, Université Pierre et Marie Curie, Denis- Diderot, Vincennes —Saint Denis*）、巴黎商學暨歐洲事務學院（*ESCP-EAP, Ecole Supérieure de Commerce de Paris-Ecole Européenne des Affaires*）與巴黎師範音樂學院（*Ecole normale de musique de Paris-Alfred Cortot*）時諸位教授及職員的劃切協助及覆詢。感謝西班牙馬德里的「國立經濟研究協會」（*NERA*），以及中國國際法學會（*CSIL*）與行政院公平交易委員會不吝惠贈寶貴資料文獻。感謝二〇〇三年三月參與亞洲基金會所舉辦《競爭法規與高科技產業研討會》時美國聯邦交易委員會前法律總顧問 *Debra Valentine* 女士與德國 *Boehmert & Boehmert* 律師事務所 *Heinz Goddar* 博士的肫懇指導。

XV

誠摯感謝二〇〇二年二月及六月能有幸暢遊德、奧、瑞、列支敦士登與義大利，期間相繼參訪春夏衛序層巒疊翠的茵特拉肯（*Interlaken*）、萊茵河流域與黑森林區（*Schwarzwald*），並拜訪慕尼黑大學、海德堡大學、弗萊堡大學、薩爾茲堡大學及茵斯布魯克大學、席耶納（*Siena*）大學與翡冷翠大學等學術黌院。也嘗獨自一人從瑞士琉森（*Luzern*）湖畔搭乘列車、電車悠蕩前往瑞士蘇黎世大學以及愛因斯坦母校蘇黎世聯邦理工大學（*ETH Hönggerberg*），更曾逸興遄飛地遍歷羅馬、梵諦崗、翡冷翠、米蘭、威尼斯、比薩及托斯卡尼豔陽下古樸崇美之*San Gimignano*、*Assisi*、*Lucca*、*Siena*等地。

由衷感謝於二〇〇一年八月起赴北京大學研習並參訪國際關係學院、中國政法大學國際經濟法研究中心、清華大學、中國人民大學與首都經貿大學等校時期，從北大應用經濟學系馬捷教授曾進行對不完全競爭領域的討論，承蒙其惠賜學術論文數篇，並相繼參與知識產權法學講座（北大法學院鄭勝利教授）、商法學講座（北大法學院王小能教授）、企業管理學（北大經濟學院鄭學義教授）、國民經濟學講座（北大光華管理學院張錚教授）、金融財稅法（北大法學院彭冰教授）、產業經濟學講座（北大光華管理學院馬捷教授）、財政金融學（北大經濟學院劉怡教授）的教導，同時要向上海復旦大學國際關係與公共事務學院陳志敏教授慨允為個人赴滬交流撰函推薦，致上真摯謝忱。尤其感激現居美國加州之啟蒙恩師馮啟人教授，常懷大學時代與師颺遊雄渾蒼茫之中國西南內陸山巔水涯（湖南張家界、四川黃龍及九寨溝，暨雲南麗江玉龍大雪山麓與洱海等地）之真情放懷。感懷齡少因叛逆教育制度，得以迥異儕流獨闢希境，潛隱於苗栗獅頭山巖金剛寺、北縣石碇平溪深山道場以及花蓮太魯閣八廓錐麓禪光寺等地修行剋

證，或為生平難逢之殊緣——「靈苗生有地，大悟不存師」《傳燈錄》
——對此出身實長懷感恩。同時誠摯感激現所任職之中山醫學大學
暨附設醫院，任重以醫學法律專業領域戮力勘進，並得以在訴訟
辯詰、爭議斡旋與案牘駁雜之中完成此拙著。深摯感佩周明仁董
事伉儷、林榮一董事、蔡宗博總院長伉儷與林隆堯醫學院長暨眾
多先進、醫師、同仁等閣中而肆之雍容風範暨隆高情誼。

　　本業，攸關醫療藥劑業中之跨國併購個案實不勝繁數，譬諸
二〇〇三～四年間列名法國第一之藥業翹楚安萬特（Aventis）藥
廠被敵意競購殲滅。法德合資之安萬特公司是因應併購狂潮下由
德國赫斯特（Hoechst）醫藥集團和法國羅納普朗克
（Rhone-Poulenc）集團於一九九九年所共同創建，後因法國疑懼
國外鉅型企業勢力如美洲必治妥-施貴寶（BMS, Bristol-Myers
Squibb）與瑞士諾華（Novartis）製藥大廠，甚至將驚動英國瑞典
合資的阿斯特拉捷利康（Astra Zeneca）、GlaxoSmithKline公司（美
英合作）等潛在競爭者湧入，遂以多邊權力結構干擾強矯，最終
法國本國賽諾菲聖德拉堡（Sanofi-synthelabo）藥廠「以小搏大」
兼併購入（參歐盟執委會審查併購案件編號M.3354）。這中間運
籌著：法國市場財政監督局AMF Autorité des Marchés Financiers
核准受理Sanofi對Aventis的購併與釋股持份計畫；法財長梅爾警告
欲以財政金融法L151-3條款對決及暗示政府有權力核駁或以附加
條件的措施抵制歐盟以外國家（Novartis為瑞士藥商，而瑞士非歐
盟會員）；CDC-Ixis等達九家銀行團聯貸賽諾菲‧聖德拉堡集團一
百二十億歐元融資再融資；政府要脅掌握藥品補償政策；賽諾菲‧
聖德拉堡集團股東道達爾石油因收購法國原國有石油公司埃勒夫
-阿基坦（Elf Aquitaine）而間接獲得股份，為防止賽諾菲不保而
被其他公司收購，控股者道達爾和歐萊雅均簽署股票禁售協議；

焦土戰術（*scorched earth policy*）與派克門戰略（*Spaceman defense*）之淪陷；德國資本部分工會運動亦表示對九千名在法蘭克福研發僱員權益保障之聲籲；此項併購交易案件也需要跨洲送審且獲得美國聯邦交易委員會（*Federal Trade Commission*）進行裁量權核批；而更為迫在眉睫的是在全球體系上或法律上的嚴重議題，因從二〇〇三至二〇〇六年全世界將會有高達三百億美元的關鍵專利藥劑期限將屆滿而喪失專利保護，故激盪如此劇烈之市場填補鏖戰…。）—「藍海，就是紅海經過大戰後」—

最後，謹以此纂題獻親友：感謝親人們之奉獻襄贊與策勵支持，特別是父母雙親及岳丈母與胞弟等的奉獻支持，伴以愛妻思捷之相契相惜以及稚兒陌凰底天真活潑，倍添穌洽溫馨。個人也特別要對秀威資訊科技出版團隊的用心盡力，獻上崇高敬禮。

吳胤瓛　謹誌於二〇〇五年十月二十五日

目 錄

第一章　導論 1

　　第一節　研究動機 41

　　第二節　研究問題與目的 57

　　第三節　研究方法 60

　　　一、案例研究法（*Case Study Method*） 60

　　　二、文獻分析法（*Docunment Analyse Method*）........61

　　　三、比較研究法（*Contextual and Comparative Method*）....63

　　　四、政策取向法（*Policy-Orient Method*） 63

　　第四節　分析架構 64

　　第五節　研究範圍與限制 66

　　第六節　文獻探討與預期成果 66

第二章　攸關鉅型企業之跨洲併購佈局暨競爭法反壟斷裁量...81

　　第一節　企業併購分析—併購的經濟面考慮因素 91

　　第二節　企業併購分析：併購的非經濟面考慮因素 103

　　　一、「國家經濟結構發展」的施壓力量 103

　　　二、「全球產業競爭均衡」的施壓力量 111

　　第三節　歐洲國家執行反壟斷法的政治運作職能 146

　　　一、德國 148

　　　二、法國 162

　　第四節　「政治運作」的涵義界定與案例解釋 184

　　　一、歐洲鉅型企業之間 184

　　　二、美國、歐盟鉅型企業之間 186

　　　三、美國、亞洲鉅型企業之間 191

　　　四、歐洲、歐盟、美洲與亞洲鉅型企業之間............195

五、2004～2005年俄羅斯石油霸業競爭與國有控制─
國際司法審查暨跨國商業「能源政治」之範例 208

第六節　全球局勢動盪的競爭效應 228

第三章　**全球金融企業併購的策略運籌與政治運作** 231

第一節　全球資本與金融市場的競爭體系..................... 238

第二節　主要證券期貨外匯市場經紀商的併購 240

第三節　金融市場併購運籌中談判策略的案例探討 244

一、歷史因素 245

二、地理因素 245

三、德國 *Deutscher Börse AG* 與英國 *LSE* 金融企業
併購案例 247

四、新泛歐證券交易所（*Euronext*）併購案例.......... 261

五、納斯達克（*Nasdaq*）全球股票交易網的運籌
佈局 267

第四節　全球金融市場整合態勢中的政治因素............. 269

第四章　**歐盟競爭法體系對跨國企業併購控制的觀點** 283

第一節　處於趨同與抗衡之間的歐盟競爭法體系........ 284

第二節　歐盟執委會對企業併購審查的政治運作職能 . 286

第三節　跨國併購所採的「非競爭」考慮因素與政治
意圖 326

第四節　會員國對企業經濟力的主權讓渡爭議與兼併
壁壘 340

第五章　**競爭法「反壟斷審查」權衡基準在鉅型企業併購
的爭議** 357

第一節　企業體投資策略面臨反壟斷裁量權衡基準的
變數 359

一、外資併購的反壟斷審查制度 359

二、對導致壟斷的外資併購行為的控制制度............360

三、外資併購的反壟斷法適用除外制度.................360

第二節　歐盟對併購審查採「反壟斷審查」權衡基準
　　　　的變異 361

第三節　經濟力分析與市場結構界定為競爭政策淵源...372

第六章　結論 381

參考書目文獻 391

一、中文部分 391

二、外文部分 403

三、重要網址 411

附錄圖表 413

第一章

導 論

在思辯國際政治經濟學的學術脈絡中，主要是從研究國家經濟的管理[1]，到探究政治體制與經濟體制兩者之間的競合與安全關係。[2] 而面對國家、市場兩者間的互動關聯[3]，在演變趨勢上，則進一步可以闡釋為操縱性的政府目標、可付諸實踐的施政工具與彙總的政治經濟方策（Statecraft）等。[4]

相對地，企業基於報酬與風險的考量，為謀取更多利潤，在權衡免於虧損的情況後進而產生企業國際化的動機。跨國併購則為企業常選擇的「市場進入」（enter mode）型態（Wind &

---

[1] 歷史上首次出現「政治經濟學」名詞始於重商學派學者Antoine de Montchrestien, Jean Osmont ed.Traité de l'économie politique, 1616

[2] Ethan B. Kapstein,Governing the Global Economy: International Finance and the State （Cambridge, MA: Harvard University Press, 1994）. ; Ethan B. Kapstein and Raymond Vernon, eds. Searching for Security in a Global Economy , Daedalus（Fall 1991）.Ethan B. Kapstein ,The Political Economy of National Security（New York: McGraw-Hill and Columbia, SC: University of South Carolina Press ,1991）.

[3] Homa Katouzian,Ideology and Method in Economics（London: Macmillan, 1980）, Pp. 178-183；Robert S. Walters and David H. Blake, The Politics of Global Economic Relations, （Englewood Cliffs: Prentice Hall,1992）.

[4] 有關操縱性的政府目標與可付諸實踐的施政工具論述參照Norman Frohlich & Joe Oppenheimer, 1978:1-3,1998,2000; David Allen Baldwin , Economic Statecraft （Princeton University Press,1994）; Gary Hufbauer, Jeffrey J. Schott, & Kimberly Elliott, Economic Sanctions Reconsidered: History and Current Policy （Washington DC: Institute for International Economics, 1990）;Daniel Drezner, The Sanctions Paradox: Economic Statecraft and International Relations （Cambridge University Press,1999）

Perlmutter,1977; RobertKonopaske,Steve Werner,&Kent Neupert, 2002; Keith D.Btouthers,2002）。

國際市場多樣化的文獻中，對於國際商業擴展和外國市場的研究源遠流長，但其討論主要集中於跨國企業之上。[5] 基於此，可以衍伸出的推論（*corollary*）是：在資本世界體系的兩個重要因素（國際資本與國際財經體系）之中，「國家」與「企業」可以採取何種運作，以消弭及因應風險危機的產生？[6] 也因此，對於「超國家」（如歐洲聯盟）在資本世界體系之中，可以採取何種運作？何等**經濟評價、法律對策或政治運作**[7]，能夠消弭及因應風險的產生並創造福祉，本研究則偏重政治力考量與商業法律運作層面，成為本研究所架構的核心議題。

因為進入模式的選擇適當與否，對企業日後的經營績效具有重大影響（*Woodlock, Beamish & Makino,1994；Newman & diCicco,*

---

[5]   Stopford & Wells, Managing the Multinational Enterprise: Organization of the Firm and Ownership of the Subsidiaries（New York: Basic Books.1972）；Daniels, Pitts, & Tretter, 'Strategy and Structure of U.S. Multinationals: An Exploratory Study',Academy of Management Journal, 1984,pp.292-307; Galbraith & Kazanjian, Strategy Implementation. Structure, Systems and Process.（West Publishing Company.New York.1986）;Habib & Victor,'Strategy, structure, and performance of U.S. manufacturing and service MNCs: a comparative analysis.',Strategic Management Journal, 12, pp.589-606.

[6]   參照Janet Lowe著，王蓮芬譯，《商業帝國祕史：二十五家跨國企業控制世界爭霸錄》（The Secret Empire），（台北：時報文化，1994年）。第二章〈跨國企業權勢網〉，頁24。及Pfister,Ulrich and Christian Suter 1987. 'International Financial Relations as part of the World -System'. International Studies Quarterly ,33：3,Pp.239-272.

[7]   參照廖義男，〈從法律上看反托拉斯的對策〉，《公平交易法之理論與立法》，（台北：作者自印，1995年），頁49-61。原載《中國論壇》第206期，第18卷第2期），頁12-18。

1998）。「跨國併購投資」（*Cross-border Merger & Acquisition Investment, MAI*）即為迅速進入新市場、獲取技術及創造綜效的投資選擇（*Kogut,1991；Jaideep Anand & Andrew Delios, 2002*）。因跨國併購不但可強化市場地位（*Baum & Oliver*），同時也藉由拓展技術領域與市場規模來獲得新的競爭優勢（*Hagedoorn, 1993*）。

　　為因應「全球策略」（*Global Strategy*）（*Birkinshaw & Morrison, 1955*），跨國企業在全球佈局（*configuration*）中與不同國家間的協調（*coordination*）（*Porter, 1986:28*）及回應（*Prahalad & Doz, 1987*）遂顯得日益重要。企業間與國家間尋求整合的先決條件是：市場無法在欲整合的各單位中，有效的分配經濟活動。從一九八〇年代歐洲國家的多國籍企業力促歐洲共同體（*European Community, EC*）更進一步地進行經濟整合和成立國際市場的需求可以得知：不完全競爭市場導致國家間的整合（*Dunning,1988；Molle, 1990*）。假設國家與國家堅持本位，則常見的跨國企業策略就會是：當外國政府有效地實施保護政策時，在受有保護的市場，進行投資以代替貿易的「關稅突破」活動（*Tariff Jumping*）（*UNCTC, 1988；DeAnne Julius, 1991*）。

　　但是外資在突破關稅壁壘採取跨國併購型態進入市場時，卻也面臨著：結合後是否形成寡占壟斷的競爭審查，及政府是否准許企業進入該國市場的外資審議機制等相關問題。而此跨國併購或外資核准進入的裁量權限、跨國併購投資審議機制中運作的政治因素，及「全球體系」作為一種國際政治理論的分析層次均是重要的議題。

　　如何在核駁措施中進退維艱的經濟環境，擴張經濟規模與佈局之謀劃，遂顯得複雜難解。在實際個案上，吾人可盯衡聯電與

和艦案，其企業考量主要奠基於受阻滯於臺灣政府對中國投資之
西進政策，企業必須承受多重誘因與趨力求取生存（如《促進產
業升級條例》獎勵措施與《兩岸人民關係條例》透過經濟部投資
審議會「在大陸地區從事投資或技術合作許可辦法」等控管）。聯
電選擇的「市場進入」模式，是待處境轉變或遽變後尚保留日後
併購和艦之可能性以進駐大陸內地市場。而財務運作上，外商獨
資企業和艦於二〇〇一年十一月係以英屬維京群島橡木聯合公司
名稱登記投資，二〇〇三年五月八吋廠量產於中國與新加坡合作
開發之蘇州工業園區。至於兩者之關聯，或可藉由和艦案15%股
權贈予的臨時動議，係由股東會中五名股東聯合提案，已將聯電
與和艦的關係追認在公司章程來判斷。根據聯電的會後記錄，這
五名股東合計擁有聯電約2.59%股權，五位股東名單則分別為股
東戶號碼95335號的曾任聯電美國公司財務長的陳進雙、1569628
號的矽統、1626511號的美商泰鼎、860754號的英屬開曼泰鼎及
65705號的賴俊麟。

　　因為0.13微米的製程是臺灣半導體產業未來數年的主要獲利
來源，在審查實務上，實務上依據行政院核定的「在大陸地區投
資晶圓廠審查及監督作業要點」，赴中國投資八吋晶圓廠製程技術
限於零點二五微米以上。考慮一旦和艦在聯電的非法鼎力相助之
下，短期內可使0.13微米的製程量產，而若台灣又無法使90奈米
的製程在近期進入有效量產並取得國際大量訂單，對臺灣的半導
體產業無疑是致命的戕害。

　　在國家經濟安全與競爭優勢權衡上，因顧及國家利益勢必嚴
格控管，諸如美國的「敵國貿易法」（*Trading with Enemy Act, 1917*）
進行外匯管制與資產凍結。該法規範若某資產是在美國管轄之下
（包括外國銀行在美國結餘或美國銀行在外國的分支機構結

餘），美國政府依與敵國貿易法（*Trading with the Enemy Act*）及國際緊急經濟權力法（*International Emergency Economic Powers Act, IEEPA*）可凍結外國政府和國家之資產及嚴禁商業往來。「與敵國貿易法」曾應用於對古巴、北韓、柬埔寨、越南之貿易；而*IEEPA*亦曾使用於對抗與利比亞、尼加拉瓜、伊朗之經貿行為。一九四〇年十月二日通過的美國公法七〇三號，國會授權總統管制戰時重要軍事物資和技術出口。該法第六節授權總統禁止或削減軍事設備、軍品、零部件或儀器機械、工具、材料及一切製造業所需產品、技術和服務等全部商業性出口。一九五一年頒布《共同防務援助管制法》，該法則禁止美國對任何出口或轉運武器到社會主義國家的第三國給予援助，命令總統對與美簽有《共同防務法》國家的再出口進行監督。實際範例為根據美利堅合眾國法律和憲法賦予總統的權力，其中包括國際緊急經濟權力法（*IEEPA, 50 U.S.C. 1701*等條款），全國緊急狀態令（*50 U.S.C. 1601*等條款），武器出口管制法（*22 U.S.C. 2751*等條款）和美國法典第三篇第三〇一條款，以及經修正的一九九四年十一月十四日第一二九三八號行政令。美國政府曾於二〇〇三年五月九日確定以下中國法人從事擴散活動，根據第一二九三八號行政令第4（b）、4（c）和4（d）項條文對中國北方工業公司（*NORINCO*）該實體及其所屬機構和後繼機構，採取為期兩年制裁禁令。禁止從該公司進口物資，原因是該公司曾從事向伊朗提供導彈技術的擴散活動。（*2003, May 23, Federal Register announcement, Volume 68, Number 100*）。另如「原子能法案」（*Atomic Energy Act, 1954*）、「出口管理法」（*Export Administration Act*）、「經濟間諜法」（*Economic Espionage Act, 1996*）等皆為防範競爭力潰散的對策。起初規範於一九四九年對一九四〇年美國公法七〇三號進行體例修改且正式

制定第一部出口管制法《一九四九年出口管制法》(*Export Control Act of 1949*)。授權總統為了美國的對外政策、國家安全、有助於國內短缺物資供應及抑制通貨膨脹而進行禁運或限制出口。五〇、六〇年代進行再度修改並將「管制」改為「管理」(即*Control* 改制為*Administration*)，成為《一九六九年出口管理法》(*Export Administration Act of 1969*)。

一九七九年、一九八一、一九八五年國會又進行過三次修訂，一九八八年通過《美國出口管理法修正案》。特別是一九八八年通過的《一九八八年綜合貿易法案》中的《美國出口管理法一九八八年修正案》重點提出放寬出口管制的範圍、規模和領域，美國商務部也於此時制訂《出口管理條例》規範這一領域的管理。此後，美國一直沒對這一法律進行修改。一九九四年這一法案到期之後，美國出於國家安全的需要，採取由美國總統授權和國會通過臨時法案的方式，繼續延長這一法律的時效沿襲此法。過去十餘年來，美國國會已超過十多次嘗試設定議程及通過立法來修訂一九七九年出口法，但均告失敗。

隨著蘇聯解體及出口管制協調委員會(*COCOM*)解散，高科技產品貿易由各國自行管制，國際合作相當有限。在瓦塞納協議 (*Wassenaar Arrangement*) 中訂明的多邊指引與*COCOM*相比，效力較弱，而美國的一九七九年出口行政法也被指為不合時宜。一九七九年出口行政法於一九九四年期限屆滿而失效後，美國克林頓總統援引國際緊急經濟權力法(*IEEPA*)對出口進行管制。可是，在二〇〇〇年十月，佛羅里達州法庭裁定，鑒於美國商務部不能援用*IEEPA*來保障出口商牌照的機密資料，而這些資料以往是受一九七九年出口管理法的機密資料條款所保障導致美國政府能否防止感敏資料洩漏成疑，國會遂於二〇〇〇年十月重

新啟動一九七九年出口管理法，將出口管理法有效期追溯到一九九四年，之後眾議院又將一九七九年出口管理法的有效期延展三個月到二〇〇一年八月二十日。在這情況下，布希總統決定縱使二〇〇一年八月期限屆至，之後仍欲繼續援引*IEEPA*，以期貫徹美國先進技術出口管控制度推行無礙。[8]

　　美國參、眾兩院對二〇〇一年出口管理法案（*EAA*）爭辯不休，令這項法案獲得通過的機會十分渺茫。事實上，參議院與眾議院分別通過了自身版本的出口管理法案，但參議院的版本（*S149*）不獲眾議院國際關係委員會及軍事委員會的共和黨議員接受，認為會對美國國家安全不利，而眾議院的版本（*HR2581*），亦遭受布希政府及美國業界反對。實際上，評估此兩種版本法案，皆較以往相當程度地擴展美國國防部（*DOD*）在出口准許過程的關鍵性職權。

　　但其他委員會譬如能源和商務常設委員會以及司法常設委員會則表達支援國內高科技業要求釋放與放寬條例的立場。美國政府行政與立法部門的決策人都認為，國家既需要良好的出口管制，也需促進自由商貿，兩者之間總有若干需要協調之處。有效的出口管制政策不單要有效防範大規模毀滅性武器、導彈及先進

---

[8]　50 U.S.C. § 1702（a）（1）（B）　（the "IEEPA"）. See **United States v. Mechanic**, 809 F.2d 1111, 1112 （5th Cir. 1987）(noting that President may enter an executive order pursuant to special powers granted by the IEEPA to continue operation of the provisions of the EAA of 1979 and all rules and regulations under it）; **United States v. Spawr Optical Research, Inc.**, 685 F.2d 1076, 1082 （9th Cir. 1982）（"It is unmistakable that Congress intended to permit the President to use [the IEEPA's predecessor statute] to employ the same regulatory tools during a national emergency as it had employed under the EAA."）.

常規武器的擴散，也要兼顧促進商業貿易以及與其他國家保持良好政治關係等目標。S149法案送進眾議院後備受批判。

　　二〇〇一年八月一日，美國聯邦眾議院國際關係委員會（*House Committee on International Relations，HCIR*）經過整天的辯論後，對參議院通過的二〇〇一年出口管理法案作出重大修訂，提陳大幅加強國防部在科技出口上的決策權之重要。其後，軍事委員會再加修訂，進一步加強國防部及國務院在決策過程中的重要性。三〇名眾議院軍事委員會的共和黨議員去信當時眾議院發言人哈斯特（*Dennis Hastert*，即眾議院之議長），反對將S149法案提交眾議院投票表決並倡議於二〇〇三年通過一項切合九一一突襲事件後實際情況的新法案。在信中，有關議員指出，該法案將削弱美國國防部在出口許可簽發程式上的職能，同時賦予美國商務部過大的出口管制權力。美國高科技行業認為，眾議院這兩項法案大大收緊美國向俄羅斯、中國及其他國家出售高科技及兩用產品的管制，既削弱美國相對歐洲、日本及其他地區生產商的競爭力，又不能達到加強國家安全的目的。關注國家安全的共和黨議員對進一步放寬出口管制抱懷疑態度，恐怕商務部將商業利益置於國家安全之上。為消除這種疑慮，商務部副部長賈斯特（*Kenneth I.Juster*）則強調，國家安全是出口管制決策中的首要考慮因素，並表示商務部已推出轉運國家出口管制計劃，旨在加強美國與外國政府的合作，更有效地執行美國的出口管制法例。這項計劃並強化政府與私人機構（特別是從事貨物運輸業務的公司）之間的合作，以防範不法活動。

　　HCIR委員討論中抗衡之意見則係表示，不應對二〇〇一年三月參議院金融委員會以十九對一票絕大比數通過的法案作出修訂，因為修訂法案將改變商務部的分類制度，為政府部門帶來阻

滯。此外，六名投票反對修訂S149法案的共和黨眾議員則指出，布希政府的高層官員，當時包括國務卿鮑威爾、國防部長拉姆斯菲爾德、商務部長埃文斯（*Donald L.Evans*）[9]及國家安全顧問賴斯均是堅定支援二〇〇一年出口管理法案。*HCIR*對二〇〇一年出口管理法案作出的修訂，主要由主席亨瑞海迪（*Henry J. Hyde, Chairman*）及首席委員蘭度斯（*Tom Lantos, California, 12th District*）提出。雖然表面上他們聲稱只是作出輕微的修改，並強調無意否決該法案。然而，*HCIR*的行動已令二〇〇一年出口管理法案通過的前景愈顯晦澀難明。布希政府支援參議院銀行委員會通過並決定九月國會復會時交參議院全體會議審議的出口管理法的改革法案。國會休會前，眾議院曾經通過把現行出口管理法再次延期三個月的議案，但參議院卻一直擱置審議這項法案。

布希政府中以及參議院中支援參議院銀行委員會法案人士曾經表示，「寧願讓出口管理法再次暫時過期，而不要再次通過短期延期法案。」對布希政府而言，*S149*法案可令美國達到國家安全及外交政策的目標，不致損害美國公司在全球市場的競爭能力，因此極力表態支持並促請國會儘快完成修訂程式。但是由於參議院不考慮再度延長一九七九年出口行政法案的有效期，因此當該法案期滿後，美國在出口管制方面便會出現法規闕漏情況。府、會間之評價爭執及參、眾兩院間之政策辯詰，促使該議題介入多項考量之詭譎變數。依照國際「瓦聖納協定」（*Wassenaar*

---

[9] 商務部長埃文斯（***Donald L.Evans***）曾是美國湯姆‧布朗石油天然氣公司董事長兼首席執行官。二〇〇〇年美國總統大選時任喬治‧布希總統競選委員會主席，他為布希籌集了一億美元的競選資金。二〇〇〇年十二月二十日被當選總統喬治‧布提名為商務部長。二〇〇一年一月二十日參議院批准了該項任命。二〇〇四年十一月九日辭職。

Arrangement），限制八吋晶圓廠零點二五微米以下製程設備輸往中國。美國進出口銀行曾拒絕貸款給中芯半導體七億六千萬美元添購應用器材（*Applied Materials*）的先進半導體生產設備，而美中情局局長高斯（*Porter Goss*）曾任職國會寇克斯委員會（*Cox Committee*）的成員[10]，這個由加州眾議員克裏斯托弗·考克斯（*Christopher Cox*）所領銜的跨黨小組，曾針對中國竊取美國最先進的熱核武器的設計且國家實驗室疑遭中國滲透的事件，由國會調查籌組眾議院「美中國家安全和軍事/商業關係特設委員會」（*House Select Committee on U.S. > National Security and Military/Commercial Concerns with the People's Republic of China*）。

反觀從二〇〇一年開始，全球半導體業的平均資本支出每年萎縮了30%，但立基於全球半導體發展的前瞻，中國半導體企業的資本支出年增長率卻高達50%。目前中國內地有中芯國際、上海先進、華虹*NEC*、宏力及和艦五個主要的代工廠，光是八吋廠就達七座。全球晶片企業普遍感到不公平的是中國政府為半導體行業提供的優惠政策。其中，首當其衝的是國務院在二〇〇〇年頒佈和實施的《鼓勵軟體產業和積體電路產業發展的若干政策》，即業界所稱的「18號文件」。其次，中國大陸財政部、稅務總局、海關總署和各地政府還分別在自己的責任範圍內為鼓勵半導體行業制定了優惠政策的實施細則，如關於《鼓勵軟體產業和積體電路產業發展有關稅收政策問題》的通知（財稅〔2000〕25號）、《財政部、國家稅務總局關於進一步鼓勵軟體產業和積體電路產業發

---

[10] http://www.evote.com/index.asp?Page=/news_section/1999-05/05101999Cox.asp

展稅收政策的通知》（財稅（2002）70號）、上海市《關於本市鼓勵軟體產業和積體電路產業發展的若干政策規定》、《江蘇省鼓勵軟體產業和積體電路產業發展的若干政策》等。這些政策的頒佈為半導體產業鏈上游的半導體設計、中游的晶圓生產、下游的封裝測試環節給予優惠，進一步推動半導體產業在中國大陸的發展。

　　唯大陸外匯管理局在二〇〇五年一月二十四日宣佈「十一號文」《關於完善外資併購外匯管理有關問題的通知》，以及二〇〇五年四月二十一日的「二九號文」《關於境內居民個人境外投資登記及外資併購外匯登記有關問題的通知》，兩份檔案截然改變以往創投的運作模式，闡明再也不能透過海外註冊BVI公司的設立境內的投創或併購公司進行資金轉換。這是傳統上常選擇的避險作法，可以保障資金從大陸順利退出，如今毅然阻斷海外註冊公司的管道。大陸外管局無限制地擴大審批權，真正目標是大陸流出去的蒙面資金（人民幣經作帳換成美元計價），也不准「境內人民」到免稅領域成立境外公司。因此嚴格審查「跨境」併購案、跨境換股動作，甚至對已通過併購申請的合資企業，也要求較嚴密之監管。二九號文更賦予十一號文追溯力，即使多年前完成的投創項目亦要求追溯，而且對併購的概念進一步細化，連資產併購涵蓋在內。大陸的大動作，使得二〇〇五以美元計價的創投基金進入大陸投創，較去年同期減少50%，半數以上的外資創投都在延遲觀望。而依據《外國投資者併購境內企業暫行規定》，在併購境內企業時，如涉及下列情形要向中國國家工商總局報告：（1）併購一方當事人當年在中國市場營業額超過15億元人民幣；（2）一年內併購中國國內關係企業累計超過十個；（3）併購一方當事人在中國的市場占有率已經達到20%；（4）併購導致併購一方當事人在中國的市場佔有率達到25%。或者，雖未達到這些條件，

11

但是應有競爭關係的境內企業、有關職能部門或者行業協會的請求，主管部門認為存在嚴重影響市場競爭等的原因，也可以主動要求併購方提出報告。如主管部門認為申請案件有可能造成過度集中，妨害正當競爭、損害消費者利益的情形，將有權決定是否批准該次併購。

相同地，臺灣經濟部投資審議委員會於二〇〇五年八月後擬公佈新頒修訂的《違法在大陸地區從事投資或技術合作案件裁罰基準》，凡是新臺幣5000萬元以上的中大型投資案，罰款將提高為兩倍，1000萬元至5000萬元的投資案罰款訂為投資金額0.5%；提高違法登陸投資裁罰金額，鼓勵登陸企業依法申請，禁止類違規罰鍰也將由現行投資金額2%，提高為4%，不無積極管控之意旨。

中國大陸，對於企業海外併購上則迭有顯著之範例足供研析審酌。二〇〇五年五月九日，滙豐集團全資附屬公司滙豐保險集團有限公司（*HSBC Insuranee Holdings Limited*）宣佈，該公司已簽訂協定斥資81.04億港元（10.39億美元）再次收購中國平安保險（集團）股份有限公司的9.91%股權。根據協定，滙豐按每股13.2港元（1.60美元）價格購入613929279股平安股份，比二〇〇五年五月六日平安股份在香港聯交所的收市價高出9%。

二〇〇四年十月八日，滙豐曾以六億美元的代價購得平安10%的股權。此次收購完成後，滙豐控股持有的平安股份占其已發行股本19.9%，使滙豐成為平安保險的第一大股東。這一比例接近中國銀監會規定的單個外資機構入股的比例20%的上限。二〇〇四年八月六日，滙豐曾斥資144.61億元人民幣（17.47億美元），入股中國最大的股份制商業銀行——交通銀行，成為僅次於中國財政部的交行第二大股東，入股比例同樣為19.9%。此次增持的股份購自平安現在的兩名股東——高盛集團（*Goldman*

Sachs Group Inc）及由摩根士丹利下屬的直接投資部管理的基金所控制的公司——摩根士丹利毛裏裘斯投資控股有限公司（*MACP／PA Holdings Limited*）。此收購需要獲得中國保險監督管理委員會及其他有關部門的批准。歐系銀行偏好併購大陸二級城市商銀。繼德國儲蓄銀行入股南充市商銀（南充市在四川省，靠近重慶）、荷蘭合作銀行入股杭州聯合銀行和天津農村合作銀行後，法國巴黎銀行於二〇〇五年八月與華夏銀行展開收購談判。二〇〇五年間法國巴黎銀行也與蘇州市商業銀行以及寧波市商業銀行展開併購談判。

◆ **外資併購中企方面列業誌**
觀察卡萊爾集團（*Carlyle*）控股私募股權基金槓桿併購轉手套利與能源、電訊、金融業競爭

外資併購陸企方面，二〇〇五年九月，全世界最大的*私募股權基金*（*Private Equity Fund*）控股企業**卡萊爾集團**（*Carlyle Group*）以多達三億美元價碼收購中國大陸營建機具業龍頭徐工集團的股份，這是國際併購業者首宗以槓桿收購取得大陸國企的絕對控股權。此類私募基金控股外資族群企業常被稱為「**禿鷹集團**」，像龍昇（*Lone Star*）、卡萊爾（*Carlyle*）以及併購日本新生銀行幕後的美國公司*Ripplewood*皆屬之。

過去的二十年中，資本遊戲引領風騷者頻繁撤換。一九八〇年代，邁克·米爾肯（*Michael Milken*）以垃圾債券（*junk bonds*）成為市場的先趨，到了一九九〇年代初期，國債（*treasury bonds*）的交易就稱霸投資界，使得克林頓政府的財政預算都得忌憚幾分。二十世紀末，投資銀行家通過承高科技公司的*IPO*得到了豐厚的利潤回報。隨後則是對沖基金（*hedge funds*）的高峰期。現

今則是私人股權（*private equity*）公司。一改一九八〇年代「以小
搏小」的風格，隨著近年來融資規模的擴大和投資聯盟的出現，
私人股權投資公司正在開創壯大場面。

　　世界最大的融資購併公司*KKR*，研擬於二〇〇五年十月後陸
續在香港暨東京設立辦事處，同時預備網羅亞洲金融菁英，組成
世界頂級的投資團隊，正式展開日本與亞洲各國企業的融資購併
等投資業務。*KKR*是於一九七〇年代起家的美國「融資購併」
（*LBO：Leverage Buy Out*）公司，公司名稱*Kohlberg Kravis Roberts
& Co.*是取名自三個創業者的縮寫，*KKR*於八九年以巧妙的手法，
融資併購美國德州知名的食品集團*RJR Nabisco*，而震驚國際金融
界。*KKR*迄今在全世界已擁有十七兆日圓（約一千五百三十六億
美元）的投資購併實績，繼在美國、英國等投資據點之後，近來
積極進軍亞洲，日本及香港的辦事處都預定在半年之內開設，以
便展開在亞洲和太平洋地區的合併與收購（*M&A*）業務。在二〇
〇五年初卡萊爾投資集團（*Carlyle Group*）一舉籌集私人股權投
資基金業中第一個過百億美元基金後，一直不以私人股權投資為
主營業務的高盛集團隨後也成功募集八十五億美元私人股權運營
基金。而在二〇〇五年四月，銀湖合夥人公司（*Silver Lake
Partners*）、貝恩資本（*Bain Capital*）、黑石投資公司（*Blackstone*）、
卡萊爾控股集團（*Carlyle*）、*KKR*、德州太平洋集團（*Texas Pacific
Group*）和托馬斯－李合夥人公司（*Thomas H Lee Partners*）聯手
競購*SunGard*，這一價值一百億美元的收購成為一九八九年*KKR*
以三百億美元槓桿收購雷諾納貝斯克（*RJR Nabisco*）以來的最鉅
額一件私人股權交易。這股潮流也湧入中國：*Texas Pacific
Group*、*General Atlantic LLC*以及新橋資本在內的三家私人資本運
營公司參股中國的聯想集團。上述三家私人資本運營公司出資約

三億五千萬美元，其中*Texas Pacific*出資兩億美元，*General Atlantic*出資一億美元，新橋資本（*Newbridge Capital*）出資五千萬美元。現在愈來愈多的世界頂級商界人士加入此業。譬如奇異（通用電氣）的傳奇領導人傑克·韋爾奇（*Jack Welch*）現在是卡萊頓（*Calyton, Dubilier & Rice*）的合夥人，曾經拯救*IBM*的郭士納（*Lou Gerstner*）在卡萊爾擔任主席。

槓桿收購即某一企業擬收購其他企業，進行結構調整及資產重組時，以被收購企業的資產和將來的收益能力作為抵押，籌集部分資金用於收購行為的一種財務管理活動。根據研究機構*Dealogic*的資料，二〇〇四年夏季用於全球併購的資金中，20%以上都來自私人股權運營公司。宣佈的交易額接近三千億美元，比去年的歷史最高紀錄還要高出60%。債券市場具有前所未有的流動性，併購集團大額籌資，以及公司收購方稀少但交易來源豐富，這些因素刺激了該行業的增長。也就是說，此次收購的近四億美元資金中，卡萊爾自己投入的資金並不多，大部分資金將來源於卡萊爾利用即將收購的徐工集團的資產和由此產生的利潤作擔保進行的再融資。卡萊爾集團準備收購徐工集團85%的股權，這家總部設在華盛頓的併購公司顧問群包括前美國證管會主席雷維特（*Arthur Levitt*），資金規模約三百億美元。徐工集團旗下的徐州工程機械科技公司聲明，卡萊爾集團、摩根大通投資基金（*JP Morgan Partners*）與友邦集團（*AIG*）都是可能的投資金主。根據亞洲創投周刊（*Asian Venture Capital Journal*）統計，以卡萊爾、新橋資本（*Newbridge Capital*）與華平創投（*Warburg Pincus*）為首的併購公司，自二〇〇〇年以來已投資七十億美元收購大陸企業少數股權。卡萊爾要是獲准接管徐工集團，代表中共官方為減少國有企業負債而改變政策。二〇〇三年制訂的相關法規已允

許外國公司接管大陸企業。美方將付出二億五千萬到三億美元買下徐工集團85%的股份。至於摩根大通銀行將代表徐工集團，德意志銀行將代表卡萊爾集團接洽此案。徐工集團生產壓路機、起重機等應用於高速公路、港口、灌溉系統工程的各式機械。根據該公司資料，二〇〇四年營業額達人民幣一百七十億元（二十一億美元）。

卡萊爾集團亦曾於二〇〇四年十二月出資高達四億美元，與新加坡國有投資公司淡馬錫控股（*Temasek*）展開纏鬥競購，股東之一上海寶山鋼鐵集團反對卡萊爾投資集團的收購，認為出售子公司股份不符合母公司股東的利益，較傾向淡馬錫。但最終卡萊爾集團購得中國太平洋人壽保險股份公司（*China Pacific Life Insurance*）約25%的股份，達成中國當時最鉅額私人股本交易。卡萊爾集團並聯合美國保險公司保德信（*Prudential*）與之合作，對國有控股集團太平洋人壽進行控股投資。總部位於上海，太平洋人壽是中國第三大人壽保險公司占中國11%的市場份額，這項併購投資案則讓卡萊爾集團遂得以一舉進入中國保險領域。

著力於亞洲市場與併購企業的版圖擴展，二〇〇二年一月份，卡萊爾集團曾花費二千七百萬美元從陷入困境的日本零售企業大榮集團購入朝日證券系統。二〇〇三年，義大利菲亞特公司最終選定由美國投資公司卡萊爾集團接手其航空航太推進子公司菲亞特航空公司，售價為十六億歐元。卡萊爾集團與義大利芬梅卡尼卡（*Finmeccanica*）集團聯手完成這項併購。此前芬梅卡尼卡集團曾和法國航空航太推進集團斯奈克瑪公司聯合競購菲亞特航空公司，惜未能成功。[11] 卡萊爾集團（*Carlyle*）也曾和京瓷

---

[11] 義大利芬梅卡尼卡(Finmeccanica)集團於二〇〇四年十二月已完成購買由英國GKN

（*Kyocera*）聯手出價二十億美元，收購日本無線資料集團*DDI Pocket*，此案成為日本第二大槓桿收購交易，也是二〇〇四年該地區最大一筆交易。在台灣，卡萊爾集團則是先透過轉投資控制臺灣寬頻通訊顧問公司，並由美前總統布希擔任顧問，再以十餘家空殼公司層層轉投資，購併台灣有線電視系統；更積極與國內最大的系統集團力霸集團，洽商購入遠森公司所持有的東森媒體科技百分之二十的股權，對國內有線電視系統的控制力（卡萊爾財團擁有包含如苗栗吉元有線與台中群健有線等頻道商）將超過百分之五十以上，曾被相關人士質疑明顯違反臺灣現有法令。

　　*Carlyle*集團在一九九九年收購臺灣寬頻通訊（*Taiwan Broadband Communications*）。三年後轉手套利出售給澳洲麥格裏銀行提議以七億美元，收購*Carlyle*集團手中的臺灣寬頻通訊公司，其他的競標者更還包括香港的*Tom*集團、美國的自由媒體公

公司擁有的阿古斯塔-韋斯特蘭公司的50%股份，從而使芬梅卡尼卡完全控制了這家歐洲直升機製造商。阿古斯塔-韋斯特蘭公司是芬梅卡尼卡和GKN公司于二〇一年聯合組建的直升機公司，兩家各占50%的股份，2004年5月宣佈將購買阿·韋公司的另一半股份，以增強該集團在航宇和防務領域的地位，擴展在美國的市場份額。這筆購買交易價值15億歐元（19.5億美元），其中包括5200萬歐元（6760萬美元）的附帶條件契據，該契據是有關英國國防部購買阿·韋公司的「未來山貓」直升機的確認合同，如果阿·韋公司最後未贏得該項合同，GKN公司需在二〇〇八年五月三十一日前退還芬梅卡尼卡集團5200萬歐元。英國競爭部部長Gerry Sutcliffe曾向英國競爭委員會提出接受義大利芬梅卡尼卡集團的承諾，而不接受該集團提及的收購英國直升機製造商阿古斯塔-韋斯特蘭公司的建議。芬梅卡尼卡集團剛剛做出的承諾是採取某些措施以便確保英國保持其戰略力量（特別是阿古斯塔-韋斯特蘭公司在設計、研製、使用和維護直升機系統方面的能力要保留在英國國內）和保護保密資訊以及英國國防部的知識產權。Gerry Sutcliffe的決定與英國公平貿易局的建議一致，並代表英國國防部關於如何更好地改善由擬議中的收購所帶來的公眾安全擔心的輿論意見。英國國防部考慮這項合併產生的與敏感資訊的保密和保持戰略能力相關的安全問題。英國貿工部並於二〇〇四年十月二十七日邀請多方評論芬梅卡尼卡集團提出的承諾。

司（*Liberty Media*）及新加坡的淡馬錫。此舉更新富邦集團收購太平洋聯網的紀錄，成為臺灣歷來金額最高的有線電視系統收購案。

深入剖析卡萊爾集團之淵源卻係於七〇年代，美國政府付給阿拉斯加愛斯基摩族九億六千兩百萬美金，以賠償他們所受的壓迫。八〇年代，愛斯基摩人運用賠償金所成立的公司，因經營不善而紛紛倒閉，美國政府為挽救巨額損失便通過法令准許低價收購的公司得以市價抵稅。而卡萊爾創始者 *Stephen Norris, William E. Conway, Jr., Daniel A. D'Aniello and David M. Rubenstein* 數人趁機鑽法律漏洞，以掮客身分賺取暴利，短短一年間淨賺千萬美金，遂在一九八七年成立「卡萊爾集團」（*Carlyle Group*）。（是以紐約東區、遠近馳名的卡萊爾飯店命名，因為其中之一的老闆諾瑞斯愛極飯店，諾氏（*Stephen Norris*）後來在一九九五年排擠被迫離開，該集團一直由另一名老闆魯賓斯坦掌控全局。）

沒有模仿同行大多選在金融中心紐約或者芝加哥，它成立於政治中樞重鎮華盛頓，美國聯邦調查局總部的旁邊，與白宮以及國會大廈僅隔一步之遙。

該集團進行軍事投資併購隱諱莫深之處則有二：一是聘用美國政府政要權貴，包括前任企業顧問為美國總統老布希、前任國防部長卡祿奇（*Frank Carlucci*），他出任該集團主席之職有十三年之久，帶領該集團跨入軍事採購的灰色地帶；前任國務卿暨財政部長貝克（*Jarnes Baker III*）；前任英國首相梅哲（*John Major*）為歐洲主席；前任菲律賓總統羅慕斯（*Ramos*）及泰國前總理潘雅拉春（*Anan Panyara-chun*）為亞洲顧問與克林頓政府的白宮辦

公廳主任麥克拉提（*Thomas McLarty*）等等。一長串政治領袖名單揭露政商相依利用的理念，並將其推演到最巔峰。[12]二是軍備併購，卡祿奇到任之後，一方面併購世界數一數二的軍事顧問公司*BDM*[13]，另一方面搶奪哈司克公司的董事席次，這家公司的軍用部門日後拓展成為世界最大的軍備公司「聯合軍備」（*United Defense*），一九八七年由卡萊爾集團以八億五千萬美金，兩家軍武公司都引起極大的爭議。*BDM*於一九九二年併購非尼爾，一開始是保衛沙烏地阿拉伯的王族，引起阿國民眾反感並遭炸彈襲擊抗議，然現在業務遍及世界各地達五十多個國家。

　　卡萊爾投資集團在歐洲部分，因應德國電信通訊暨法國電信通訊皆為解決龐大負債降低債務而拆解轄屬資產及出售各業務部門之際運展開併購。德國反壟斷監管機構於二〇〇二年曾阻止歐洲最大的電話服務公司德國電信以五十五億歐元的價格將有線資產出售給*Liberty Media Corp.*的併購交易案件。立基於美國之跨國鉅型企業自由媒體集團（*Liberty Media*）為有線電視鉅子瑪隆（*John Malone*）所有。儘管*Liberty Media*通過間接控股荷蘭*United Pan-Europe Communications NV*，在歐洲有線頻道業大有作為，但二〇〇二年瑪隆的歐洲有線頻道業宏圖大略卻由於監管機構方面

---

[12]　參照'The Iron Triangle: Inside the Secret World of the Carlyle Group', by Dan Briody.；'The Halliburton Agenda : The Politics of Oil and Mone', by Dan Briody.

[13]　美國私人軍事公司主要包括：MPRI公司、文內爾公司、BDM國際公司、阿莫控股公司、DYN公司、貝塔克公司和SAIC國際公司等。其中最大的要屬MPRI公司。該公司總部設在美國弗吉尼亞州，由退休將軍維農·路易士在1987年創建。總裁路易斯，前美國陸軍將軍，曾參加過多次重大戰爭，董事會成員中，斯泰奈爾曾是美軍聯合特別行動部隊指揮官，瑟曼在美軍入侵巴拿馬時，曾任美國南方作戰司令部的司令官，哈迪斯蒂曾是美國太平洋總部最高指揮官和美國中央情報局顧問。副總裁兼總經理沃諾是美軍入侵巴拿馬時的陸軍參謀長。執行副總裁特雷弗雷曾是老布希政府的軍事幕僚。執行總裁索伊斯特則是前國防情報局一號人物。

的擔憂而兩度受挫。除收購德國電信資產的計畫外，瑪隆收購法國電信（*France Telecom SA*）旗下*NV Casema*的努力也終告挫敗。

但二○○二年十二月*Providence*和卡萊爾投資集團*Carlyle Group LLC*則收購了*Casema*。由於當局延期批准的原因，由*John Malone*控股的美國公司*Liberty Media*，撤銷以7.51億歐元購買這家荷蘭第三大有線電視公司*Casema*的計畫。*Carlyle Group LLC*和*Providence*所進行的這次併購行為反而得到荷蘭反托拉斯當局的批准。荷蘭當局稱，由於收購者在歐洲無有線頻道網路和媒體投資，這一收購行為不致造成競爭力量的聯合，因此不會導致一個壟斷的經濟地位產生。

◆ **中資併購外企方面列業誌**
觀察橡樹控股（*Ripplewood Holding*）、新橋資本（*Newbridge Capital*）私募股權基金集團槓桿併購轉手套利與能源、電訊、金融業競爭

大陸本土電子商務公司阿裏巴巴入主雅虎中國後，香港商報於二○○五年八月十日指出，不久前才在競購巴基斯坦電信公司失敗的中國移動通信集團，再度計劃參與投標中亞烏茲別克電信公司40%的股份。

另發生於二○○五年英國路華汽車（*MG ROVER*）的收購案，當二○○五年四月該公司宣佈破產時，上海汽車工業集團曾經提交拯救方案，後來發覺*MG Rover*的財務狀況確有瑕疵，所以未再繼續。未幾，南京汽車集團表示有意願收購，並向*MG Rover*的管理人普華永道（*PWC，Pricewaterhouse Coopers*）會計師行正式遞交收購檔。二○○五年七月二十五日，上海汽車曾向普華永道發出警告，要求普華永道不能向第三方轉讓屬於上海汽車的知識產

權和資產（即*Rover*25、75車型和1.1L～2.5L全系列發動機），否則上汽股份將採取必要的法律手段。國際律師事務所*Baker Mackenzie*，據其透露，他們的確在為上海汽車提供法律支持，但不能透露任何資訊。*Baker Mackenzie*當年曾幫助通用收購大宇。這時上海汽車集團竟又再重新啟動收購案，形成上海汽車集團與南京汽車集團競逐的局面。

　　值得觀察的是這段期間英國首相布萊爾（*Tony Blair*）曾承諾，若上海汽車集團的拯救計劃得以落實，政府將撥款協助拯救*MG Rover*。不料上海汽車集團出爾反爾，不但令拯救行動落空，更令人感覺上海汽車意在攪局。直至二〇〇五年七月，大陸南京汽車集團才以「比5,000萬英鎊多一點」的價碼入主路華汽車公司（*MG Rover*）底定。

　　大陸最大家電製造商青島海爾（*Huwaei Technologies*）公司原有意收購美國第三大家電製造商美泰克公司（*Maytag*），與海爾合作的是兩家在美國頗具知名度的私募基金——貝恩資本（*Bain Capital*）和黑石投資（*Blackstone Capital*）。繼而美國肯塔基州另一家神秘私募基金「橡樹投資」*Ripplewood*控股（資深董事總經理和CEO為蒂姆·科林斯（*Tim Collins*））及*Whirlpool*周旋，嗣後美國聯邦交易委員會批准*Ripplewood*控股對美泰克的收購合約，使海爾在跨國競購戰役中獲勝機會渺茫。其他業者還包括*RHJ International*，GS資本夥伴與*J. Rothschild*企業集團。美泰克克近九億七千五百萬美元的債務亦包括在該筆交易內。最後在惠而浦公司（*Whirlpool*）一再加碼競標後，海爾終於鎩羽而歸宣佈放棄。但這樁高達十七億美元的併購交易，以期創立全球最大家電巨擘的夢想可能未必完全得以實現，因為必須面臨美政府的評估是否違反反壟斷法。美泰克董事會似乎不惜甘冒美政府評估之挑戰，

發出聲明表示放棄*Ripplewood*控股每股十四美元的購併提案，轉而支援惠而浦每股廿一美元的提案。*Ripplewood*控股得五天內針對前述提議提出答覆，熟悉內情人士表示，該公司尚未決定是否進一步調高併購美泰克的價碼，還是逕行退出。*Ripplewood*控股曾表示，一旦終結稍早與美泰克達成的併購協議，將要求四千萬美元的違約費。換言之，美泰克轉向惠而浦，可能會給美泰克帶來訴訟風險，因為美國政府可能要求撤銷該筆購併交易，一旦撤銷，美泰克可能需付一億二千萬美元違約賠償。根據保德信基金集團分析師引用二〇〇三年的統計資料估計，美泰克─惠而浦在美家電市場市占率為四八％，二者合併後，洗衣機市占率將達七二％，氣體烘乾機達八一％，電力烘乾機七四％，冰箱三一％。從反壟斷或從抗衡托拉斯觀點審視，儘管因美國和加拿大市場不存在進入障礙等因素預期無法完全阻止此一購併案，但美泰克與惠而浦間的合併案至少會有部份會撤銷，因分析預估，惠而浦併購美泰之後將佔有美國家電市場48％的份額，而通用電氣佔有26％的市場份額，瑞典家電廠商伊萊克斯佔有20％的市場份額。而在美國洗衣機市場，惠而浦‧美泰將佔有70％的市場份額，此市占率之高至足以創造嚴重公平交易之關切，而最可能的糾正方法會是撤銷該筆購併。

　　首宗日本私募基金外資併購案是由*Ripplewood*控股收購標的：曾是世界第九大銀行的長期信用銀行並改名為日本新生銀行（*Shinsei Bank Ltd.*）。日本民眾普遍認為，納稅人為拯救在二十世紀九〇年代的經濟泡沫中元氣大傷的銀行耗資不貲，卻被政府以極低的價格一千億日元甩賣給貪婪的外資基金，光*Ripplewood*如今的投資之重整套利收益早已翻昇一倍有餘。

　　新生銀行在二〇〇〇年三月被以美國*Ripplewood*投資控股公

司為首的國際財團接管。*Ripplewood*投資控股曾經要求日本政府接管該銀行貸款給十合百貨集團（*SoGo*）的總額高達二千億日元的債務。日本政府遂決定由日本政府的企業保險網－日本儲蓄保險公司承擔面臨清算的十合百貨公司集團積欠新生銀行（*Shinsei*）的九百七十億日元債務。十合百貨公司曾要求包括新生銀行、日本興業銀行在內的七十三家債權機構，同意登出或註銷高達6390億日元的債務。－無異是銀行爛賬、財團接管、政府埋單。

　　而發生在亞洲金融危機之後的另一起經典收購重組案就是新橋投資（*Newbridge Capital*）一九九九年以五億美元購入韓國第一銀行51%股權，二〇〇五年乃以三十三億美元出售給渣打銀行。

　　三菱和日聯銀行併購成全球資產最大的銀行集團（1.8萬億美元），新橋投資（*Newbridge Capital*）則遺憾和慶幸參半。遺憾的是，未能再像投資韓國第一銀行以及中國的深圳發展銀行那樣轉售套利。慶幸的是日本複雜而沈痾積弊已深的金融改革並不接受外來者，其在政經媾和的力量下合併成之三大銀行集團：三菱-日聯、瑞穗、三井住友經營實際上未有明顯起色。

　　*Ripplewood*控股收購與重整新生銀行曾考慮併購臺灣彰化銀行40%股權。而由美國併購重整基金卡萊爾集團*Carlyle GroupLtd.*與荷蘭最大金融服務公司*ING Groep NV*組成的集團也積極介入戰局表態參與。另外繼台新銀行合併大安銀行、富邦金控合併台北銀行、國泰金控合併世華銀行、中信金控合併萬通銀行之後，於紐約的*Cerberus CapitalManagement Ltd.*與達拉斯的*Lone Star Funds*亦投入競標原彰化銀行，後來於二〇〇五年台新金控投入三百六十五億新台幣併購。在十四家金控中，台新金控排名從原本第八名，三級跳升到第二名，僅次於國泰金控，總資產將達到新台幣二兆一千億元，分行家數達到二七〇家，這也是為何台新金

控併購彰銀此舉受到市場高度關注的主要原因。

美國*Ripplewood*投資基金，於二〇〇三年八月從沃達豐手中收購日本電信，以二千六百一十三億日元（合二十三億美元）的價格完成這具里程碑意義的槓桿收購，隨即在二〇〇四年五月，九個月後遂又轉賣給日本寬帶服務提供商軟銀日本電信的全部股權，併購金額為三千億日元（合二十六億八千萬美元），軟銀集團從而控股這家日本第三大電信運營商。

大陸最大電腦製造商聯想集團二〇〇五年五月完成以12.5億美元併購國際商業機器公司（*IBM*）個人電腦事業；大陸*TCL*公司二〇〇四年在與法國*Thomson*公司合資成立的*TCL　Thomson*公司中持有67%的過半股份，躍居為世界最大的電視機製造商。

二〇〇四年，加拿大漢博收購東方熱電股份，香港明州併購寧波科豐燃機熱電等。英國*BP*公司收購廣東順德燃氣則是外資進入能源零售領域的另一類併購案件。*BP*計畫利用廣順燃氣公司在順德瓶裝液化氣零售市場中佔有的較大份額，以順德為突破口，進軍珠三角的液化氣市場。

相對應地，於二〇〇二年中國海洋石油有限公司以5‧85億美元的資金收購西班牙*Repsol*瑞普索公司在印尼的五大油田的部分權益。併購完成後，中海油將在其中三個油田擔當作業者，成為印尼最大的海上石油生產商，這是歷史上最大的中國企業海外資產收購案。二〇〇三年收購澳大利亞西北大陸架（*NWS*）天然氣項目5.3%的權益，該專案則是世界規模最大、最優質的液化天然氣生產項目。作為取代燃煤的清潔能源，液化氣（*LNG*）被認為是未來最具潛力的能源市場，中海油收購價格為1.52美元/桶油當量，與類似交易比較價格非常低廉。即使在油價低谷時期的二〇〇一年十月，泰國石油勘探開發公司收購*New Links* 能源公司40%

股份，最終價格也達到了1.74美元/桶油當量。中國籌畫以最富庶的廣東地區市場向NWS開放，採用合資實體CLNG的氣源，其實質是「以市場換資源」。這一點類似於中國汽車行業「以市場換技術」的做法，不同的是，天然氣是不可再生資源，而且所開放市場還涉及中國大陸「西氣東輸」工程的利益。

「西氣東輸」工程管道於二〇〇五年一月一日開始運營，是迄今中國境內距離最長、管徑最大、管材等級最強和設計壓力、輸氣能力、自動化控制程度最高的管道，惟外資包括BP、殼牌等卻紛退出。其主幹線西起新新疆塔里木油田輪南首站，途經新疆、甘肅、寧夏、陝西、山西、河南、安徽、江蘇、浙江和上海十省區市（向東經過庫爾勒、鄯善、哈密、柳園、張掖、武威、幹塘、中寧、靖邊、柳林、鄭州、尉氏、淮南、南京和常州，最終到達上海市區）到達上海市白鶴鎮末站，線路總長約四千一百六十七公里，直徑一千一百一十八毫米。而二〇〇五年七月中旬，中海油又斥資約十億美金（78億港元），收購英國石油（BP）持有的印尼東固（Tangguh）氣田的股權。

總攝而論，凡此個案併購實奠基在中國為了因應對能源（如天然氣）的需求，中國乃採取「興建三縱」、「海氣登陸」和「LNG」等方案。其中「三縱」指的是「西氣東輸」、「川氣出川」、「中俄線」。

「西氣東輸」是把新疆的天然氣輸送到華東，總長四千公里，已於二〇〇四年十二月三十日全線送氣，設計年輸氣量一百二十億立方公尺，如果加上複線，可提高到三百億立方公尺，建成後還將方便中國自中亞內陸進口天然氣。

「川氣出川」是把四川的天然氣，從重慶忠縣運輸至湖北武漢等地。包括到長沙、黃石的支線，總長一千三百六十公里，年

25

運輸能力約三十億立方公尺。

「中俄線」原本計劃在二〇一五年建成俄羅斯東部西伯利亞經中國瀋陽至北京和大連的天然氣幹線，雙方初步確定從二〇〇八年起，每年從科維克塔油氣田輸送兩百億立方公尺天然氣。但是這個項目二〇〇五年傳出變化，俄羅斯籌畫將科維克塔的天然氣供應國內，另闢薩哈林的天然氣投放國際市場。

「海氣登陸」是開發中國東部沿海的天然氣，包括一九九六年海南南端的崖13-1氣田向香港和海南供氣；近年建設海南東方、樂東氣田，向東方、洋浦、海口供氣；渤南天然氣田，向山東龍口、煙台、青島供氣；東海春曉及西湖凹陷氣田，向上海、寧波供氣。估計至二〇〇五年，登陸海氣總規模達年一百〇九億立方公尺。

「LNG」是進口外國的液化天然氣，營運據點位於廣東、福建、浙江、上海。

廣東方面，以BP為外商合作夥伴，澳大利亞ALNG集團為資源供應方，一期工程設計規模年三百七十萬噸，二期工程年六百二十萬噸。

福建方面，以印尼東固氣田為資源供應方。一期工程年接收能力兩百六十萬噸，二〇〇六年投入試營運，二期工程規模為年五百萬噸，二〇一二年投產。

國際油價持續飆漲，中國與印度爭奪油源也愈趨激烈。二〇〇五年八月中旬中國石油天然氣集團（*China National Petroleum Corp.CNPC*）表態初欲以逾三十二億美元買下哈薩克石油公司（*PetroKazakhstn Inc.*），而印度國營石油與天然氣公司（*Oil & Natural Gas Corp.,ONGC*）也介入有意參與競標，遂掀起中、印之間的資源併購鏖戰。二〇〇五年七月初，中共國家主席胡錦濤即

與哈薩克總統納札巴耶夫（*Nursultan Nazarbayev*）在哈薩克首都阿斯塔那舉行高峰會，會後發布聯合聲明，同意加強能源、貿易與區域安全合作。兩人並同聲表示，「全力支援」鋪設從阿斯塔那通往新疆省的輸油管工程。印度*ONGC*則係與國際鋼鐵巨擘米塔爾鋼鐵（*MittalSteel Co.*）合作出資近三十六億美元競購總部位在加拿大多倫多的哈薩克石油公司。但最終是在二○○五年八月二十二日由中國石油天然氣集團*CNPC*以四十一億八千萬美元收購哈薩克石油公司。在這次石油資源爭奪中，印度落敗。但值得觀察的是印度石油部長*Mani Shankar Aiyar*表明將於二○○五年後半年訪問中國，實不排除與中國簽定能源備忘錄再行展開競爭合作關係。

而標的企業哈薩克石油公司藉著併購起，也藉著併購終。一九九六年開始*PetroKazakhstn Inc*因哈薩克政府引進外資（總部位在加國）而併購成立，但近年哈薩克政府重新整飭國內企業界，哈薩克石油公司遂成為政府準備開鍘對象，哈薩克政府常指控該公司定價過高，二○○五年還指控該公司不願以低價提供燃料給農民。二○○五年四月，哈薩克政府尚對哈薩克石油公司兩名高階主管展開刑事調查，罪名是違反反壟斷法以迫使該鉅型企業就範。

鉅型企業集團內部存在著持股運籌與經營權重劃之課題。二○○五年六月十日上午九時，中國石油天然氣股份有限公司（0857 *HK*；簡稱子公司中石油）正式向外界宣佈：擬斥資207.4125億元人民幣（約合二十五億美元）收購母公司中國石油天然氣集團公司（即"*CNPC*"，簡稱母公司）轄下中油勘探開發有限公司（即"*CNODC*"，繼續沿用中石油集團的海外子公司名字，簡稱另一子公司中油勘探）50%的股權，並已提交二○○五年八月十六日的

27

股東特別大會表決。收購完成後，子公司中石油相應擁有另一子公司中油勘探分佈在十個國家（哈薩克斯坦、委內瑞拉、阿爾及利亞、秘魯、阿曼等國）的多項油氣資產。按照收購協定，子公司中石油向另一子公司中油勘探以現金方式注資並獲得其50%的權益。同時，子公司中石油向另一子公司中油勘探轉讓其屬下全資附屬公司中國石油天然氣國際有限公司（簡稱孫公司中油國際）。孫公司中油國際主要在印度尼西亞從事油氣勘探和生產業務。另一子公司中油勘探將向子公司中國石油支付5.79355億元人民幣用於購買孫公司中油國際的全部已發行股本。轉讓後，孫公司中油國際成為另一子公司中油勘探的全資附屬公司。另一子公司中油勘探最終會成為由子公司中石油及母公司分別持有50%股份的公司。子公司中石油對另一旁系子公司中油勘探則進行實質性控制以合併財務報表。

　　未來幾年內開發中國家企業併購美國公司亦將成為日趨重要的潮流。湯遜財務公司（*Thomson Financial*）表示從二〇〇五年元月至前七個月，共有七十幾樁新興市場經濟體企業購買美國企業交易，但總金額僅逾一百億美元。其中金額最大者是以色列的*Te-va*製藥公司以七〇億美元收購最大勁敵美國*Ivax*公司，奪回世界最大學名藥（*generic drug*）製造商的地位。其他金額較大者包括，新加坡的創投業者東方快車收購公司（*Orient Express Acquisition*）二〇〇五年五月以4.72億美元買下美國的火車租賃業者Helm控股公司；墨西哥*Grupo Simec*公司以2.29億美元併購俄亥俄州鋼鐵業者共和工程產品公司（*Republic Engineered Products*）等皆屬之。

　　至於臺灣科技業界，發光二極體（*LED*）合併案再添一樁，晶元光電和國聯光電二〇〇五年八月十五日宣佈合併，換股比例

暫定為國聯2.24股換取晶電1股，晶電為存續公司，合併後公司股本為30.6億元。晶電過去在*ITO*（氧化銦錫）製程上有優越表現，而國聯在四元產品上，居領先地位。新設晶電成為全球最大的四元超高亮度*LED*廠，且成為臺灣最大、世界前三大的藍光*LED*中、上游廠。未來*LED*產業將形成北晶電、南元砷二家大廠獨大的局面。元砷則曾併購聯電集團中的聯銓科技。新晶電的規模可能會超過日本的*TOYODA GOSEI*（豐田合成）和美國的*CREE*，儼然成為全球翹楚之一。

另外全球最大軸承公司瑞典斯凱孚（*AB Svenska Kullager-fabriken, SKF*）則以併購臺灣製作線性電動的加維公司而進入臺灣機械市場。

二〇〇四年底曾傳出將被美國光通訊大廠*Oplink*收購未果的臺灣光通訊公司光紅建聖，二〇〇五年八月月底則是與德國英飛淩科技簽約併購英飛淩的光通訊單纖雙向（*BIDI*，*Bi-Directional*）併購。根據併購協議，光紅建聖將承接英飛淩完整的BIDI製造設備、智慧財產權、商標及業務。為確保現有顧客能持續得到完善的服務，英飛淩也移轉微模組（*Micro-Module*）晶片自動組裝技術與設備，使光紅建聖可以提早進行下一代高性能光通訊模組件生產。光紅建聖已於德國柏林設立一個研發與行銷服務中心。合併後的資本額增至新臺幣五億元，每年仍可繳出每股稅後純益二位數的成績單。

根據分析指出，西門子手機事業部門因連續虧損四季，二〇〇五年第一季虧損1.38億歐元（相當於約新臺幣五十八億元），累計西門子手機部門過去四個季度總計虧損5.1億歐元，折合臺幣約一百九十六億元促使明基提出併購邀約。而明基併購西門子案力中面臨適用法律與解釋之困境。在該併購案公開後，日本*CDMA*

手機品牌京瓷（*Kyocera Wireless*）已決定，委請明基代工的後續
訂單全部終止，而諾基亞訂單中一款折疊式照相手機代工訂單也
傳遭到取消，諾基亞並有意轉向與國內其他*ODM*業者合作，以逐
漸取代將成為敵對競爭者之明基。事實說明一旦品牌壯大，代工
客戶的顧忌就趨複雜。再者，值得深究的是既然「未將收購西門
子手機部門視為換股合併」，為何又在另一個表決案，引用「企業
併購法」作為發行現增股或海外存託憑證案依據，明基財務長遊
克用坦言，由於西門子手機部門占西門子合併營收低於5%，當初
明基向經濟部請求解釋的結果不適用「企業併購法」，而將該案視
為一般資產購買。

　　實際上按企業併購法第四條第四款規定略以：「收購：指公司
依本法、公司法...規定取得他公司之股份、營業或財產，並以股
份、現金或其他財產作為對價之行為」亦即公司依本法或公司法...
等規定情形進行收購，而依本法之規定者，允屬第二章第二節之
規定方式；至如依公司法之規定者，允屬公司法第一八五條第二
款或第三款讓與或收受營業或財產之方式，即屬本法第二七條之
規定範圍。是以，依本法第四條第四款『收購：指公司依本法、
公司法、證券交易法、金融機構合併法或金融控股公司法規定取
得他公司之股份、營業或財產，並以股份、現金或其他財產作為
對價之行為。』名詞之定義意旨，係指符合本法第二章第二節規
定之類型，如未符合者，自無同法第八條第一項之適用。（94.07.26
經濟部商業司第09402095620函釋）。另外攸關企業併購法第二十
二條合併對價配發方案釋疑，「依經濟部九十四年三月十六日研商
「公司法疑義」會議決議：『公司進行合併時，以存續公司經股東
會依法決議通過，提供數種不同之合併對價配發方案，並於合併
契約明確訂定配發條件之內容，尚屬可行。』」（94.3.22經商第

09402031030函釋）依據企業併購法第二十七條第四項：「公司與外國公司依公司法第一百八十五條第一項第二款或第三款讓與或受讓營業或財產，或以概括承受或概括讓與方式為收購者，始能準用前三項及第二十一條『公司與外國公司合併應符合下列規定：一、該外國公司依其成立之準據法規定，係屬股份有限公司或有限公司之型態，且得與公司合併者。二、合併契約業已依該外國公司成立之準據法規定，經該公司股東會、董事會或依其他方式合法決議。三、公司與外國公司合併者，存續或新設公司以股份有限公司為限。前項外國公司應於合併基準日前，指定在中華民國境內之送達代收人』規定。」

　　為積極促成該合併案，經濟部努力尋找適用法條，但由於六月簽定併購契約後，明基必須趕在二〇〇五年十月一日併購生效以前，召開股東臨時會通過合併案，所以才會在釋股案中，以「發行現增股或海外存託憑證」兩案並陳方式，報請股東會同意。儘管職業股東以企業併購法技術杯葛，但李焜耀坦言，明基併購西門子，西門子移轉資產的同時，還承諾購買五〇〇〇萬歐元明基股權，這樣的併購模式過去臺灣從未有過。

　　惟此承諾認購經審查觀點如按照會計發展基金會之解釋：「公司從事附條件股權交易及附條件土地交易，其特定條件尚未成就且該條件非買賣雙方所能控制，故不符合收益實現原則，而應視為融資，俟條件成就時始得視為出售，認列處分損益。」以公司從事不適用企業併購法而以承諾於資產轉讓時（附條件）買賣交易（股權），縱完成資產移轉及變更登記手續，惟交易本身尚附有非買賣雙方所能控制之特定條件，如股票上市、土地地目變更或開發案之核准等條件。由於該條件並非買賣雙方所能控制，故交易之風險並未移轉至買方，賺取收益的活動亦未完全完成，並不

符合已賺得之條件。會計研究發展基金會因而認為附條件買賣交易如所附條件非買賣雙方所能控制，致最終交易是否能完成存有重大不確定性，並不符合收益認列原則，應不得認列該交易之收益及處分利得，而應視為融資，俟條件成就時始得認列處分損益，故公開揭露之該事項是否有實益，尚待觀望、保留或商榷。

而歐盟執委會之核、駁裁決立場則於二〇〇五年九月九日明確表達，歷經歐盟執委會競爭總署審理後，宣佈以139/2004,Art.6（1）（b）,07 Sep 2005批准明基集團併購德國西門子公司的手機部門（*M.3911 - BENQ / SIEMENS MOBILE*）。執委會在聲明書（*Press Release: IP/05/1107*）中闡述：歐洲手機業的競爭，不會受到這項併購案明顯的影響。歐盟執委會表示，雖然西門子手機在歐盟部份成員國的佔有率相對來說較高，不過明基在這些市場的佔有率有限，兩家公司合併後不會大幅提高市場的佔有率，而且它將面臨芬蘭鉅型企業諾基亞（*Nokia*）、南韓鉅型企業*Samsung*等對手的強力競爭。

二〇〇五年十月一日，這項併購案將正式生效。根據協定，西門子將提供明基兩億五千萬歐元的現金與服務，併購買明基百分之二點五的股份成為策略性的股東。

另外，吾人環顧世界競爭局勢，尤其是隨著二〇〇三年進展，歐洲聯盟理事會已於二〇〇三年一月頒佈二〇〇三/一號規則（於二〇〇四年五月一日正式生效）。[14] 歐盟執委會意圖匡正歐洲初審法院在審理「集體市場壟斷」：*Airtours/First Choice*（*1999*）案[15]、

---

14 Vivant, Michel, 'La modernisation du droit de la concurrence（Règlement CE numéro 1/2003 du 16 décembre 2002 ）',JCP E Semaine Juridique（édition entreprise）, n 4, 23/01/2003, Pp. 145-146.

15 參照跨國財經法律事務所Osborne Clarke所編輯刊物 'European Court

「拯救瀕危企業」：*Schneider/ Legrand*（2001）案[16]，以及「評估相鄰市場」：*Tetra Laval/Sidel*（2002）暨*Alcan/Alusuisse/ Pechiney*（2000）[17] 案時駁回執委會決定所造成的缺憾，除了顯現對企業併購所展開的審查裁量權限在歐盟內部單位職掌之間的競逐外，也藉由引進國家階層的會員國法院判決作為*amicus curiae*（法庭之友：其他利益方顧問意見以協助處理心證），意圖藉直接適用原則一併整合歐體與會員國間二重階層的雙軌競爭政策。此種政治運作機制的多重衡量，業已實質更新歐洲共同體競爭法規範在適用歐洲共同體條約第八十一及第八十二條上的內涵。[18]

　　歐洲聯盟執委會在二○○三年四月三十日提出：「競爭總署機構重組計畫方案」（IP/03/603）；二○○三年五月二日提出：「併購投資處分之最佳實踐綱領：拆解剝離資產」（*Best Practice Guidelines for Divestiture Commitments*），研擬企業授權委託管理（*Trustee Mandate*）標準模型的解釋。

　　二○○三年五月廿七日進一步彙整「關於修正歐盟併購控制

---

overturns European Commission's Veto of Airtours/First Choice Merger', Competition law - At a glance – Issue,

http://www.osborneclarke.com/publications/text/comp12b.htm。

[16] 該案例法律文獻可參照「法網」（LexInter.net: Le droit sur Internet）http://lexinter.net/JPTXT/bibliographie_sur_l'affaire_schneider_legrand.htm

[17] http://www.global-competition.com/headlnes/archive/1999/oct_nov/bhnd_.htm

[18] 參照Aurélien Condomines與Cécile Plaidy對Tetra Laval / Sidel個案的論述。Aurélien Condomines,'A lesson from the Tetra Laval / Sidel case: taking into account neighboring markets for the purpose of merger control', http://www.jurismag.net/articles/artiGB-tetra.htm

Cécile Plaidy,（Avocat à la Cour Olswang）'Tetra Laval judgement: leveraging in conglomerate mergers', http://www.jurismag.net/articles/article-tetra2.htm

http://lexinter.net/JPTXT/tetra_laval_sidel.htm

規則程序方面的最佳實踐綱領聯署附議」（*Submission received on Draft Best Practices on Conduct of EC Merger Control Proceedings*）與「關於併購申報事項及有關併購控制意見回饋的重要訊息」（*Important information concerning notification and all other merger control related correspondence*），構成競爭法併購控制的興革。

　　二○○五年八月二十九日法國《回聲報》指出法國外貿工業部長級代表弗朗索瓦‧洛斯（*Francois Loos*）表示，法國政府將頒布旨在保護國內戰略行業的政令，以防止這些行業的重要企業被外國公司入侵、收購。法國政府研擬的嶄新措施與法國股市盛傳全球鐵礦石開採業巨霸巴西淡水河谷公司（*CVRD, Companhia Vale do Rio Doce*）計劃以二十億歐元的價格併購法國埃赫曼（*Eramet*）集團有關[19]，也被論斷與美國德克薩斯太平洋集團在二○○○年入股法國金普斯公司（*Gemplus，Euronext: LU0121706294 -GEM；NASDAQ； GEMP*），因其任命美國人Alex Mandl擔任該企業的負責人，而此人是一家與中央情報局有關基金會$IN-Q-TEL$[20]的理事顯然有關。[21]其列舉出不准外資進入與嚴禁併購的十

---

[19] 作為世界三個行業—錳、鎳和高效能特殊鋼及合金鋼之魁楚企業法國埃赫曼集團，於二○○五年九月九日亦曾透過轄屬中國廣西埃赫曼康密勞化工有限公司投資中國廣西崇左電解二氧化錳專案達三億多元人民幣。

[20] 繼美國情報機構利用納稅人的金錢以刺激美國企業提供的高科技產品與服務發展後，聯邦調查局與國防情報局也開始投資新創公司。這些投資經由中央情報局在一九九九年設立，專門發掘矽谷與其他高科技中心的創投公司*In-Q-Tel*運作。該公司與其他私人投資者已經投資一‧三億美元，支持超過八十家研發例如即時翻譯軟體與數位繪圖科技的公司。聯邦調查局與國防情報局官員表示，他們希望能與中央情報局的成功相匹敵。中央情報局藉由它與*In-Q-Tel*分析師與情報員的合夥關係，已經部署大約一百種新科技。國防情報局，也就是五角大廈收集與分析情報的主要機構發言人稱，二○○五年六月已通過*In-Q-Tel*開始它的第一項投資，向位於麻州劍橋，專職電腦搜索引擎的*Endeca*科技購買科技。國防情報

局藉此建立「介面中心」，將整合*In-Q-Tel*的科技到情報部門與國防部其他分單位，例如特種作戰司令部。國防情報局特別鎖定在無線通訊、感應器與外語翻譯的科技。聯邦調查局與國防情報局宣稱，他們希望藉由*In-Q-Tel*撮合而與其他機構的聯合投資，能讓美國情報單位更具相容性。這些單位自從二〇〇一年九一一事件後，因為過時通訊與電腦系統，損害他們處理大量情報能力而飽受外界批評。調查恐怖攻擊的委員會指出，情報分享的失敗，是導致蓋達組織劫機者得以成功的一大原因。*In-Q-Tel*將不會公佈他們的投資金額，但是路易表示自從他們在二〇〇〇年進行首次投資後，公司累進報酬率已經達二六％，高出創投業的平均水準。*In-Q-Tel*二〇〇四年十月出售它在*Keyhole*，一家專門生產地球科學繪圖軟體的公司股權，轉而投資*Google*。此外它在元月也脫手位於拉斯維加斯，製造搜索引擎與危機分析軟體公司*SRD*持股，改而收購*IBM*股權。參照2005.9.23亞洲華爾街日報工商時報精選W3版。

[21] 在法國生產智慧卡的兩家主要企業為金普斯公司和雅斯拓公司，而這兩家公司在世界範圍內現在都是競爭對手，而這兩家公司的前身都有智慧卡的發明者參與。智慧卡作為一個已經成熟的電子技術，其實就是一個"積體電路晶片"，目前在技術上特別是在設計、生產過程、質量控制等方面，與其他積體電路技術沒有什麼太大的區別。但這個專利技術，也在隨著時代的發展在演變。就是這樣一個由法國人發明的技術，在全球化的背景下，兩年前也曾在法國引起一場喧然大波。事情是由金普斯公司的國際化引起的。二〇〇一年還純法國私人資本（近似於家族企業）的金普斯公司經營出現近億歐元的虧損，企業領導層一是決定解雇部分員工，另外企業創始人拉蘇先生準備自己所持10％的股分轉讓給美國德克薩斯太平洋公司。消息傳出，工會組織反對，媒體普遍將此事上網上線，特別是將這個純歐洲資本、擁有法國獨佔專利、且已經成功運作多年的企業與"法國乃至歐洲的生存"、"經濟戰"、"美國中央情報局的黑手"等等聯繫在一起。眾人在網上發表看法認為，由於金普斯公司是一家私營企業，從法理上法國政府無權干涉其經營，也無法去直接干預。辯論過程中，有人認為：長期以來，美國人普遍使用磁卡系統，但由於其保密性、易損明顯不如智慧卡系統，具有美國中情局背景的美國*IN−Q−TEL*基金會覬覦多時，而德克薩斯太平洋公司當時的總裁就是曾在*IN−Q−TEL*任過要職的蒙戴爾（*Alex Mandl*）先生，金普斯公司的作法"威脅到法國的未來安全"云云。許多人還在網上舉例說明：美國如何在波音飛機上使用了從空客"偷"來的技術，如何通過課稅來限制法國的酒、奶酪進口。還有人將此直接稱為是"中情局的搶劫"，稱美國人一貫採取竊聽、威脅、行賄等手段來進行經濟戰。更有人在網上發動簽名運動來阻止金普斯公司的行動，甚至呼籲歐洲各國的民眾來參與保衛"歐洲"的"未來"。但是，形勢比人強，金普斯最終還是按市場的邏輯國際化，儘管其實施步驟有所調整，但由於企業本身生存需要，金普斯必須開拓美國市場才能進一步

個部門或行業分別是：博奕業（以洗錢為名）、保險業、生物技術業、解毒藥生產部門、交通和攔截裝置部門、資訊系統安全行業、雙重工藝行業（既可民用，也可軍用）、密碼學部門、涉及國防機密的部門以及軍火部門等。這一法令不僅限於控制公開出價收購，還涉及法國大型或小型、上市或非上市的企業，遑論控股股東意見如何。事實上，這些準則並不被認為是合情合理的，只是奠基於其目標是鞏固領土安全，所以屆時將會具體問題具體分析。為了阻止外國企業控制本國重要產業之現象，法國在二〇〇五年三月十日籌設總額達二億歐元的基金，而這與需求相比顯得不足。新法令的不良影響可能會是，更多地限制法國中小革新企業的資金來源，而這正是它們在法國經濟背景下發展所遇到的最大困難。

　　法國金融市場近期頻傳外國公司有意收購法國重要企業的消

發展，而金普斯公司競爭對手早已實現國際化，金普斯也只能選擇國際化才能夠進一步地發展。事實也證明該企業的國際化獲得了成功，特別是在蒙戴爾成為金普斯國際公司總裁之後，其穩健的操作與大力開拓中國市場的魄力，令企業獲得很大成功。該企業已經從經營的低谷走出來，開始重新崛起。由於美國人的參與，法國的智慧卡技術也開始與美國的數位簽名技術結合，成為推出新一代智慧卡的基礎。那麼當時這場自發的辯論究竟起了什麼作用呢？回顧，它的確激發了法國普通人對知識經濟和國家經濟安全的關注，使法國政府加強了對經濟戰的關注與領導。知識經濟是盎格魯撒克遜背景的經濟學家提出的一個概念，法國經濟學家讓－路易·勒維似乎對此另有自己的考慮，他提出了"智慧經濟"的概念，並將這一概念的內涵擴充了經濟安全、企業生存環境、資訊流通和市場諸要素的相關作用等更廣泛的內容。雖然"智慧經濟"概念在90年代初就有了雛形，但只是在金普斯公司及後來一系列與美國德克薩斯太平洋公司有關的收購參股案例出來以後，才引起法國輿論的普遍關注。法國外交部、國防部及經濟部門都曾聯合動員起來應對這一問題。關於金普斯國際化的最後辯論結果是：法國政府成立了一個隸屬於總理府下的專門機構負責此類經濟問題，人們還將此負責人稱為"智慧經濟先生"，首任"智慧經濟先生叫做阿蘭·朱葉，而朱葉曾在法國的安全部門工作過。

息，引起法國政府的聳動不安。除法國埃赫曼公司收購案外，據傳美國百事可樂公司和沃爾瑪公司曾試圖收購達能集團和家樂福集團。

而國家面對企業，是否退位？現時興「企業」企圖奪取「國家」權力的奪權論述，闡述「當企業併購國家」[22]：即全球資本主義下企業勢力已經壯大到侵蝕民主或解消社會契約的基礎。實際上，產業併購之考量時常需經政府特批與審核，至於審查核駁，可否如其論述化約成政府勢力式微、或官商勾串共謀、或企業篡位易主，或是根本上其實另有一套不受干擾獨立的法規範或經濟力審查判斷標準存在，凡此則亟待商榷或勘究，也尚待提供充足事實佐證。

某些選擇列入保護之特別產業暨戰略產業受到國家（或政府）較嚴格的管理，併購上因此有嚴格審查之考慮，如德國對軍事和國防工業即實行嚴格的監控、法國對產業之保護。

德《戰爭武器控制法》（*KrWaffKontrG*）第二條至第四條規定，生產、購買、出售、進口、出口及運送戰爭武器需經批准。如申請人是非德國居民，一般均被拒絕。而且主管部門可隨時撤銷批准證書。因此，外國籍併購德國軍工企業時，德政府主管部門可撤銷原批准證書。二〇〇三年十一月修改通過的德《對外經濟法》規定，外國企業收購德軍工企業25%以上的股份，需向德聯邦政府報批。德國《信貸法》（*KWG*）第三十二條規定，收購銀行或金融服務公司（或10%以上的投資參股），需發出通告並呈報聯邦

22　英國劍橋大學女經濟學家諾瑞娜・赫茲（NoreenaHertz）所著：《當企業購併國家：全球資本主義與民主之死（The silent takeover : global capitalism and the death of democracy）》。

金融服務監管局（*Bundesanstalt für Finanzdienstleistungsaufsicht*，簡稱*BaFin*）審批。*BaFin*可以外國公司未被有效監管或其國內監管部門不願合作為由拒絕批准。德國《保險法》第5條對收購德保險公司做出了類似的規定。除上述行業外，德規定能源供應、通訊和交通、自然資源開發、經紀人、建築等行業的資產轉讓需經政府主管部門批准（股權轉讓不需報批）。如德《電力和煤氣供應法》（*EnWG*）第三條規定，如申請人不具備專業人員、技術設備和經濟實力，來確保能源的長期正常供應，可不予批准。德國《電信法》（*TKG*）第六條第一款規定對電信運營商進行資質鑒定，營業執照只能發給擁有足夠的設備，具有可靠、專業和高效的服務能力及保證不危害公共安全和秩序的申請人。營業執照持有人的變更需經德國主管部門批准。

另外如重大併購專案需申報和審查核駁，德國《反限制競爭法》第三十七條規定，收購另一家公司的全部或絕大部分資產，或取得對另一家或多家公司直接或間接控制權的單獨或聯合併購，或獲得另一家公司50%以上股份和25%以上有表決權的股份的併購，以及對其他公司產生重大競爭影響的併購行為，均有向聯邦卡特爾局申報的義務。《反限制競爭法》第三十五條規定，如併購涉及的企業在全球的銷售總額達到五億歐元，其中至少有一家在德國的銷售額超過0.25億歐元，則該併購案需經聯邦卡特爾局審批。但如併購只涉及兩家企業，其中一家是獨立的企業（即不是集團的關聯公司），且其全球銷售總額低於1000萬歐元，或進入德國市場至少五年、在德國的銷售額低於一千五百萬歐元，則不需報批。聯邦卡特爾局主要審查併購否會形成市場壟斷。如併購業的市場佔有率低於20%或所購買的股份不到25%，一般均會得到核准。

二〇〇二年一月生效的《有價證券收購法》（*Wertpapiererwerbs und Uebernahmegesetz*，簡稱*WpUeG*）對收購德上市公司（30%以上有表決權的股份）的要約、接受、申報等作了明確的規定：

(1) 對目標公司30%以上有表決權的股份收購或在二〇〇二年一月一日以後首次獲得目標公司控制權的收購必須公開要約。

(2) 在公佈收購決定後，要約方原則上必須在4周內向BaFin提交德文本的要約報告書（*Angebotsunterlage*），內容包括：收購人與目標公司的名稱、地址及法律形式；目標公司的有價證券代號及預定收購的數額；收購的價格、期限和條件；收購所需的資金總額及其保證；收購動機及預期目標等。*BaFin*在收到要約報告書後十個工作日之內進行審核。

(3) 目標公司是否接受要約的期限為四至十周。如其間出現新的收購人，以後者提出的期限為准。到期後可再延長2周。目標公司的董事會和監事會應儘快對要約正式表態。目標公司董事會有保持中立的義務，即不能採取推動或阻止收購的措施。

(4) 收購價格不能低於最高出價或公佈要約前三個月內的最高股價。收購結束後應公佈收購總額，並向*BaFin*申報備案。

(5) 如收購失敗，或*BaFin*禁止公佈要約，收購方在一年之內不得提出新的要約。[23]

---

[23] 根據參照德國法合聯合律師事務所（*Haarmann，Hemmelrath& Partner*）、舒諾貝律師事務所（*SchulzNoackBaerwinkel*）、貝倫貝格銀行和德累斯頓

　　而在其他國家，譬如按照英國稅法規定，如果英國企業擁有被定義為「非國內財產」的資產，則需就這部分財產繳稅，稱為「非國內財產稅」（*Non-domestic Property Tax*）。而英國負責該稅種徵管的機構是「物業估價辦事處」（*Valuation Office Agency*），直屬英國唐寧街十號。歐盟執委員會在調查報告中稱，物業估價辦事處在評估企業「非國內財產稅」時，運用了不同的計量方法。「對英國電信和金斯敦電信的評估方式，與對其他競爭者不同。」「這種情況讓英國電信和金斯敦電信占了便宜，而其他競爭者承受了更大的稅收負擔。」歐盟委員會表示，針對特定企業的稅收優惠，只會導致市場競爭的扭曲和構成非法的國家援助。如果在調查中確認，英國確實給予部分企業優惠的稅收政策，委員會有權強制受優待的企業補繳稅款。英國貿工部聲明英國政府並無違反歐盟的競爭法，貿工部發言人即陳述表態，英國政府早已查明，稅收體系中不涉及任何政府補助的形式。

　　與歐美異常活躍的企業併購相比，日本企業併購市場的發展水平仍然較低。因為當企業併購時，多採用股票交換制度，即作為購買方的企業將新發行的本企業的股票與被併購企業的股票相交換。即使遭到被併購企業部分股東的反對，併購企業也能夠強制交換全部股票，將被併購企業作為自己的完全子公司。在美國市場，採用股票交換制度進行併購早已發展成為非常完善的制度，而日本直到一九九九年，通過修改商法才開始採用這一制度。

　　日本企業的併購市場也在經歷一場巨大的變革，敵意併購交易的數量開始增加，住友信託銀行試圖通過提出收購阻止東京三

　　銀行漢堡分行提供之資料。

菱和日聯之間的併購交易就是典型的範例。日本的傳統併購交易通常是善意交易，敵意併購活動大大增加了日本企業對股東價值和股東行為的關注。

第一節　研究動機

跨國界的多國籍企業從事海外直接投資，首先面臨的重要課題即是「進入模式」（*Entry Mode*）的選擇。[24] 進入模式包含著：技術移轉、獨資、合資（*Joint Venture*）、併購、策略聯盟等型態。因為進入模式的選擇適當與否，對企業日後的經營績效具有重大影響。[25]「跨國併購投資」（*Cross-border Merger & Acquisition Investment, MAI*）即為迅速進入新市場、獲取技術及創造綜效的投資選擇。[26]

因為跨國併購不但可強化市場地位，同時也藉由拓展技術領域與市場規模來獲得新的競爭優勢。[27] 基本上，早期以國家為主

---

[24] Wind & Perlmutter,1977;Yannis A. Hajidimitriou, Andreas C. Georgiou & Dimitrise E. Porgianos, 'A Goal Programming Model for Partner Selection in International Joint Ventures", European Journal of Operational Research, 138：3（2002）, pp. 649-662；Robert Konopaske, Steve Werner, & Kent Neupert, ' Entry mode strategy and performance: the role of FDI staffing',Journal of Business Research,55:9（2002）,pp. 759-770.

[25] Woodlock, Beamish & Makino,1994；Laurance R. Newman & Guy diCicco, International M & A, joint ventures, and beyond : doing the deal ,David J. BenDaniel, Arthur H. Rosenbloom eds.（New York : Wiley,2002）.

[26] Kogut,1991；Jaideep Anand & Andrew Delios,2002

[27] Baum & Oliver,1991,1993.；Hagedoorn,1993.參照 Baum JAC, Oliver C. 1991. Institutional linkages and organizational mortality. Administrative Science Quarterly 36: 187-218.Baum JAC, Oliver C. 1992. Institutional embeddedness and the dynamics of organizational populations. American

體，對國際貿易所根據的假設是以規模報酬不變與完全競爭為前提的「比較優勢貿易理論」，與演變至從報酬遞增及不完全競爭假設出發進而引進政府干預的「戰略貿易政策理論」（*Dixit, Krugman, Helpman, Lancaster, Romer, Kierzkowski*等學者所倡議）為主。國際貿易的基礎理論：H−O（*Heckscher-Ohlin*）理論的貢獻在於對區域優勢形成機制的解釋，其政策含義則是表明，在市場經濟條件下國民經濟的空間格局是自發形成的，無需區域計劃者在一般競爭性領域進行區域規劃以及利用產業政策推動優勢產業的發展。

然而上述國際政治經濟學的「市場」界定，往往侷限於各國資源優勢暨經濟稟賦進行的國與國之際的貿易。新貿易理論通過「遞增規模收益」解釋空間集中現象以及僅通過要素稟賦理論所難於解釋的貿易現象（如地區間同產業產品相互貿易）。戰略貿易論則傾向於通過改善市場運行結果來實現非競爭條件下的本國經濟福利最大化，意圖的具體貫徹依賴於包括戰略關稅、政府補貼、優惠稅收、非關稅壁壘等政策內容的戰略性貿易政策體系的運作，以此實現「以進口保護促進出口」。其基本政策主張是對戰略關稅的制訂。戰略貿易論的另一政策主張是對本國的戰略產業部門或國際競爭激烈的其他產業部門提供產品生產和出口的補貼，如日本對富士、日立、日本電氣公司的補貼和歐洲共同體對空中巴士（*Air Bus*）的資助。此外，各種優惠稅收和非關稅壁壘也經常被戰略貿易論者所主張使用。

因此在企業間與國家間尋求整合的先決條件是：市場無法在欲整合的各單位中，有效的分配經濟活動。從一九八〇年代歐洲

Sociological Review 57: 440-559.

國家的多國籍企業力促歐洲共同體（*European Community, EC*）更進一步地進行經濟整合和成立國際市場的需求可以得知：不完全競爭市場是導致國家間整合的主因。[28]

　　常見的跨國企業策略因此成為：當外國政府有效地實施保護政策時，在受有保護的市場進行投資，以代替貿易的「關稅突破」（*Tariff Jumping*）活動[29]。企業的概念，尚包括「任何實現經濟活動的資源組合，包含公會（*association*）在內」。[30] *Jagdish N. Sheth*與*Rajendra S. Sisodia*（2002）曾闡釋四種力量以解釋企業與市場的演變型態，這四種力量分別是產業整合、政府干預、產品或製程實質標準的建立，以及共通的基礎結構。[31] 其認為在無政府管制與外力干預外，競爭性市場將自然演進，最終讓最有效能的企業受惠。但是，外資在突破關稅壁壘採取跨國併購型態進入市場時，卻也面臨著結合後是否形成寡占、壟斷的競爭審查，及政府是否准許企業進入該國市場的外資審議機制等相關問題。

[28] Dunning,J.H. 'The European Internal Market Programme and Inbound Foreign Direct Investment. Part II', Journal of Common Market Studies, 35：2,Pp.189-223.；Giovanna Segre, 'European Economic and Monetary Union and Foreign Direct Investment: A Survey of the Theoretical and Empirical Literature', http://www.econ.kuleuven.ac.be/ew/academic/intecon/home/Publications/CES_DPS/DPS0009.pdf；http://www.ub.rug.nl/eldoc/dis/eco/j.a.van.der.linden/c2.pdf

[29] Robert Konopaske, Steve Werner, and Kent Neupert, 'Entry mode strategy and performance: The role of FDI staffing, Journal of Business Research,55:9（2002）,Pp.759-770.UNCTC,1988.

[30] Valentine Korah,An introductory guide to EEC competition law and practice,（Oxford：ESC Publish Limited,1990）,p.24.

[31] Jagdish N. Sheth and Rajendra S. Sisodia, The Rule of Three: Surviving and Thriving in Competitive Markets （Free Press,2002）.Pp.1-13；參照Jagdish N. Sheth and Rajendra S. Sisodia同著，王柏鴻譯，《企業競爭優勢－三強鼎立的市場新局面》,（臺北：時報出版,2002），頁18-25.

對於跨國併購投資（ *Cross-border Merger & Acquisition Investment, MAI*），歐盟競爭法為因應「歐洲出類拔萃」（*champions européens*）觀念，以開創市場一體化暨經濟金融整合為其主導目標，是以對企業間併購所進行的結合管制與審查准駁，尚需兼顧會員國國家產業政策暨歐體在全球市場的競爭優勢等複雜因素，因而形成本身獨特的規範體系。[32]

回顧國際競爭法的沿革，可直追聯合國在古巴哈瓦納（ *Cuba Havana*）舉行的貿易與就業會議。公佈於一九四八年的「最終法案與相關文件」，亦即「哈瓦納憲章」，其中第五章名為「限制性商業行為」，提出對於控制限制性商業行為的總體性政策宣言，以及處理諮商程序、調查程序、共同處分安排，國內措施以及國際貿易組織（ *ITO, International Trade Organization*）會員國的義務。該憲章也特別著重特定的反競爭行為，即現今所稱的惡性卡特爾（*hardcore cartel*），譬如固定價格、包括招標前協定、市場分割協定等反競爭性協定的總稱。[33] 哈瓦納憲章後來雖未獲美國參議院批准，但卻促成該憲章中唯一生效的章節「關稅暨貿易總協定」（ *GATT, General Agreement on Tariffs and Trade*）自一九四八年開始運作，並自一九九五年開始成為世界貿易組織的一部份。因此當今，應是正視競爭法暨政策流派演變與未來發展的關鍵時機。

---

[32] 參照Gagnaire, François, 'Politique régionale et politique de concurrence dans la Communauté Européenne', Les Petites Affiches, 78, 18/04/2003, Pp. 8-15

[33] 參照歐洲聯盟執委會主管競爭事務委員Mario Monti於Freshfields Bruckhaus Deringer律師事務所贊助的《歐洲外交事務評論》年度講座。Mario Monti, 'Second Annual Lecture：The External Aspects of EU Competition Policy', European Foreign Affairs Review, 7：3（2002），Pp.235-240.

企業為因應「全球策略」（*Global Strategy*）的部署[34]，跨國企業在全球佈局（*configuration*）中與不同國家之間的協調（*coordination*）及回應遂顯得日益重要。[35] 國際競爭政策的趨同協作倡議，不僅於世界貿易組織一九九九年*Seattle*部長會議中展開討論，並且美國司法部（*DOJ*）所聘任的國際競爭政策諮詢委員會（*ICPAC，DOJ/Antitrust：The International Competition Policy Advisory Committee*）[36] 所主導的全球競爭法與政策的諮商組織：國際競爭網絡（*ICN*）也在二○○一年成立。在二○○二年九月第一屆義大利*Naples*會議與二○○三年六月第二屆墨西哥*Mérida*會議之後，為日益全球化的商業帶來更多正面的影響。[37]

　　在觀察實際案例中，例如：二○○○年七月，歐洲最大電信企業，且德國政府占50%以上股權的德意志（*Deutsche Telekom*,

---

[34] Birkinshaw, J. Morrison, A. & Hulland, J.（1995）: Structural and Competitive Determinants of a Global Integration Strategy, Strategic Management Journal, vol 16., pp. 637-655.; Arnold, U.(1989): Global Sourcing - An Indispensable Element in Worldwide Competition, Management International Review, Vol 29/4, Pp. 14-28.

[35] Prahalad & Doz（1987）通過對20世紀70、80年代跨國公司戰略問題的研究，認為高層管理者的最主要任務是管理戰略變革。（Prahalad & Doz,1987）另參照南京大學商學院項國鵬〈西方企業戰略變革理論述評及其對我國的啟示〉《外國經濟與管理》。

http://www.chinatech.com.cn/TechForum/TechForumHtml/discourse/20021128.04005.htm

[36] http://www.usdoj.gov/atr/icpac/icpac.htm

[37] 參照Eleanor M. Fox, A Report on the First Annual Conference of The International Competition Network,
http://www.internationalcompetitionnetwork.org/icn_naples_report_12-09-02_final.doc;http://www.internationalcompetitionnetwork.org/conference.html
及Ulrich Immenga著，徐宗佑譯，〈單邊主義、雙邊主義、多邊主義：國際競爭法的演變〉，《公平交易季刊》第十一卷第二期，（台北：行政院公平交易委員會出版, 2003/04），頁155。

以下簡稱*DT*）通信公司，計劃購買美國的*VoiceStream* 無線通信公司和*Powertel Inc.*等兩家移動通訊企業。這項併購計劃卻受到了來自美國國會多名議員的阻撓，他們認為該計劃將對美國國家安全和公平競爭造成嚴重的影響。美國國會議員希望美國聯邦通訊委員會（*Federal Communications Commission*,以下簡稱*FCC*）通過以一九三四年的三一〇法案禁止外國機構控制美國的通信網路；同時其他通信業競爭廠商也希望通過立法來限制*DT*在美國的發展。歐洲聯盟此後曾向美國國務院遞交照會警告，如果德意志電訊希望購買美國移動通信網的併購計劃遭擱置，歐洲聯盟會施展權力對此進行貿易報復。歐盟同時指出，如果*FCC*最終否決德意志的併購計劃，這將直接違反世界貿易組織（*WTO*）的規章制度。

美國電信商*SBC*通訊公司（*SBC Communications Inc.*）違反併購條件，沒有開放競爭者使用其電話網路，於二〇〇二年十月九日遭到美國聯邦通訊委員會（*FCC*）罰款600萬美元，這是*FCC*有史以來所祭出的最重罰款。美國第二大電話業者*SBC*在1999年獲准併購對手美國科技公司（*Ameritech Corp.*），並同意開放網路的條件，但事實上卻處處刁難競爭者，讓其他廠商無法執行FCC賦予的權利。從此案例，則又可以看出政府基於競爭法規範與政策的嚴厲，並非僅為國家產業政策所概括就能豁免罰則。由此更可以得知，在裁量併購投資中是否違反競爭因素的決議中，的確充滿著各種複雜顧慮。

二〇〇〇年十月，美國奇異通用電氣公司（*General Electric, GE*）宣佈將以四百七十億美元，創航空企業併購史上最高交易額紀錄，收買霍尼韋爾公司（*Honeywell, HON*）股權，但卻在二〇〇一年七月遭歐盟執委會競爭總署（*European Commission*

Directorate-General for Competition, 以下簡稱為*DG IV*）裁量後否決。競爭總署且建議通用電氣有限度地剝除其飛機租賃和融資業務。重要爭議在於：這是史上第一次兩家美國本土公司結合，因受到歐洲官方監管機構的阻礙而難達成購併的案例。爭執點尤其在於，兩家公司的結合申請在美已經獲得美國聯邦交易委員會（*Federal Trade Commission, FTC*）的許可，卻因歐盟不予批准導致結合破滅，凸顯出雙方公平競爭法觀念上的迥異。

　　與此相對地，一九九六年波音（*Boeing*）以一百六十六億美金與麥道在航空製造業的合併，成為美國客機市場唯一供應商。美國政府不僅沒有阻止波音兼併麥道，而且利用政府採購等措施促成了這一兼併活動。其主要原因是：美國政府在監管企業購併時，不僅僅根據國內市場佔有率來判斷是否壟斷，還要考慮在整個市場範圍內是否能夠形成壟斷。對全球寡占壟斷行業，需要分析全球市場的條件，主要是面對來自歐洲空中巴士公司的激烈競爭，而不侷限於本國市場範圍。同時，還要考慮國家整體產業競爭力。因此，在執行反壟斷法時，美國政府還是以國家利益為重，為了提高美國企業在全球的競爭力，支援大型企業的重組和購併。而一九九九年「大英航太」以七十八億英鎊（約一百二十三億美元）對「麥孔尼電子系統公司」（*Marconi*）的併購，成立BAE系統。該案隨即招致美國國防部副部長哈姆瑞（*John Hamre*）的強力抨擊，認為將損及跨大西洋的軍事合作，類似於此的併購仍多，可以顯示出國際之間在航太以及相關軍工產業上的競爭已隨跨國併購而日益尖銳化。

　　繼二〇〇五年八月二日中國海洋石油公司（中海油）因美國國家安全與政治因素受阻，宣佈撤回競購優尼科（*Unocal*）的決定。退出優尼科競標案的中國海洋石油公司，把焦點轉向澳洲，

可能尋求併購澳洲最大的石油與天然氣公司伍塞德（*Woodside*），或者是另一家公司桑托斯（*Santos*）。這項併購案有可能遇到與優尼科案同樣的問題，坎培拉當局可能會有自己的國家安全利益之考量。二〇〇五年八月深圳華為則洽購英國電信設備製造商麥孔尼公司（*Marconi*），但因為麥孔尼公司掌握英國關鍵技術研發能力，並且為美國國防部提供網路安全服務，遂為中國大陸華為公司的併購努力頻添政治阻滯。

二〇〇五年七月英國*BAE*系統公司（前身為英國的霍克・西德利公司）收購美國聯合防衛公司。聯合防衛公司是美國陸軍「布萊德雷」裝甲車的主要產製者，美國國會或國防部對收購案卻毫無芥蒂隔閡。但中海油與優尼科的案子則遭逢物議批判，這無異是雙重審查標準。立場保守的前中央情報局局長吉姆・沃爾希（*James Woolsey*）[38] 即曾認為中國海洋石油案併購優尼科案是

---

[38] Directors of Central Intelligence

Rear Adm. Sidney W. Souers, USNR*	23 January 1946 —10 June 1946
Lt. Gen. Hoyt S. Vandenberg, USA*	10 June 1946 —1 May 1947
Rear Adm. Roscoe H. Hillenkoetter, USN**	1 May 1947 — 7 October 1950
Gen. Walter Bedell Smith, USA	7 October 1950 — 9 February 1953
The Honorable Allen W. Dulles1	26 February 1953 — 29 November 1961
The Honorable John A. McCone	29 November 1961 — 28 April 1965
Vice Adm. William F. Raborn, Jr., USN （Ret.）	28 April 1965 — 30 June 1966
The Honorable Richard M. Helms	30 June 1966 — 2 February 1973
The Honorable James R. Schlesinger	2 February 1973 — 2 July 1973
The Honorable William E. Colby	4 September 1973 — 30 January 1976
The Honorable George H. W. Bush	30 January 1976 — 20 January 1977
Adm. Stansfield Turner, USN （Ret.）2	9 March 1977— 20 January 1981
The Honorable William J. Casey	28 January 1981— 29 January 1987
The Honorable William H. Webster	26 May 1987— 31 August 1991
The Honorable Robert M. Gates	6 November 1991— 20 January 1993
The Honorable R. James Woolsey	5 February 1993 — 10 January 1995
The Honorable John M. Deutch	10 May 1995 — 15 December 1996

「獨裁政權試圖接管」。美國國會所屬「美中經濟和安全審查委員會」委員巴索羅繆（*Carolyn Bartholomew*）於二〇〇五年七月十九日則加以指出，優尼科的資產尚包括阿拉斯加、墨西哥灣的離岸採油平台，因此中國政府假設掌握了優尼科，等於將來在美國國國土上掌控重要能源。

另關於二〇〇五年九月八日在中國四大通訊設備商「巨大中華」（巨龍、大唐、中興、華為）中深圳華為、深圳中興欲收購麥孔尼的消息未定之際，麥孔尼卻使出了迴旋鏢，借道中國普天全力殺進中國市場。

作為跨國發展終端通訊設備製造商，華為*CDMA2000*廣泛應用於歐洲、美洲、獨聯體、中東北非、亞太、南部非洲等五十多個國家和地區，網絡容量超過1700萬線。作為*CDMA2000*領域的領導者之一，華為公司是*3GPP/3GPP2*的獨立成員，也是IA450的董事會成員。二〇〇五年二月，北非阿爾及利亞移動公司（*ATM Mobilis*）與華為簽訂*GSM*合同。華為將向阿爾及利亞十五個省提供*GSM*網絡設備，服務一百二十萬*GSM*用戶。這是繼*UMTS*實驗

The Honorable George J. Tenet	11 July 1997 — 11 July 2004
The Honorable Porter J. Goss***	24 September 2004 — 21 April 2005

1 Mr. Dulles served as Acting DCI 9—26 February.

2 Admiral Turner retired from the Navy on 31 December 1978 while serving as DCI.

　* Before the National Security Act of 26 July 1947 established the Central Intelligence Agency on 18 September 1947, the Director of Central Intelligence served as a member of the National Intelligence Authority and head of the Central Intelligence Group by authority of a Presidential Directive of 22 January 1946.

　** The National Security Act of 26 July 1947 established the Central Intelligence Agency, which replaced the Central Intelligence Group on 18 September 1947.

　*** Under the Intelligence Reform and Terrorism Prevention Act of 2004, the position of DCI was abolished, and the position of the Director of the CIA was created.

網的建設后，阿爾及利亞移動與華為的再次戰略合作。二〇〇五年三月，華為獨家承建北非突尼斯最大的電信綜合運營商突尼斯電信*CDMA2000 1xEV-DO*網。二〇〇五年四月十四日晚間在北京人民大會堂，中共國家主席胡錦濤和非洲尼日利亞總統奧巴桑喬出席了，華為技術有限公司與尼日利亞通訊部的《*CDMA450*普遍服務項目合作備忘錄》及華為公司在尼日利亞投資協議的簽字儀式，共同見證中、尼兩國在電信領域展開更進一步的合作。二〇〇一年初，華為公司開始與非洲尼日利亞通訊部進行如何提高農村通信能力的探討和交流。其*CDMA450*無線解決方案獲得了尼日利亞通訊部的高度認可。該方案將快速地解決尼日利亞二百二十個地方政府無通訊覆蓋的問題，使尼日利亞全國的通訊覆蓋率提高一倍以上，同時促進了尼日利亞遠程教育、遠程醫療等服務的發展。中國開發銀行作為*CDMA450*普遍服務項目合作備忘錄的第三方，在此次會議上還簽訂針對該項目二億美元的貸款協議。另外，為進一步落實二〇〇四年中國全國人大常務委員會委員長吳邦國訪尼期間華為公司與尼通訊部簽訂的新技術引進協議，在本次簽署儀式上，尼通訊部長與華為還簽署價值二千萬美元的投資建廠協議。二〇〇五年七月，華為獨家得標荷蘭最大的全業務運營商荷蘭皇家電信*CWDM/DWDM*項目。

　　當麥孔尼宣佈在上海建立其下一代「網路亞太區卓越中心」，同時宣佈和中國普天攜手合作，全力佈局中國的*NGN*（下一代通信網路）市場，由於顯示對此事的重視程度，麥孔尼董事長*John Devavey*親自來到中國出席此次活動。*John Devavey*表示，下一代網路及寬帶市場是麥孔尼的發展重點，麥孔尼將與中國普天策略聯盟，通過雙方的合資企業進一步推動中國市場戰略的發展。就在同一天，麥孔尼和中國普天在上海的合資公司名稱正式變更為

上海普天麥孔尼網路技術有限公司。為了全面出擊*NGN*市場，麥孔尼已經全面停止了傳統交換機等的生產，並把80%的研發投入到了*NGN*領域。此前，麥孔尼其實已與中興通訊和華為簽署相關互銷協定，將分銷部分對方的產品借此大規模地進入中國市場。

相對地競爭同業早在二○○五年四月，中興公司以三百九十萬美元的超低報價獲得尼泊爾電信的一百萬線*GSM*網絡建設合同。在這次競標中，華為公司的報價是一千兩百萬美元，這在國外電信巨霸看來，已經是一個不可思議的低價格，然而華為依然敗在同業的中興手中。紐約電信市場調研機構*Heavy Reading*在報告中試圖論證這一點，「中國終端設備供應商正在用犧牲利潤的方式來換取更多的市場佔有份額」。

而追溯自一九九六年三月，四個合作夥伴原則上同意在一九九九年底將*AirBus*改組為一個獨立的法人實體。一九九九年十二月十三日，*AirBus*即召開董事會，在就企業具體重組問題進行激烈的爭辯駁詰後，各方仍未能達成一致結論。但隔兩天後，波音突然宣佈要與麥道合併，這條消息對合作各方都是一大心理衝擊。轉捩點出現在一九九九年。一九九九年六月，法國法國宇航與馬特拉高科技公司合併成法國宇航—馬特拉公司，進行私有化改造，法國政府在合併後的公司中持有48%股份。幾乎與此同時進行的是，*DASA*公司通過股權置換的方式收購了西班牙國有的西班牙航空航太公司。這兩起併購為*AirBus*的重組掃清障礙。二○○○年七月法國宇航-馬特拉公司與*DASA*公司合併，成立歐洲航空防禦與航太公司（*EADS*），成為*AirBus*新的母公司，持有*AirBus*81%股份。

當時，歐洲航空防禦與航太公司年銷售額約為二百二十億美元，是全球第三大航空及軍工集團，民航業務（主要是*AirBus*）

占其銷售收入的75%。作為一家上市公司，它必須保證盈利能力，而*AirBus*作為它的主要子公司，也必須不顧歐洲政府偏重就業的壓力，實現持續盈利。

然而，政府並沒有完全撒手不管。只不過，它已從經營的前臺退到後臺。正如一些業內人士指出的，*AirBus*與*Boeing*波音之間的競爭並不是純粹的商業競爭，兩家航空製造巨無霸背後是歐美政府的明爭暗鬥和妥協。政府補貼對*AirBus*的發展無疑起了相當重要的作用。在初期，*AirBus*新飛機的研發補助資金全部來自政府。據估計，一九七〇年以來，*AirBus*從法國、英國、德國和西班牙四國政府獲得的補貼超過一百五十億美元。

一九八〇年代歐美雙方曾就補貼問題展開了一場幾乎失控的爭論，最終於一九九二年簽訂了一份偃旗息鼓休戰之雙邊協定，規定歐洲政府給予*AirBus*的研發補助最多不得超過一種飛機研發費用總額的33%，而且必須在十七年內連本帶息償還，而美國政府給予波音的補助最高不超過該公司營業收入的3%。但該協定規定，*AirBus*償還研發補助的前提是新飛機的銷售達到一定數量，如果專案失敗，*AirBus*就無需償還。一些分析人士指出，通過這種形式的補助，歐洲政府實際上與*AirBus*一起共擔風險。也正是因為有了政府的撐腰，*AirBus*才能放開手腳大膽研發新機型。以*A380*為例，據估計歐洲政府給予*AirBus*的研發貸款大約為37億美元。波音公司*CEO*斯通塞弗曾批評說，得益於政府支援，從一九八四年到二〇〇四年*AirBus*共推出了五種新機型，而波音因為必須考慮股東利益只推出了一種。斯通塞弗的說法儘管不是十分充足的理由，但確實也從一個側面反映出了歐洲政府對*AirBus*的扶持。以*A380*為例，據估計歐洲政府給予*AirBus*的研發貸款大約為三十七億美元。

　　但根據歐盟的說法，波音公司其實試圖謀求由其他國家來幫助貼補成本，從而繞過歐盟和美國1992年就補貼達成的雙邊協議。日本是7E7專案開發的一部分，因為它是波音公司最大的單個工業夥伴，日本政府為該款飛機撥出十六億美元的補貼專款。事態的發展可能也會使義大利的補貼政策遭到攻擊。

　　如果不把義大利政府牽扯進來，歐盟在此案中將難以追究日本的責任。義大利政府和波音7E7專案案的另一家承包廠商，即義大利的阿萊尼亞公司（*Alenia*）簽署了類似協議。據報導，芬梅卡尼卡集團（*Finmeccanica*）子公司阿萊尼亞正從義大利政府那裏得到價值數億美元的補貼，用於建造該機的機身後段。

　　同時波音最大的三家工業合作夥伴，即三菱重工（*Mitsubishi*）、富士重工（*Fuji*）與川崎重工（*Kawasaki Heavy Industries*）已簽訂合約，完成35%的研發工作，並生產7E7飛機的機身，而日本第二大航空公司全日空（*All Nippon Airways*）是7E7的首飛客戶，訂購了50架7E7。根據價目表所列價格，這些飛機價值60億美元。日本經濟產業省昨日不願透露它為7E7項目所提議的財政援助金額。據悉，這筆援助將由給予三菱、川崎與富士的低息貸款和補貼構成。

　　歐盟執委員駐東京代表團的駱一德（*Etienne Reuter*）即曾表示：「日本承諾給予該項目的重要補貼，實際上已被市場認為是繞過歐美1992年協議的行為」。

　　*A380*的研發更是充分體現了*AirBus*這個後發者的創新特性。在與波音的競爭中，*AirBus*的一大劣勢在於，在四百人座以上的飛機市場它缺乏可與波音747相競爭的產品。多年時間裏，747一直是波音公司的賺錢機器，一些分析師估計，波音從每架747中賺到的利潤達到四千五百萬美元。*AirBus*認為波音747已到了產品生

命周期末期，因為一般飛機的生命周期在三十年左右，而波音747
已超過三十年。因此*AirBus*渴望製造出一種機型取而代之。

　　一九九二年，歐美雙方就補貼問題達成協定後，波音開始與
當時*AirBus*的四大母公司談判，以聯手開發800座左右的超大型客
機。然而，*AirBus*對波音並不信任。*AirBus*前任*CEO*讓皮爾松懷疑
這是波音的攪局詭計，其目的是遲滯*AirBus*研發自己的超大型噴
氣式客機。一九九五年，各懷心思的波音和*AirBus*在大飛機方面
的合作徹底破裂。對於其中的原因，波音方面稱是因為他們發現
大飛機市場需求太小。但*AirBus*則預期，超大型飛機（包括貨機
在內）的市場需求在一千六百五十架左右，市場足夠大，*AirBus*
稱自己與波音分道揚鑣主要是因為雙方在知識產權方面以及製造
分工方面未能達成一致。二〇〇〇年七月十日歐盟國家：法國、
德國及西班牙跨國購併成立歐洲航空國防太空公司（*European
Aeronautic Defense and Space*，以下簡稱*EADS*），成為歐洲第一
大，躋身全球第二大的航太廠商。由法國宇航·馬特拉、德國戴
姆勒克萊斯勒宇航和西班牙航空製造公司合併的歐洲航空國防太
空公司（*EADS*）在巴黎、法蘭克福、馬德里國際股票市場上同時
上市，標誌著這個歐洲最大的航空航太企業正式投入運作，*EADS*
公司尚與義大利機械金融集團和希臘航宇公司談判，組建六國聯合
的泛歐航宇集團－*JVC*工業公司。歐盟各國對此則紛採國家補助
（*State Aid*）支援立場。

　　在對外資或跨國併購審批的政治因素中也可以驗證半導體技
術迅速發展的經驗。由於從汽車製造到武器研製都需要半導體技
術，美國從一九七九年一直限制這項技術的外流。但中國大陸自
一九八六年以來，把提高半導體技術作為國家結構經濟大計，同
時還以無償提供工廠用地和採取優惠稅制等辦法吸引外資有關企

業。結果是，中國出現了五十三個「矽谷」（硅谷）式高科技工業區。但更難的還是保持自己領先的核心技術。拿以色列來說，二〇〇〇年，它被美國《在線》雜誌評為世界四大高科技中心之一，新興高科技公司已達到三千家，數量上僅次於美國。但是，以色列幾乎每天都有新興高科技公司被外國大公司兼併收購的消息，一九九七年到二千年三月，美國公司收購了二百二十四家，德國收購了十二家，加拿大收購了十家。二〇〇一年十月跨國通訊企業阿爾卡特（Alcatel）控股上海貝爾以進入中國大陸通訊產業市場，及同月份美國愛默生電氣收購華為集團轄下的安聖公司以進入中國大陸的網路基礎設施市場的案例更是昭然顯著。

歐洲聯盟曾在二〇〇〇年三月召開葡萄牙里斯本高峰會議。會議中提出具有挑戰性的任務是在二〇一〇年使歐盟成為全球最具競爭力的經濟實體，但在具體措施的採納上並沒有充分體現這一承諾。近年來歐盟在國際競爭中落後於美國，除了產業結構和市場方面的因素外，另一個重要因素是歐盟成員國的企業在跨國界和跨地區重組方面仍然受到限制。過去，歐盟執委會一直希望歐洲議會能夠通過企業收購法案的提議案，以推動成員國企業在歐盟內的跨國界重組。

為了讓企業更容易在歐洲境內跨國收購企業，歐洲聯盟預定實施「企業收購法案」。但於二〇〇一年七月卻在歐洲議會提案時遭到否決。最大原因，是德國政府運作成功。同時，義大利、西班牙政府因在本國大企業中占有相當大的股權，也不願被跨國外資所併購。實施新法案後，收購企業的提議如果對股東有利，經營團隊將無力阻止，因此德國等成員國極力阻撓。目前德國企業中，以英美為主的外國股東已逐漸增多。而且二〇〇二年起，德國對企業出售股票獲利將實施原則上不課稅的措施，以銀行為主

的企業勢必會大量減少交叉持股。鑒於德國曼尼斯曼公司被英國沃達豐集團敵意收購，如果企業收購法案通過，德國擔心外資收購德國企業將會形成熱潮。

　　二〇〇二年三月：設於波羅的海基耳（*Kiel*）港的德國潛艦製造廠哈德威（*HDW*）公司的兩大股份持有者，*Babcock Borsig AG, Oberhausen*（佔百分之五十）和*Preussag AG, Hannover*（佔百分之二十五）觀光暨金融投資業集團（原為鋼鐵業者）百分之七十五的股權被美國民間公司*One Equity Partners*（*OEP*）購得。之後哈德威和義大利*Fincantieri*公司決定合作生產七百噸以下的小型潛艇，緊接著，歐盟執委會同意*OEP*購買*HDW*一案。美國軍火公司諾斯洛普格魯曼（*Northrop Grumman*）更計劃再收購哈德威25%的股權，最後美方終於獲得百分之百的控股。歐洲聯盟執委會在五月三十一日通過了該項併購案，但本案還須經美國主管反壟斷事務當局*FTC*審查。在建造潛艦輸出時，也尚需要有德國政府審核：以獲得直接或者間接技術轉移必須經由德國國家安全會議同意批示的輸出許可證。而此項併購案，攸關美國得以變通地對台灣出售潛艦。由此審查、許可機制則可知：國家政治因素對跨國併購投資（*MAI*）關聯的重要性所在。這些，在在都透露著跨國併購投資除了經濟面衡量因素外，已不得不需要將浮現政治力運作的因素納入全球投資的變數考量，遂更加引發本書，就此議題深入探究跨國併購中政治因素的高度熱忱。

　　凡此，跨國鉅型企業的併購或外資核准進入的裁量權限，與跨國併購投資審議機制中運作的政治因素，均是具有爭議與值得進一步考察的重要議題。

第二節　研究問題與目的

　　本研究希望藉由主要從實務上審察歐洲聯盟執委會競爭總署
（*DG IV:European Commission Directorate-General for Competition*）
等的案例，以進行理論分析。研究將根據自一九八九年迄今申報
的併購案件，選擇重要個案，加以評釋分析。並就反壟斷機制審
核全球跨國企業與外匯、證券、期貨等經紀市場的個案，展開追
蹤討論。

　　觀察歐洲聯盟競爭法體系的形成，獲知對跨國併購的反壟斷
審查「裁量權」本身，在彙集決策的過程之中，即已深受歐體暨
成員國國內多重效應與權力配置影響，併購個案中有關當事國的
抵制或抗衡情勢不時地產生，且目前尚面臨歐盟東擴甄選的變革
時點，而需與新擴增的會員國，重新協調競爭法與政策體系趨同
的事宜。另外，於執行法規範的過程中，更介入與其他國家的域
外「管轄權」爭端，以及彰顯歐洲聯盟早就存在於高峰會、理事
會、執委會、歐洲法院（包括歐洲初審法院）、歐洲議會跨國黨團
之間多層次治理（*multi-level governance*）決策體制中權力競逐與
政治運作的爭議。[39]單就歐洲議會跨國黨團而言，即已然代表歐
洲民眾多元殊異的利益，囊括：象徵反對歐盟主義的「歐洲多元
民族黨」（*EDD*）與「歐洲多國聯盟」（*UEN*）；象徵生態及區域主
義的「歐洲綠黨黨團/自由聯盟」（*Verts/ALE；GREENS/EFA*）；象
徵社會及共產主義的「歐洲聯合左翼/北歐綠黨」（*GUE*）；象徵中
間自由主義的「歐洲自由民主改革黨」（*ELDR*）；象徵社會民主及

---

[39]　參照黃偉峰主編，《歐洲聯盟的組織與運作》，（台北：五南圖書，2003年），
頁98,244。

社會主義的「歐洲社會黨」（*PES*）；象徵基督民主及保守主義的
「歐洲人民黨/民主派」（*EPP-ED*）[40]；及「無黨籍隸屬議員」（*NI*）
等等不同政治立場，利益交纏而黨派間互相制衡。因此歐盟競爭
政策的多邊政治運作，更顯繁複龐雜。

　　國際體系分析層級上，本研究則嘗試從全球資本流動與金融
一體化的體系中，透過跨國併購投資的審議，來探討國家或超國
家組織[41]，以政治力介入跨國資本管理與金融控制的主要考量。
此主要考量包含：

（1）國際政治與安全戰略權衡因素；

（2）國內政治與產業經濟政策考慮因素；

（3）國家或超國家組織對跨越國界經營的企業體（*TNC,
　　　Transnational Corporate*）採併購型態進入市場型態的外
　　　資（*Foreign Direct Investment, FDI*）控管機制；

（4）跨國企業體（*TNC, Transnational Corporate*）對此控管機
　　　制的因應對策。

並進一步探討全球跨國併購投資中的三個對象：

（1）企業體（跨國併購投資決策行動者）；

（2）國家與超國家組織（以併購審查的調節閥，介入外資進

40　參照歐洲議會「歐洲人民黨/民主派」（EPP-ED）跨國黨團政策報告, Editor:
　　Pascal FONTAINE；Author: Sophie KERR,'The EPP-ED and the reform of
　　eu competition policy'。
　　http://epp-ed.europarl.eu.int/Activities/pinfo/info51_en.asp；及歐洲聯盟主管
　　競爭事務委員Mario Monti所發表演講辭。
　　http://epp-ed.europarl.eu.int/Activities/Forum/doc/monti_en.asp

41　歐洲聯盟執委會競爭總署會邀請各成員國競爭機構的專家人員參與合作
　　協助其業務。參考I vo van .Bael/ Jean-Francois Bellis,Competition Law of
　　the European Community,（3rd ed.,CCH Editions,1994）, Pp.6-8

入控管機制）；

（3）全球體系（不確定的風險效應）

本研究試圖以這三個對象與四個因素之間，環環相扣的多重效應（*Multi-effect*）與交相反饋（*Feedback*）的運作，來進行對（一）國際政治與戰略權衡因素、（二）國內政治暨產業經濟政策考慮因素及（三）國家機關與跨國企業相關因應對策的理論檢證。

衡量「併購審查裁量權限」，此一核駁標準的執行效果有眾多途徑，包括比較結合管制規範後，併購案的提出是否減少？或是市場集中、產業績效的情形是否獲得改善等。本研究的研究問題在於：企業體採取跨國併購與外資進入市場的謀略本身，有無政治及權力運作的因素，此權力運作或政治因素應當如何鑒察？其次是國家或超國家對企業體採取跨國併購與外資進入的謀略時，有無政治及權力運作的因素，應當如何鑒察？最後則是跨國併購與外資進入市場的競爭審查或外資審批權，此裁量權限該如何界定與執行始稱適當？

因此本研究主要在探討歐洲聯盟企業採取主要是併購，或採控股合資或策略聯盟等國際市場「進入模式」（*Entry mode*）時，所進行分別為：「全球產業競爭均衡」與「國家經濟結構發展」的政治取向。進而藉彙整相關案例分析整理出：

（1）國家或超國家組織，對跨國企業體採行跨國併購投資時：

（2）政治力裁量審查權的影響效應暨審查判斷標準。

（3）在全球競爭秩序中，基於企業發展利益暨國家權力，來分析政治運作因素與產業經濟政策對跨國併購的影響所在。

（4）分析跨國企業體（籌注資金或控制持股）在進入國際市場採行併購投資時，所將面臨外部及內部雙重政治因素

的因應策略及實質效果。

本研究除了期能藉跨國併購投資審議中政治力裁量的剖析，來釐清世界財經秩序背後錯綜複雜的國際政治考慮因素外；尤冀望借鑒歐洲聯盟競爭政策的發達經驗，對我國的企業併購規範及反壟斷審查有所裨益。但是也體認到每個國家政經發展情勢各有懸殊，未能貿然移植，所以需就不同政治情勢或社會環境採個案（*ad hoc*）因勢制宜。

第三節　研究方法

本書之研究方法採取：案例研究法、文獻分析法、政策取向法與比較研究法。

一、案例研究法（*Case Study Method*）

乃有系統地針對特定議題之背景、發展、行為、概念想法等，作深入的探討分析。其研究方法（步驟）為：1.澄清問題的所在；2.決定所欲研究分析的單位；3.設計一份如何收集資料的流程並發展收集資料的測量工具；4.收集、分析並解釋所得的資料；5.提出日後進一步研究的方向及可行性。[42] 而對於個案研究的結構：發現與判斷則為：確立研究主題（建構理論）、觀察、記錄事實（收集資料）、提出問題（分析數據）、提出解決方案、建立決策（產生新理論）。

---

[42] Arend Lijphart,1971 'Comparative politics and the comparative method', American Political Science Review 65: Pp.682-693.

二、文獻分析法（*Docunment Analyse Method*）

本文採文獻分析法，來作為主要的研究方法。透過國內外相關的跨國併購議題的專著、期刊、論文及官方案例文獻的蒐羅，以從事進一步的內容比對分析，藉以了解相關內容。參照（1）歐盟執委會競爭總署前署長*Alexander Schaub, 'Assessing International Mergers: the Commission's Approach'*,（*EC Merger Control 10th Anniversary Conference Brussels, 14-15 September 2000*）；（2）《亞洲電訊研究計畫》第八節＜競爭安全防禦：併購與投資＞（*Competition Safeguards Section 8*）；[43]（3）*Renolds, S P, International Antitrust Compliance for a Company with Multinational Operations* '[44]，以建構多國籍投資的綱領並依據聯合國《二〇〇二年世界經濟狀態暨前瞻》（*World Economic Situation and Prospects 2002*）[45] 與二〇〇二年三月經濟合作暨發展組織（*OECD*）發表的《世界經濟中的中國：國內政策的挑戰報告》（*China in the World Economy: the Domestic Policy Challenge*），以轉型經濟或低度發展國家的商業部門結構的資產重組須憑藉著對外直接投資之引進加以研討。[46]

---

[43] http://www.trp.hku.hk/e_learning/competition/section8.html

[44] 8 International quarterly 76（1996），http://www.antitrust.org/

[45] http://www.un.org/Pubs/whatsnew/e02047pr.htm

[46] ＜世界經濟中的中國：國內政策的挑戰報告＞中文版，http://www.oecd.org/pdf/M00027000/M00027491.pdf。主要相關資訊則參照：（1）王洛林主編，中國社會科學院國際投資研究中心，《2000中國外商投資報告－大型跨國公司在中國的投資》（北京：中國財政經濟出版社，2000年8月）。（2）全球併購研究中心http://www.online-ma.com.cn/。（3）中國併購交易網http://comm.mergers-china.com/index.asp（4）《兼併與收購》暨《產權快訊》期刊，（北京：萬森源產權資訊顧問中心http://www.chinaonline-ma.com註冊會員刊物）。（5）對外貿易經濟部主辦：中國國際投資促進網http://www.chinafdi.org.cn/等。

　　本文採文獻分析法，來作為主要的研究方法。透過國內外相關的跨國併購議題的專著、期刊、論文及官方案例文獻的蒐羅，以從事進一步的內容比對分析，藉以了解相關內容。從分析全球跨國併購投資活動的聯合國貿易與發展會議（*UNCTAD*）發表的《二〇〇〇年世界投資報告：跨國兼併收購與發展》(*Cross border Merger and Acquisition and Development, 2000*)[47]、《二〇〇一年世界投資報告：促進聯繫》(*Promoting Linkages, 2001*)[48] 暨《二〇〇二年世界投資報告：跨國企業與出口競爭》[49] 皆闡發全球跨國購併投資（*Merger and Acquisition Investment*，簡稱為*MAI*）為國際資本投資的主流趨勢。依據聯合國《二〇〇二年世界經濟狀態暨前瞻》(*World Economic Situation and Prospects* 2002)[50] 與二〇〇二年三月經濟合作暨發展組織（*OECD*）發表的《世界經濟中的中國：國內政策的挑戰報告》(*China in the world Economy: the Domestic Policy Challenge*)，則以轉型經濟或低度發展國家的商業部門結構的資產重組須憑藉著對外直接投資之引進[51]。

---

[47]　《聯合國貿易與發展會議二〇〇〇年投資報告》(World Investment Report 2000) http://www.unctad.org/wir/contents/wir00content.en.htm

[48]　《聯合國貿易與發展會議二〇〇一年投資報告》(World Investment Report 2001) http://www.unctad.org/wir/contents/wir01content.en.htm

[49]　《聯合國貿易與發展會議二〇〇二年投資報告》(World Investment Report 2002) http://www.unctad.org/wir/contents/wir02content.en.htm

[50]　http://www.un.org/Pubs/whatsnew/e02047pr.htm

[51]　<世界經濟中的中國：國內政策的挑戰報告>中文版，http://www.oecd.org/pdf/M00027000/M00027491.pdf。　主要相關資訊則參照：(1)王洛林主編，中國社會科學院國際投資研究中心，《2000中國外商投資報告－大型跨國公司在中國的投資》(北京:中國財政經濟出版社，2000年8月)。(2) 全球併購研究中心http://www.online-ma. com.cn/。(3)中國併購交易網http://comm. mergers-china.com/index.asp (4)《兼并與收購》暨《產權快訊》期刊，(北京：萬森源產權資訊顧問中心http://www.chinaonline-ma.com註冊會員刊物)。

參考the *Financials*、*Mergerstat*、*Mirus Merger.com*、*Competition Online*、*Fortune*、彭博金融資訊網（*Bloomberg*）、中國統計局、中國宏觀經濟信息網數據庫、中國中央商務區網、中國人民大學中國財政金融政策研究中心、中國外資網、對外貿易經濟合作部、*Barrons*、資訊產業市場研究機構*Gartner/Dataquest*資料庫、半導體分析機構矽策略（*Silicon Strategies.com*）、世界各國主要市場指數（*Fast Quote*）、華爾街日報、經濟學人、*The Albert Hirschman Latin American Virtual Institute edited by Javier Santiso "Economists and Internationalists Home Pages*（經濟學家與國際理論學家）[52]、美國*Thomson*金融證券數據公司與*Moodys*國家債信評等、資產估價暨風險管理等的統計數據。

三、比較研究法（*Contextual and Comparative Method*）

藉由歐盟與美國、韓國、經濟合作與發展組織（*OECD*）、聯合國貿易暨發展會議（*UNCTAD*）等對跨國併購之審查裁量與產業競爭結構進行各自間的關聯初步比較。將對跨國併購之競爭審查經驗較早且成熟發達的歐洲聯盟，與起步較緩但以引進外資而於二〇〇二年始擬頒布跨國併購法規的中國大陸針對研究架構中各變項關係，提出合理的研究假設以利驗證，作多個案的比較研究。

四、政策取向法（*Policy-Orient Method*）

藉由國家政策的決策取向來觀察跨國併購的制定。這牽涉到國家利益的界定，與國家產業經濟政策的規劃以及跨國企業因應

（5）對外貿易經濟部主辦：中國國際投資促進網http://www.chinafdi.org.cn/ 等。
[52] http://www.ceri-sciences-po.org/themes/javier/menu4/economist.htm

「全球策略」（*Global Strategy*）部署，在全球佈局（*configuration*）中與不同國家間的協調（*coordination*）及回應政策取向。

第四節　分析架構

　　分析架構則為依照結構現實主義者Waltz及國際政治經濟學家Gilpin等從以結構或國家為主之國際政經體系中主要行為者的途徑探討國家利益；依照自由制度主義彰顯「複合式互賴」（*Complex Interdependence*）為基底建立國際制度[53]以增進國家合作意願、改變其利益偏好，進而扭轉其處理問題的態度與模式（*Keohane, 1989*）的以「國際機制論（*international regime*）」為濫觴（*Krasner, 1983*）途徑探討歐盟與成員國關聯性；最後以法國外交學者*Chesnais,F., Martin P. and H. Rey*、義裔英籍學者*Grazia Ietto-Gillies*女士、*EICHENGREEN B., MUSSA M. et ali*（1998）等倡議的「金融全球化」（*La Mondialisation Financière*）概念；尤其是跨國大企業與金融業併購投資（*MAI: Merger& Acquisitions Investment*）狀態為中心議題型塑此次研究的整體分析架構。

　　本研究研擬「**產業競爭多邊施壓的多階控管**」分析架構，將分析主體集中於全球與國家之間的「超國家」即歐洲聯盟。而歐盟面臨著：上有「全球產業競爭均衡」，下有「國家經濟結構發展」的主要施壓。因此必須先國際關係理論中的「國家」屬性加以探究。

　　歐盟超國家組織或一般國家，藉著「外來投資審查暨競爭裁量」與「貿易壁壘及反傾銷、補貼」來管制經濟力或市場的運行，

---

[53] Yarbrough and Yarbrough, Cooperation and Governance in International Trade.（Princeton: Princeton University Press.1992）p.19.

這也就是所謂「政治運作」的控管行為。相對於就市場進入與支
配地位強弱區分為（一）「進入障礙」；（二）「新加入者的威脅」；
（三）「既存競爭者的強化」，產業競爭的多邊施壓控管措施又可
以基於此分為三項：（一）「自由競爭」與「解除管制」；（二）「併
購控制」與「市場力界定」；（三）「反壟斷」與「國家補助」等。
本研究則將反壟斷審查，置入超國家控管跨國企業併購的裁量中
以進行討論。

圖1-1　「產業競爭多邊施壓（*Assessing Competition*）的多階層控管
　　　　（*Multi-level Regulation*）」分析架構

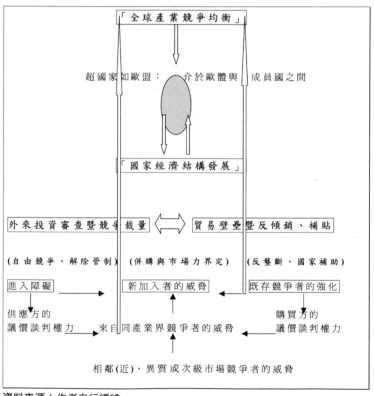

資料來源：作者自行編繪。

第五節　研究範圍與限制

因為依照「個案研究」的非隨機性質與個案分析與多個案比較的需要，所以將本次收集資料的時間涵括為較長遠的序列：一九八九年迄二〇〇五年將近二十年的外資在進入歐盟市場之跨國併購型態的樣本觀察期間，以免因截取案例觀察的期間過於短暫，導致能夠選擇的案例欠缺象徵性或資料數不齊全使研究結果失之疏漏、偏頗。

而且對照國際投資歷經十餘年間迅速活絡擴展的趨勢：大體上，從一九八九年十二月歐盟理事會頒布「四〇六四／八九號歐體企業合併控制條例」並於一九九〇年九月二十一日正式生效以來，國際投資主要動力來自於企業跨國併購投資和創業投資（Venture Capital）的盛行，將研究範圍的時間劃至二〇〇三年歐盟理事會頒佈「二〇〇三／第一號歐體企業併購控制規則」為一個完整階段也恰符合案例觀察分析暨理論研判的時間擘劃。

此研究並且將對跨國併購之競爭審查經驗較早且成熟發達的歐洲聯盟，與歐陸國家反壟斷法繼受淵源美國競爭法，以及起步較緩但以引進外資而於二〇〇二年始擬頒布跨國併購法規的中國大陸為輔相互比擬，針對研究架構中各變項關係，提出合理的研究假設以利驗證並作多個案的比較研究。歐盟競爭法的位序恰好是承先啟後的關鍵地位。

第六節　文獻探討與預期成果

觀察近年來全球資本蓬勃發展及跨國併購交易量臻於高峰，可確知此一國際政經趨勢遙領風騷而有深入研究的必要，且於

歐、美、日、中國[54] 等學術界業厥多探討。[55] 在日本方面,透過
日本政界人士如公正取引會委員長小粥正已、經濟團體聯合會競
爭政策委員會委員長弓倉禮一及學者如伊藤元重(東京大學)、山
內惟介(中央大學)、小原喜雄(神奈川大學)、金井貴嗣(中央
大學)、松下滿雄(成蹊大學)、正田 彬(上智大學)相繼闡述,
對競爭法的國際面向,已有較初步的釐清。[56] *(Hugh Scullion &*
Chris Brewster, 2001; Duncan Angwin, 2001; Philippe Very & David
M. Schweiger, 2001; Paul Krugman & Hélène Rey,2001; Gilpin,
2001; Ronald Hall, Alasdair Smith & Loukas Tsoukalis, 2001;
Chesnais, F., Ietto-Gillies, G.andR.Simonetti, 2000; Meloria Meschi
& A.Croppenstedt, 2000; Mario Amendola, Jean-Luc Gaffard and
Patrick Musso, 2000; Meloria Meschi, T. Hoehn, J. Langelfeld and L.
Waverman, 1999; Michelle Cini and Lee McGowan, 1998; Väyrynen,

---

[54] 劉昌黎,<國際直接投資的迅速發展與跨國購併>,《世界經濟與政治》,
2002年第一期,頁62-67。http://www.online-ma.com.cn。張磊,<跨國公司
的國際法主體地位分析>,《國際關係學院學報》,2001年第4期。維高編
著,《兼併-資本運營核心論》,(北京:中國物資出版社,1997年),頁
89-101。曹鳳岐主編,《如何進行企業重組與併購》,(北京:北京大學出
版社,1999年),頁42-104。

[55] Hugh Scullion &Chris Brewster, 2001; Duncan Angwin, 2001; Philippe Very
& David M. Schweiger,2001; Paul Krugman & Hélène Rey, 2001; Gilpin,
2001; Ronald Hall, Alasdair Smith & Loukas Tsoukalis, 2001; Chesnais, F.,
Ietto-Gillies, G.and.Simonetti, 2000; Meloria Meschi & A.Croppenstedt,
2000; Mario Amendola, Jean-LucGaffard and Patrick Musso, 2000; Meloria
Meschi,T. Hoehn, J. Langelfeld and L. Waverman, 1999; Michelle Cini and
Lee McGowan, 1998; Väyrynen, 1997; Petrella, R. , 1997; Krätke, M. 1997;
Matthew Bishop and John Kay, 1993;劉厚醇,1975;陳超雄,1988,繆代
文,2000;宣國良;干春暉;劉昌黎,2002。

[56] 伊従 寬、山內惟介、John O. Haley編,《競爭法の國際的調整と貿易問題》
(東京:中央大學出版部,1998)。

1997; Petrella, R. ,1997; Krätke, M. 1997; Matthew Bishop and John Kay, 1993；劉厚醇，1975；陳超雄，1988，繆代文，2000；宣國良；干春暉；劉昌黎，2002）[57] 然而，相關研究多限於財務綜效、人力資源管理、會計稽核或純粹法律規範的闡釋上，未能就全球政治經濟一體化中的政治層面有較多的探究。盱衡全球競爭優勢中導致的國際釁端，尤其體現於歐、美對跨國併購審查的衡量立場上。

　　本研究將以產業類別進行集中於軍事國防工業、金融財經貿易業、高科技資訊通信產業與鋼鐵製造業等等依照行業類別進行案例分類探討，以研究跨國併購中「政治運作」與「非競爭因素」

---

[57] 參照'European Merger', in Chesnais, F., Ietto-Gillies, G. and R. Simonetti, European Integration and Corporate Business Strategies, London, Routledge（April 2000, , Meloria Meschi joint with G. Ietto-Gillies and R. Simonetti）; 'OFT Commissions Study of Quantitative Techniques Used to Analyze Competitive Investigations', Global Competition Review （October/November 1999, Meloria Meschi ,T. Hoehn, J. Langelfeld and L. Waverman）; 'Quantitative Techniques in Competition Analysis', Office of Fair Trading Research Paper N. 17（October 1999, joint with T. Hoehn, J. Langelfeld and L. Waverman）; 'The Characteristics, Performance, and Strategic Behaviour of Merged Versus Non-Merged Establishments in Britain', The Review of Industrial Organization,（August 1999, , Meloria Meschi joint with Grazia Ietto-Gillies）; and "Measuring Wage Discrimination in Italy: A Random-Coefficient Approach", Applied Economics （June 2000, Meloria Meschi & A.Croppenstedt）. Hallwood, C. Paul and Ronald MacDonald, International Money and Finance, Blackwell Publishers, Malden MA, 2000, 3rd. ed. ;Väyrynen, R.: The Global Transformation: Economics, Politics, and Culture. （1997 Sitra 161. Helsinki: Sitra） ; Petrella, R: Mondialisation et stratégies des entreprises.（1997，Institut du Management d'EDF et de GDF.）"European Mergers and Merger Policy", NY, Oxford University Press（1993）. 暨日本學者潼川敏明:日米EUの獨禁法と競爭政策（1996年12月）;泉水文雄先生の獨佔禁止法の部屋http://village.infoweb.ne.jp/~sensui/神戶大學法學部教授の泉水文雄先生のホームページです。

的涵義。

　　企業體或涵括財務金融業之財經體，處於：國際政經體系暨
內國主權體制兩者間[58]的分析層級，因此在國際關係理論與國際
政治經濟學中，歐盟面臨著：上有「全球產業競爭均衡」，下有「國
家經濟結構發展」的主要施壓。因此必須先國際關係理論中的「國
家」屬性加以探究。

　　一般在分析企業體或涵括財務金融業之財經體研究時，多界
定為國際體系分析層級中，國際政經體系暨內國主權體制之間的
對立（*Ralph Hawtrey, 1952; Nicholas B ayne, 1987; Putnam, 1988;
Peter Gourevitch, 1986; Hans-Joachim Schabedoth, 1991; Theodore
Moran, 1996*）。分析的主體陸續演變，從「國家」屬性至「企業」
屬性的過程依序，作者歸其類型為下述諸端：

（1）**國家**（*Kindleberger, 1970: 5; Northedge, 1976; Gilpin,
　　　1987: 8; Miliband, 1969, 1977; Poulantzas, 1973, 1978*）；
　　　國家經濟與國家間的互賴關係（*Frey, 1978; Frohlich &
　　　Oppenheimer, 1978*）；此上述關係間的闡析（*Jones,
　　　1983:4*）。

（2）**政府科層**（*Anderson, 1989: 19; Samuels, 1989: 167-172;
　　　Adams & Brock, 1989*）。

（3）**奠基於國家中心論為主的具備權力行為者**（*Gilpin, 2001 :
　　　45*）。

（4）**責成權力配置獎懲與合法化特定社會的共同諮議機制**
　　　（*Norman Vig, 1985: 8; Charles Lipson, 1984*）。

---

[58] Ralph Hawtrey, 1952; Nicholas Bayne, 1987; Putnam, 1988; Peter
Gourevitch, 1986; Hans-Joachim Schabedoth, 1991; Theodore Moran, 1996

（5）政體統合。統合對外人直接投資（*FDI*）之影響（*Peter Muchlinski, 1995*）。

（6）企業體本身（*Coase, North, Williamson, Demsetz, Alchain, Barzel, Nelson, Winter, Ruttan; Jeffrey Fear, 1997*）。

（7）跨國（多國籍）大型企業體或財經體組織（*Raymond Vernon; Buckley & Casson, 1976; Subnash Jain, 1987; Dunning, 1992; Phillip Blumberg, 1993; EBHA; Mccraw, 1997, 2000; Witschke, 2001*）；跨國公司以技術轉讓中的限制性商業行為或專利權共用或交叉許可協議，產生市場或價格機制干預效應（*Sigmund Timberg, 1981*）。

（8）企業領導階層（*Mega Enterprise's Entrepreneur: Chandler Alfred Dupont; Franco Amatori*）等單元暨市場系統間的關聯互動爭議（*Ashley, 1984; Hollis & Smith, 1990, 1991, 1992; Wendt, 1987, 1991, 1992; Robert Boyer & Daniel Drache, 1996*）。

（9）甚至晚近演變成化約為學術論辨「行為者-結構」中的勘究（*Dessler, 1989; Carlsnases, 1992; Colin Wight, 1999; Tom Burns, 周長城, 2000*）。

（10）透過政府二階層「隔絕徵候處理」（*Michael Webb, 1995*）。

（11）不完全受市場力量控制（*Teece, 1993*）的單元「策略選擇」（*Child, 1972; Pfeffer & Salancik, 1978; Lorange, 1980*）。

（12）以企業體高階決策領導者「管理資本」流動（*Chandler, Alfred Dupont, 1962, 1977, 1993, 1999*）等等的闡發。

經濟與金融體系全球化之效應（*Die Globalisierung der Wirtschaft, by Harold James, 1998*），遂導致瞬息萬變資訊中的各種風險評估審查暨競爭規範（*Obstfeld M. and*

K.Rogoff, 2001；黃建森, 吳惠巧, 2001；謝易宏, 2000；
鄺承華, 2000；Van Wincoop, 1999；林盟城, 1999；鄧家
駒, 1999；林彩瑜, 2000; Baxter and Jerman, 1997；
Obstfeld, 1994）進而有世界法的挑戰（Trois défis pour un
drot mondial）（Delmas-Marty, 2000; French-Davis R.
2000.）。

（13）而**經濟與金融體系全球化之效應**（Die Globalisierung der
Wirtschaft, by Harold James, 1998），導致在瞬息萬變的資
訊化社會中，各種風險評估暨競爭規範審查的產生[59] 進
而有**世界法的挑戰**（Trois défis pour un drot mondial）
（Delmas-Marty, 2000; French-Davis R. 2000.）。

在國際政治經濟學的學術脈絡中，則主要是從研究國家經濟
的管理（Antoyne de Montchretien, 1616）到探究政治體制（國家）
與經濟體制（市場）的競合、安全關係（Ethan B. Kapstein, 1996,
1992, 1991）及國家、市場兩者間的互動及關聯（Homa Katouzian,
1980: 178-183; Elliott, 198 :74；Robert S. Walters and David H.
Blake, 1992; Sylvia Ostry, 1990; Schwartz, 1994），進而演變至闡釋
為可操縱性的政府目標、可付諸實踐的施政工具（Norman Frohlich
& Joe Oppenheimer, 1978:1-3,1998,2000; David Allen Baldwin,
1985）與彙總的政治經濟方策（Statecraft）（Gary Hufbauer, Jeffrey
J. Schott, & Kimberly Elliot,2002; Daniel Drezner,1999;Douglas
Johnston & Cynthia Sampson, 1994）。

---

[59] Obstfeld M. and K.Rogoff, 2001; 黃建森, 吳惠巧, 2001; 謝易宏, 2000; 鄺
承華, 2000; Van Wincoop,1999; 林盟城, 1999; 鄧家駒; 1999，林彩瑜,
2000; Baxter and Jerman, 1997; Obstfeld, 1994

一般歸類上，學者則是將國家限制競爭行為的類型分為：集體行為（*pratiques collectives*），包括企業聯合、控制企業經濟力濫用及企業經濟力集結，與個別行為（*Pratiques individuelles*）。[60] 在從事有關主題的文獻回顧後，啟人疑竇的是以往學者對政治經濟學的分析多著重於國家及政府角色之上的探討，如：

(1)「國家自主」（*State autonomy*）觀點；[61] 主要代表學者為*Skocpol, 1979; Johnson, 1982; Nordlinger, 1981; Kohli Et al, 1984; Kowalewski, 1987; SloanTedin, 1987; Snider, 1990*。

(2)「國家能力」觀點（*Organski & Kugler, 1978; Snider, 1988, 1990*）。

(3)「國家介入（發展）」觀點[62]（*Hirschman, 1958; Gerschenkron;*

---

60 參照何之邁，〈控制企業經濟力濫用之研究〉、〈歐市企業結合立法之研究〉、〈論企業結合〉，《企業經濟力集中之法律問題》，（台北：黎明文化事業，1989年）以及De Roux,Voillemot et Vassogne,Droit français de la concurrence,1979,p.12.

61 顯例為「將國家帶回來」－Skocpol, Theda. 1985. 'Bring the State Back In: Strategies of Analysis in Current Research' ,Pp. 3-37, in Evans, Peter B., D. Rueshemeyer, & T. Skocpol ed. Bringing the State Back in. Cambridge: Cambridge University Press.

62 Gerschenkron, Alexander, 'The Approach to European Industrialization: A Postscript,' in Economic Backwardness in Historical Perspective: A Book of Essays, （Cambridge, Mass.: Harvard University Press, 1962），Pp. 353-64.; Gerschenkron, Alexander. 1992. 'Economic Backwardness in Historical Perspective,' Pp. 111-30, in The Sociology of Economic Life. Ed. By Mark Granovetter and Richard Swedberg. Boulder, Co.: Westview Press；Hirschman, Albert, Journeys Towards Progress: Studies of Economic Policy-Making in Latin America,（Garden City, N.Y.: Anchor Books, 1965.）。Chalmers Johnson、Robert Wade、Alice Amsden等人則針對東亞NICs如日本、韓國、台灣檢證的「發展性國家機關」模型（Johnson,1982;White,1984&1988;Castells,1992）－著重於政治制度的安

Wade, 1990）。

（4）「國家自由經濟（發展）」觀點（*Balassa, 1972, 1988; J. Tinbergen, 1959, 1963*）。

（5）「國家相對鑲嵌自主」觀點[63]；*Peter B. Evans*在研究了第三世界的實證資料後，於九二年首先提出，在以國家機關引領產業結構與經濟體質轉型的模式中，雖然以獨立於特定社會利益之上的官僚體系為特色的國家機關自主性（*state autonomy*）是必要的，但如何確保國家機關的能力（*state capacity*）卻更重要。而解釋其能力的關鍵之一，厥為國家機關是否與其周遭的社會環境彼此鑲嵌（*Evans 1992*）。*Evans* 於九五年將此「深入埋藏（鑲嵌）的自主性」（*embedded autonomy*）概念完整化，並應用於新興工業化國家的經濟轉型實證研究（*Evans 1995*）。此概念的核心在於，國家機關以何種程度與形式，以那些共同參與有關經濟轉型計劃的特定社會團體

排與市場制度的設計又稱「制度學派」－（Ranis,1989;Doner,1992）雖以矯正市場失靈而以「財政政策」與「貨幣政策」雙軌進行有效誘導及幹預市場，並依據國家階段需要釐定產業發展次序策略、及強化（a）自主性〔功績甄拔（meritocratic recruitment）並授權小規模官僚階層菁英以隔絕一般社會利益團體意見〕、（b）機能性（高度行政績效）、（c）統合性（選擇策略性私經濟部門合作以共謀實現國家利益且交換對政府的認同（Rueschemyer & Evans,1985）及市場管理的職能。

[63] Embedded Autonomy: States and Industrial Transformation.（Princeton, NJ: Princeton University Press, 1995；Double-Edged Diplomacy: International Bargaining and Domestic Politics（co-edited with Harold Jacobson and Robert Putnam）（University of California Press, 1993；State-Society Synergy: Government Action and Social Capital in Development.（edited）（Berkeley: CA: UC Berkeley, 1997及對全球化現象發表：Eclipse of the State? Reflections on Stateness in an Era of Globalization., http://sociology.berkeley.edu/faculty/evans/。

相聯結，決定了國家的結構與國家機關的不同行動能
力。當有自主性而無鑲嵌時，則可能出現「掠奪式國家」
（*predatory state*），唯有兩者均存在，才有利於「發展
式國家」（*developmental state*）形成。落實到具體的經
濟發展政策上，國家表現其鑲嵌性的角色有四種：監護
者（*custodian*）、創造者（*demiurge*）、催生者（*midwife*）、
與耕耘者（*husbandry*）。此四種角色，基本上屬於「理
想型」（*ideal type*）的建構，實際上國家機關的行為往往
是四者的不同形態結合。而其重要理論意涵之一在於，
四者以何種組合方式出現，與產業發展或轉型的成敗有
高度相關性。例如，指出，「耕耘者」與「催生者」二
者結合的結果，要優於「監護者」與「創造者」的結合
（*Evans 1995：14*）。

（6）「國家治理（與私部門）互賴」觀點[64]。

（7）「國家官僚自主與公私部門的合作」觀點：一九九一年*Ziya*
*Önis*教授，將*Johnson*、*Amsden*和*Wade*三人論點歸結為：
官僚自主與公私部門的合作是發展型國家的兩大特

---

[64] Linda Weiss提出的「治理式的互賴」（governed interdependence）觀點，
更注重在以高新技術為主的產業中，國家機關如何引導產業轉型與發展
的問題。其核心意義在於，國家機關與產業部門建立起經由制度化關係
所規範治理的互相依賴聯結性之後，絕大部份有關產業與科技的相關政
策，都需經由與私部門的廣泛、定期諮詢與協調而成（Weiss 1998,
48-49）。Weiss治理式互賴觀點下所描繪的四種類型，有規劃性的支援
（disciplined support）、吸收公共風險（public risk absorption）、私部門提
出公共政策（private-sector initiative in public policy）、以及公私創新聯盟
（public-private innovation alliance）（Weiss 1995, 594-95）。其近期觀點則
參照Weiss, Linda., The Myth of the Powerless State. （Cambridge: polity
Press. 1998）

徵。Önis指出國家與私部門的關係,與歐洲的社會統合主義(Social Corporatism)並不相同,區分點主要在於國家能支配團體的程度。就東亞國家經驗而言,政治結構的威權傾向得以壓制社會力量的勃興,有利於官僚機構策動資本階級與勞工階級與其協作達成共同利益。[65]

本研究則試圖討論「超國家」行為者或「政治力量」,能否適時適度地以策略判斷,介入自由市場或產業發展而對國內的與國際的不完全競爭市場提出因應「國際變革的對外舒緩」(exogenous ease of international change)措施但同時也是奠基於擅長利用「國際交易的對外一致」(exogenous easy of international exchange)產生的接軌功能以創造福祉暨因應風險。因此本研究期望改變傳統研究以國家為中心的既有觀點[66],而以國際政治經濟中的另一面:跨國企業設定為國際間一個獨立行為主體(Agent)為互為相對性辨證論述基礎。此研究將奠基於Thomas Risse-Kappen在《將跨國關係帶回來》(Bringing Transnational Relations Back In:Non-State Actors, Domestic Structures and International Institutions)中的論證加以修改。Thomas Risse-Kappen的論證是:(1)世界政治中的跨國關係重要性且缺少跨國活動將無從探討國際間結構演變。(2)治理的制度性結構-包括國內與國際-居中斡旋著並影響跨國行為者政策。「國家世界」與「社會世界」相互需要。(Ernst –Otto Czempiel, 1996)[67](3)將國內與國際結構皆視為主

[65] Ziya Önis, 'The logic of the Development State', Comparative Politics, 1991(Oct), pp.114-115.

[66] Grieco, Joseph, and John Ikenberry ,2002, State Power and World Markets: The International Political Economy, W.W .Norton & Company.

[67] Czempiel, Ernst-Otto, ' Internationale Beziehungen: Begriff, Gegenstand und

要影響跨國行為者決策之變數，則其解釋效力遠超過於國際間權力結構、國家間議價、國內政治、議題領域及行為者屬性。（*p.311*）而不同類型的跨國行為者將以不同方式影響政策。（*p.307*）本研究將就上述論證加以衍伸，但導入「全球體系」作為分析跨國併購投資的分析層次

　　因此本研究預期成果在於改變傳統國際關係理論研究中以國家為中心的既有觀點[68]（參照附錄本書作者創設編製之圖表：「當代現實主義分類範疇」）。

Forschungsabsicht, in',Knapp, Manfred/ Krell, Gert （Hrsg.）: Einführung in die Internationale Politik, München 1996, S.2-26

請參德國科隆大學 Forschungsinstitut für Politische Wissenschaft und Europäische Fragen der Universität zu Köln Seminar für Politische Wissenschaft der Universität zu Köln 政治經濟學教授 Lehrstuhl für Internationale Politik und Außenpolitik , Seminar für Politikwissenschaft, Professor Dr. Thomas Jäger 網址http://www.politik.uni-koeln.de/jaeger/pruefungshinweise/bwl/。

[68] Grieco, Joseph, and John Ikenberry, State Power and World Markets: The International Political Economy, （W.W .Norton & Company., 2002）

表一　當代現實主義分類範疇

待解釋現象	對無政府狀態（Anarchy）的假設	
結構現實主義： 國際體系（結構）、極即主導 造成國際後果 「權力平衡理論」 *(Waltz;*Morton Kaplan*)*	防禦型現實主義： 國際體系僅在確定情況下才會提供擴張的 誘因、動機 　分析層次之爭辯：B.Buzan、D. Singer、 *Bruce Russett &Harvey Starr*	攻擊型現實主義： 國際體系總是會提供擴張的誘因、動機
新現實主義： 試圖解釋國際間 （系統）後果的理論 譬如： 各戰爭的類擬比較、 聯盟的持續性、 或國際間合作相同因素的分析	(1)「動態差異理論」 　　(Dale Copeland) (2)「均權競、合理論」 　　*(Robert Jervis, Charles* 　　*Glaser, and　Benjamin* 　　*Miler)*	(1)「戰爭的霸權理論」 　　*(Robert Gilpin)* (2)「權力轉化理論」 　　*(A.F.K.Organski & Jacek* 　　*Kugler ;Douglas Lemke)* (3)「利益平衡理論」 　　*(Randall Schweller)* (4)「強權政治理論」 　　*(John Mearsheimer)*
新古典現實主義： 試圖解釋（單元）個別國家的外 在行為的理論 軍事主導力位階、 聯盟偏好序列、 對外經貿政策、 或適應外交或敵對外交的籲求	(1)「威脅平衡理論」 　　*(Stephen Walt)* (2)「國內動員理論」 　　*(Dale Copeland)* (3)「攻擊、防禦平衡理論」 　　*(Stephen Van Evera , Thomas* 　　*Christensen , and Jack Snyder ,* 　　*&C.Glaser & Chaim Kaufmann)*	*Perception,Domestic* 因素 (1)「國家中心現實主義」 　*(Fareed Zakaria)1992* "The Myth of America's 'FreeSecurity'(Reconsiderations)," World Policy Journal, Vol. 14, no. 2 (Summer1997) 　*(Ethan Kapstein)1995* 　**"Is Realism Dead? The 　Domestic Sources of Inter- 　National Politics "IO. 49:751-4** *(Andrew P. Cortell and James W. Davis Jr.)* *"Understanding the Domestic Impact of* *International Norms: A Research Agenda"ISR* *2001* (2)「戰爭目的理論」 　*(Eric Labs)* (3)「對外政策的霸權理論」 　*(William Wohlforth)*
	增列加入認知、內政因素後研 究文獻 *Philip Cerny(2000),Herz,* *Quester, Singer, Robert Jervis,* *CharlesGlaser ,Jonathan Shimshoni, Jack* *Levy, Bueno de Mesquita, Lynn-Jones,* *Stephen Van Evera, James Morrow, Ted Hopf* *1991, '93&Midlarsky (1993); Dan* *Reiter(1995, '96, '98) Chaim Kaufmann(1998),* *James David, Jr., Bernard Finel, Stacie* *Goddard(1999).Keir Lieber;* *Taliaferro ;PeterLiberman(2000)*一系列對攻 擊-防禦平衡辯論	「難以界定的認知平衡」 *(ElusiveCognition blance)*▼ 　　本書作者創建之觀點

資料來源：作者自行編繪。參照：吳胤瓛，2001.5，後現代境域中的國際關係理論
新趨勢 ─兼論「新安全困境」、「建構理論」、「動態及重複選擇」最主要的是
點出現實主義演變的趨勢，已斜偏向主觀認知、內政等細部化探討。除參考 *Stephen*

G. Brook, *"Dueling Realisms",International Organization 51 ,3,Summer,1997,pp.445-77* 及
Jeffrey W. Taliaferro , *"Security Seeking under Anarchy: Defensive Realism Revisited.",*
Interational Security, Vol. 25, No. 3,Winter 2000/ 01,p.135 外, 尚將 *Taliafero* 的（1）
「強權協作」（*Great power cooperation theories*）較明確地修改為「權力屆均等時
國家的競、合選擇」或可簡稱「均權競合」，（2）將原圖中 *Waltz* 位置挪動並增
補學者文獻。（3）筆者加入第五種：難以界定的認知平衡、箭號、並安插結構、
系統、單元三層級。

　　本研究希望能藉由此研究：繼「將國家帶回來」（*Theda*
Skocpol, 1985）、「將企業帶回來」（*Lorraine Eden, 1993*）、「將跨國
關係帶回來」（*Thomas Risse-Kappen, 1995*）於審察國際體系分析
層次的跨國經濟活動之後，「將全球行為主體與仲介機制帶回來」
（*Bringing the Global Agent and Agency back in*）（本書），以進一
步建構跨國企業及外匯、期貨、證券交易市場整合的全球化跨國
併購的課題。

　　以往主流國際政治經濟學界多在探討跨國公司的投資母國
（*Home Country*）或地主國（*Host Country*）的國籍屬性、多國籍
商業活動中國家的能力配置、外資帶動低度開發中國家經濟發展
（*Balassa, 1981；Bauer, 1984；Drucker, 1974；Freeman, 1981；*
Johnson, 1977；McCormack, 1980；Todaro, 1981；Kobrin, 1987）
及重視世界資本市場的核心邊陲發展的結構不均衡型態
（*Bornschier et al., 1978；Chase-Dunn, 1975；Dos Santos, 1968；*
1973；Sunkel, 1972；Smith, 1979；Barrett and Whyte, 1982；
Bradshaw and Tshandu, 1990）[69]，本研究希望能轉至全球資本市

---

[69] 參照Louis W. Pauly and Simon Reich, 'National Structures and Multinational
　　Corporate Behaver：Euduring Differences in the Age of Globalization
　　（1997）, in Benjamin J. Cohen and Charles Lipson eds., Issues and agents in
　　international political economy.（Cambridge, Mass.：MIT Press, 1999.）,

場、衍生性金融交易市場機制及跨國企業體本身策略運籌面[70]的向度進行探討，且立基於全球分析層次的跨國經濟體研究的結合購併領域，論述較新、文獻較少而更需要進一步研究[71]。於焉本研究更試圖以國際政治經濟中的另一面，即是將跨國企業與金融市場設定為國際間之獨立行為主體（*Agent*）為基礎，重新以「跨國政治機制」展開本研究所欲探討的「跨國企業併購中之政治運作」與「競爭法反壟斷審查」的論述。

Pp155-184.一文以美、德、日等例彰顯國家結構屬性相當程度地影響跨國公司投資決策及行為之研究。

[70]　「將企業帶回來」－Lorraine Eden, 'Bringing the Firm Back In ,' in Lorraine Eden and Evan Potter, eds. Multinationals in the Global Economy. （London: St. Martin's Press, 1993）, pp. 25-58.

[71]　Ash Amin and Ronen Palen , ' Towards a non-rational international political economy' ,The Review of International Political Economy. 8:4 （ 2001 ）,pp.559-577. ; Beisheim, Marianne & Walter, Gregor: "Globalisierung" - Kinderkrankheiten eines Konzepts, in: ZIB, 4.Jg. （1997）, Heft 1, S. 153-180

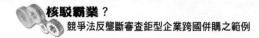

第二章

攸關鉅型企業之跨洲併購佈局
暨競爭法反壟斷裁量

　　本研究是以限制競爭中企業經濟力集中的結合控制為研究重心，探討競爭法反壟斷審查之裁量議題。而本章將討論跨國企業併購與政治運作的關聯效應，以進一步釐清在衡量全球競爭優勢後，「政治運作」機制罔顧經濟分析或企業壟斷地位而仍予以核准，此一以政治力介入核駁（核可、駁斥）鉅型企業跨國併購的情形。

　　一般而言，在實現現代化的過程中的初始階段，競爭法往往是以特許壟斷、促進壟斷、放任壟斷等為主的；成長階段，則是以反壟斷和促進壟斷、合理壟斷並存為結構的；只有在成熟期，才是以反壟斷為中心。一般可將競爭法規範之行為態樣區分為三大類：（一）限制競爭：獨佔、結合、聯結、經濟依附情形之濫用等。（二）不公平競爭：此係指買方與賣方之間之商業行為規範如費率或價格之透明化、銷售條款內容、禁止管制售價等。（三）其他與商業法相關之商業行為如品牌專利型式之仿冒、不實廣告（前述行為可被處以刑事處分）及不正當競爭行為如營業誹謗、影響交易秩序之欺罔等。本研究因此是以併購的基本概念解釋，延展到就跨國經濟面考慮因素與非經濟面考慮因素，以及全球安全體系的動盪效應進行討論。基此，釐清從中操控跨國併購活動的「政治運作」變數，並試圖主要以歐盟執委會競爭總署及相關權力體對於相關併購個案的反壟斷審查與裁量情況加以完整分析。

　　藉由海外市場進入方式與對外直接投資型態，跨國鉅型企業

（*multinational conglomerate*）得以開展出全球運籌的佈局。而「政治運作」，每每在全球金融市場與多國籍企業的跨國併購型態裏，從中操控，進而產生權力糾結的競爭效應，如中國大陸介入香港「盈科數碼動力」併購「香港電訊」案即屬之。而企業展開跨國兼併、收購的商業行為，也常關涉國際安全的效應[1]，此於軍工業複合體的併購中尤其彰顯。[2] 國際機制及國家面對企業體的結合也有各種因應立場（反托拉斯、國家補助、購併審查、解除管制），遂產生錯綜複雜的策略動向。

典型的歐美企業特徵在多是屬於H型公司（*holding company*），或稱複合型企業（*conglomerate*）的型態，集團本部非但無法提供技術或資訊給這些事業單位，後者還要在集團的「內部資金市場」與其他事業單位獨力爭奪可用之資源或資金，同時尚涉及企業管控的經營權歸屬與股額攤派等爭議問題。

錯綜複雜之多重衡量範例－*Unocal：Cnooc or Chevron Texaco*？

繼聯想併購*IBM PC*、海爾計劃併購美國家電三哥美泰（*Maytag*），美國國會隱約掀起反中資企業藉併購途徑進入美國市場之興論。二〇〇五年一月開始，中國大陸中國海洋石油總公司持續加碼競標，向美國加州聯合石油優尼科公司（*Unocal*）發出要約，其中曾以每股優尼科股票六十七美元的價格以全現金方式籌畫併購優尼科。此要約價相當於優尼科公司股本總價值約一百八十五

---

[1] Devinney, T., Midgley, D. & Venaik, S.. The Optimal Performance of the Global Firm: Formalising and Extending the Integration-Responsiveness Framework. Organization Science. 11：6（2000）

[2] 參照：齊文信，〈美國國防工業繼續併購〉，《多維周刊》，2002-01-03總第92期。http://www.chinesenewsweek.com/92/GoldenAge/7259.html

億美元。中海油表示，已收到高盛（*Goldman, Sachs & Co.*），摩根大通（*J.P. Morgan Chase & Co.*），中國工商銀行和中海油母公司對上述融資安排的承諾函及*Rothschild*的評估報告。據中海油提供的資料，競購的具體資金來源包括：中海油自有現金30億美元；高盛財務夥伴有限公司和摩根大通證券（亞太）有限公司提供的總計30億美元的過橋貸款；中國工商銀行提供的60億美元貸款；中海油大股東中國海洋石油總公司提供的長期次級債形式的貸款，金額為45億美元；以及中國海洋石油總公司提供的25億美元的次級融資。

中海油公司的要約價以同時參與競購的美國雪佛隆–德士古（*Chevron Texaco Corp.*）公司二〇〇五年六月二十一日收市價計算，此要約價比雪佛隆此前提出的收購價格高出約十五億美元。由於聯合石油和雪佛隆先前達成的協議中包括「違約金」形式的防違約條款，中海油如併購聯合石油就得向雪佛隆支付五億美元違約金。

美國政界與能源產業交雜難分。國防部部長倫斯斐曾為「新美國世紀」運作過政策計劃，該計劃是由錢尼、伍夫維茨、佛羅里達州長及小布希的兄弟—傑伯·布希在一九八八年共同推動的，旨在遊說柯林頓政府進軍富藏石油的伊拉克。阿富汗特使卡裏紮德（*Envoy Khalilzad*）掌控阿富汗政權，直到一九九八年他均是加州聯合石油公司*Unocal*顧問，當時他就曾遊說塔利班政權建造一條經阿富汗的天然氣管線，卻沒有成功。副國務卿阿米塔奇亦是優尼科（*Unocal*）的前代表。聯邦貿易代表佐利克（*Zoellick*）曾經擁有*Enron*能源公司的股票並為該公司顧問。國家安全及外交顧問萊斯也曾為*Chevron*石油公司效命。為了表彰她的貢獻，*Chevron*以她的名字將一艘超大型油輪命名為「康達莉扎·萊斯」

（*Condoleezza Rice*）。商務部長埃文斯和能源部長亞伯拉罕都曾是另一家石油霸業湯姆-布朗公司的主管。

優尼科擁有的油田位於里海周邊五國之一的阿塞拜疆，並掌握有「里海石油開關」之稱的巴傑輸油管道8.9%的股份。該油田擁有近70億桶原油資源，優尼科掌握超過10%的權益，若收購成功，戰略考量上勢必能增加中海油原油的30%淨產量。行業人士分析認為，這可能僅僅是即將到來的石油行業併購風潮的一次預備戰。除*Unocal*以外，西方石油公司（*OccidentalPetroleumCorp.*）、阿納達科石油公司（*Anadarko Petroleum Corporation*）、美國戴文能源公司（*DevonEnergyCorp.*）等都可能是中國企業下一步的收購目標。

在華盛頓，俄勒岡州民主黨參議員羅恩‧懷登（*Ron Wyden*）在參議院財政委員會關於中國貨幣體系的聽證會上表述，由聯邦籌設小組委員會從國家安全角度進行審議是當務之急。該小組委員會的會議對外保密，參與者包括財政部、國防部、司法部、商務部、國務院和國土安全辦公室的代表。該委員會直接向總統提出了一些建議，總統可以出於國家安全理由禁止出售。喬治‧布希總統是迄今惟一否決這類交易的總統，他在一九九〇年二月曾禁止西雅圖的一家飛機部件生產商對華進行銷售。眾議院要求外商投資委員會檢討中海油收購優尼科的計劃，甚至建議封殺該併購計劃。事實上，當外商投資委員會完成檢討後，布希亦有權反對有關交易，使中海油無法收購優尼科。

美國政界在得知中海油企圖競購美國石油企業後，於二〇〇五年六月十七日，眾議院加州共和黨籍眾議員理查德‧龐博（*Richard Pombo*）和鄧肯‧亨特（*Duncan Hunter*）聯名致函布希總統，要求以國家安全為由全面審議核駁這一併購個案，「美國日

益需要將滿足能源需求列入外交政策、國家安全和經濟安全的考慮範圍。當事涉中國時尤其如此。」他們敦促布希總統以保護國家安全為由,動用一九八八年通過的聯邦法案,任命以財政部長斯諾(*John Snow*)為主席的**美國外資委員會**(*CFIUS*,*Committee on Foreign Investment in the United States*),對中國海洋石油公司的有關收購計劃進行全面審查。中海油宣布啟動併購計畫的同時表示,需通過美國國家安全調查,即一般所稱「埃克森─佛羅里(*Exon-Florio*)條款」。該條款是一九八八年美國綜合貿易與競爭力法修正案,授權美國總統對外國在美國進行企業併購或控股的「國家安全」影響進行調查。海外投資委員會的授權來源於該條款。委員會在收到交易公司的知會信函後,需在三十天內完成對交易的審查。在某些特定情況下,審查期限可以延長至四十五天。委員會完成調查後需向總統遞交報告,總統則必須在十五天內作出最後裁定。總統作出決定後,需要將其決定通知國會。一旦該委員會對某項交易做出對國家安全有「潛在威脅」判斷,總統即有權中止交易,而外方不得尋求司法覆審,損失也無法獲得補償。[3]

　　意識到華盛頓存在的政治和政策障礙,中海油開始組建龐大的美國顧問團,希望能憑藉奧援度過這個政治上折衝與經濟上斡旋之難關。遴聘代表中海油進行領導遊說的是與共和黨和民主黨都有深厚關係的達拉斯律師事務所*Akin Gump Strauss Hauer & Feld*。此外,中海油還聘請德克薩斯州的*Public Strategies Inc.*負責溝通事宜,並聘請了專事併購事務的媒體策略公司*Brunswick*

---

[3]　Ron Orol in Washington and Claire Poole in Houston, CNOOC bid for Unocal faces hurdle, http://biz.yahoo.com/deal/050622/cnoocbidforunocalfaceshurdle.html?.v=2

*Group*提供諮詢。另外兩家律師事務所*DavisPolk & Wardwell*和*HerbertSmith*也是中海油的顧問。中海油的獨立董事聘請的顧問則包括諮詢公司*CRA InternationalInc.*以及律師事務所Skadden, *Arps, Meagher & Flom*。參與中海油專案的*AkinGump*人士還包括前議員、加州民主黨人士維克‧法奇奧（*VicFazio*），紐約共和黨人士比爾‧帕克森（*Bill Paxon*），副總統切尼（*DickCheney*）的前助手阿多‧馬基達（*Ado Machida*）以及與國會保守派人士有密切關係的共和黨人士巴尼-斯卡爾德尼（*Barney Skladany*）。

　　儘管美國埃克森美孚公司首席執行官雷蒙德（*Lee Raymond*）批評美國國會干預中海油收購是「一大錯誤」，但美國能源部長博德曼（*Samuel Bodman*）還是證實：「中海油的競購計劃將引發美國政府『複雜的審議』」。按照美國海外投資委員會的工作程式，委員會不會在收購完成之前對任何收購案進行調查。委員會只在交易完成、收到交易公司提交的通知函後才會著手進行審查。委員會不會主動插手調查收購案，但是交易公司通常都會在交易完畢後知會該委員會。海外投資委員會由十二個部組成，財政部長兼任委員會主席。委員會實際上設在財政部內，由國際事務司下轄的國際投資辦公室負責日常事務。

　　即使中海油的收購條件明顯優於雪佛隆，美國政府以及優尼科公司仍然會將雪佛隆作為優先考慮。顯例如二〇〇三年三月，中海油和中石油計劃各自斥資6.15億美元，向英國天然氣收購哈薩克斯坦里海北部油氣田的各8.33%的權益，但其後因為油田的其他國際股東行使優先購買權，導致交易擱置。但儘管美國參眾議院皆向中海石油競購案施加政治影響力，但加州聯合石油的命運仍主要取決於該公司董事會的彙綜議決。如果要求能夠得到滿足，加州聯合石油的董事會就將可能會宣佈中海石油的收購要約

更符理想。不過，雪佛隆仍有權強迫加州聯合石油對其收購要約在二〇〇五年八月十日進行表決。

中海油企業內部決策形成曾呈現紛擾情勢，當二〇〇五年年四月美國第二大石油公司雪佛隆提出以一六四億美元併購聯合石油時，中海油乃因內部董事反對，並未提出併購計畫；直到二〇〇五年六月初，反對併購案的資深獨立董事舒愛文辭職後，中海油才向中共發改委提出併購建議並獲核准。舒愛文曾任瑞士駐中國、北韓等國大使，曾為多家歐洲跨國企業擔任獨立商業顧問。離職後，中海油聘請畢馬威前中國非執行主席謝孝衍為新董事。

中國海洋石油公司近期出價一百八十五億美元現金收購競標優尼科，該出價超過優尼科已經接受的雪佛隆集團（*Chevron Texaco Corp.*）出價之一百六十億美金。現優尼科更與中國海洋石油公司進行商討，計劃在二〇〇五年八月十日對雪佛隆出價投票前更新股東構成。

二〇〇五年七月時，美國眾議院則以333-92票反對布希政府批准中國海洋石油總公司併購石油公司優尼科，同時通過要求布希政府立即評估此併購案的決議並將此作為財政、交通和其他部門自二〇〇五年十月一日開始財年支出議案附件。此外眾議院同時以398-15票通過一項非約束性決議，要求布希政府立即評估中國海洋石油對優尼科可能進行的併購。該決議表明此次併購可能威脅美國國家安全。

華盛頓負責審核中海油收購優尼科的小組，預計會在二〇〇五年八月十日（優尼科股東就雪佛隆的收購進行表決的日子）後展開為期三十日的初步併購審核。這次審核將會十分著重在保安問題。

全國外貿委員會（*National ForeignTrade Council*）主席賴因施

（*William A. ,Bill Reinsch*）說，「優尼科的探勘器材是受出口管制的，當中很多是電腦軟體；優尼科用來感應和量度海底爆炸，尋覓海底石油，但它亦有探測潛艇和引爆炸彈的潛在用途，經過改良更可用於核試。」或許外國投資委員會想問的一個問題可能是，「大陸和臺灣如果發生衝突的話，中海油會不會向臺灣供油？」政治考量上對於是否涉及潛在軍事技術以及美國在東亞盟國的能源安全等因素愈顯重要。此外，國會軍事委員會也將就這項收購案舉行聽證會。美國私營商業機構的負責人比爾.雷因曾對路透社表達，美國對某些石油開採和鑽探設備，尤其是其中的電腦軟體有出口管制。優尼科使用的設備和軟體可能有偵測潛艇等潛在的軍事用途。外國投資委員會中來自國防部的代表將審查中海油在收購優尼科後是否會影響到美國在東亞盟國的利益。日本、韓國和臺灣都在大量進口優尼科在印度尼西亞開採的天然氣。他們會考慮，因為優尼科目前向臺灣輸送天然氣，如果中海油成功收購優尼科，「一旦台海發生衝突，中海油是否還會向臺灣輸送天然氣？」。

　　而被購公司的股東意向攸關併購企劃案是否成立。加州財務官*Steve Westly*即於二○○五年七月八日揭露，美國最大退休基金加州公務員退休體系（*Calpers*）及美國第三大退休基金加州教師體系（*Calstrs*），均反對中海油的收購要約。身兼該兩大基金董事的*Steve Westly*，已發信予其他董事，促請他們反對有關收購，理由會威脅美國的安全，並可能被管理當局阻止。他指出，優尼科若繼續花時間及金錢與中海油談判，將會有損股東價值。該兩大基金合計持有優尼科一億三千萬美元的股份，兩基金總資產合共逾三千億美金。

　　至於本研究相關所討論的解釋案例，主要涵括下述範例：

一、歐洲鉅型企業之間

　　討論東德國營事業信託管理機構（*Treuhand*）、德國聯邦統一相關特殊任務處理機構（*Bundes －anstalt für Vereiniungsbedingte Sonderaufgaben*）對億而富（*elf*）收購石化工業個案並分析。

二、美國、歐盟鉅型企業之間

　　討論英國電信併購美國*MCI*個案（參照歐盟競爭總署*M.1741 - MCI WORLDCOM ／ SPRINT*併購案）；美國參議院阻撓德國電信（*Deutsche Telekom*）併購史普林特公司（*Sprint*）與聲流無線通訊（*VoiceStream Wireless*）個案並分析。

三、美國、亞洲鉅型企業之間

　　討論美國「外資投資委員會」（*CFIUS，Committee on Foreign Investment in the United States*）審查新加坡科技電信媒體（*Singapore Technologies Telemedia Pte Ltds, STT*）併購環球電訊（*GlobalCrossing*）涉及國家安全與經濟利益的個案並分析。

四、歐盟、美國與亞洲鉅型企業之間

　　討論瑞典國營防務公司*Celsius AB*和德國採購財團*Pressag Aktiengesellschaft*經歐盟批准通過併購*HDW*（*Die Kieler Howaldtswerke-Deutsche Werft AG*）公司案例並分析。[4] 而通過合併，*HDW*公司進一步收購了瑞典潛艇製造公司*Kockums AB*公司，一舉成為全球最大的非核潛艇製造商，並準備在十到十五年內佔

---

[4]　http://www.hdw.de/de/index.hdw?c1=start&m1=start

89

有80%的非核潛艇市場。於二○○二年四月歐盟執委會競爭總署核准*HDW*收購希臘造艦（*M.2772 - HDW / FERROSTAAL / HELLENIC SHIPYARD*）[5]。之後*HDW*則被總部設在美國芝加哥的*Bank One Corporation*轄下的投資公司*One Equity Partners*併購。

歐盟執委會於二○○二年五月三十一日通過該項募集美國國防工業製造商諾斯洛普格魯曼公司（*Northrop Grumman Corp.*）外資的併購案（*M.2823-BANK ONE CORPORATION/ HOWALDTSWERKE - DEUTSCHE WERFT AG*（*HDW*））而傳出美國將藉此繞道出售先前曾對臺灣承諾過的八艘二○九級柴電動力潛艇訊息。西班牙的伊薩爾（*Izar*）造船廠，也在美方考慮之內，因為布希在伊拉克戰爭期間，為爭取西班牙的支援，有意讓伊薩爾造船廠接單建造他承諾賣給臺灣政府的潛艇。但西班牙外交部長*Ana PALACIO VALLELERSUNDI*女士（隸屬EPP-ED黨團）則表示：該方案實現的可能性極低。

五、2004-2005年俄羅斯石油霸業競爭與國有控制─國際司法審查暨跨國商業「能源政治」之範例

討論（一）尤科斯*Yukos*─（*Neftanaya kompaniya YuKOS*；*Нефтяная компания ЮКОС*）範例、（二）羅斯*Rosneft*─（*Neftanaya kompaniya "Rosneft"*；*Нефтяная компания "Роснефть"*）範例、（三）俄羅斯天然氣公司*Gazprom*─（*"Газпром"*）（四）盧

5　參照猶太國家安全事務協會（The Jewish Institute for National Security Affairs, JINSA）Lauren Bemis,'Middle Eastern Submarine Fleets Modernize Swiftly：Wine Dark Seas Quickly Becoming More Dangerous', June 28, 2002. http://www.jinsa.org/articles/articles.html/function/view/categoryid/154/docume ntid/1513/history/3,654,154,1513

克 *Lukoil*－（ *Neftanaya kompaniya "LUKOYL" ；Нефтяная компания "ЛУКойл"*）與美國康菲石油（ *ConocoPhillips*）併購個案範例等。

第一節　企業併購分析──併購的經濟面考慮因素

基本上，兼併收購的考慮因素主要是企業體本身意圖：

（1）以事業群組管理模式平衡各所屬事業部門的績效與風險；

（2）汰換能力表現低靡的管理階層以重新整頓原本價值被低估的企業資產（ *Bowman ,Singh, Useem, and Bhadury, 1999*）；

（3）分享高附加價值資源以俾進一步取得關鍵性組織體營運能力等。[6]

關於被收購企業（目標公司，*Target firm*）的體質優劣與否，對收購後的績效表現（ *post-acquisition performance*）是否有較直接關聯而影響兼併收購的考慮因素，相關學術文獻上也曾討論。（參照表2-1）

---

[6] 參照Bowman, E.H. & Singh, H., "Corporate restructuring: Reconfiguring the firm." Strategic Management　Journal, 14(1993), pp.5-14. Bowman, E.H. & Singh, H., Useem, M. and Bhadury, R., "When does restructuring improve economic performance", California Management Review, 41:2 (1999), pp.33- . Capron, L.; Dussauge, P.; Mitchell, W., "Resource redeployment following horizontal mergers and acquisitions in Europe and North America, 1988-1992",Strategic Management Journal , 19 (1998) , 631-661

表2-1　被收購企業的體質對併購績效表現

結論	文獻分析
被收購目標公司的體質有利與否與被收購後的績效表現無關	*Anand & Singh, 1997; Capron, Dussauge, and Mitchell, 1998; and Hayward & Hambrick, 1997*
收購體質有利（*profitable*）企業導致併購後績效表現提高	*Kusewitt, 1985; Vermeulen & Barkema, 2001*
收購無利益可圖（*unprofitable*）的企業導致併購後的績效表現提高	*Bruton, Oviatt & White, 1994; Temple, Veal & Smith, 1981*

資料來源：作者整理自：（1）*Bruton, Garry D., Oviatt, Benjamin M., and White, Margaret A., "The Performance of Acquisitions of Distressed Firms." ,Academy of Management Journal ,37（August 1994）: 972-989.（2）Vermeulen, F. & Barkema, H.G. 2001. Learning through acquisitions. Academy of Management Journal, 44: 457-476 （3）Hayward, M. and D. Hambrick（1997）. 'Explaining the premiums paid for large acquisitions: Evidence of CEO hubris', Administrative Science Quarterly42, Pp. 103-127.*

　　然而除了為取得經營權、壟斷市場、規避風險、籌劃閒置資金及經理層級盲目擴充規模等考慮因素以外[7]，上述後三類考慮因素的利益來源乃是為了改善併購雙方的經營管理而獲致：使資源能力的整合運用所能創造出來的價值，高於個別資源能力運用所能產生價值的總和，即著重於綜效（*synergy*）的發生。因此，併購若能整合資源能力、發揮綜效來創造價值，發起廠商自然願意以溢價來收購目標公司，這也是為何絕大多數的收購案例收購金額均高於市價的研究發現：併購溢價（*premium*）受財務綜效、本身的決策權衡程度、以及目標廠商的決策權衡程度所影響，但不

---

[7]　Lubatkin ,M.& O'Neill,H. 'Merger Strategies, Economic Cycles, and Stockholder Value.', Interfaces, November/December.（1988）

見得是受真正的綜效所影響。例如：「借殼上市」以募集當地資金的財務綜效或藉以進入該國國內市場。[8] 當併購的動機為高附加價值資源的分享、藉產銷體系的整合來取得累積獨特的組織能力時，那麼併購後所產生的價值創造流程如何重新配置，就對併購績效的發揮有其重要影響了。這樣的現象又以衰退中的產業最為明顯（*Anand and Singh, 1997*）。一般而言，當某項資源（例如：管理技術、品牌、商譽）的市場交易機制出現問題，而不易出現買賣雙方都能接受的公平市價時，併購發起廠商與目標廠商間資源重新配置的程度，會隨資源相對強度的差異性的擴大而增加（*Capron et al., 1998*）。

公司可經由「合併與購併」、「股票收購」和「合資」來達到擴充的目的。合併係指將兩個或以上的經濟單位結合為一個經濟單位。合併又可分為：

（1）水平合併（*Horizontal Mergers*）：相同事業性質的公司的結合。

（2）垂直合併（*Vertical Mergers*）：處於不同生產作業階段，但在同一產業中的公司的結合。

（3）複合式合併（*Conglomerate Merge*）：不同事業性質的公司的結合。又可細分為：

　A. 產品擴張合併：即相關產品市場上企業間的併購。

　B. 市場擴張合併：即為擴張競爭領域而對其尚未滲透地區中生產同類產品企業進行兼併。

8　賈渠平、王慶仁，上市公司"殼資源"的經濟學分析，《證券市場導報》http://www.smh.org.cn；余尚武、楊政麟，臺灣企業借殼上市之經濟行為與股價報酬之關係，《經濟情勢暨評論季刊》第三卷第二期（1997年11月）http://www.moea.gov.tw/~ecobook/season/saa24.htm

C. 純粹複合式合併：即生產與經營間毫無相關產品與服務的企業間的合併。[9]

在會計處理上，合併處理則可歸類為：「購買法」（Purchase）與「權益結合法」（Pooling of Interest）。「美國財務會計準則委員會」（Financial Accounting Standards Board, FASB）《併購財務規則》規定自二〇〇一年六月卅日起，權益結合法將不再適用，自該日起企業合併應採用購買法。有關企業合併之會計處理，依美國於一九七〇年八月發佈之公報APB NO.16 Business Combination，可採用的方法有購買法（Purchase Method）及權益結合法（Pooling of Interest Method）二種，如企業合併符合特定之十二項條件者，應採用權益結合法之會計處理，餘則應採用購買法處理。然而美國FASB於二〇〇一年七月發佈公報FAS NO.141 Business Combination取代先前之APB NO.16。規定在二〇〇一年六月卅日以後發起（initiated）的企業合併；或採購買法之企業合併，其收購日（the date of acquisition）在二〇〇一年七月一日（含）以後者，其會計處理必須適用FAS NO.141公報暨FAS NO.141公報而取消權益結合法之會計處理，其主要理由在於：

（1）所謂特定的十二項條件，無法凸顯不同合併交易的經濟實質，而經濟實質相似的合併交易，又可能採取不同的會計處理，造成投資者閱讀報表的困擾。

（2）公司的商譽及其他無形資產，是現今企業日益重要的經濟資產，也是收購者計劃透過合併而取得的重要資產之一，而權益結合法以各合併公司之帳面價值合併，無法

---

[9] 可參照伍忠賢，《企業併購理論與實務》（台北：新陸書局，2002年）。

反映被收購公司之商譽或其他可辨認之無形資產之價值。[10] 公報141號其他的規定，包括商譽以外之可辨認資產的認列與負商譽的會計處理，則適用於二〇〇一年六月卅日後採用購買法處理之企業合併。公報142號的生效日期，則以二〇〇一年十二月十五日以後開始之會計年度。會計年度之起始日期在二〇〇一年三月十五日之後，且第一季季報尚未發布的企業，則可提前適用。總而言之，公報142號應自會計年度期初開始適用。[11] 新執行的財務規則要求併購企業必須對併購溢價做出準確定量並在逐年抵入成本上提出嚴格限制。

在市場經濟較發達的國家，產業重組一般有三種含義。一是指對企業的經營範圍及相關資產、資產控制方式進行結構重整（*Restructuring*），其方式一般是通過併購（*Merger & Acquisition*）實現業務擴張或通過分立（*Spin-off*）和資產剝離出售。（*Divestiture*）實現業務收縮，或企業間進行結盟、合作；二是指股權重組本身及其帶來的治理結構的變化（*Reorganization*），如要約收購（*Tender-offer*）、股權回購（*Share repurchase*）、上市公司轉為非上市公司（*Going private*）及經理層收購（*MBO*）、職工持股（*ESOP*）

---

[10] 值得注意的是，我國企業如有在2001年6月30日以後發起企業合併，或收購日（the date of acquisition）在2001年7月1日（含）以後而採權益結合法之會計處理者，俟後若到美國發行ADR，固需依FAS NO.141之規定改採購買法而重編財務報表，而即使我國企業合併是採購買法處理者，也因目前我國財務會計準則第25號公報規範之內容與FAS No.141仍存有部份差異而需作若干調整，因之，瞭解美國FAS NO.141之規定以及早因應，是一重要課題。

[11] 參照林東翹、蕭春駕，〈企業合併之會計處理－購買法〉《資誠之友》，資誠會計師事務所。http://friends.pwcglobal.com.tw/type01_136_01.htm

等；三是指對發生債務危機的企業進行資本結構的重新確定
（*Recapitalization*），如將有關債務種類進行調整並重新確定償債
方式和融資方式，也包括將一部分非擔保債務轉為股票。由於經
營範圍和相關資產的調整、資本結構的重新確定一般都是同股權
重組聯繫在一起，故其意涵常相互混用。

至於併購的類型大致可分為：

（1）**善意收購**（*friendly acquisition*）：指的是當獵手公司有理
由相信獵物公司的管理層會同意併購時，向獵物公司管
理層提出友好的收購建議。徹底的善意收購建議由獵手
公司方私下保密地向獵物公司方提出，且不被要求公開
披露。

（2）**敵意收購**（*hostile takeover*）：指的是獵手方不顧及獵物
公司董事會和經理層的利益和苦衷，既不作事先的溝
通，也鮮有些警示，就直接在市場上展開標購，誘引獵
物公司股東出讓股份。

（3）**要約收購**（*Tender Offer*）：是指收購方通過向被收購公司
的股東，發出購買其所持該公司股份的書面意思表示，
並按照其依法公告的收購要約中所規定的收購條件、收
購價格、收購期限以及其他規定事項，收購目標公司股
份的收購方式。此外，當有特殊原因時，目標廠商的股
東也可能考慮以折價出售。這樣的原因包括：目標廠商
大股東有財務危機所以急於出售資產、若發起廠商扮演
白色騎士（*white knight*）反制併購，這樣善意收購者的
角色來收購此資產，將促使雙方結盟互利。

至於在反收購的對策上則有：

（1）**金降落**

金降落（*golden parachute*）協定規定，一旦因為公司被併購而導致董事、總裁等高級管理人員被解職，公司將提供相當豐厚的解職費、股票期權收入和額外津貼作為補償費。以此構成敵意收購的壁壘，使收購變得不那麼有利可圖，或是給收購者帶來現金支付上的沈重負擔。

（2）**錫降落**

錫降落（*tin parachute*）一般是當公司被併購時，根據工齡長短，讓普通員工領取數周至數月的工資。錫降落的單位金額不多，但聚沙成塔，有時能很有效地阻止敵意收購。

（3）**白護衛**

獵物公司將大宗具有表決權的證券賣給友好公司，與充擔白護衛（*white squire*）的友好公司簽定不變動的協定，該協定允許白護衛在獵物公司遭收購時以優惠價格認購股票或得到更高的投資回報率。以此防止敵意收購。

（4）**白騎士**

獵物公司為了免受敵意收購者的控制而別無他策時，可以自行尋找一家友好公司，由後者出面和敵意收購者展開競標購戰。此白護衛（*white knight*）策略可使獵物公司避免面對面地與敵意收購者展開大範圍的收購與反收購之爭，但是，自尋接管人最終導致獵物公司喪失獨立性。

在觀察美國鉅型企業併購個案，則可發現複和異業結合（*Conglomerate Merger*）占較多數。複和異業結合盛行最主要的原因，是能夠避免反壟斷法的管制。這種交錯複雜的意涵表現在動態的鉅型企業重組上並且不斷促使產業的版圖產生劇烈變化，

尤其是跨國敵意併購更成為全球競爭激烈化的表現。英國沃達豐（*Vodafone*）豪奪德國曼內斯曼（*Mannesmann*）；美國輝瑞（*Pfizer*）與*Warner-Lambert*、英國葛蘭素威康（*Glaxo Wellcome*）和史克必成（*Smithkline Beecham*）等醫藥業相繼宣布合併之間的併購競賽；美國可口可樂百事可樂和法國達能集團（*Groupe Danone*）[12] 在收購魁克公司上的競爭等皆是這種併購型態的表徵。

譬如德國的曼內斯曼公司曾是著名的鋼鐵和工程機械企業，但事實上，如今通信業務已占該公司資產的70%，並是發展最快的業務。曼內斯曼公司於一九八五年才開始涉足通信領域，不斷進行動態重組，且利用國際重組的機會增快重組步伐。一九九九

---

[12] 關於跨國鉅型企業可以總部設於法國巴黎的達能集團為例。該企業是從1969年起從事食品生產和銷售業務的跨國公司，集團的業務遍佈六大洲，產品行銷100多個國家。2001年集團的總營業額達到144.7億歐元。雇員100560人。在法國、義大利及西班牙，達能集團都是當地最大的食品集團，達能亦是當今歐洲第三大食品集團，並列全球同類行業前七名之一，其他重要的排名包括有：全球排名第一的鮮乳製品生產商；達能集團在東歐的發展始於1990年，並很快憑藉danone和opivia及lu品牌躋身於鮮奶製品和餅乾市場領先地位。在波蘭，自從收購Zywiec Zdroj（飲用水）之後，達能集團的三種產品在該國居於首位。全球排名第一的瓶裝水生產商；全球排名第二的餅乾生產商。擁有許多世界知名品牌的法國食品製造商達能集團 （Groupe Danone） 成立於1899年，乳製品佔全球市場的15%，製造新鮮乳製品、飲料、餅乾和其他食品，也製造Galbani牌義大利起士、Dannon 優格（US）、Jacob's和LU餅乾、HP和Lea & Perrins醬和Bĺedina嬰兒食品。達能集團是全球第5大食品公司，全球第二大餅乾製造商，在短短30年中，通過購併發展迅速，目前在中國大陸已控股、入股10多家食品飲料企業，其中最為引人注目的是控股"娃哈哈"和"樂百氏"，持股比例分別達60%和92%。達能集團先後在巴西（1970年）和墨西哥（1973年）開闢了其鮮奶製品市場。如今，集團在這兩個國家以及阿根廷的鮮奶製品市場均排名第一。達能的餅乾在拉丁美洲的銷量同樣位居首位（阿根廷第一，巴西第二），品牌分別是Bagley,Lu和Danone。最後，達能集團還是拉美地區的第二大瓶裝水供銷商，品牌主要是Bonafont,Villa del Sur,Villavicencio和Salus。2001年營業額：15億歐元，占總營業額的10%，員工12620人。

年，不但收購英國的橙（*Orange*）電信公司，更實現拆解冶金業務部門的資產剝離計畫，並計劃將其工程機械和汽車零部件業務也分拆上市。

Mannesmann（*MMN*）向和記黃埔收購*Orange*的交易終於獲歐洲委員會正式通過，但卻附有條件：要求MMN必須同時出售電訊業務股權。歐洲委員會通過*MMN*收購*Orange*的四百一十八億美元的交易。條件是*MMN*需出售澳洲電訊業務，但*MMN*方面亦已答應有關要求，同意出售其在澳洲的*Connect Austria*股權。*MMN*收購*Orange*的交易完成後，立即令*MMN*成為該區內三大電訊公司之一。*Orange*擁有三百五十萬名客戶，並在英國市場擁有17%佔有率，*MMN*在收購成功後，可擴大其電訊市場地位，同時增加市場佔有率，成為歐洲三大流動電話公司之一。歐洲第二大的法國電訊商*SA*，聯同全球最大無線電話商*VodafoneAirTouchPlc.*，則有意收購剛與和黃聯盟的德國電訊商*Mannesmann*，議價四百五十億英鎊。歐洲電訊市場被喻為發展潛力龐大，*Mannesmann*、*SA*及*Vodafone*近年一直積極爭取在歐洲流動電話市場佔有率。*Mannesmann*完成斥資340億元收購和黃旗下英國電訊*Orange*，*SA*則以九十億元收購德國無線電訊公司*E−Plus*。

歐洲委員會曾為該項收購進行為期五個月調查，以防出現壟斷市場情況。和黃在這項交易中除可獲利逾一千億港元之外，還可以換取約10% *MMN*股份，擴大和黃全球電訊業務版圖。雖然*MMN*已成功收購*Orange*，但仍要面對另一電訊公司*Vodafone*的敵意收購。嗣後英國的沃達豐（*Vodafone*）電信公司即對曼內斯曼公司進行跨國界的強行敵意收購（*Hostile Takeover*）。[13]

---

[13]　參照歐盟執委會Case No. COMP/M.1795–Vodafone/Mannesmann of 12/04/00.

現今全球最大的移動通信服務運營商沃達豐空中通訊公司於二〇〇五年三月九日表稱，與加拿大電訊公司 *Telesystem International WirelessInc* 進行斡旋談判，提出35億美元（相當於該公司二〇〇五年三月八日的市值）收購後者持有的捷克共和國 Oskar 移動和羅馬尼亞移動通訊公司 *Mobifon* 的股份。此舉是沃達豐圖謀擴張歐洲市場戰略的一部分，也是沃達豐近年來金額最大的一椿收購案。

沃達豐的首席執行官 *Arun Sarin* 一直表示，由於西歐市場已經飽和，他有興趣在東歐、非洲和俄羅斯等快速增長的市場進行收購。沃達豐稱，這一收購計劃與公司的戰略是一致的，即重點發展中東歐市場，以推動公司未來的增長。該收購計劃將有助於擴大它在德國、匈牙利與波蘭等周邊地區的市場份額。

表2-2　彙整歐盟併購審查收關 *VODAFONE* 案例（依裁決之時序排列）

VODAFONE
M.3776 - *VODAFONE / OSKAR MOBILE*（25 May 2005；139/2004 Art. 6（1）（b））
M.3245 - *VODAFONE / SINGLEPOINT*（16 Sep 2003；4064/89 Art. 6（1）（b））
M.2741 - *VODAFONE / ARCOR*（20 Mar 2002；4064/89 Art. 6（1）（b））
M.2469 - *VODAFONE / AIRTEL*（26 Jun 2001；4064/89 Art. 6（1）（b））

以及'EU genehmigt Fusion Mannesmann/Vodafone', http://www.heise.de/ newsticker/data/jk-12.04.00-001/另有關敵意收購與善意（公開）收購概念與文獻可參照黃慧嫻，＜公開收購活動涉及之法律問題淺析－以美國及歐盟對於敵意收購之制約為例＞，《科技法律透析》，民國92年01月。

M.2195 - CAP GEMINI / VODAFONE / JV（29 Nov 2000；4064/89
　　　　Art. 6（1）（b））

M.1863 - VODAFONE / BT / AIRTEL JV（18 Dec 2000；4064/89 Art.
　　　　6（1）（b））

M.1817 - BELLSOUTH / VODAFONE（E-PLUS）（26 Jan 2000；
　　　　4064/89 Art. 6（1）（b））

M.1430 - VODAFONE / AIRTOUCH（21 May 1999；4064/89 Art. 6
　　　　（2）（conditions&obligations））

VODAFONE AIRTOUCH

M.1951 - BT / JAPAN TELECOM / VODAFONE AIRTOUCH / JV（20
　　　　Mar 2002；4064/89 Art. 6（1）（b））
　　　　　　M.1795 - VODAFONE AIRTOUCH / MANNESMANN（12
　　　　　　Apr 2000；4064/89 Art. 6（1）（b）. 26 Jul 2002; Art. 6（1）
　　　　　　（b））

VODAFONE GROUP PLC

M.2305 - VODAFONE GROUP PLC / EIRCELL（02 Mar 2001；
　　　　4064/89 Art. 6（1）（b））

VODAFONE – SFR

M.1055 - CEGETEL / VODAFONE - SFR（19 Dec 1997；4064/89 Art.
　　　　6（1）（b））

資料來源：整理自歐盟執委會競爭總署審查併購案例。

表2-3　歐盟反壟斷審查中之曼內斯曼（MANNESMANN）併購案例

M.3582 - MANNESMANN/FUCHS（26.12.2004）

M.2047 - BAYERISCHE HYPO- UND VEREINSBANK / IXOS /
　　　　MANNESMANN/ MEMIQ（04.08.2000）

M.1795 - VODAFONE AIRTOUCH / MANNESMANN（12.04.2000）

M.1760 - MANNESMANN / ORANGE（20.12.1999）

M.1629 - KNORR BREMSE / MANNESMANN（20.08.1999）

M.1053 - MANNESMANN / PHILIPS（12.02.1998）

M.1025 - MANNESMANN / OLIVETTI / INFOSTRADA（15.01.1998）

M.906 - MANNESMANN / VALLOUREC（03.06.1997）

M.408 - RWE / MANNESMANN（28.02.1994）

> M.394 - MANNESMANN / RWE / DEUTSCHE BANK （22.12.1993）
> M.315 - MANNESMANN / VALOUREC / ILVA（31.01.1994）Art. 8（2）
> M.222 - MANNESMANN / HOESCH 　（12.11.1992）
> M.164 - MANNESMANN / VDO 　（13.12.1991）
> M.134 - MANNESMANN / BOGE 　（23.09.1991）
> JV.17 - MANNESMANN / BELL ATLANTIC / OPI 　（21.05.1999）

資料來源：整理自歐盟執委會競爭總署審查併購案例。

　　沃達豐甚至還考慮購買土耳其政府將要拍賣的移動通信運營商 *Telsm Mobile Telecommunication Service Inc*。沃達豐已擁有 *Mobifon* 20%的股份，享有優先購買剩餘股份的權利。*TIW* 拒絕透露沃達豐更有意於收購整個公司還是只收購部分資產。瑞士銀行目前擔任沃達豐 *TIW* 收購案的顧問。

　　Mobifon，註冊商標為 *Connex*，是羅馬尼亞最大的移動通信運營商，在二〇〇四年年底已擁有四百九十一萬用戶，占羅馬尼亞48%的市場份額。而 *Oskar* 到二〇〇四年年年底只有一百八十三萬用戶，占17%的市場份額，是捷克最小的移動通信運營商。

　　競爭政策中的併購審查也深受國家經濟與產業政策影響。東亞金融風暴期間，韓國經濟危機特別工作組曾決定，為拯救陷入經濟困境公司，一九九八年五月開始准許外國公司對當地公司進行敵意收購（*Hostile Takeover*）。特別工作組負責人金泳煥表示：「不需通過董事部同意，外國人就能夠購入公司股權的頂限，從原本的10%提高到三分之一。」一旦相關議案得到國會審核通過之後，就能夠立刻生效。特別工作小組也決定廢除，外國公司在收購當地公司十二億五千萬美元或更多股東基金之前，必須向財

政部提出申請條例。[14]

　　凡此種種，皆顯示跨國產業中，鉅型企業間藉著擴充、併購、資產重組與複合式多角經營等殊多樣態，以及企業與競爭監督管理機關緊密牽連的互動關聯。

第二節　企業併購分析：併購的非經濟面考慮因素

　　於經濟因素之外所不可忽略的，即在兩企業體進行此一併購的同時，在外部也面臨著國家及國際間反壟斷政策行政審查的考驗：即企業集中的「事前申報制度」（*Prior notification of concentrations*）。[15] 而國際體系的整體秩序，如不確定的政治動盪或法律規範的改革修正也有相當程度的影響效應產生。

一、「國家經濟結構發展」的施壓力量

　　本研究分析架構中所提出的最主要的兩項產業競爭施壓力量之一，即「國家經濟結構發展」此一重要變數對跨國併購活動的效應可以從觀察國家或單一市場經濟體（如歐盟）基於厚植國力與發展全體產業因素的衡量的影響獲知，諸如挪威政府為因應國際競爭，擬對其控股的國有企業*Statoil*公司和*SDFI*公司進行媒合

---

[14]　此外，國際貨幣基金組織再次強調，雖然和韓國基本達致降低利率的協定，但基金組織仍對此課題保留非常謹慎的態度。與此同時，特別小組也允許韓國公司，能夠購回多至三分之一的本公司股票，以便保護自己被敵意收購。早些時候，韓國財政部曾反對該項措施，認為這將使外國機構在公司股價非常低的時候，乘機吸購股票，從而控制了國家關鍵性的工業。

[15]　實方謙二，《獨占禁止法（新版）》，有斐閣，1992年，頁128。

併購。[16]

　　另外如二〇〇一年七月時，美國聯合航空公司（*United Airlines*）曾經與美國航空公司（*US Airways*）雙邊舉行有關放棄四十三億美元合併計劃的諮商談判。聯合航空公司放棄該併購計劃，是因為該公司相信該併購計劃難以獲得政府管理部門的批准。[17]

　　歐盟委員會二〇〇五年七月五日核准德國漢莎航空公司併購瑞士國際航空公司的方案，但同時要求附帶限制條件：在必要的情況下，兩家公司必須轉讓或釋放某些航線的經營權。根據歐盟委員會提出的限制條件，漢莎和瑞士國航最多要轉讓四十一條航線的經營權，所涉及的航空港包括蘇黎世、法蘭克福、慕尼黑、杜塞爾多夫、柏林、維也納、斯德哥爾摩及哥本哈根等。

　　歐盟執委會的批准為兩家公司的合併掃蕩了最後障礙。這是自二〇〇四年法國航空公司收購荷蘭航空公司後，歐洲航空界的又一項大型兼併交易。歐盟負責競爭事務的委員內莉·克勒斯－斯米特說：「歐洲航空業的兼併是件好事，但它不要導致票價上漲或

16　參照 'Statoil/SDFI merger proposed', www.statoil.com/STATOILCOM/ SVG00990.nsf/0/1d417fd3929d2ea9412567cb004372a7?OpenDocument&lang=en

17　聯合航空是全球最大的航空公司之一，在全球航空網絡星際聯盟（Star Alliance）中聯合航空與楓航（Air Canada）屬於夥伴關係。在一九九九年底，楓航抵制多倫多投資公司Onex Corp及其美國合夥人Amr Corp.（美利堅航空的母公司）的敵意收購時，聯合航空曾鼎力相助（White Knight）。為了爭取政府的批准，聯合航空於一月份同意將美國航空的部分資產出售給美利堅航空（American Airlines），其中包括美國航空的華盛頓—紐約—波士頓航線的一半。但聯邦司法部的律師仍然擔心聯合航空在華盛頓及其他航空市場上的力量過於集中，交通部長米尼塔（Norman Mineta）表示，政府否決聯合航空與美國航空的合併計劃的機率極高。

運輸商減少。漢莎公司承諾，合併後的公司將允許其他航空公司開展公平競爭。」

根據二〇〇五年三月漢莎與瑞士國航達成的收購方案，從二〇〇五年五月起，漢莎首先斥資四千五百萬歐元收購瑞士國航小股東的股票，然後將向各大股東如瑞士政府、瑞士聯合銀行等支付最高達二億六千五百萬歐元的收購金額。在完成收購後，瑞士國航將繼續保持相對獨立性和原有的品牌，其在瑞士的航線不會變化，但部分國際航線將有所調整。

二〇〇〇年七月，歐洲最大電信企業，且德國政府占五0%以上股權的德意志通信（*Deutsche Telekom*,簡稱*DT*）公司，計劃購買美國的*VoiceStream* 無線通信公司和*Powertel Inc.* 等兩家移動通訊企業。這項併購計劃卻受到了來自美國國會多名議員的阻撓，他們認為該計劃將對美國國家安全和公平競爭造成嚴重的影響。美國國會議員希望美國通訊委員會通過以一九三四年的三一〇法案禁止外國機構控制美國的通信網路；同時其他通信業競爭廠商也希望通過立法限制*DT*在美國的發展。歐洲聯盟此後曾向美國國務院遞交照會警告，如果德意志電訊希望購買美國移動通信網的併購計劃遭擱置，歐洲聯盟會施展權力對此進行貿易報復。歐盟同時指出，如果聯邦通訊委員會（*FCC*）在最終否決德意志通信的併購計劃，這無異直接違反世界貿易組織（*WTO*）的規章制度。

二〇〇〇年十月，美國奇異通用電氣公司（*General Electric, GE*）宣佈將以四百七十億美元，創航空企業併購史上最高交易額紀錄，收買霍尼韋爾公司（*Honeywell, HON*）股權，但卻在二〇〇一年七月遭「歐洲聯盟執委會競爭總署」（*DG IV, European Commission Directorate-General for Competition*）裁量後否決。競

爭總署且建議通用電氣有限度地剝除其飛機租賃和融資業務。重
要爭議在於：這是史上第一次兩家美國本土公司結合，因受到歐
洲官方監管機構的阻礙而難達成併購的案例。爭點尤其在於，兩
家公司的結合申請在美已經獲得美國「聯邦交易委員會」（*Federal
Trade Commission, FTC*）的許可，卻因歐盟不予批准導致結合破
滅，彰顯出雙方公平競爭法觀念上的迥異。[18]

　　與此相對地，一九九六年波音（*Boeing*）以一百六十六億美
金與麥道諾爾在航空製造業的合併，成為美國客機市場唯一供應
商。美國政府不僅沒有阻止波音兼併麥道，而且利用政府採購等
措施促成了這一兼併活動。其主要原因是：美國政府在監管企業
併購時，不僅僅根據國內市場佔有率來判斷是否壟斷，還要考慮
在整個市場範圍內是否能夠形成壟斷。

　　對全球寡占壟斷行業，需要分析全球市場的條件，主要是面
對來自歐洲空中巴士公司的激烈競爭，而不侷限於本國市場範
圍。同時，還要考慮國家整體產業競爭力。[19] 因此，在執行反壟
斷法時，美國政府還是以國家利益為重，為提高美國企業在全球
的競爭力支援鉅型企業的重組和併購。[20]

---

[18] Alison Oldale，'Fixing Remedies in European Merger Control', NERA
Perspective, National Economic Research Associates,Spain,July/August
（2002）.

[19] 參照Steven McGuire,Airbus industrie :conflict and cooperation in US-EC
trade relations,（New York:St. Martin's Press,1997）；David Weldon
Thornton,'The US Drive for Aeronautical Supremacy', in Philip K. Lawrence
and Derek L. Braddon eds Strategic Issues in European Aerospace.（Ashgate,
1999），pp. 63-79.

[20] 參照Philip K. Lawrence ,Aerospace strategic trade :how the U.S. subsidizes
the large commercial aircraft industry,（Aldershot : Ashgate, 2001）；David S
Evans and A Jorge Padilla,Competition Policy In Europe: A Trans-Atlantic .

一九九九年「大英航太」以七十八億英鎊（約一百二十三億美元）對「麥孔尼電子系統公司」（*Marconi*）的併購，成立*BAE*系統。該案隨即招致美國國防部副部長*John Hamre*的強力抨擊，認為將損及跨大西洋的軍事合作。[21] 二○○○年四月，英國的*BAE*系統公司又以五億美元收購大西洋彼岸的美國洛克希德‧馬丁公司的控制系統公司，接著用十七億美元購併了洛克希德‧馬丁公司的航空電子系統公司（*AES*），成為當今世界上第一國防商務承包商。而*AES*公司的業務涉及到美國的一些機密計劃，包括*F-22*飛機在內的多種美國主要軍用飛機。類似於此的併購仍多，可以顯示出國際之間在航太以及相關軍工產業上的競爭已隨跨國併購而日益尖銳化。[22]

　　法國政府對於收購尤其表現得相當積極，政界極力主導，驅動者如法國總理讓─皮埃爾‧拉法蘭（*Jean-Pierre Raffarin*）。而法國國防部長米謝勒‧阿利奧瑪麗（*Michele Alliot-Marie*）女士則表示，全球區域競爭日趨激烈，歐洲各家公司應該聯手參與競爭，儘管收購方案仍未確定，但*EADS*收購泰勒斯（*Thales*）將有助於建立強大的國防、航空企業。然而由於法國持有泰勒斯公司31.3%股份，一旦兩公司合併，法國在新公司中所占股份將大大超過德國，公司領導權因而重劃。該項合併案根本上會打破公司股權平

---

http://www.nera.com/wwt/newsletter_issues/5104.pdf

[21] 參照《國際先鋒論壇報》及《國家防衛─航太資訊》（Defense- Aerospace. com）。Joseph Fitchett ,'BAe's Marconi Purchase Now Viewed as 'Damaging'', International Herald Tribune , http://www.iht.com/IHT/DIPLO/99/jf021699. html

[22] Deba R. Mohanty, Trends in European Defence Industry:Fortress Europe or Atlantic Defence Industry? ,Strategic Analysis:A Monthly Journal of the IDSA, July 2001 （Vol. XXV No. 4）

衡，法國政府將擁有更多的合併後公司股票，從而削弱企業內德國政府在該公司中的控制權。*EADS*董事會聯合主席*Arnaud Lagardère*即曾表示，*EADS*內部，德法兩大股東間的關係非常微妙，需時時衡量利益與實力等因素間的相互制衡。*EADS*的法國股東—法國政府和*Lagardère*集團，各自掌握公司15%的股份；而德國大股東是戴姆勒－克萊斯勒公司，掌握*EADS* 30%的股權。

二〇〇四年五月七日，在法國西南部城市圖盧茲空中巴士公司總部，法國總理讓－皮埃爾·拉法蘭（*Jean-Pierre Raffarin*）在空中巴士 A380 總裝慶祝儀式上發表演說。當天，世界上最大的客機*AirBusA380* 開始總裝。*AirBus* A380 於二〇〇五年首飛，二〇〇六年投入營運。

另外二〇〇五年六月，法國達梭（*Dassault*）航空公司同希臘航宇工業公司（*HAI*）和*EADS CASA*公司簽訂協定，合作研製「神經元」（*Neuron*）無人戰鬥機（*UCAV*）驗證機。達梭航空公司研擬以歐洲多國—法國、瑞典、義大利、西班牙、瑞士和希臘組成策略聯盟的國際財團名義領導「神經元」計畫。「神經元」技術驗證機計畫二〇一〇年首飛。除*HAI*公司和*EADS CASA*公司（西班牙）之外，達梭航空公司已同薩伯公司（瑞典）、阿萊尼亞公司（義大利）和*RUAG*公司（瑞士）組隊，實施這項為期六年的

策略聯盟研製計畫。

　　二○○○年七月十日歐盟會員國：法國、德國及西班牙跨國併購成立「歐洲航空國防太空公司」（*EADS, European Aeronautic Defense and Space*），成為歐洲第一大，躋身全球第二大的航太廠商。由法國宇航・馬特拉、德國戴姆勒克萊斯勒宇航和西班牙航空製造公司合併的歐洲航空防務航太公司（*EADS*）[23] 在巴黎、法蘭克福、馬德里國際股票市場上同時上市，標誌著這個歐洲最大的航空航太企業正式投入運作，*EADS*公司尚與義大利機械金融集團和希臘航宇公司談判，組建六國聯合的泛歐航宇集團－*JVC*工業公司。而歐盟各國對此則紛採國家補助（*State Aid*）支援立場。

　　二○○五年四月*EADS*則收購諾基亞下屬的專用移動無線通訊部門（*PMR*），協定金額超過9,000萬歐元（1.16億美元）。由歐洲空中巴士飛機製造公司控股的*EADS*公司表示，收購將包括諾基亞*PMR*公司的基礎設施和基於*Tetra*數位無線通訊標準的終端設備，收購加強其在全球國土防衛系統和無線通訊安全市場上的地位，使擁有客戶數在全球五十六個國家超過一百三十個，而提升在市場上的競爭力。二○○五年七月二十九日，*EADS*獲歐盟競爭總署依照*139/2004 Art. 6*（1）（b）審核發佈*Press Release: IP/05/1019*核准之結果。

---

[23] 歐盟競爭總署審查跨國併購案例中關於EADS的彙計有：
　　M.1745 - EADS
　　M.2546 - EADS / NORTEL
　　M.2924 - EADS / ASTRIUM
　　M.3156 - EADS / ASTRIUM　（II）

表2-4　彙整歐盟併購審查攸關*EADS*案例（依裁決之時序排列）

M.3803 - EADS / NOKIA（28 Jul 2005；139/2004 Art. 6（1）（b））

　　　M.3220 - EADS / EADS TELECOM（22 Aug 2003；4064/89 Art. 6（1）（b））

M.3156 - EADS / ASTRIUM（II）（26 May 2003；4064/89 Art. 6（1）（b））

M.2924 - EADS / ASTRIUM（20 Dec 2002；4064/89 Art. 6（1）（b））

M.2546 - EADS / NORTEL（01 Oct 2001；4064/89 Art. 6（1）（b））

　　　M.1745 – EADS（11 May 2000；4064/89 Art. 6（2）（conditions&obligations））

資料來源：整理自歐盟執委會競爭總署審查併購案例。

圖2-1　法國、德國、西班牙及英國企業籌併Airbus集團

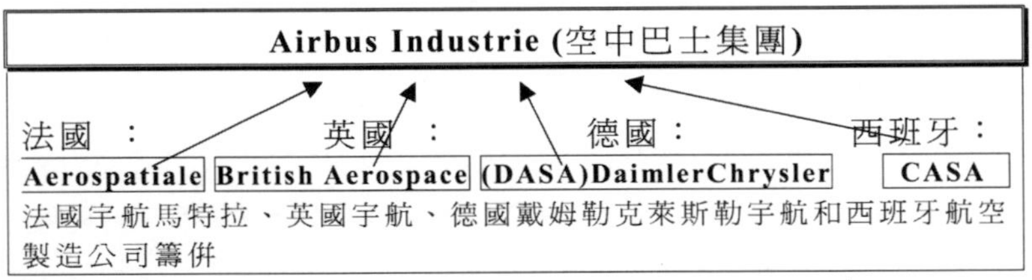

資料來源：作者自行編繪。

表2-5　法國、德國、及英國政府對航太工業集團的補助

Funds committed	France	Germany	United Kingdom	Total
Launch aid disbursed:				
A300/310	988.4	1,489.5	82.9	2,560.8
A320	755.2	790.3	393.9	1,939.4
A330/340	193.0	316.1	421.2	930.3
All Aircraft	1,936.6	2,595.9	898.0	5,430.5
Launch aid to be disbursed:				
A330/340	683.9	1,264.5	325.0	2,272.4
Total launch aid	2,619.5	3,860.4	1,223.0	7,702.9
Other support disbursed[1]	1,053.3	924.2	883.9	2,834.4
Other support to be disbursed:[2]		2,985.2		2,985.2
Total support committed	3,654.8	7,769.8	2,106.9	13,531.5

Repayments to date	373.2	68.5	20.7	462.4
Net support committed	3,281.6	7,701.3	2,086.2	13,069.1
Net support committed at				
Government opportunity cost[3]	6,463.5	9,099.7	3,804.4	19,367.6
Net support committed at				
Private borrowing cost[3]	9,961.2	11,589.1	3,979.8	25,851.5

[1] *Other types of support provided, such as equity infusions, long-term loans, research and development funding, production subsidies, or other miscellaneous targeted supports.*

[2] *Other funds pledged as production subsidies, exchange rate guarantees, or capital infusions.*

[3] *Calculated by applying the cost of funds of the government and private-sector borrowing rate in each country as appropriate to the net balance of funds committed each year to reflect the value of support in 1989.*

資料來源：*John W. Fischer, et al., 'Airbus Industrie: An Economic and Trade Perspective', appendix, p. 61*

二、「全球產業競爭均衡」的施壓力量

　　繼「歐洲航空國防太空公司」（*EADS, European Aeronautic Defense and Space*）後，吾人可以觀察世界鋼鐵產業的兼併、重組的盛況。而這也正是本研究分析架構中所提出的最主要的兩項產業競爭施壓力量之一，即「全球產業競爭均衡」此一重要變數對跨國併購活動的效應。從全球鋼鐵產業的兼併、重組態勢，並可以進一步來加以探究此種施壓力量。二〇〇一年二月二十日，法國阿塞勒、盧森堡雅貝德和西班牙阿塞拉西亞鋼鐵宣佈合併，組成世界第一大鋼鐵公司——阿塞勒集團鋼鐵公司。但二〇〇五年三月十三日印度拉克希米米塔爾宣佈：重組伊恩帕特國際集團和*LNM*集團並將美國國際鋼集團公司收歸名下，米塔爾鋼鐵公司遂一舉成為世界最大鋼鐵集團公司。

　　二〇〇〇年八月先是韓國浦項製鐵與新日鐵宣佈策略結盟，共同發展基礎技術,並擴大至第三國的合資事業和情報資訊合作，新日鐵計劃在未來十八個月當中提高在浦項制鐵的持股比例

由1%增至3%,浦項製鐵同樣將在新日鐵投資相同金額。於是導致歐洲鋼鐵產業的反應,隨即加速整合,做出回應。法國的優吉諾（*Usinor*）[24]、盧森堡的雅貝德（*Arbed*）[25] 及西班牙的阿塞拉里亞（*Aceralia*）[26] 三家鋼鐵公司,二○○一年二月十九日即宣布以交換股票方式合併,曾組成世界最大的鋼鐵工業集團。*Usinor*一九九八年即握有巴西鋼鐵市場的大量股份,這家法國的鋼鐵生產商以6.26億美元買下*Acesit*公司30%的股份,間接地它還擁有鋼鐵生產商*CST*的16%的股份。

併購後此一新的鋼鐵集團訂名為紐柯（*NewCo*）,也稱*Arcelor*,員工總數達十一萬五千人,二○○○年生產量共達四千六百萬公噸,佔全球市場的百分之五,總營業額達三百億歐元,遠比居世界第二位的日本鋼鐵（*Nippon Steel*）的年產量多一千八百萬公噸。併購後年產能達到五千至六千萬噸鋼鐵,年營業額達三百億歐元,更超越目前世界第一之南韓*POSCO*鋼鐵廠達二倍產能（二千七百七十噸）,成為世界第一大鋼鐵廠。鋼鐵工業是盧森堡的支柱產業,具有強大的商業和歷史背景。合併後,盧森堡的*Arbed*鋼廠成為世界上最大的鋼廠之一。該鋼廠在克服法規障礙後將總部移至盧森堡。

歐盟區域經濟體內部併購計畫案一經披露,韓國方面即做出反應:呼籲亞洲鋼鐵製造商結盟,反擊歐洲三大鋼廠合併帶來的挑戰。在此之前,韓國浦項製鐵與中國上海寶鋼結盟事宜已經協議包括相互持股等在內的事項。浦項製鐵表示,已和寶鋼簽訂相

---

[24]　http://www.usinor.fr/francais/

[25]　http://www.arbed.lu/

[26]　http://www.aceralia.es/

互持股、涉及金額高達二千五百萬美元的意向書。此次簽訂的意向書中浦項製鐵同意一次收購寶鋼0.285%的股份，而寶鋼也將持有浦項製鐵0.353%的股權。浦項製鐵指出，與寶鋼的結盟主要是為了適應全球鋼鐵行業合併的趨勢，這股風潮尤其以歐洲最盛。亞洲鋼鐵行業因此持續加強整合，以維持市場佔有率。日本鋼管公司和川崎製鐵公司已組建控股公司JFE集團，新日鐵、住友金屬工業公司、神戶鋼鐵公司互相參股。因此，日本國內鋼鐵業界形成以新日鐵和JFE各自為首的「雙駕馬車」格局。全球鋼鐵企業聯盟、重組的同時，為降低成本和降低單一經營風險，有的企業還採取了縱向一體化的戰略。如澳大利亞BHP公司成功購買Caemi公司的控股權。Caemi公司是巴西第二大鐵礦石企業MHR的母公司，並擁有加拿大魁北卡捷採礦公司50%的股份。BHP公司出資3.32億元購買Caemi公司20%的股份，相當於Caemi公司有投票權股票的60%。

　　美國啟動二〇一條款後[27]，紐柯（NewCo，即Arcelor）更兼併了英國伯明罕鋼等數家鋼鐵企業。二〇〇三年五月八日德國職掌反壟斷審查的聯邦卡特爾署，尤公佈紐柯（NewCo，即Arcelor）於德國境內最新的併購申報案。德國聯邦卡特爾署（Das Bundeskartellamt）併購申報公告，參照Angemeldete Zusammenschlussvorhaben[28]。

---

[27] 美國依據關稅貿易總協定與世界貿易組織所允許進口國為保護本國產業、限制進口產品而設定的非關稅壁壘措施。較反傾銷、反補貼有更大的任意性。

[28] http://www.bundeskartellamt.de/zussff_1.HTM

表2-6　*NewCo*，即*Arcelor*在德國聯邦卡特爾署併購申報公告

08.05.**2003**	B5-67/03	**Arcelor** - Anteilserwerb an San Zeno **NewCo**	Herstellung von Halbprodukten aus Stahl
08.05.**2003**	B5-68/03	**Arcelor** - Erwerb Pallanzeno **NewCo**	Herstellung von Stahlträgem

資料來源：德國聯邦卡特爾署（*Das Bundeskartellamt*）。
　　　　　http://www.bundeskartellamt.de/zussff_1.HTM

　　美國鋼鐵企業為從根本上解決生產設備能力過剩問題，則就企業間的聯手合併問題進行緊密的協商討論。美國的第一大鋼鐵企業*USSteel*與第三位的企業*BethleHem*即就兩公司合併問題進行協商。兩者合併後，其年粗鋼的生產能力為二千萬噸。這兩家公司的總裁都表示：合併的目的是要建立起具有國際先進技術水平和優勢競爭力的新企業，除兩者在進行合併協商外，還有四家鋼鐵企業，其中包括*LTV*、*WHX*、*Weirton*公司、*Ispatinland*等也已經參與進了合併談判之中。如果這六家鋼鐵企業合併事項成功，新的合併企業的年粗鋼生產能力將達到三千五百萬噸的規模，成為僅次於*Arcelor*（四千六百萬噸）的世界第二大鋼鐵企業集團。

　　法西盧三大鋼鐵廠合併後，致力於拓展不鏽鋼、特殊鋼等產品市場，結合三者之研發及市場行銷能力，預計將取代德國*THYSSENKRUPP*、北歐之*AVESTA SHEFFIELD*及*OUTOKUMPU*鋼鐵廠之不鏽鋼市場領先地位。

　　紐柯（*NewCo, 即Arcelor*）鋼鐵生產的汽車用鋼板佔世界產量的百分之十，不鏽鋼產量佔百分之十四，因汽車用鋼板佔歐洲市場的百分之四十，有「市場獨霸」的嫌疑，可能被歐盟要求減產。為了避免形成壟斷，歐盟執委會於二○○一年七月十九日開始對這宗合併案開展調查，並開出合併的先決條件：必須出讓數個生產車用鋼材的工廠，減少一百七十萬噸的生產能力，收縮在

歐盟市場的銷售網絡。[29] 英荷考勒斯（Corus）鋼鐵公司與巴西鋼鐵集團達成兼併協定，兼併後的新公司總資產達30億英鎊（約合45億美元）。這是在全球鋼鐵行業競爭激烈的情況下實施的一宗鉅額跨國兼併案。新鋼鐵公司年生產能力達2300萬噸，考勒斯公司和巴西鋼鐵集團將分別擁有新公司62.4%和37.6%的股份。巴西鋼鐵集團是世界上生產成本最低的大型鋼鐵公司之一，資產價值為十一億英鎊，它將作為新公司鐵礦砂的可靠來源。澳大利亞*BHP*公司和英國*Billiton*公司也合併為*BHP Billiton*公司，形成了國際頂級多元化資源集團，成為世界鐵礦石行業巨擘。

　　但於二〇〇五年印度米塔爾鋼鐵大廠併購美國國際鋼鐵集團案，獲美國證券交易委員會批准，使得此交易案所有重大障礙弭除，米塔爾遂成為超越*Arceler*之全球最大鋼鐵企業。米塔爾鋼鐵公司（*MITTAL STEEL*）與美國國際鋼鐵集團（*ISG*）發佈聯合聲明說，向美國證券交易委員會提出的擬議併購登記聲明，自二〇〇五三月十一日起生效。美國國際鋼鐵集團與米塔爾鋼鐵公司將於四月十二日各自召開特別股東大會，對此案作最後追認。

　　被富比士雜誌公推為全球第三大富豪僅次於微軟公司董事長比爾蓋茨和美國「股神」沃倫巴菲特的米塔爾表示，未來米塔爾鋼鐵公司出貨量將首屈一指、高居全球最大，比目前世界第一的歐洲鋼鐵巨擘阿塞洛鋼鐵集團（*ARCELOR*）還多。米塔爾鋼鐵公司創建自併購*LNM* 控股公司的荷蘭伊斯派特國際公司（*ISPAT INTERNATIONAL*）；而*LNM*控股公司總部原先也在荷蘭；米塔爾

---

[29]　M.3134 - ARCELOR / UMICORE / DUOLOGY JV
　　　Notified on 02.06.2003 NACE: DJ.27.10, DJ.27.30, DJ.27.40, DJ.28.40
　　　Prior notification published in the Official Journal C136 of 11.06.2003
　　　Provisional deadline: 04.07.2003

鋼鐵公司總址是在倫敦。二〇〇四年，米塔爾實現淨利潤四十七億美元（約36.4億歐元），營業額高達二百二十二億美元（約171.8億歐元）。二〇〇五年一月米塔爾成為第一家參股中國國有鋼鐵企業的外國鋼鐵公司，該公司與湖南華菱鋼鐵集團有限責任公司簽訂了《股份轉讓合同》，以3.14億美元的價格收購華菱集團持有的華菱管線37.17%的股份。此外，米塔爾還將在歐洲投資高達十五億美元，用於波蘭、羅馬尼亞和波斯尼亞分廠的升級改造。

表2-7　世界鋼鐵生產業鉅型企業排名

	1975 年			1996 年			2001 年		
	公司名稱	國別	產量	公司名稱	國別	產量	公司名稱	國別	產量
1	新日鐵	日本	32.5	新日鐵	日本	25.3	浦項製鐵（Posco）	韓國	28.6
2	US Steel	美國	23.5	浦項製鐵	韓國	24.3	新日本製鐵	日本	27.1
3	British steel	英國	17.2	British Steel	英國	16.1	Arbed	盧森堡	23.4
4	Bethlehem	美國	15.9	Usinor	法國	15	NKK	日本	20.2
5	NKK	日本	14.7	Riva	義大利	14.1	Usinor	法國	20.1
6	Thyssen	德國	13.6	Arbed	盧森堡	11.8	LMN（Ispat）	英國	19.3
7	住友金屬	日本	13.4	SAIL	印度	11	寶山鋼鐵	中國	19.1
8	川崎制鐵	日本	13.4	NKK	日本	10.5	Corus	英國	17.7
9	Finsider	義大利	11.5	US Steel	美國	10.4	Thyssen－Krupp	德國	16.5
10	Estel	德國荷蘭	9.6	川崎制鐵	日本	9.9	Riva	義大利	15
11	BHP	澳洲	8	住友金屬	日本	9.7	川崎製鐵	日本	13.3
12	Republic steel	美國	8	LMN（Ispat）	英國	9.4	US Steel	美國	12.8
13	National steel	美國	7.8	Thyssen	德國	9.3	住友金屬	日本	11.7
14	神戶制鋼	日本	7.7	Sevelstal	俄羅斯	8.9	Nucor	美國	11.2
15	Usinor	法國	7.1	鞍山鋼鐵	中國	8.6	SAIL	印度	10.9
16	Inland steel	美國	6.6	Bethlehem	美國	8.6	Salzgitter	德國	10.8
17	Armco	美國	6.5	BHP	澳洲	8.4	中國鋼鐵	臺灣	10.6
18	Sacilor	法國	6	LTV	美國	8	Magnidogorsk	俄羅斯	10.3

19	Jones & Laugh	美國	5.2	首鋼	中國	7.9	Sevelstal	俄羅斯	9.3
20	Ensidesa	西班牙	5.2	寶山鋼鐵	中國	7.7	鞍山鋼鐵	中國	8.8
20 家合計			233.8	20 家合計		234.9	20 家合計		316.7
世界合計			643.4	世界合計		750	世界合計		839.9
20 家占比（%）			36.3	20 家占比（%）		31.3	20 家占比（%）		37.7

資料來源：IISI（國際鋼鐵組織）；ITIS（產業評析金屬工業研究發展中心），英
　　　　國金屬通報。

表2-8　年全球十大鋼鐵企業鋼產量

公司名	國家或地區	年產量（百萬噸）
米塔爾	印度、荷蘭	60-70
紐柯（NewCo，即 Arcelor 阿塞勒集團）	盧森堡	44.03
LNM 集團	荷蘭 Antilles	34.8
新日鐵	日本	29.8
浦項（POSCO）	韓國	28.86
上海寶鋼集團	中國	19.5
考勒斯（Corus）集團	英國	16.8
蒂森克虜伯（Thyssen Krupp）集團	德國	16.4
日本 NKK 公司	日本	15.2
裏瓦（Riva）集團	義大利	15.0
美鋼聯	美國	14.4

資料來源：IISI（國際鋼鐵組織）《二〇〇三年世界鋼鐵年鑑》《二〇〇四年世界
　　　　鋼鐵年鑑》http://www.worldsteel.org/media/wsif/wsif2003.pdf，ITIS（產
　　　　業評析金屬工業研究發展中心），英國金屬通報。

　　至於礦業開採中全球最大的礦業集團必和必拓二〇〇五年三
月間曾表明意願向同業WMC資源發出約合七十三億美元的收購
要約，超過瑞士礦業公司Xstrata敵意收購報價，從而有望贏得全
球最有價值的鈾礦。必和必拓由兩家巨型礦業公司合併而成，現
在已經是全球規模最大的採礦業公司。BHP公司成立於一八八五

117

年，總部設在墨爾本，是澳大利亞歷史最悠久、規模最龐大的公司之一。比利登是國際採礦業的先驅，曾經以不斷創新和集約式運營方式而聞名。二〇〇一年，兩家公司合併組成*BHP BILLITON*礦業集團，*BHP*持股58%，比利登持股42%。該公司在全球二十個國家開展業務，合作夥伴超過90個，員工約3.5萬人，遍及世界各地，主要產品有鐵礦石、煤、銅、鋁、鎳、石油，液化天然氣、鎂、鑽石等。在二〇〇三至二〇〇四財年度，該公司實現淨收入340.87億澳元，名列澳大利亞十大鉅型企業名單之首。二〇〇四年八月二十六日，該公司宣佈其市值達583億美元。必和必拓在澳大利亞、倫敦和紐約的股票交易所上市。

相較於*Xstrata*此前出價65億美元，較必和必拓出價低12%。就在必和必拓公開其收購要約的數小時後，*Xstrata*在一份簡短的聲明中承認競購失敗，並證實不會在二〇〇五三月二十四日要約結束後提高報價。*WMC*董事會建議，如果沒有更高報價，希望股東接受必和必拓的收購要約。但分析人士指出澳大利亞的*Rio Tinto*和英國的英美礦業集團都是潛在的競購方。一旦這些公司中途介入，這場十月份由*Xstrata*發起的競購戰將白熱化。

*WMC*擁有的鎳、銅、鈾礦資源在原材料價格標升的現在非常具有誘惑力。供給短缺，技術人員和運輸瓶頸正日趨困擾以必和必拓為首的礦業集團。*Commonwealth*證券公司的高級原料分析師彼得·哈裏斯表示，未來12至18個月，稀缺資源將支配市場，鎳、銅對公司來說是多多益善。必和必拓稱*WMC*的資產是其現有資產的絕好補充。必和必拓目前擁有位於智利的世界最大的銅礦，哥倫比亞的鎳礦。收購*WMC*後，必和必拓將擁有位於澳洲南部的*Olympic Dam*礦，從而成為全球第二大銅供應商和最大的鎳供應商，也將擁有鈾礦資源。*Olympic Dam*是全球第六大銅礦，其已

探明鈾儲量目前為世界第一。

　　另外，全球性環境對跨國併購籌資擱置或間歇性停滯的主因，除美國科技股暴跌造成海外投資人對於併購美國企業採保守態度之外，諸如恩隆（*Enron*）案[30]、*Tyco International Ltd.*、*AT&T Corp.*及世界通訊等所引發財務報表揭露企業會計操作的弊案，均屬海外投資人怯步的整體環境因素。[31]

　　財務弊案其實不脫「政治運作」的關聯效應，如恩隆與政府的關係正是美國國會調查的重點之一。由於白宮一直拒絕透露副總統切尼（*Richard Bruce Cheney, 或稱Dick Cheney*）領導的能源工作小組在制定能源政策時與恩隆公司的接觸情況，民主黨眾議員*John D. Dingell*和*Henry Waxman*[32] 即致信國會負責調查的「審計總署」（*General Accounting Office, GAO*），要求總審計長*David M. Walker* [33] 將切尼告上法庭。白宮在致國會的信中承認切尼領導的能源工作小組與恩隆公司代表就能源問題進行了六次會面，但一

---

[30] 恩隆公司是美國能源業巨擘，成立於一九八五年年，總部設在德克薩斯州的休斯頓。該跨國企業曾是世界上最大的天然氣交易商和最大的電力交易商，鼎盛時期其年收入達1000億美元，雇傭兩萬多員工，其業務遍佈歐洲、亞洲和世界其他地區。當年度年底，恩隆公司在經營方面存在的問題終於暴露出來，其主要問題是利用複雜的財務合夥形式，虛報盈餘，掩蓋鉅額債務。該公司的29名高級主管在股價崩跌之前已出售173萬股股票，獲得11億美元的鉅額利潤。而該公司的2萬名員工卻被禁止出售大幅貶值的股票，導致其投資於該公司股票的退休儲蓄金全部巨幅貶值。

[31] 於作者二〇〇二年六月遊覽義大利羅馬返國的班機上閱讀亞洲華爾街日報上所載。參照：The Asian Wall Street Journal, 200206-26, M1, Column 2.

[32] 參照美國眾議院議員網址http://www.house.gov/dingell/; http://www.house.gov/waxman

[33] 美國聯邦前任審計長鮑歇爾先生（Charles A. Bowsher）於1996年10月1日任滿15年任期退休，由辛契門（James F. Hinchman）代理兩年之時間後，一九九八年十月瓦克先生（Mr. David M. Walker）受任命為美國聯邦新任審計長。瓦克先生為美國審計總署七十七年歷史中第七位審計首長。

直以政府享有特權為由拒絕透露細節。恩隆案目前尚是一樁經濟醜聞。[34]

但由於恩隆與美國政治圈關係十分密切，據《紐約時報》披露，在參與調查恩隆案的國會十一個委員會的兩百四十八名議員中，有兩百一十二人曾接受過恩隆或安達信的政治捐款。而恩隆醜聞還抖出一系列驚人的事實：國防部部長拉姆斯菲爾德、總統高級顧問卡爾·羅夫、環保署行政代表琳達·菲舍爾、財政部副部長彼得·菲舍爾和貿易代表羅伯特·佐利克等至少十五位高級官員也都曾是恩隆公司的大股東，陸軍部部長托馬斯·懷特在進入五角大廈前，還曾任恩隆公司副董事長，擁有約五千萬至一億美元的公司股票。

《華盛頓郵報》及《休斯頓紀事報》曾揭露出一批持有恩隆公司（Enron）股票的部分布希政府官員。陸軍部長懷特（Thomas White）當年持有的股票價值2500萬到5000萬美元；布希政治顧問羅夫（Karl Rove）當年持有的股票價值10萬至25萬美元；副國務卿比爾斯（Charoltte Beers）當年度持有的股票價值超過10萬美

---

[34] 安隆公司的前身是美國德州一家天然氣管道公司，後來發展為全球第一大能源交易商，僅2000年一年銷售收入就高達1,007億美元，淨利在13億美元以上。安隆領導人肯尼·賴（Kenneth Lay）一直是美國布希父子總統的支持者，老布希政府時期的國務卿貝克（James Baker）和商務部長穆西徹（Robere Moshscher）都被聘為安隆公司的顧問。但安隆卻在2001年12月2日宣告破產，負債超過3百億美元，成為美國有史以來最大宗破產保護案，引起了社會各界的震驚。破產事件爆發之後，安隆歷年在市場交易中涉嫌違規操作、誇大盈利、隱瞞巨額債務、與華盛頓政治圈關係密切等等，都被一一捅了出來。布希政府一向被民主黨指責為「特殊利益集團的代表」，民主黨人士將安隆一案與美國歷史上的政治醜聞「水門」、「伊朗門」、「白水門」等相提並論。美國司法部已對安隆展開刑事調查，在此之前，美國國會委員會、美國證券交易委員會和勞工部都已對該公司展開調查。

元；美國貿易代表策立克（*Robert Zoellick*）當年度持有的股票價值1.5萬至5萬美元；副美國貿易代表戴利（*Linnet Deily*）當年度持有的股票價值1.5萬至5萬美元；副環境保護局長琳達‧費希爾（*Linda Fisher*）當年度持有的股票價值1.5萬至5萬美元；副商業部長阿爾東娜斯（*Grant Aldonas*）當年度持有的股票價值1.5萬至5萬美元；前總統通訊事務顧問塔特懷勒（*Margaret Tutweiler*）當年度持有的股票價值1.5萬至5萬美元；副總統切尼的幕僚長利比（*Lewis Libby*）當年度持有的股票價值1000至1.5萬美元；國防部長拉姆斯菲爾德（*Donald Rumsfeld*）當年度持有的股票價值1000至1.5萬美元；副財政部長彼得‧費希爾（*Peter Fisher*）當年度持有的股票價值1000至1.5萬美元；副商業部長庫珀（*Kathleen Cooper*）當年度持有的股票價值1000至1.5萬美元；農業部副部長多雷（*Thomas Dorr*）當年度持有的股票價值1000至1.5萬美元；科技政策辦公室主任馬伯格（*John Marburger*）當年度持有的股票價值1000至1.5萬美元；總統國會事務聯絡人卡利奧（*Nicholas Clio*）當年度持有的股票價值1000至1.5萬美元；出入口銀行主席羅希森（*John Rbson*）當年度持有的股票少量。

　　思考：能源政治與地緣政治－究竟是屬於市場力量巨大，遂無從導入『核、駁』稽查？或是政治力量壓制，已強勢矯正市場『競、合』態勢？

表2-9　1998至2005年重大石油公司併購案一覽表

合併日期	合併說明
1998 年 8 月	英國石油公司 *BP* 宣布以 480 億美元的價格併購美國第五大石油公司－石油公司；*BP* 公司重組資產高達 1,100 億美元。英國石油公司 *BP P.L.C.*計畫以 53 億美元併購美國 *Amoco Corp.*案英國石油公司 *BP P.L.C.*於 1998 年 8 月，宣布一項以價值 53 億美元併

	購美國公司 *Amoco Corp.*的計劃。依兩公司協議，*BP* 將以換股的方式，提供約 48 億美元的股票收購 *Amoco* 股東的股票，合併後之公司，由 *Amoco* 的股東取得合併公司 40%的股權，其他 60%的股權仍由 *BP* 的股東持有。此外，*BP* 並將承擔 *Amoco* 公司 4.86 億美元的債務。 此項併購案完成，使 *BP/Amoco* 緊隨 *Exxon Corp.*與 *Royal Dutch/Shell Group* 之後，成為全球第三大的石油企業。同時，*BP/Amoco* 也是美國史上最大的外商併購案，超越先前 *Daimler-Benz* 與 *Chrysler Corp.*間 44 億美元的併購案。該項併購案待兩公司股東會之同意，同時，鑑於該合併案未來對石油產業之衝擊，該案尚須分別向美國及歐體之競爭主管機關申請結合許可。*BP* 與 *Amoco* 的總裁表示，由於兩公司各有其專門之處：*BP* 擅長探勘與開採石油資源，惟在提煉石化產品與銷售方面則是 *BP* 較弱之處，而 *Amoco* 所擁有的天然氣資源與石化產品，則可彌補 *BP* 此方面之不足。故而，兩公司之產品不但可以互補，合併後之財力亦可大幅提高其競爭能力，到西元 2000 年前為止，每年可減少 2 億美元的成本費用。市場分析家認為，結合後之 *BP/Amoco*，在美國東南部及中西部的石油銷售市場，擁有壓倒性優勢地位；然而在全球石化業市場上，兩公司的結合預計不致對市場競爭有太大的影響。此外，*BP/Amoco* 的結合，將掀起繼金融服務業、電信業之外的另一波石油業的併購風潮。截至目前為止，石油業間多以共組合資公司（*joint ventures*）之方式作為合作模式。 英國石油、阿莫科、阿科（*BP－Amoco－Arco*）的合併，使之成為世界第三大非屬國家股份的石油一體化公司。重組後石油探明儲量有一百九十三億桶。公司在世界各地擁有 29000 家加油站。
1998 年 11 月	日本石油公司與日本三菱石油公司合併組建成日本最大的石油公司。
1998 年 12 月	埃克森公司（*EXXON* 與莫比爾公司（*MOBILE* 宣布合

	併新公司總資產達 2,400 億美元超越殼牌集團成為全球第一大石油公司。
1998 年 12 月	法國道達爾公司（*Total*）宣布兼併比利時的菲納石油公司 *Fina* 稍後又兼併埃爾夫石油公司 *ELF* 組建世界第六大石油公司。
1999 年 1 月	俄羅斯三大石油公司（俄羅斯石油公司、斯拉夫石油公司、奧納科石油公司）宣布合組公司，躋身世界十大石油公司之列。
1999 年 3 月	剛合併成立的 *BP* 公司又與美國 *Arco* 達成收購協定以 268 億美元收購使 *BP* 公司的總市值達到 1,900 億美元超過殼牌集團成為世界第二大石油公司。
1999 年 8 月	美國第二大化工公司－道化學公司宣布以 116 億美元的價格收購美國第七大化工公司－聯合碳化物公司總市值為 350 億美元僅次於杜邦公司成為世界第二大化工公司。
1999 年 9 月	1998 年剛完成合併的法國道達爾菲納公司又出資收購法國埃爾夫石油公司總市值達到 990 億美元成為世界第四大石油公司。
2000 年 7 月	*BP* 公司以現金收購英國最古老的潤滑油公司－嘉實多 *CASTROL* 石油公司 86%的股票。
2000 年 10 月	美國第二大石油公司雪佛隆石油公司以 430 億美元兼併美國第三大石油公司德士古公司創建了世界第四大石油公司雪佛隆德士古公司。
2001 年 11 月	菲利浦斯公司 *Phillips* 斥資 74.9 億美元合併美國最大獨立煉油廠托斯科公司 *Tosco* 宣布以股權交易方式（約 154 億美元合併美國大陸石油公司 *Conoco* 成立大陸菲利普斯公司合併後市值達 350 億美元一躍成為世界第六大一體化石油公司。
2005 年 3 月	俄羅斯天然氣公司（*Gazprom*；*Газпром*）與俄羅斯石油公司（*Rosneft*；*Neftanaya kompaniya "Rosneft"*；*Нефтяная компания "Роснефть"*）宣布合併新的俄羅斯國營公司，有可能將成為全世界規模最大的天然氣石油綜合公司。

資料來源：彙總整理。

　　二○○五年七月二十日，皇家荷蘭/殼牌石油集團（*Royal Dutch/Shell PLC*）此荷－英合資集團正式經過倫敦高等法院（*London's High Court*）批准[35]，合併兩家持股公司皇家荷蘭石油公司荷蘭皇家殼牌股份有限公司（*Royal DutchPetroleum Co*）與殼牌運輸貿易公司（*ShellTransport & Trading Co*），完成里程碑性的併購範例。皇家荷蘭石油公司握有集團六成股份，英國分公司殼牌運輸貿易公司則佔四成股份。一般評價該公司市值約在一千億英鎊（約一千五百零四億歐元，一千八百一十七億美元），成為英國股票市場上僅次於對手英國石油公司（*BP*）的第二大企業。合併案在二○○五年七月二十日生效，併購後公司同時也展開在倫敦和阿姆斯特丹的貿易活動。皇家荷蘭/殼牌集團多年來已不實的原油蘊藏量誤導投資人，還因為此事而面對英國司法部的刑事調查。

　　在庫存計算錯誤錯估石油藏量導致內部危機的集團管理結構變革之後，皇家荷蘭/殼牌集團（*Royal Dutch/Shell Group*）解散一九○七年以來以單一公司運作但卻在不同股市掛牌的兩家公司及其兩個董事會。經過股東會表決通過，同意將該公司在荷蘭及英

---

[35] Court Approves Unification of Shell Group, 'FORBES' http://www.forbes.com/home/feeds/ap/2005/07/19/ap2145267.htm; Shell marks first day as a single company July 20, 2005,http://www.busrep.co.za/index.php?fSectionId=565&fSetId=662&fArticleId=2632840; Royal Dutch und Shell geben Doppelleben auf Eine rund 100 Jahre alte Doppelstruktur ist bald Geschichte: Die Muttergesellschaften des Ölkonzerns Shell - die niederländische Royal Dutch Petroleum und die britische Shell Transport and Trading - werden zu einem Unternehmen verschmolzen.（One approximately 100 years old double structure is soon history: The parent companies of the oil company Shell - which Netherlands Royal Dutch petroleum and the British Shell transport and Trading - into an enterprise are merged.）http://www2.handelsblatt.com/pshb/fn/relhbi/sfn/buildhbi/ cn/GoArt!200012,200038,919700/SH/0/depot/0/index.html

國的控股公司合併，結束百年來的分離狀態。投資法人表示，併成一家公司後，皇家荷蘭/殼牌集團執行長*Jeroen van der Veer*[36]首度能以股票進行併購。

　　荷蘭皇家/殼牌石油集團以市值來說為全球第三大石油公司，改為傳統的單一董事會結構，僅有一位董事長及一位執行長，而不再是現行英國及荷蘭各有一個董事會的管理結構。倫敦瑞士信貸資產管理公司副主席*Bob Parker*闡釋：「殼牌目前需要這項改變進行併購，透過併購找尋新油田。」單一掛牌的控股公司設在英國，但總部會設在荷蘭，稅金也會在荷蘭繳交。事實上，此併購案衡量判斷基礎當如是觀，「**要更新原油蘊藏量只有兩種選擇，不是進行勘探就是進行併購**」。

　　歷經十三年爭論、八年規劃和三年施工後，耗資36億美元的**巴庫－第比利斯－柴罕管道**（*Baku-Tbilisi-Ceyhan pipeline*，

---

[36] http://www.shell.com/home/Framework?siteId=royal-en&FC2=/royal-en/html/iwgen/who_we_are/executive_committee/zzz_lhn.html&FC3=/royal-en/html/iwgen/who_we_are/executive_committee/bio_jeroenvanderveer_02062004.html

*Баку-Тбилиси-Джейхан*簡稱*BTC*）於二〇〇五年五月二十五日正式開通。二〇〇五年五月二十五日，裏海的高質量輕油開始經高加索流向土耳其的地中海港口，*BTC*是日開始運作。**巴庫－第比利斯－柴罕管道**（*BTC*）的起點是位於阿塞拜疆首都巴庫以南四十公里的桑加哈爾（*Sangachal*）英國石油公司（*British Petroleum*，簡稱*BP*）所在地。*BP*已經至少在阿塞拜疆該國投入一百五十億美元用於石油勘探、開發與管道建設等。實不諱言，阿塞拜疆的真正統治者其實是*BP*總裁大衛・伍德沃德（*David Woodward*）。

美國也是這條管道的主導設計者和積極推動者，並視之為西方擺脫對波斯灣石油依賴的最終途徑，因此容許並扶植符合美國霸權利益之中亞獨裁政權存在。在華盛頓眼裏，阿塞拜疆的阿利耶夫（*Heydar Aliyev*，二〇〇三年十二月已經去世）王朝與烏茲別克的卡裏莫夫（*Islam Karimov*）政權扮演的是同樣的角色：「他們是『我們的』獨裁者」。*BTC*在柴罕的石油終端至少可得到安全保障：該終端正好緊靠美國在土耳其北部因斯裏克（*Incirlik*）的空軍基地。格魯吉亞二〇〇三年的「**玫瑰革命**」和烏克蘭二〇〇四年的「**橙色革命**」，使俄羅斯領略美國對前蘇聯地區國家民主改造以擠壓俄羅斯戰略空間的決心和能力，遑論更具戰略資源利益的中亞地區。

這個管道斯坦（或管道王國）從東到西將阿塞拜疆一分為二，接著同樣從東向西幾乎也將格魯吉亞一分為二，在繞過格魯吉亞存在分離主義的自治共和國埃傑裏亞（*Ajaria*）後向南深入，最後從東北往南呈對角線的方向將土耳其的安納托利亞高原一分為二。這條一千七百六十七公里長的管道蜿蜒流經三個國家─其中阿塞拜疆和格魯吉亞極其動蕩，而土耳其與遭受剝奪的庫爾德族之間也潛伏著衝突。管道本身只有126釐米寬，這些鋼管由日本生

產，在馬來西亞安裝，最後用船運送到格魯吉亞的港口巴統（*Batumi*）－它是埃傑裏亞這個擁有彈丸之地的自治共和國的首府，實際上已經不受格魯吉亞控制。

一九九四年九月二十日阿塞拜疆國家石油公司（*SOCAR*）與西方九大石油公司（*BP*、*UNOCAL*、*INPEX*、*STATOIL*、*EXXONMOBIL*、*TPAO*、*DEVOW ENEGY*、*ITOCHU*、*DELTA HESS*）簽署了二十一個PSA產量分成合同，號稱「**世紀合同**」，隨後上述十家公司組建阿塞拜疆國際作業公司（*AIOC*），具體實施這一項目。這是迄今阿塞拜疆最大的油田開採項目。

這實現了美國在中亞的兩項能源建設計畫之一，另外一項則是「**裏海管線國際財團**」（*Caspian Pipeline Consortium, CPC*）。將巴庫的原油運送到俄羅斯新羅西斯克港（*Novorossiysk*）的裏海管道財團（*Caspian Pipeline Consortium*），日運油量只有五十萬桶。柴罕（*Ceyhan*）與新羅西斯克相比具備一項優勢，那就是在前者裝載石油的油輪用不著穿過擁擠不堪的博斯普魯斯海峽。[37]

全世界發現的大油田中[38]，有兩個大油田位於中亞地區，一個是阿塞拜疆的沙阿德尼茲油田、***Azenri***，***Chrig***，***Gunashli***等聯合

---

[37] Asia Times, May 26, 2005, 'Pipelineistan's biggest game begins' ,Pepe Escobar.

[38] 九○年代有九大油田發現（每個超過10億桶）：（一）墨西哥灣的"狂馬"，（二）、（三）巴西的龍卡多爾和Barracuda，（四）伊朗阿紮德甘，（五）哥倫比亞庫西亞納，（六）、（七）安哥"葵花"和"大麗"，（八）阿爾及利亞Oughroud，（九）墨西哥坎塔雷爾油田下的Sihil 油田；有十二個大氣田發現（每個超過5萬億立方英尺）：（一）俄羅斯什托克馬諾夫，（二）俄羅斯魯薩諾夫，（三）阿塞拜疆沙阿·德尼茲，（四）玻利維亞伊塔烏聖阿韋爾托（1999年發現），（五）挪威Orman Lange，（六）阿曼Sahil Rawl,（七）緬甸雅達納，（八）、（九）印尼的Peciko和Wiriagar氣田組，（十）巴布亞新磯內亞Hides，（十一）、（十二）澳大利亞西北陸架的Perseus和Evans Shoal。

稱為***ACG***，另一個是哈薩克斯坦的喀沙崗（*Kashagan*）油田。由於中亞與「石油寶庫」裏海比鄰，要控制裏海就必須控制中亞。

　　要瞭解*BTC*所涉及的範圍之廣及野心之大，必須先瞭解*BP*在巴庫（*Baku*）的總部。*BTC*的主要股東是*BP*（30.1%）、阿塞拜疆國家石油公司（*SOCAR*，25%）、美國聯合加州石油（*Unocal*，8.9%）、挪威國家石油（*Statoil*，8.71%）、土耳其石油（6.53%）、義大利*ENI*（5%）、法國道達爾菲納—埃爾夫石油公司（*TotalFinaElf*，5%）、日本*Itochu*（3.4%）、美國康菲石油公司（*ConocoPhillips*，2.5%）、日本*Inpex*（2.5%）和*Delta Hess*（沙特三角洲石油與美國*Amerada*的聯合企業，2.36%）。

　　就不受規則限制的強權政治和石油地緣政治來說，*BTC*是一筆真正的大交易—是美國遏制俄羅斯在高加索和中亞地區影響—以及眾國鉅型企業奪取中亞戰略資源繞過伊朗的石油和天然氣線路這個整體戰略的一個關鍵指標。此案重點在於爭取鄰近國家諸如哈薩克斯坦、俄羅斯石油公司加盟。

　　目前哈薩克斯坦主要通過俄羅斯出口石油，約占其石油出口總量的70%，哈在石油出口方面完全受制於俄羅斯。為減少對俄

羅斯的依賴，哈薩克斯坦一直在尋求石油出口的多元化。

　　經過多方的努力，擁有美國*Chevron Texaco*公司**50%**股份的哈薩克斯坦金吉斯什夫洛爾（*Тенгизшевройл*）石油公司已經和阿塞拜疆方達成協定，承諾每年從金吉斯油田向巴－柴管道協議輸出石油兩百萬噸，但不是從竣工之日輸油，要等到二〇〇六年底才能開始。除此之外，哈薩克另外一個油田喀沙崗（*Кашаган*）〔巴－柴管道公司（*BTC. Co*）在其中佔有15%的股份〕也處在爭取之列。

　　在保障俄羅斯國家利益而勝出的「**泰納線**」計畫[39]、籌備十年唯涉及中國、日本輸油爭執而徹底出局的「**安大線**」或「**安納線**」[40]之外，「**中哈線**」繼之展開。二〇〇四年五月，中、哈雙方簽署

---

[39]　2004年最後一天，俄羅斯總理米哈伊爾·弗拉德科夫正式簽署檔，決定由俄羅斯國營石油運輸公司修建一條從泰舍特至納霍德卡的石油運輸管道，即泰納線。"泰納線"實際上是"安納線"的改良版，即在"安納線"的基礎上作出的遠離貝加爾湖的修改方案，"泰納線"的起點改在了距安加爾斯克西北約500公里的泰舍特，該管線穿越貝加爾湖北部，然後沿著貝加爾—阿莫爾大鐵路南下，途經滕達和斯科沃羅季諾，並沿著俄中邊境地區一直通向納霍德卡附近的佩列沃茲納亞灣。"泰納線"的管道設計總長度為4130公里，途經伊爾庫茨克州、阿莫爾州和哈巴羅夫斯克邊疆區，管道建設週期預計為4年，管道的年輸油設計能力為8000萬噸，輸油管道的直徑為1220毫米，沿途修建32個油泵站。東半段同安納線一致；管道總長4130公里，造價107.5億美元，比安大線幾乎長一倍，貴三倍以上。

[40]　在俄羅斯頗具影響的《消息報》在頭版刊發署名文章說：2002年11月下旬，俄聯邦安全委員會會議專門召開會議討論遠東經濟問題，會議初步決定改變從俄羅斯安加爾斯克通往中國大慶的石油管道線路，把這條石油管道的終點改建在俄遠東的符拉迪沃斯托克（符拉迪沃斯托克）或納霍德卡。有關公司和政府部門正在論證這樣做的經濟利益以及政治後果。"安大線"項目為什麼會突然轉變方向呢？原來，日本也瞄上俄羅斯的石油，並參與到競爭中來。日本經濟產業大臣平沼赳夫曾於2001年12月就俄東西伯利亞油田開發向俄能源部部長尤素福夫和經濟部部長格列夫遞交了他的親筆信，信中稱"包括資金面在內，日本有意參加這一項目（遠東方案）"。在這之後，日本首相小泉又在訪問俄羅斯時專門與普京

協定，表示將儘快建成中哈石油管道，並落實相關油田開發專案。根據設計方案，中哈石油管道將西起里海港口城市阿特勞，途經中石油在哈購買的阿克糾賓油區，橫穿哈全境至中哈邊境阿拉山口，再從阿拉山口至中國新疆的獨山子。二〇〇五年三月二十三日，中國和哈薩克斯坦石油管道的新疆段正式開工。

中亞部分我們可以再畫出第三條勢力範圍管路。早在一九九四年曾任蘇聯天然氣工業部的部長，後擔任俄羅斯總理與私有化以後占壟斷地位控制著世界上25—40%天然氣儲備的全俄最大天然氣企業*Gazprom*總裁的切爾諾梅爾金（*Voktor Chernomytdin*），當時即推動與美國聯合加州石油（*Unocal*）、美國康菲石油公司（*ConocoPhillips*）及土庫曼斯坦集團籌畫：由土庫曼斯坦南部道塔勒巴得（*Dauletabad*）天然氣田，經由阿富汗赫拉（*Herat*）到巴基斯坦卡拉奇港（*Karachi Port*）一直到巴基斯坦的蓋達（*Quetta*）。這條管線最後又會和巴基斯坦在*Sui*（一家位於巴基斯坦的天然氣公司—*S.S.G.C.*）的天然氣輸送網相接的「**中亞油氣管線計畫**」（*Centgas Pipeline Project*）。

獨聯體現有十二個成員國，除俄羅斯之外，阿塞拜疆、亞美尼亞、白俄羅斯、格魯吉亞、吉爾吉斯斯坦、莫爾達瓦、哈薩克斯坦、烏茲別克斯坦、烏克蘭、塔吉克斯坦和土庫曼斯坦。中亞地區的發展與穩定，很大程度上取決於儲量（二千億桶）僅次於波斯灣的裏海油田的開採與運輸。現今，俄羅斯、哈薩克斯坦、阿塞拜疆、土庫曼斯坦、伊朗等國均與裏海相鄰，而先前只有蘇

探討此事。日本暗示，如果莫斯科同意建設這條長4000公里、估計造價達50億美元的石油管線，它會保障每年購買5000萬噸石油，並準備投鉅資開發西伯利亞能源。事實上，嗣後日本在籌資上出現困難而陷停擺。

聯和伊朗之間簽有關於利用裏海水域的協定。但是現在隨著新獨立國協的出現，圍繞著油田的開採、利用和輸油管道的扞格、競爭日趨尖銳。俄羅斯和土庫曼斯坦兩國都認為裏海是內陸大湖，所以其資源應由周邊國家分享，而哈薩克斯坦、阿塞拜疆兩國則認為裏海屬於海洋，因而各環海國家擁有該國沿海地區資源的所有權。就卡巴茲（*KAPAZ*）油田開採權的爭執使阿塞拜疆和土庫曼斯坦之間的關係趨於複雜化。而一九九七年八月，阿塞拜疆總統格·阿利耶夫赴美國訪問時所簽訂的一百億美元的合同，使兩國競爭更加尖銳化。雖然同年七月俄羅斯盧克石油公司和俄羅斯石油公司與阿塞拜疆簽訂了十億美元的協定，但是由於土庫曼斯坦的堅決反對，使俄羅斯處於延宕狀態。根據俄羅斯燃料動力部的消息，該國將依據合作與利益的原則，將很快制定出有關帕金油田的開發構想。他們認為如果在這個問題上抱著等待觀望態度的話，將會落後於其他的競爭者。現在，美國公司在該地區的投資已占到26%，而俄羅斯則占19%。

　　二〇〇一年七月，阿塞拜疆和伊朗在裏海發生武裝衝突。同時，為與土庫曼斯坦爭奪久涅什裏油田，兩國差點爆發戰爭。土庫曼斯坦一氣之下關閉設在巴庫的大使館。俄先後同哈薩克斯坦和阿塞拜疆簽署了劃分裏海海底資源的協定，並於二〇〇二年搶先投入使用裏海石油運輸管道，以求鞏固其作為裏海石油主要出口通道的地位。

　　二〇〇二年八月，俄羅斯海軍在裏海進行了有史以來規模最大的軍演。為了保護大陸架上的油田設施，哈薩克斯坦謀求建立海軍部隊。

　　二〇〇三年十月，阿塞拜疆和哈薩克斯坦就裏海大陸架劃分方法達成協定。至於土庫曼斯坦和伊朗的意願，兩置之不顧。

二〇〇四年一月底，阿塞拜疆和土庫曼斯坦之間就阿澤裏、奇拉格和久涅什裏油田的歸屬問題達成繼續協商的協定。此前，土庫曼斯坦一直想對這片海域占為己有，阿塞拜疆則捷足先登，數年前就開始在這裏進行石油勘探和開採工作。

二〇〇四年二月初，阿塞拜疆的海軍部隊與美軍在裏海舉行了聯合演習。有觀察家認為，這次演習不僅僅是針對土庫曼斯坦，也是針對伊朗的。因為伊朗試圖佔領某些被阿塞拜疆看作是自己的海域。

哈薩克總統納紮爾巴耶夫（*Нурсултан Назарбаев*）則宣佈，哈薩克原油在二〇一〇年前也籌備由BTC負責輸送。其甚至提議將哈薩克裏海石油聖地－阿克套（*Aktau*）加入BTC－這樣一來BTC豈不改為*ABTC*？BTC的設計運輸能力為日運載100萬桶－約占全球總產量的1.2%。BTC工程的經濟意義不大。石油專家們都知道，運送裏海石油最節省成本的路徑是往南經伊朗或往北經俄羅斯。但在華盛頓及其同盟企業看來，*BTC*不外是權力政治的傑作。事實上，裏海的石油蘊藏量可能還不到整個中東的10%。但真正重要的是如何給這場新的大博弈定位。高加索、裏海和中亞正是這場巧取豪奪中爭奪的絕對焦點。

從併購之觀點，吾人亦可探討中石化曲線收購美國公司進而闖入美國中亞石油版圖之併購個案。哈薩克斯坦是新獨立的中亞國家中石油遠景儲量最為豐富的，其陸上探明儲量達二十四億噸，裏海大陸架儲量達七十億噸。中石化收購的美國第一國際石油公司所擁有的區塊位於濱裏海地區，地震探測的結果顯示這些區塊擁有較大的石油勘探和開發前景。

美國第一國際石油公司成立於一九九六年，是一家私有的非上市公司。公司總部設在美國休斯頓，在哈前首都阿拉木圖設有

分公司，在哈北裏海周邊的油區內擁有五個勘探區塊和一個年產二十多萬噸石油的油田。由於這家公司缺乏石油勘探開發實力和擴大產量的資金和技術力量，公司有意出讓自己的全部股份。中石化同美國第一國際石油公司就該專案的交易方案展開一年多的艱苦談判，二〇〇四年三月雙方正式簽署併購協定。

中石化為規避來自美國政府和法律對中國公司購買美國公司的交易限制及稅務風險，採用在百慕達註冊境外新設公司、把美國公司遷往百慕達進行兼併的曲線間接政策。中石化國際石油勘探開發有限公司並且於二〇〇四年四月十九日在百慕達這一國際避稅區註冊全資子公司第一國際石油有限公司，並由這家公司實現了對美國公司的兼併收購。

決定世界政策趨勢或是石油趨向的除了管或線，還有圈或點：－此處更可以彼爾德伯格俱樂部（*Bilderberg Club*）為探究之範例。

彼爾德伯格俱樂部是由歐洲及北美洲約一百位最具影響力的銀行家、經濟學家、政治家以及 政府官員出席之會期三天的聚會。本會議每年在不同的西方國家召開，並於採取嚴密安全措施的狀況下進行，每一位與會代表對會議期間各項討論議題均須宣誓保密。此集會目的旨在提供一個隱密而非正式的環境，俾使能夠影響國家政策及國際事務的要員能夠彼此瞭解、相互討論，而無庸對共同的問題有任何承諾。[41] 在每次會議結束後，均有一份

---

[41]　BILDERBERG CONFERENCES Conference venues since 1954

　　52. 3-6 June 2004: Stresa, Italy.

　　51. 15-18 May 2003: Versailles, France.

　　50. 30 May - 2 June 2002: Chantilly, Virginia, USA.

　　49. 24-27 May 2001: Gothenburg, Sweden.

48. 1-4 June 2000: Genval, Brussels, Belgium.
47. 3-6 June 1999: Sintra, Portugal.
46. 14-17 May 1998: Turnberry, Ayrshire, Scotland.
45. 12-15 June 1997: Lake Lanier, Georgia, USA.
44. 30 May -1 June 1996: Toronto, Canada.
43. 8-11 June 1995: Zurich, Switzerland.
42. 3-5 June 1994: Helsinki, Finland.
41. 22-25 April 1993: Athens, Greece.
40. 21-24 May 1992: Evian-les-Bains, France.
39. 6-9 June 1991: Baden-Baden, Germany.
38. 11-13 May 1990: Glen Cove, New York, USA.
37. 12-14 May 1989: La Toja, Spain.
36. 3-5 June 1988: Telfs-Buchen, Austria.
35. 24-26 April 1987: Villa d'Este, Italy.
34. 25-27 April 1986: Gleneagles, Scotland.
33. 10-12 May 1985: Rye Brook, New York USA.
32. 11-13 May 1984: Saltsjöbaden, Sweden.
31. 13-15 May 1983: Montebello, Canada.
30. 14-16 May 1982: Sandefjord, Norway.
29. 15-17 May 1981: Bürgenstock, Switzerland.
28. 18-20 April 1980: Aachen, W. Germany.
27. 27-29 April 1979: Baden, Austria.
26. 21-23 April 1978: Princeton, New Jersey, USA.
25. 22-24 April 1977: Torquay, England.
1976: No conference was held due to Prince Bernhard's involvement in the Lockheed Scandal.
24. 25-27 April 1975: Çesme, Turkey.
23. 19-21 April 1974: Megìve, France.
22. 11-13 May 1973: Saltsjöbaden, Sweden.
21. 21-23 April 1972: Knokke, Belgium.
20. 23-25 April 1971: Woodstock, Vermont, USA.
19. 17-19 April 1970: Bad Ragaz, Switzerland.
18. 9-11 May 1969: Marienlyst, Denmark.
17. 26-28 April 1968: Mont Tremblant, Canada.
16. 31 March - 2 April 1967: Cambridge, England.
15. 25-27 March 1966: Wiesbaden, W. Germany.
14. 2-4 April 1965: Villa d'Este, Italy.
13. 20-22 March 1964: Williamsburg, Virginia, USA.
12. 29-31 May 1963: Cannes, France.

該次會議的機密報告於歷屆及現任代表間流傳，在報告中發言人僅以其隸屬國家名稱註明。本會議係由荷蘭貝恩哈德親王（*Prince Bernhard*）首先發起，並以一九五四年於荷蘭烏斯特畢克（*Oosterbeek*）舉行第一次會議所使用的旅館名命名。通常由一國際性的決策委員會每年選擇不同的與會代表，該聚會設有一小型祕書處設於海牙。

恩達爾（*F William Engdahl*）在其《百年戰爭：英美石油政治和新世界大戰》（*A Century of War: Anglo-American oil politics and the New World War*）書中曾詳細講述一九七三年在瑞典召開的彼爾德伯格會議上發生的事情。會上提出使歐佩克石油價格飆升400%的方案。彼爾德伯格俱樂部沒有阻止油價上升；反而計劃如何從中牟取鉅額利潤－美國前國務卿基辛格用「源源不斷的石油美元流入」來形容油價飆升的結果。相關各方都參加了這次會議：龐大石油公司和鉅型財團。恩達爾得出的結論是：「這些權貴聚集在彼爾德伯格俱樂部顯然是決定在五月對全球的工業增長發動一次大規模襲擊，目的是使權力平衡重新向有利於美國金融利益和美元的方向發展。為了達到這一目的，他們決定利用他們最珍視

---

11. 18-20 May 1962: Saltsjöbaden, Sweden.
10. 21-23 April 1961: St Castin, Canada.
9. 28-29 May 1960: Bürgenstock, Switzerland.
8. 18-20 September 1959: Yesilköy, Turkey.
7. 13-15 September 1958: Buxton, England.
6. 4-6 October 1957: Fiuggi, Italy.
5. 15-17 February 1957: St Simons Island, Georgia, USA.
4. 11-13 May 1956: Fredensborg, Denmark.
3. 23-25 September 1955: Garmisch-Partenkirchen, W. Germany.
2. 18-20 March 1955: Barbizon, France.
1. 29-31 May 1954: Oosterbeek, Netherlands.

的武器－全球石油供應的控制權。彼爾德伯格俱樂部的政策就是引發全球石油禁運，迫使全球油價激增。從一九四五年起，按照國際慣例，世界石油以美元定價，原因是美國石油公司控制著戰後石油市場。因此，全球油價突然上漲意味著世界對美元（用以購買必需的石油）的需求相應激增。」

„Hotel de Bilderberg". Oosterbeek bij Arnhem (Holland)

　　彼爾德伯格俱樂部的成員與外交關係委員會（*Council on Foreign Relations*）、聯繫英、美兩國特殊關係之朝聖者協會（*the Pilgrims Society*）[42]、三邊委員會（*Trilateral Commission*）和著名的「圓桌會議」（*The Round Table*，1910年英國牛津和劍橋建立的精英組織）有密切關係。圓桌會議（否認自己是正式組織）要求建立更有效的全球帝國形式，以便在整個二十世紀維持英美霸權。彼爾德伯格俱樂部的永久會員包括美國前國務卿亨利·基辛格（*Henry Kissinger*）、JP摩根國際委員會的大衛·洛克菲勒（*David Rockefeller*）、納爾遜·洛克菲勒（*Nelson Rockefeller*）、英國菲利

---

[42] 參照The Pilgrims of Great Britain, *Anne Pimlott Baker*。

普王子（*Prince Philip*）、在甘乃迪總統政府內任美國國防部長後
來又任世界銀行總裁的麥克納馬拉（*Robert McNamara*）、英國前
首相柴契爾夫人（*Margaret Thatcher*）、法國前總統（和歐洲憲法
的主要制訂者）德斯坦（*Valery Giscard d'Estaing*）、美國國防部長
拉姆斯費爾德（*Donald Rumsfeld*）、美國前國家安全顧問布熱津斯
基（*Zbigniew Brzezinski*）和美聯邦儲備銀行主席艾倫・格林斯潘
（*Alan Greenspan*）。

　　歐洲最著名之金融財團猶太裔羅斯柴爾德家族（*Rothschild
Family*）[43] 曾主持許多屆彼爾德伯格會議。

---

[43] 歐洲最著名的銀行世家，對歐洲經濟史並間接對歐洲政治歷史產生影響
達二百年之久。家族的創始人為邁耶・阿姆謝爾・羅斯柴爾德（Mayer
Amschel Rothschild, 1744.2.23, 緬因河畔法蘭克福-1812.9.19, 法蘭克福）
及其五個兒子——阿姆謝爾•邁耶（1773.6.12, 法蘭克福-1855.12.6, 法蘭
克福）、薩洛蒙•邁耶（Salomon Mayer, 1774.9.9-1855.7.27, 維也納）、內
森・邁耶（Nathan Mayer, 1777.9.16-1836.7.28, 法蘭克福）、卡爾・邁耶
（Karl Mayer, 1788.4.24-1855.3.10, 那不勒斯）和雅各或詹姆斯
（1792.5.15-1868.11.15, 法國巴黎）。邁耶早年喪父，在一家銀行當學徒。
後邁耶父子在緬因河畔法蘭克福經營一家銀行，發展而成為國際銀行
家。法國大革命和拿破崙戰爭（1792-1815）給他家帶來發財致富的良機。
邁耶及長子阿姆謝爾•邁耶坐鎮在法蘭克福，而內森・邁耶1804年在倫敦
建立分行，詹姆斯1811年在巴黎紮根，薩洛蒙和卡爾於1820年代分別在
維也納和那不勒斯建立辦事機構。在戰爭年代他們向交戰國的王公貴族
提供貸款，販賣與走私棉、麥、軍火等主要物資，辦理不列顛群島與歐
洲大陸之間的國際匯兌。戰後該銀行集團除繼續國際業務往來外，逐漸
捲入經營政府有價證券及保險、工業企業的股票。他們就這樣成功地適
應了歐洲的工業革命，以鐵路、煤炭、鋼鐵、金屬器材等方面投資促進
了歐洲經濟的發展。1850年代以後，該集團業務仍有發展，在石油及有
色金屬領域佔有重要地位。但因英、法、德等國家新的股份銀行及商業
銀行相繼興起，開始打破其壟斷局面。至19世紀後期歐美財團資金雄厚，
財勢日盛，影響超過了羅斯柴爾德集團。值得提出的是邁耶•阿姆謝爾為
其家族企業制訂的「聯合經營各類業務」及「不追求額外利潤」兩條指
導原則，世代相傳，對保持其企業長期不衰起了很大作用。羅斯柴爾德
家族第一代以異鄉人出現於各國，在語言不通、不諳地方習俗的情況下，
排除當地金融界的猜忌與競爭，終於取得顯要地位。第二代（五兄弟的

一九六二年和一九七三年在瑞典度假聖地薩爾特舍巴登（*Saltsjobaden*）舉行的兩屆彼爾德伯格年會則都是由沃倫伯格（*Wallenberg*）家族籌辦。

The Prince presides at the First Bilderberg Conference, Oosterbeek, 1954

作為歐洲最具影響力的商業家族之一，瑞典的沃倫伯格財團

子侄）恪守家世傳統，事業更加興旺。他們對所在國家的政治經濟都具有很大影響。羅斯柴爾德家族常在堂表親屬之間通婚，雙方大都是猶太人，極少例外，因此，儘管支脈龐多，世系後嗣始終保持團結一致，特別是在納粹時期，他們協力適應風暴，克服困難，極為顯著。他們一家享有崇高榮譽，邁耶的五個兒子均被授予奧地利帝國男爵勳位。該家族在英法的成員，多以科學家或慈善家著稱。　猶太商人最會賺錢的代表當屬十九世紀崛起於法國、後又控制世界黃金市場和歐洲經濟命脈長達200年的羅斯柴爾德家族。羅斯柴爾德家族靠做古錢幣生意和發戰爭財而暴發，後主要投資金融行業。羅斯柴爾德家族成為歐洲金融市場呼風喚雨和左右政局的最大力量。倫敦的羅斯柴爾德在1833年不列顛帝國廢除奴隸制以後，曾拿出2000萬英鎊用以補償奴隸主的損失；1854年，他們還為英國在克裏米亞同俄國的戰爭提供了1600萬英鎊的貸款；1871年，他們又拿出了一億英鎊為法國向普魯士支付普法戰爭的賠款；他們還控制了整個歐洲的鐵路，所有法國給俄國的貸款，都是由該家族提供的；在美國內戰期間，他們已成為聯邦財政的主要財源。

同時也是瑞典知名企業愛立信（即現併購後*Sony/Ericsson*之前身）、伊萊克斯（*Electrolux*）、*ABB*、*Astrazeneca*的大股東。沃淪伯格堡集團是北歐斯安銀行（*SEB*）最大的控股股東，亦是瑞典第三代電話運營商*HI3G*的最大投資者。

　　這當中有些人比其他人的控制權更大。他們是領導委員會的成員，包括金融界德意志銀行（*Deutsche Bank*）首席執行長約瑟夫·阿克曼（*Josef Ackermann*）、超國籍複合關係鉅型企業諾基亞（*Nokia*）總裁約瑪·奧利拉（*Jorma Ollila*）、戴姆勒-克萊斯勒汽車集團（*DaimlerChrysler*）的前任總裁施倫普（*Jeurgen Schrempp*）、前北約主席現為高盛公司（*Goldman Sachs*）主席薩瑟蘭（*Peter Sutherland*）、即將卸任的世界銀行總裁沃爾芬森（*James Wolfensohn*）和美國新帝國主義主導者、前美國國防部防禦政策董事會主席理查德·珀爾（*Richard Perle*）等。伊拉克戰爭的設計師、即將出任世界銀行總裁的沃爾福威茨（*Paul Wolfowitz*）也是彼爾德伯格俱樂部的永久會員。二〇〇五年五月五日至八日彼爾德伯格俱樂部在德國慕尼黑*Rottach-Egern*召開。討論議程囊括：*Iran, Iraq, The Middle East, Non-Proliferation, Asia, Economic Problems, Russia, European-American relations.*

　　二〇〇五年五月參與該聚會之名單彙整詳如後述：榮譽主席*Honorary Chairman B, Davignon, Etienne, Vice Chairman, Suez-Tractebel*（戴維儂為歐洲委員會前副主席暨總部設在比利時的能源企業*Suez-Tractebel*副主席。身兼歐盟—日本商業圓桌對話聯合主持者）；榮譽總秘書*Honorary Secretary General：GB, Taylor, J. Martin, International Advisor, Goldman Sachs International；NL, Aartsen, Jozias J. van, Parliamentary Leader, Liberal Party（VVD）；PNA, Abu-Amr, Ziad,* 巴勒斯坦*Member of the Palestinian Legislative*

Council; President of the Palestinian Council on Foreign Relations; Professor of Political Science, Birzeit University; D, Ackermann, Josef, Chairman, Group Executive Committee. *Deutsche Bank AG*（德意志銀行）；INT, Almunia Amann, Joaquin, Commissioner, European Commission；GR, Alogoskoufis, George, Minister of Economy and Finance；TR, Babacan, Ali, Minister of Economic Affairs；P, Balsemão, Francisco Pinto, Chairman and CEO, IMPRESA, S.G.P.S., Former Prime Minister；INT, Barroso. José M. Durão, President, European Commission（歐洲聯盟執委會主席）；S, Belfrage, Erik, Senior Vice President, SEB；I, Bernabè, Franco, Vice Chairman, *Rothschild Europe*（羅斯柴爾德歐洲；中國（大陸）石油天然氣股份有限公司獨立非執行董事[44]）；F, Beytout, Nicolas, Editor-in-Chief, Le Figaro（費佳洛報）；A, Bronner, Oscar, Publisher and Editor, Der Standard；GB, Browne, John, Group Chief Executive, BP plc；D, Burda, Hubert, Chairman of the Board of Management,

---

[44] *Bernabè*是*Franco Bernabè Group*的董事長，也是H3G（一家擁有義大利第三代移動通信經營權的電話公司）的副董事長。他也是*Kelyan*（*Franco Bernabè Group*內互聯網專業服務公司）的董事長。Bernabè先生目前是菲亞特汽車公司和*TNT Post Group*的董事會成員，還任職於義大利工業聯合會（Italian Confederation of Industry）執行委員會、佩雷斯和平中心理事會、世界經濟論壇國際理事會。他還曾擔任過義大利政府巴爾幹地區重建工作的特使。Bernabè先生1983年加入ENI任董事長助理，1986年任負責開發、規劃和控制業務的董事，1992年至於1998年期間任ENI的行政總裁。Bernabè先生曾領導過ENI集團的重組工作，使ENI成為了世界上最具盈利能力的石油公司之一。1998年至1999年期間，Bernabè先生任義大利電信公司的總裁。在加入ENI之前，Bernabè先生是菲亞特汽車公司的經濟研究部門主任。他也曾經是位於巴黎的經濟合作和發展組織經濟統計部門的高級經濟師。此前，他是都靈大學工業管理學院的經濟政治學教授。

Hubert Burda Media；IRL, Byrne, David, WHO Special Envoy on Global Cornmunicable Diseases; Former Commissioner, European Commission；F, Camus, Philippe, CEO, <u>EADS</u>（歐洲航空防禦與航太公司）；F, Castries, Henri de ,Chairman of the Board, AXA；E, Cebrián. Juan Luis, CEO, PRISA；USA, Collins, Timothy C., Senior Managing Director and CEO, <u>Ripplewood Holdings, LLC</u>（橡樹控股）；F, Collomb, Bertrand, Chairman, Lafarge；CH, Couchepin, Pascal, Head, Department of Home Affairs；GR, David, George A., Chairman, Coca-Cola H.B.C. S.A.（可口可樂）；F, Delpech, Thérèse, Director for Strategic Affairs, Atomic Energy Commission；GR, Diamantopoulou, Anna, Member of Parliament：NL, Docters van Leeuwen, Arthur W.H., Chairman of the Executive Board, Netherlands Authority for the Financial Markets（荷蘭金融市場監管機構）；USA, Donilon, Thomas E., Partner, O'Melveny & Myers；D, Döpfner, Mathias, CEO, Axel Springer AG；DK, Eldrup, Anders, President, DONG A/S（丹麥石油天然氣集團）；I, Elkann, John, Vice Chairman, Fiat S.p.A.；USA, Feldstein, Martin S, President and CEO, National Bureau of Economic Research；USA, Ford, Jr., William C., Chairman and CEO, Ford Motor Company；USA, Geithner, Timothy F., President, Federal Reserve Bank of New York；TR, Gencer, Imregul, Member of the Board, Global Investment Holding；ISR, Gilady, Eival, Strategic Advisor to Prime Minister Sharon；IRL, Gleeson, Dermot, Chairman, AIB Group；USA, Graham, Donald E., Chairman and CEO, The Washington Post Company（華盛頓郵報）；N, Grydeland, Bjørn T., Ambassador to the EU　；P, Guterres, António, Former Prime Minister; President, Socialist International；

USA, Haass, Richard N., President, Council on Foreign Relations ；
NL, Halberstadt, Victor, Professor of Economics, Leiden
University ；B, Hansen, Jean-Pierre, CEO, Suez-Tractebel S.A. ；A,
Haselsteiner, Hans Peter, CEO, Bauholding Strabag SE （Societas
Europea） ；DK, Hedegaard, Connie, Minister for the
Environment ；USA, Holbrooke, Richard C., Vice Chairman,
Perseus；INT, Hoop Scheffer, Jaap G. de Secretary General, NATO；
USA, Hubbard, Allan B., Assistant to the President for Economic
Policy and Director of the National Economic Council ；B,
Huyghebaert, Jan, Chairman of the Board of Directors, KBC
Group；USA, Johnson, James A., Vice Chairman, Perseus LLC ；INT,
Jones, James L., Supreme Allied Commander Euope, SHAPE ；USA,
Jordan, Jr.,Vernon E., Senior Managing Director, Lazard Frères &
Co. LLC ；USA, Keane, John M., President, GSI, LLC; General, US
Army, Retired；GB, Kerr, John, Director, Shell, Rio Tinto, Scottish
Americal Investment Trust；USA, Kissinger, Henry A., Chairman,
Kissinger Associates, Inc.；D, Kleinfeld, Klaus, President and CEO,
Siemens AG（西門子）；TR, Koç, Mustafa V., Chairman, Koç Holding
A.S.；D, Kopper, Hilmar, Chairman of the Supervisory Board,
DaimlerChrysler AG；F, Kouchner, Bernard, Director, "Santé et
développement", CNAM ；USA, Kravis, Henry R., Founding Partner,
Kohlberg Kravis Roberts & Co.；USA, Kravis, Marie-Josée, Senior
Fellow, Hudson Institute, Inc.；INT, Kroes, Neelie, Commissioner,
European Commission（現任歐盟競爭委員）；CH, Kudelski, André,
Chairman of the Board and CEO, Kudelski Group ；F, Lamy, Pascal,
President, Notre Europe; Former Commissioner, European

Commission ；USA, Ledeen, Michael A., American Enterprise Institute ；FIN, Liikanen, Erkki, Govemor and Chairman of the Board, Bank of Finland ；N, Lundestad, Geir, Director, Norwegian Nobel Institute（挪威諾貝爾基金會）；*Secretary, Norwegian Nobel Committee ；USA, Luti, William J., Deputy Under Secretary of Defense for Near Eastern and South Asian Affairs ；DK, Lykketoft, Mogens, Chairman, Social Democratic Party ；CDN, Manji, Irshad, Author/Founder of "Project Ijtihad" ；USA, Mathews, Jessica T., President, Carnegie Endowment for International Peace ；CDN, Mau, Bruce, Bruce Mau Design ；CDN, McKenna, Frank, Ambasssador to the US ；USA, Medish, Mark C., Akin Gump Strauss Hauer & Feld LLP；USA, Mehlman, Kenneth B., Chairman, Republican National Committee ；D, Merkel, Angela, Chairman, CDU; Chairman CDU/CSU-Fraction ；SVK, Miklos, Ivan, Deputy Prime Minister and Minister of Finance ；F, Montbrial, Thierry de, President, French Institute of International Relations （IFRI）；INT, Monti, Mario, President, Bocconi University; Former Commissioner for Competition, European Commission*（前任歐盟競爭委員）；*CDN, Munroe-Blum, Heather, Principal and Vice Chancellor, McGill University ；N, Myklebust, Egil, Chairman of the Board of Directors, SAS ；D, Nass, Matthias, Deputy Editor, Die Zeit ；RUS, Nemirovskaya, Elena, Founder and Director, Moscow School of Political Studies*（莫斯科政治學院）；*NL, Netherlands, H.M. tihe Queen of The ；PL, Olechowski, Andrzej, Leader Civic Platform ； FIN, Ollila, Jorma, Chairman of the Board and CEO, Nokia Corporation ；INT, Padoa-Schioppa, Tommaso, Member of the*

Executive Board, European Central Bank ；E, Palacio, Loyola de, President, Council on Foreign Relations, Partido Popular ；GR, Papandreou, George A., President, Panhellenic Socialist Movement （PASOK）；USA, Pearl, Frank H., Chairman and CEO, Perseus, LLC ；USA, Pearlstine, Norman, Editor-in-Chief, Time Inc. ；FIN, Pentikäinen, Mikael, President, Sanoma Corporation ；USA, Perle, Richard N., Resident Fellow, American Enterprise Institute for Public Policy Research ；D, Pflüger, Friedbert, Member of Parliament, CDU/CSU Fraktion ；B, Philippe, H.R.H. Prince ；CDN, Prichard, J. Robert S., President. Torstar Media Group and CEO, Torstar Corporation ；IN'T, Rato y Figaredo, Rodrigo de, Managing Director, IMF ；CDN, Reisman, Heather, President and CEO, Indigo Books & Music Inc. ；USA, Rockefeller, David, Member, JP Morgan International Council；USA, Rodin, Judith, President, The Rockefeller Foundation；E, Rodriguez Inciarte, Matias, Executive Vice Chairman, Grupo Santander ；USA, Ross, Dennis B., Director, The Washington Institute for Near East Policy ；F, Roy, Olivier, Senior Researcher, CNRS（法國國家科學研究中心）；P, Sarmento, Nuno Morais, Former Minister of State and of Presidency; Member of Parliament ；I, Scaroni, Paolo, Chief Executive Officer and Managing Director, Enel S.p.A. ；D, Schily, Otto, Minister of the Interior ；A, Scholten, Rudolf, Member of the Board of Executive Directors, Oesterreichische Kontrollbank Aktiengesellschaft（奧地利中央銀行）；D, Schrempp , Jürgen E., Chairman of the Board of Management, DaimlerChrysler AG ；D, Schulz, Ekkehard D., Chairman of the Executive Board, ThyssenKrupp AG ；E, Sebastián

Gascón, Miguel, Chief Economic Adviser to Prime Minister ；ISR, Sharansky, Natan, 以色列Former Minister for Jerusalem & Diaspora Affairs；I, Siniscalco, Domenico, Minister for Economy and Finance（義大利經濟財政部）；GB, Skidelsky, Robert, Professor of Political Economy, Warwick University; E, Spain, H.M. the Queen of；IRL, Sutherland, Peter D., Chairman, Goldman Sachs International; Chairman, BP p.l.c.; PL, Szwajcowski, Jacek, CEO, 波蘭Polska Grupa Farmaceutyczna ；FIN, Tiilikainen, Teija H., Director, University of Helsinki, Network for European Studies；NL, Tilmant, Michel, Chairman, ING N.V.；INT, Trichet, Jean-Claude, Governor, European Central Bank（歐洲中央銀行）；TR, Ülsever, Cüneyt, Columnist, Hürriyet（土耳其語報[45]）；CH, Vasella, Daniel L., Chairman and CEO, Novartis AG（瑞士諾華製藥）；NL, Veer, Jeroen van der, Chairman Committee of.Managing Directors, Royal Dutch Shell Group ；USA, Vinocur, John, Senior Correspondent, International Herald Tribune；S, Wallenberg, Jacob, Chairman of the Board, Investor AB; Vice-Chairman, SEB；USA, Warner, Mark R., Governor of Virginia ；GB, Weinberg, Peter, CEO, Goldman Sachs International（高盛國際）；D, Wissmann, Matthias, Member of Parliament, CDU/CSU Fraktion ；GB, Wolf, Martin H., Asscociate Editor and Economics Commentator, The Financial Times；INT/USA, Wolfensohn, James D., President, The World Bank（世界銀行）；USA,

---

[45]　土耳其人在德國創辦三家較大的土耳其語報紙，《HüRRIYET》是一家遠離政治的較通俗報紙，《TERCüMAN》報，確切地說是一家民族主義的保守報紙，《MILLITET》則是一家自由主義的報紙，主要面向高收入和受過較高教育階層。這三家報紙主要在報導德國政治和德國人的日常生活。

Wolfowitz, Paul, President designate, The World Bank ；USA,
Zakaria, Fareed, Editor, Newsweek International ；D, Zumwinkel,
Klaus, Chairman of the Board of Management, Deutsche Post AG ；
Rapporteurs（報告人）：*GB, Micklethwait, R., John, United States*
Editor, The Economist ；GB, Wooldridge, Adrian D., Foreign
Correspondent, The Economist.

　　本書創發見解在認為：此聚會即為「『太上』核駁」之觀念。

　　凌駕各國編制之審核機構，反而囊括政府（如兩任歐盟競爭主管機關委員等）與超國籍複合關係鉅型企業（「霸業」）等重要菁英於輻軸，顛覆隸屬行政科層，進行內爆樞紐性概念之啟蒙宣達。此超越既有關於企業、法制或一般企管分析之文獻，且先前從未曾被正式導入「併購」主題來討論。本書認為所謂：「核駁」（或有謂政府）與「霸業」（或有謂企業）絕非壁壘分明之對峙，且經過批判反思，實可覈認：兩者在中心點或最初萌發處，早就是一體攸關無從拆解剝離，且為求操縱全局韜略盡出，聯合導演，串聯、通謀。

第三節　歐洲國家執行反壟斷法的政治運作職能

　　歐洲反壟斷法的運作主要始於第二次世界大戰之後。德國作為歐陸繼受美國反壟斷法的先聲[46]，對於結合管制規定於「營業競爭

---

[46] 參照Herve Dumez and Alain Jeunemaitre, 'The Convergence of Competition Policies in Europe: Internal Dynamics and External Imposition.', In S. Berger & R. Dore eds.National Diversity and Global Capitalism（Ithaca and London: Cornell University Press. 1996）, Pp.216-238

限制防止法」（*Gesetz gegen Wettbewerbsbeschränkungen*，*GWB*）第三十五至第四十三條（*Abschnitt:Zusammenschlußkontrolle*）。[47] 而就歐盟事業結合總體管制而言，則主要載明於歐洲共同體條約第八十一及第八十二條、歐洲聯盟理事會所頒佈第四〇六四/八九號規則即「歐洲共同體結合管制規則」（*EG - Fusions kontrollverordnung*）第三條第一項與一九九八年三月歐體執委會所公佈之「關於結合概念解釋」（*Mitteilung der Kommission über den Begriff des Zusammenschlusses der Verordnung（EWG）Nr. 4064/89 des Rates über die Kontrolle von Unternehmenszusammenschlüssen*）等規範。[48] 結合管制實務中，德國獨占評議委員（*Monopol-Kommission*），凡對於市場集中度之調查與追蹤、產業之發展情形、主管機關核駁併購案之鑑定等，聯邦經濟部長所為的「特別許可裁量」（*Ministererlaubnis*）應參考獨占評議委員會之意見始能作成決定。[49] 德國聯邦卡特爾法幾經

---

[47] § 35 Geltungsbereich der Zusammenschlußkontrolle（結合控制適用範圍）
§ 36 Grundsätze für die Beurteilung von Zusammenschlüssen（判斷原則或法律依據）
§ 37 Zusammenschluß（兼併收購）
§ 38 Berechnung der Umsatzerlöse und der Marktanteile（銷售總額暨市場佔有率計算）
§ 39 Anmelde- und Anzeigepflicht（申報義務）
§ 40 Verfahren der Zusammenschlußkontrolle（併購審查程序）
§ 41 Vollzugsverbot, Entflechtung（禁止與反對併購）
§ 42 Ministererlaubnis（經濟部長兼併）
§ 43 Bekanntmachungen（發佈公告）

[48] 參照http://europa.eu.int/comm/competition/mergers/legislation/mergin98.html

[49] 例如德國營業競爭限制防止法第一條規定聯合約定「不生效力」（unwirksam），而非「無效」（nichtig），學者即認為是立法者有意的選擇，以示仍有例外申請許可的機會，不過一九九九年新修正的條文已改為「禁止為聯合行為」而不提其效力問題。參照 Das deutsche Gesetz gegen Wettbewerbsbeschränkungen,（GWB-Kartellgesetz）, http://transpatent.com/gesetze/gwb.html

變更補充計多次修法；而在二○○○年、二○○一年及二○○二年
則對個別條文修訂[50]，以保證它對與時俱變的卡特爾經濟規模，
具備實質控制的策略與效果。

一、德國

德國競爭法的誕生有一段不算短的歷史，戰後西德的競爭政

---

[50] 「營業競爭限制防止法」個別條文之修訂為：

(1) durch Artikel 9 des GKV-Gesundheitsreformgesetzes 2000 vom 22. Dezember 1999；

(2) durch das "Gesetz zur Sicherung der nationalen Buchpreisbindung" vom 30. November 2000；

(3) durch Artikel 4 des "Gesetzes zur Einführung einer Dienstleistungsstatistik und zur Änderung statistischer Rechtsvorschriften" vom 19. Dezember 2000；

(4) durch Artikel 7 (33) des "Gesetzes zur Neugliederung, Vereinfachung und Reform des Mietrechts (Mietrechtsreformgesetz)" vom 19. Juni 2001；

(5) durch Artikel 45 des "Zivilprozessreformgesetzes" - ZPO-RG - vom 27. Juli 2001, in Kraft ab 1. Januar 2002；

(6) durch Artikel 120 der "Siebenten Zuständigkeitsanpassungs-Verordnung" vom 29. Oktober 2001；

(7) durch Artikel7 des "Gesetzes zur Umstellung von Gesetzen und Verordnungen im Zuständigkeitsbereich des Bundesministeriums für Wirtschaft und Technologie sowie des Bundesministeriums für Bildung und Forschung auf Euro (Neuntes Euro-Einführungsgesetz)" vom 10. November 2001

(8) durch Artikel 10 des "Gesetzes zur Änderung des Rechts der Vertretung durch Rechtsanwälte vor den Oberlandesgerichten (OLG-Vertretung sänderungs gesetz-OLGVertrÄndG)" vom 23. Juli 2002；

(9) durch Artikel 2 des "Gesetzes zur Regelung der Preisbindung bei Verlagserzeugnissen" vom 2. September 2002.

另劉華美，〈德國營業競爭限制防止法—第六次修正〉《公平交易季刊》，第九卷第一期（2001年1月），頁39-53。劉孔中，〈德國限制競爭防止法對支配市場事業之規範〉，《東海大學法學研究》，第8期（1994年9月），頁163-187。劉華美，〈論結合管制〉《公平交易法施行九週年學術研討會論文集》（台北市：元照，2001年），頁77-135。

策係源於盟國「除卡特爾」與「去集中化」之立法以消除德國打仗的經濟力，同時並建立健康而民主的經濟基礎，其多沿襲美國競爭法的借鏡。第一部在德國境內被廣泛應用的競爭法正是一九五七年通過，並於一九五八年一月一日起實施之限制競爭防止法。迄目前為止，本法共經過六次的修正，最新的一次修正是一九九八年通過，並於一九九九年一月一日起實施的第六次修正營業競爭限制防止法，而一九七三年八月所進行的第二次修正，則是最具有變革意義的修正，特別是其廢止品牌商品把持價格特權，增加卡特爾聯合行為的禁止，以及引進「結合管制」措施，最近一次的修正主要是強調與歐盟競爭法的調和。

　　限制競爭防止法第1條規定，禁止事業的水平聯合行為，違反本條禁止規定之事業，依照第81條第2項之規定，最高得處以100萬馬克之罰鍰，以及因違法所得利益之最高三倍之罰鍰。第1條雖然禁止事業為聯合行為，但在限制競爭防止法的第2條至第8條則規定了若干例外情形而使事業能夠豁免於第1條的禁止，這類豁免規定可大致區分為「異議型的豁免」以及「許可型的豁免」，前者指統一規格及型式卡特爾，專業化卡特爾，及中小企業卡特爾等。如主管官署未在接到通知三個月內，對於事業的聯合行為，表示異議時，該聯合即不受第1條的限制；後者包括合理化卡特爾產業，產業結構性危機卡特爾等。事業必須獲得主管官署的同意，其聯合行為始不違法。此外，依照營業競爭限制防止法第14條的規定，事業間對價格或交易條件的垂直限制競爭協議，也是應予禁止的。

　　限制競爭防止法並不反對既存的市場優勢地位，以及內部成長造成之市場優勢地位，但卻禁止濫用該優勢地位。第19條對於具市場控制地位之事業是採「濫用監督」的原則，而第六次修正

限制競爭防止法時則更明白確認，事業濫用市場控制地位之行為，是受到競爭法直接禁止的。所謂有市場控制地位是指，事業無競爭者或未有實質的競爭，或與其他競爭者相較，擁有優勢市場地位者。事業是否應有市場優勢地位，必須綜合考量所涉商品，地理區域及時間，至於是否存在濫用的情事，實務上常會有舉證的困難，法院對於這方面的證據要求也頗高。在營業競爭限制防止法第19條第4項立法者羅列了一些認為是濫用的範例。

結合的型態，在實務上最重要的是水平結合，但垂直結合和多角化結合也會引起競爭法的問題，限制競爭防止法第36條對可能造成外移化優勢地位之結合加以禁止，但如參與結合者可以加以集中化改善競爭力條件之程度超過競爭之不利益，則結合是可以允許的，所謂結合，則包括財產的取得、控制權的取得、股份的取得等，凡符合限制競爭防止法所規定管制門檻的事業結合，原則上須於進行結合之前，向聯邦卡特爾署提出申請。

在德國，主管競爭事務的機關，除了部分事務是專屬於聯邦卡特爾署（例如對結合之管制）外，一般是按照事業從事競爭活動的影響範圍是否超越了各邦的範圍而定，如是，則由聯邦卡特爾署管轄，否則即由各邦卡特爾署負責。另在少數情形，聯邦經濟部長亦得為特別的許可。

德國產業行為除受德國競爭法的規範外，還受歐體競爭法的規範，歐體協定的目的是建立共同市場，因此共同市場內的競爭免於扭曲。

歐洲共同體競爭法是規定在共同體條約第3條、第81條至第86條，主要在避免因彼此間的合意限制市場競爭，以及濫用優勢地位，這些行為對國際貿易可能會產生不利影響，1990年生效之歐體結合管制規則是最重要的派生法，此外，歐體競爭法與德國競

爭法均採取效果原則，因此，歐體競爭法適用於所有對歐體市場
會產生影響的行為。[51] 德國聯邦卡特爾法幾經變更補充計多次修
法；而在二〇〇〇年、二〇〇一年及二〇〇二年則對個別條文修訂
[52]，以保證它對與時俱變的卡特爾經濟規模具備實質控制的策略

---

[51] 參史達克曼（K urt Stockmann）（德國聯邦卡特爾署副署長），〈德國競爭
法的基本原則－兼論第六次修正營業競爭限制防止法〉，行政院公平交易
委員會編譯，《競爭政策新紀元國際學術研討會》講述紀錄內容（競爭通
訊第四卷第五期）。

[52] 「營業競爭限制防止法」個別條文之修訂為：
（1）durch Artikel 9 des GKV-Gesundheitsreformgesetzes 2000 vom 22.
Dezember 1999；
（2）durch das "Gesetz zur Sicherung der nationalen Buchpreisbindung" vom
30. November 2000；
（3）durch Artikel 4 des "Gesetzes zur Einführung einer Dienstleistungsstatistik
und zur Änderung statistischer Rechtsvorschriften" vom 19. Dezember 2000；
（4）durch Artikel 7 （33） des "Gesetzes zur Neugliederung, Vereinfachung und
Reform des Mietrechts （Mietrechtsreformgesetz）" vom 19. Juni 2001；
（5）durch Artikel 45 des "Zivilprozessreformgesetzes" - ZPO-RG - vom 27.
Juli 2001, in Kraft ab 1. Januar 2002；
（6）durch Artikel 120 der "Siebenten Zuständigkeitsanpassungs-Verordnung"
vom 29. Oktober 2001；
（7） durch Artikel7 des "Gesctzcs zur Umstellung von Gesetzen und
Verordnungen im Zuständigkeitsbereich des Bundesministeriums für
Wirtschaft und Technologie sowie des Bundesministeriums für Bildung
und Forschung auf Euro （Neuntes Euro-Einführungsgesetz）" vom 10.
November 2001
（8）durch Artikel 10 des "Gesetzes zur Änderung des Rechts der Vertretung
durch Rechtsanwälte vor den Oberlandesgerichten （OLG-Vertretung
sänderungs gesetz-OLGVertrÄndG）" vom 23. Juli 2002；
（9）durch Artikel 2 des "Gesetzes zur Regelung der Preisbindung bei
Verlagserzeugnissen" vom 2. September 2002.
另劉華美，〈德國營業競爭限制防止法—第六次修正〉《公平交易季刊》，
第九卷第一期（2001年1月），頁39-53。劉孔中，〈德國限制競爭防止法
對支配市場事業之規範〉，《東海大學法學研究》，第8期（1994年9月），

與效果。

德國營業競爭限制防止法（*Gesetz gegen Wettbewerbsbes-chraenkungen, GWB*）第六次修正案，修正之幅度則相當大，除就法文內容重為評價，在法條之編排上，亦有大幅之重整。該次修正之目的，在藉創造一現代化、有效率之競爭法，以強化競爭之政策目標。

圖2-2　德國關於併購案申報發展之圖示（1984-1998年）

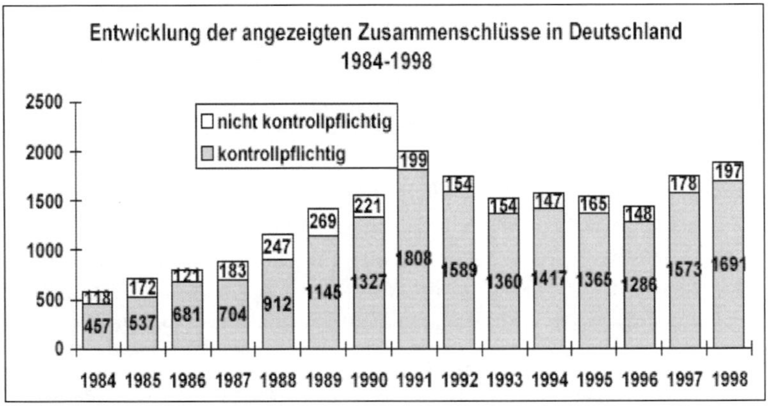

資料來源：Hans-Joachim Stadermann, 'Das Bundeskartellamt und seine Arbeit', p.13 *http://www.userpage.fu-berlin.de/~staderma/Aufsaetze/Startkurs/Kartellinfo.pdf*

具體之修正指導原則為：調合德國競爭法與歐體競爭法之衝突、保留本國法中適合國情之規定，同時刪除不合時宜之贅文，使法條架構更加完整。修正後之條文將自一九九九年一月一日起正式生效適用，細部之內容修正大致如下：

（1）有關繼受歐體競爭法方面，除確立卡特爾之禁止、禁止

頁163-187。劉華美，〈論結合管制〉《公平交易法施行九週年學術研討會論文集》（台北市：元照，2001年），頁77-135。

（為價格及其他交易條件之）建議及禁止市場力之濫用
（*Kartell-*、*Empfehlungs- und Misbrauchsverbot*）三原則
外，並參酌歐洲共同體條約第85條第3項之規定，就特
定之事業合作協議（特別是有關研究開發的協議，
Forschungs- und Entwicklungskooperationen），增訂例外
容許其為限制競爭行為之法律要件；另刪除折扣、輸出
（出口）、輸入（進口）之卡特爾，並簡化申請卡特爾
許可之程序、新增購買之卡特爾及其簡易申請程序、刪
除交通運輸業排除競爭法適用之規定；有關結合管制之
規定，採用歐體競爭法之預防制，因而，未來所有符合
結合申請門檻之結合案，均須事先申請許可。另外明訂
「控制力之取得」（*Kontrollerwerb*）須受結合管制規定。
有關聯邦卡特爾署就結合管制所為之判斷方面，聯邦卡
特爾署除已有之禁止事業結合之權限外，修正條文另賦
與聯邦卡特爾署通過結合許可之權限。

（2）有關本國競爭法實務上原已運作完善之部份，予以保
留。例如德國法傳統上就垂直限制競爭行為及平行限制
競爭行為所作之區分。此間，歐體執委會亦承認兩者應
作不同之評價與處理，並就此提出建議案（*Vorschlaege
der Europaeischen Kommission zu den vertikalen
Wettbewerbsbeschraenkungen*）。另外，相較於歐體競爭
法對市場支配並無明文規定，修正條文保留雙重之市場
支配（*doppelter Marktbeherrschung*）之概念，亦即一事
業處於無競爭狀態，且對其他競爭者而言，該事業擁有
優勢之市場地位。有關獨、寡占之推定規定亦予以保
留，此外擴大適用舉證責任之反置，使之不僅只適用於

153

寡占，亦適用於結合與垂直限制競爭之濫用情形。

（3）延續第五次修正案就中小企業適用競爭法之相關問題
之討論，本次修正之一大重點為保護中小企業之競爭環
境，其相關重要改變如下：

針對現階段引起熱烈討論與爭議之「基礎設施之使用問
題」（ *das Problem des Zugangs zu den "essential facilities"* ），
於第十九條第四款第四項增訂拒絕他人使用其網路資
訊或其他基礎設備（ *Verweigerung des Zugangs zu eigenen
Netzen oder anderen Infras- truktureinrichtungen* ）為濫用
市場力量之行為。

為避免中小型企業因畏懼大企業之勢力，而不願直接對
抗大企業之濫用市場地位行為，修正後條文賦予聯邦卡
特爾署可依職權調查，且無須舉證及指出受害之企業，
期望藉此鼓勵受害企業，勇於舉發並對抗不法之企業活
動。在禁止差別取價方面，明定大企業不得以低於正常
價格銷售商品或提供服務（ *Verbot des Verkaufs unter
Einstandspreis* ），以防大企業無正當理由，藉此損害中小
企業之利益。[53]

德國 1957 年頒布的《營業競爭限制防止法》（ *GWB–
Kartellgesetz* ）主要禁止的是卡特爾和大企業濫用經濟勢力。對可以
豁免的卡特爾，德國的法律做出了明確的規定。1999年德國第六次
修改了《營業競爭限制防止法》，修改後縮小了豁免適用卡特爾禁止
原則的卡特爾例外的範圍。適用合理的原則是指有些卡特爾不是必

---

[53] 競爭政策企劃處黃慧嫺譯，取材節譯自 WuW 7/8 1998, P. 651-654；Annual
Report on Developments in Germany - 1 July 1997-5 June 1998, P. 2-4

然被視為違法，其違法性依具體情況而定。如果它們雖然有著限制
競爭的目的或者後果，但同時還具有推動競爭的作用，或能顯著改
善企業的經濟效益，從而更好地滿足消費者的需求時，則可被視為
合法。聯邦卡特爾局曾經指出過：「競爭雖然是配置資源的最佳方
式，但有些市場因特殊的條件，優化配置資源的機制只有在限制競
爭的條件下才能實現。在這種情況下，通過合作實現的合理化就比
自由競爭更可取。」《營業競爭限制防止法》第2條至第8條以列舉的
方式提出了一系列適用合理原則的卡特爾。*§ 4 Mittelstandskartelle*、
§ 5 Rationalisierungskartelle、*§ 6 Strukturkrisenkartelle*、*§ 7 Sonstige
Kartelle*（其他卡特爾）、*§ 8Ministererlaubnis*、*§ 9 Anmeldung von
Kartellen, Widerspruchsverfahren*即是說，這些卡特爾雖然存在著限
制競爭的因素，但是可被視為合法而存在。這些卡特爾是：

(1) **條件卡特爾**。條件卡特爾，是指適用統一標准合同（如
   共同交貨、共同付款）但不涉及價格或價格構成的合同
   和協議。這是指統一適用的一般交易條件，特別是指不
   含價格和價格構成的有關交貨和支付的條件。條件卡特
   爾可以得到豁免，因為它們雖然限制了同類產品在不重
   要方面的競爭，但由此卻強化了在產品主要方面如價格
   和質量方面的競爭，從而被視為具有推動競爭的作用。
   1976年德國通過了《一般交易條件法》（*AGB－Gesetz*），
   卡特爾局在審查關於銷售條件的卡特爾時，要依據這個
   法律的有關規定。鑒於生產自動化和產品標準化的發展
   趨勢，條件卡特爾在人們經濟生活中有著重要的意義。

(2) **合理化卡特爾**（*§ 5 Rationalisierungskartelle*）。合理化卡
   特爾，是指用於統一標准或型號的合同和決議，此決議
   需要經過合理化協會同意。這類卡特爾是指同類產品的

155

企業關於統一適用某個標準或者型號的協定。這類協定有時也含有價格條款或者建立統一採購或銷售組織的條款。聯邦卡特爾局批准這類卡特爾的前提條件是,「它們必須以高效率和高生產率的方式,提高成員企業在技術、經濟和組織方面的效益。」此外,「該效益還得以低價的方式使消費者受惠。」「一般來說,提高效益不需要訂立卡特爾,但若訂立卡特爾是提高效益的唯一手段時,就得批准這些卡特爾。」[54]

反觀美國反托拉斯法,其中並沒有具體列出哪些卡特爾可以豁免,而是以「合理原則」(*Rule of reason*)具體判斷某一卡特爾是否具有法律許可的合理理由;如被證明是不合理的(*Unreasonable*),具有反競爭的效果,則應受到法律的禁止。在司法實踐中,法院在適用「合理原則」的同時,還採用了「本身違法原則(*Peres rule*)」以限制「合理原則」的適用範圍。這是由於某些被認為是特別有害於競爭的協議或行為是「自身違法」或「自身禁止」的,不需要再去証明其違法性就可以推定違反了《謝爾曼法》第1條的禁止規定。根據美國的判例,這類自身違法的協議包括價格協議、劃分市場協議、聯合抵制等卡特爾協議。由於用「合理原則」來判斷並非易事,在司法實踐中美國司法界逐漸形成了一套衡量合理與否定的標准,並在分析所有協議時對以下情況視為例外:

---

54 另參David B. Audretsch, Legalized Cartels in West Germany, The Antitrust Bulletin, Fall/1989, P. 580-582.

（a）使用本身合法原則的協議；

（b）由於政治行為或國家行為而豁免；

（c）不產生限制貿易的協議。

運用合理原則的真正目的在於豁免或不追究受到限制的卡特爾協議。因為這些協議帶來的有益效果大大超過其對競爭帶來的損害後果。美國在法律中沒有明確規定具體的適用除外對象，這樣他們可以根據不同時期的經濟發展靈活地決定豁免的內容。

（3）**結構危機卡特爾**（*§ 6 Strukturkrisenkartelle*）。結構危機卡特爾，是指在銷量減少、需求下降時，企業可以簽訂卡特爾協議，以便更好地恢復企業的生產能力。這類卡特爾是從目的分類，主要用於在市場蕭條、產品滯銷的情況下，協調行業或者部門的生為能力，以避免生產過剩。結構卡特爾在內容上可以限制產品的價格和數量。豁免這樣的卡特爾是因為市場競爭不可能迅速地解決生產過剩的問題。在這種情況下，若不進行生產協調，就會產生災難性的價格競爭，對社會資源和生產造成巨大的損害。因為這樣的卡特爾會嚴重影響競爭，極難得到批准，所以現實意義不大。

（4）**中小企業合作的卡特爾**（*§ 4 Mittelstandskartelle*）。即中小企業為改善經濟效益在採購、銷售或技術標準化方面進行的合作。豁免這樣的卡特爾是為了擴大中小企業的合作，提高它們的競爭能力，改善市場的競爭環境。原則上，中小企業間的價格卡特爾也是不允許的，但若價格與合理化的某些措施有聯繫，且是這些措施成功的必要條件，價格協定也可以得到批准。但它們涉及的市場

157

份額不得超過15%。

（5）**折扣卡特爾**（該款已刪除）。專門化卡特爾，是指通過專門化達到經濟活動合理化的合同和決議，但不能妨礙市場上的基本競爭。即統一規定交貨時給予買受方一定的數量折扣或者銷售額折扣。同條件卡特爾一樣，折扣卡特爾也具有改善市場信息流通和強化生產者價格競爭的功能。折扣是一種變相降價。如果折扣的損失可以通過批量銷售的效果來抵償，且不帶有歧視性，給予折扣就是正當的。重要的折扣是生產商對批發商的價格折扣。因為若生產商自己銷售，就會增大成本。此外，季節銷售折扣也可以減少銷售費用，從而也是被允許的。

（6）**專業化卡特爾**。它是指通過提高生產或者銷售的專業化實現經濟過程合理化的卡特爾。如果這樣的卡特爾可以提高卡特爾成員的效率和生產率，且不是嚴重地影響競爭，可以得到卡特爾局的批准。

（7）**出口卡特爾**（該款已刪除）。1999年《營業競爭限制防止法》修改後，德國取消了對「出口卡特爾」的適用除外特權；增加了《營業競爭限制防止法》第7條第1款。即出口企業為推動出口而訂立的協定。單純的和不影響國內市場的出口卡特爾不屬於《營業競爭限制防止法》的管轄。對國內市場有影響的出口卡特爾，若該影響對提高企業的國際競爭力是必要的，出口卡特爾也可以得到批准。德國政府在《營業競爭限制防止法》的草案中指出，「許多國家對出口卡特爾沒有限制性的規定。因此，如果德國限制出口卡特爾，就會不公平地妨礙德國產品的出口。」出口卡特爾得到批准的前提條件是，它們不

是嚴重地影響國內市場的競爭，而且也不違反德國參加
的國際協定。根據該款規定，限制競爭的協議和決議如
有利於改善商品或服務的開發、生產、分配、採光、回
收或處理條件，並以適當方式使消費者分享因此而產生
的利益，則可以豁免適用卡特爾禁令；但以參與企業無
法以其他方式達成這種改善效果、此種改善效果同與之
相關聯的限制競爭之間應當保持適當關系、限制競爭不
會產生或加強支配市場地位為限。顯然此條款是模仿
《歐洲共同體條約》第85條第3款的規定。但《反對限
制競爭法》第7條第1款並沒有採用《歐洲共同體條約》
中「促進科學技術進步和經濟進步」的文句，拒絕將「促
進技術進步和經濟進步」規定為一般豁免規定的要件之
一。立法者用意是明確的，那就是排除產業政策或公共
利益方面的因素對自由競爭的限制和影響，突出和強化
競爭原則。可以，隻要有利於德國本國國內經濟發展，
對外貿易行為也是可以豁免的。

（8）**進口卡特爾**（該款已刪除）。指進口企業為協調進口而訂
立的協定，其目的是對付國外經濟實力強大的進口商，
降低進口價格，改善進口條件。由於實踐中這樣的卡特
爾很少，所以沒有現實意義。

（9）**經濟部長批准的卡特爾**（*§ 8 Ministererlaubnis*）。卡特爾
法第8條第1款規定，在例外的情況下，聯邦經濟部長可
出於對整體經濟和社會公共利益的考慮，批准對競爭有
嚴重影響的卡特爾。該條第2款還指出，如果個別經濟
部門絕大多數企業的生存受到直接的威脅，且消除這種
威脅沒有比限制競爭更經濟和更合理的方式時，經濟部

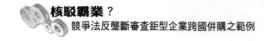

長得批准這樣的卡特爾。

以上各種卡特爾對競爭的影響程度是不相同的。為了便於管理，《營業競爭限制防止法》依影響程度的輕重，將它們分為登記卡特爾、可駁回的卡特爾和需批准的卡特爾。

所謂－**登記卡特爾**：包括統一規範、統一型號、統一計算程式的合理化卡特爾以及對國內市場沒有影響的出口卡特爾。因為這些卡特爾對國內市場競爭沒有顯著影響，所以，一經登記，便為有效。

可駁回的卡特爾：包括條件卡特爾、折扣卡特爾、專業化卡特爾和中小企業合作卡特爾。這些卡特爾也得要進行登記。因為登記後存在著被駁回的可能，所以，它們的登記不等於自動生效。若三個月的審查期內未被駁回，這些卡特爾從這個期限屆滿之次日起生效。

需批准的卡特爾：包括結構危機卡特爾，為改善企業的技術、經濟和組織能力的含價格協定以及建立共同採購和銷售組織的合理化卡特爾，影響國內市場的出口卡特爾，進口卡特爾和經濟部長特批的卡特爾。這類卡特爾批准的期限不得超過三年。卡特爾法第11條第5款規定，取得合法地位的卡特爾若有濫用豁免的情況，卡特爾局可撤銷其批准書。

上述可以得到豁免的卡特爾，其作用和意義是不同的。根據聯邦卡特爾局一九八六年的統計，在這一年三百二十一個合法卡特爾中，中小企業合作卡特爾達一百三十六個，對國內沒有影響的出口卡特爾五十三個，條件卡特爾五十個，它們共占總數的74.45%。其次是專業化和合理化卡特爾（均包括含價格協定的卡

特爾）六十四個，占總數的19.9%。結構卡特爾只有一個，進口卡特爾和經濟部長批准的卡特爾數目均為零。[55] 結構卡特爾和經濟部長特批的卡特爾之所以很少，一方面是因為企業懾於卡特爾法的威力，不會輕易建立這樣的卡特爾；另一方面是因為這樣的卡特爾難以得到批准。德國學者本尼奇（Benitsch）認為，「德國經濟部長也許感到批准第8條所指的卡特爾有汙於市場經濟的聖靈。」[56]

《營業競爭限制防止法》除在第2條至第8條規定了不適用第1條第1款關於禁止卡特爾的例外情況，還在第99條至第103條規定了不適用卡特爾法的特殊經濟領域。它們是交通業、農林牧漁業、銀行業、保險業以及供應水、電、煤氣的公用事業。這些行業都有著各自的特殊性，市場不開放或者不完全開放，從而不允許自由競爭。例如，自來水、電力和煤氣是嚴格劃分地域市場的。各個供應者在其所處地域均有壟斷地位。這種地位是它們憑藉與地方政府訂立的供應合同和由此獲得的經營許可權取得。

因為《營業競爭限制防止法》對卡特爾作了形形色色的豁免規定，卡特爾的合法存在在德國就成了普遍現象。它們尤其集中在建築材料業、紡織服裝行業、食品行業和非電子機械製造行業。在1986年合法存在的321個卡特爾中，上述四個行業占了45.5%。這種現象說明，產品具有同質性且固定成本較高的行業易於結成卡特爾。聯邦卡特爾局的報告指出，這些卡特爾增強了企業的生命力，使它們不至於在經濟蕭條中因毀滅性的價格戰而大批破產。然而，沒有證據表明，這些合法的卡特爾創造了高效率或高

---

[55]　David B. Audretsch, aaO., P. 591.

[56]　David B. Audretsch, aaO., P. 590.

生產率，更沒有證據表明它們給消費者帶來了實惠。

二、法國

　　反兼併的方法，在法國，也是屬於行政性質與政治運作的職能。法國「公平競爭委員會」（*Conseil de la concurrence*）與財政經濟暨產業部「競爭、消費保護及查稽貪污舞弊總署」（*La direction générale de la Concurrence, de la Consommation et de la Répression des fraudes（DGCCRF*））[57] 即係以一九八六年十二月一日制訂之《競爭法》（*Le droit de la concurrence：Ordonnance n 86-1243 du 1 décembre 1986 relative à la liberté des prix et de la concurrence*）為法源基礎而對兼併收購進行審查與調查。[58]

　　在法國當事業違反競爭法之行為時，法國競爭委員會、刑事法官（*le juge penal*）、民事法官（*le juge civil*）及商事法官（*le juge commercial*）皆具有管轄權。其併購反壟斷審查標準之規範在於併購活動必須符合營業總額和市場份額的檢驗要求；兼併前和兼併後進行通知並非強制性的，但必須在兼併前自願通知；最後裁決乃取決於經濟部，經濟部依據某些條件，禁止或批准某一兼併案，這些條件包括強制性資產過戶，或對未來的競爭性產品需作出某種承諾等。執行程序上，法國競爭委員會可採取裁處罰款及施予禁制令（競爭法第十一條第二款及第十三條），但不可採取刑法處分，在緊急情形下該機構亦可進行假處分措施。如有詐欺行

---

[57] La direction générale de la Concurrence, de la Consommation et de la Répression des fraudes （DGCCRF）, http://www.finances.gouv.fr/DGCCRF/

[58] 參照http://www.chaillot.com/Fr/pages/p9.html暨Jacques-Philippe Gunther, 'Le nouveau droit français de la concurrence, Freshfields Bruckhaus Deringer。

為時則刑事法官可採取四十萬法郎之罰款、服刑四年或同時採取前述兩項處罰（競爭法第七條、第八條及第十七條）。[59]

　　法國競爭政策與歐盟競爭政策關係密切息息相關，法國財經產業部「競爭、消費保護及查稽貪污舞弊總署」及「公平競爭委員會」等主管單位皆派員參加歐洲執委會所屬之相關諮詢委員會（*Comites Consultatifs*）以瞭解運作情形以及歐盟間企業結合或併購是否違反共同競爭政策之規定。另*DGCCRF*依據一九九七年歐洲執委會起草之有關銷售平行協定（*Les Accords verticaux dedistribution*）調整法國相關規定，以使銷售平行協定之法律性能較符合競爭政策之規定，並使執委會與會員國間之工作範圍及權責關係明確以達相輔相成的結果。*DGCCRF*亦對數項反競爭行為如平行輸入、價格壟斷等行為案例提出意見。法國企業因經濟全球化趨勢促使與外國併購整合愈來愈顯頻繁，法國企業併購案例符合歐盟企業結合（*concentration*）規定也較往年提高30%左右。就國家而論，必須通過預算、稅收、社會福利及競爭政策來抵制市場經濟力濫用的發展，對企業併購投資的審查裁量亦然。

◆ 經濟管控之組織架構

　　德國一九六七年所頒佈的穩定法（*Stabilitätsgesetz*）即是國家用來抵制經濟發展趨勢中的偏差的一種手段。[60] 其目的是：在經

---

[59]　參照http://lexinter.net/Legislation/concurrence.htm

[60]　在1967年德國通過了穩定與成長法，變更基本法規定的聯邦政府與各邦政府的財政權限，並且明言宣示其政策目標為「神奇的四角」，即充份就業、持續成長、價格穩定、外匯穩定。為了達成這四個目標，勞資的協調機制需要建立，工會、資方代表、國家部門必需透過協商方式，共同決定工資的成長幅度與其他政策目標。社會黨（SPD）的經濟部長Karl Schiller是這項制度的創始者，宣告過去基民黨（CDU）所採行的"社會市場

濟持續穩定增長的同時，確保價格穩定、高就業率及對外經濟平衡。對這些目標意義的經濟發展負責的還有主管貨幣政策的德意志聯邦銀行及勞資夥伴（雇主聯合會－工會）。而參與政治運作，制定和協調經濟與財政政策的則有以下政治機構：

◆ **國家經濟發展理事會**（*Konjunkturrat fuer die oeffentliche Hand*）

它由聯邦經濟部長和財政部長、每個州政府一名成員及鄉鎮和鄉鎮聯合會的代表組成。聯邦銀行可參加每年至少兩次的商討會。理事會謀求經濟景氣政策的所有參加者盡可能一致的行動。

◆ **財政計劃理事會**（*Finanzplanungsrat*）

其組成與經濟發展理事會相似。它的任務是協調聯邦、州和鄉鎮的財政計劃。聯邦和各州有責任制定出幾年的財政計劃，以便經濟收支與國民經濟的能力與要求協調一致。

◆ **鑒定宏觀經濟發展專家理事會**（*Sachverstaendigenrat zur Begutachtung der gesamtwirtschaftlichen Entwicklung*）[61]

它成立於一九六三年。這個由「五賢人」組成的專家，每年秋季提出一份關於宏觀經濟狀況及預測其發展的鑒定書，便於各經濟負責部門及公眾作出判斷。為了確保投資有適當的效應，聯邦政府首先努力激發個人的積極性來加強自身力量，國家對經濟的影響受到限制，違反市場經濟規律的規定被取消。這就保證了

經濟"時期的終結，德國正式邁向其他歐陸國家的凱因斯模式。Karl Schiller 於1967-72年為經濟部長（Bundes wirtschaftsminister）；1971-72年則為金融部長（zusätzlich Finanzminister（"Superminister"））。

[61]　網址為www.sachverstaendigenrat-wirtschaft.de/

自由競爭，並更易於適應新的發展。

　　而德國聯邦卡特爾署（*Bundeskartellamt*）對於企業併購或資產股權結合之申報（*Angemeldete Zusammenschlussvorhaben*）所考察的角度則不同於上述機構，業已不局限於德國境內，而是從歐盟或全球的視角衡量該兼併是否提升國家企業在該行業的國際競爭力，如戴姆勒－賓士公司併購美國克萊斯勒公司。[62]

　　經濟控管組織架構外，戴姆勒-賓士-克萊斯勒（*DaimlerChrysler*）併購案中也出現來自個人之主張，透過司法訴訟，富豪、鉅額持股者無所隱諱地公然表達其對該鉅型跨國籍企業集團超國界併購之異議暨抵制。科威特政府即擁有*DaimlerChrysler*公司7%的股份，阿拉伯聯合大公國（聯酋七個酋長國中第二大）杜拜公國政府二〇〇五年三月發表公報稱已通過旗下全資上市公司—杜拜國際資本公司購買戴-克*DaimlerChrysler*汽車集團十億美元股份，遂晉身為該公司第三大股東。

　　譬如科威特政府即擁有*DaimlerChrysler*公司7%的股份，相關車業集團中東資金與勢力的介入諸如法拉利*Ferrari*的跨國持股生態，二〇〇五年八月義大利*Mediobanca*銀行正式以一億一千四百萬歐元的售價，出讓5%的*Ferrari*股份予阿拉伯聯合人公國的*Mubadala*投資公司，中東資金投入。現今*Ferrari*持股狀況*Fiat*集團佔56%、義大利銀行*Mediobanca*佔19%、德國銀行*Commerzbank*佔10%、*Ferrari*家族佔10%，*Mubadala*擁有剩下5%股份。

---

[62]　進階參照大衛.華勒（David Waller），齊思賢譯，《改變世界的十七分鐘：賓士與克萊思勒跨國合併內幕》（台北市：時報文化，2002年）及約根.葛瑞斯林（Jürgen Grässlin），陳琇玲譯，《賓士狂潮：席捲全球汽車工業的德國新勢力》（Jürgen Schrempp and the making of an auto dynasty）（台北市：麥格羅.希爾國際，2000年）。

　　此攸關之範例參照美國賭場暨投資界大亨、米高梅集團最大股東兼億萬富翁科克林‧凱爾克利恩（*Kirk Kerkorian*）透過領導的投資集團*Tracinda*控告德國與美國「戴姆勒·克萊斯勒汽車公司」一九九八年五月七日之不當併購案件涉及高階領導人背信、詐欺且致悖離證券法規範。這場重量級的民事訴訟提供一個難得的機會，讓人們看到這項規模龐大、充滿冒險的國際商業合併的內幕。根據控訴者的論點是收購企業隻手遮天地真正意圖是為了避免支付上漲的股票價值（「控制溢價」）給克萊斯勒的控股股東。

　　經由無陪審團之審理，美國德拉瓦州威明頓（*Wilmington*）市法院法官約瑟夫‧法南（*Joseph Farnan*）對科克林控訴併購背信、訛詐案，曾於二〇〇五年四月七日做出有利於「克萊斯勒公司」的判決而駁回其告訴，但日後之判決則呈顯變化。

　　該訴訟過程是科克林‧凱爾克利恩提出美金高達十二億元的控訴，而且要求六十億美元的懲罰性賠償金，並要求法院解除合併，把克萊斯勒恢復為獨立企業。其指控「戴姆勒」與「克萊斯勒」兩家公司在合併時，誤導「克萊斯勒」的股東，同時也未將合併所得利益分給股東。德國「戴姆勒汽車公司」接管美國「克萊斯勒公司」七年以來，「克萊斯勒公司」股價下跌了50%左右。

　　一九九五年四月，*Kirk Kerkorian*曾與當時的克萊斯勒總裁*Lee Iacocca*一起發動對原克萊斯勒公司總額達二百三十億美元的**敵意收購**（*MBO, Managenent buyout*，管理層收購）遺憾地是其挽救罔效。德拉瓦州地區法官*Kent Jorda*亦曾經批准其他投資者發起的集體訴訟行動中之和解，但科克林拒絕參與這次和解而抉擇繼續纏訟。他同時對第一被告人戴姆勒－克萊斯勒總裁于根‧施仁普（*Jürgen Schrempp*）；次被告人是曼伏雷德‧根慈（*Manfred Gentz*），財政董事，以及荷爾瑪‧考波爾（*Hilmar Kopper*），德意

志銀行監視會主席，擁有戴姆勒-克萊斯勒12%的股份德意志銀行而提出訴訟。支持戴姆勒－克萊斯勒反駁科克林論證最有力的證據可能是，當時*Kirk Kerkorian*非常迫切地想拋售所持有的克萊斯勒公司13.7%的股份。由於擔心交易流產，他敦促時任克萊斯勒*CEO*的鮑勃‧伊頓（*Bob Eaton*）要價不要太高。在*Kirk Kerkorian*的起訴狀中聲稱，他被戴姆勒-賓士與科萊斯勒於一九九八年合併中的條件所欺騙。法官***Joseph J. Farnan Jr.***發現，戴姆勒-科萊斯勒高管人員未能向Kirk Kerkorian展示此聯合是一個可信的平等的合併，而不是收購的聲明，因此影響到*Kirk Kerkorian*本人對此交易是否支援的決定。*Kerkorian*展示了公司高管官員進行大量的宣傳活動，以掩蓋他們妄圖控制克萊斯勒並將之歸為轄屬次級部門企圖之證據，實際上這場併購案「是『收購』是『吞併』，但絕不是對等『合併』」。目前對凱爾克利恩不利的是他在克萊斯勒董事會中派有一名代表，也就是說在交易之時他應該能得到內部消息。

　　法律上而論，企業併購法第五條即明確規範：「公司依本法為併購決議時，董事會應為全體股東之最大利益行之，並應以善良管理人之注意，處理併購事宜。」「公司董事會違反法令、章程或股東會決議處理併購事宜，致公司受有損害時，參與決議之董事，對公司應負賠償之責。」

美國賭場暨投資界大亨、米高梅集團最大控股股東兼億萬富翁科克林‧凱爾克利恩（*Kirk Kerkorian*）控訴 *Daimler/Chrysler* 併購案中涉及高階領導人背信詐欺且致悖離證券法規範

　　因此經營上諸多爭議與虧損，于根・施倫普（*Jürgen Schrempp*）遂提出離職並將於二○○五年十二月底生效。二○○五年*Daimler Chrysler*年度股東大會上，*M-Benz*出現十年來首度季虧損，讓集團總裁施倫普與監事主席德意志銀行前任首席執行長科珀（*Hilmar Kopper*）備受批評，施倫普更提出辭職。就在他於二○○五年七月二十八日宣佈辭職後不久，戴姆勒克萊斯勒最大的股東德意志銀行（*Deutsche Bank*）通過一筆十四億歐元（合十七億美元）的機構配售，旋即將它在該公司的持股比例降低三分之一從10.4%至6.9%。此舉標誌著兩家鉅型企業自二十世紀二○年代以來的堅強的體系關係開始走向終結。

　　德國銀行界與企業一直有良好合作關係，讓營運免受股市動盪的壓力。公司宣布第二季淨利潤增長28%達7.37億歐元、銷售額增長3.6%達384億歐元，但*M-Benz*淨利潤卻暴跌98%，這也讓施倫普不堪，實際上，克萊斯勒部門在澤切（*Dieter Zetsche*）的管理下一直都在盈利，而與*Jürgen Schrempp*關係密切的柯德斯（*Eckhard Cordes*）管理的梅賽德斯部門則持續虧損。加上盟友德意志銀行前任首席執行長科珀任期結束，及德意志銀行內部勢力強大的倫敦銀行家們，一直要求減持股票收回資金的壓力，都相當程度是促使他退休自請離職的原因。二○○五年八月十八日宣佈拉索達（*Tom LaSorda*）將從二○○五年九月一日起接替克萊斯勒集團經理職務，瑞登努爾（*Eric Ridenour*）接替拉索達出任克萊斯勒運營長。

　　同時，值得注意的是，德國聯邦經濟部長的政治運作職權（ *Ministererlaubnisverfahren bei Unternehmenszusammens-chlüssen*）：即部長「特別許可裁量」（*Ministererlaubnis*）。其有權否決卡特爾署的某項禁止合併的決定，又稱之為「部長兼併」，所

根據的法律即是「營業競爭限制防止法」（*GWB*）：「個案情況下，若競爭限制取消了合併後整體的經濟優勢，或者合併使公眾的重要利益證明合法」。（參照表2-5）如一九七四年二月一日當時的經濟部長就在卡特爾署禁止合併的判決生效半年後，批准*Veba/ Gelsenberg*（1974）併購案，嗣後陸續有：*Babcock /Artos*（1976）併購案、*Thyssen/ Hüller-Hille*（1977）併購案[63]、*Veba/BP*（1979）併購案、*IBH/Wibau*（1981）併購案、*Daimler-Benz/ MBB*（1989）併購案、及近期顯著且重要的*E.ON/Ruhrgas*（2002）、*HOLTZBRINCK/BERLINER*（2003）併購案併購案等等個案產生，其目的在於使合併後的企業能參與世界同類企業之競爭。[64]

在*Daimler-Benz/ MBB*（1989）併購案中，權衡戴姆勒─賓士下屬公司有：德國通用電器公司（*AGE*）、*MTV*航空發動機公司、道尼（*DORNIER*）飛機製造公司以及專門生產軍工產品的*Messerchmitt-Bolkow-Blohm*（簡稱*MBB*）公司等。其中的戴姆勒─賓士（*DAIMLER─BENZ*）集團與航太公司（*DASA*）皆涉及重大國防軍工業利益。德國在一九八〇年代間所執行的一項先期極機密隱形戰機計畫之研究細節，該計畫即為眾所知的於一九八一

---

[63] http://www.crosshueller.co.uk/hullerhille.htm

[64] 參照'Regierung: Ministererlaubnis hat sich bewährt',S "Das Instrument der Ministererlaubnis bei der Fusionskontrolle, geregelt im Gesetz gegen Wettbewerbsbeschränkungen(GWB), hat sich bewährt. Die Regelung diene der klaren Aufgabentrennung zwischen dem Bundeskartellamt und dem Bundeswirtschaftsminister, heißt es in einer Antwort der Bundesregierung （Bundestagsdrucksache 15/448） auf eine "Kleine Anfrage" der FDP-Fraktion （Bundestagsdrucksache 15/381） ",http://www.strommagazin. de/news/detail_ Fusionskontrolle_Regierung_Ministererlaubnis_hat_sich_bewaehrt_8684.html ；參照德國聯邦眾議院院聞資訊http://www.bundestag.de/presse/hib/2003/ 2003_040/07.html; http://www.monopolkommission.de/ stellung/mine_t.htm

年至一九八七年期間所使用的螢火蟲式戰機（*Firefly*）或中程飛彈戰機。其後並由*MBB*與德國空軍簽約承製。[65]

◆ **併購審查案中之能源政治與地緣政治**

　　關於能源政治與地緣政治的重要性，更可從*E.ON/Ruhrgas*（2002）此件在能源業中僅次於英國國家格里德集團（*National Grid Group*）以九十四億美金併購萊特斯集團（*Lattice Group*）後收購金額第二高的併購案，受到德國聯邦卡特爾署擱置或終止交易之裁定（*Fusion fordern Verschärfung der Auflagen*），卻在二〇〇三年二月由聯邦經濟部長動用「特別許可裁量權」以「緊急申請適用」（*Dringlichkeitsantrag；application of urgency*）核准該併購案，而為跨國企業併購中政府介入「政治運作」論據的佐證。[66] 因為部長施展豁免職權，竟能使原本基於經濟分析應予否決或駁回的併購案件，以「特別許可裁量：部長兼併」的政治力量得以核准。

　　Ruhrgas（魯爾天然氣）公司是德國主要天然氣輸送公司。*Ruhrgas*公司在德國天然氣市場的壟斷經營使德國擁有高度發達的天然氣基礎設施。*Ruhrgas*公司為了增加從俄羅斯經波蘭的天然氣進口量，鋪設管線連接波蘭和德國管網，專案於二〇〇一年末完成。為了滿足德國未來天然氣需求的增長，*Ruhrgas*公司努力增

---

[65] 單就企業併購本身的理論來評估，戴姆勒朋馳對MBB是極具有爭議的收購案。因為，戴姆勒賓士確信MBB在飛機和太空電子方面的技術能夠轉化到汽車生產中，最終可以創建一個「綜合技術鉅型企業」，但這一推理存在著兩大漏洞：第一、戴姆勒在自身核心行業以外，沒有任何的企業運作經驗；第二、兩家公司之間的協同效應極其微弱。

[66] Auflagen zur E.ON/Ruhrgas-Fusion wirkungslos?, Storm Magazin, 參照 http://www.strom-magazin.de/news/detail_Auflagen_zur_EON_Ruhrgas_Fusion_wirkungslos_9230.html

進其與俄羅斯*Gazprom*公司之間的良好合作關係。為了表現其合
作意願，*Ruhrgas*公司持有*Gazprom*公司部分股份。俄羅斯天然氣
公司表示，*Yuzhno-Russkoye*天然氣田將在二〇〇七年開始生產，
該氣田儲量足夠整個歐洲使用一年。俄羅斯天然氣公司聲明，
*Yuzhno-Russkoye*天然氣田在二〇〇四年開始開發，二〇〇七年投
產，這比之前預計的投產日期提前了一年。俄羅斯天然氣公司正
在與德國最大的天然氣供應公司*E.ON Ruhrgas*就合作開發該氣田
進行談判。該氣田估計儲量高達7000億立方米，預計需投資10億
歐元開發。*E.ON*擁有俄羅斯天然氣公司6.4%的股權。

表2-10　「特別許可裁量：部長兼併」

申報時間 （Antrag）	企業 （Firma）	經濟部長決定 （Entscheidung）
1974 年	*Veba / Gelsenberg* 併購案	核准（Erlaubnis）
1975 年	*VAW / Kaiser / PREUSSAG* 併購案	駁回；否決（Ablehnung）
1976 年	*Babcock / Artos* 併購案	附帶條件限制（Auflagen）准許
1977 年	*Thyssen / Hüller-Hille* 併購案	附帶條件限制（Auflagen）准許
1978 年	*Sachs / GKN* 併購案	撤回；撤銷 （Antrag zurückgenommen）
	Veba / BP 併購案	附帶條件限制（Auflagen）准許
1981 年	*Burda / Springer* 併購案	撤回；撤銷 （Antrag zurückgenommen）
	IBH / Wibau 併購案	准許（Erlaubnis）
1984 年	*Klöckner / SEN* 併購案	重估市佔率後撤回撤銷
1985 年	*VEW/Sidéchar* 併購案	駁回；否決（Ablehnung）
	Rheinmetall / WMF	撤回；撤銷 （Antrag zurückgenommen）

1989 年	*Daimler-Benz / MBB* 併購案	附帶條件限制（*Auflagen*）准許
1990 年	*Daimler-Benz / MAN/ENASA* 併購案	撤回；撤銷 （*Antrag zurückgenommen*）
1992 年	*BayWA / WLZ* 併購案	駁回；否決（*Ablehnung*）
1997 年	*Potash / Kali und Salz* 併購案	駁回；否決（*Ablehnung*）
2002 年	*E.ON / Ruhrgas* 併購案	從卡特爾署決議終止 （*Verschärfung*）到部長特別許 可裁量核准
2003 年 1 月 13 日	*HOLTZBRINCK / BERLINER* 併購案	*Nicht Zurückgenommen 29.09.03 erteilen*

資料來源：作者自行整理。

　　該併購個案的政治考慮因素在於，德國的天然氣需求大部分依靠進口，國內天然氣生產量極少。一九九八年，德國探明天然氣儲量為12萬億立方英尺，當年天然氣生產量為0.8萬億立方英尺，而天然氣消費量為3.3萬億立方英尺。德國進口天然氣中約三分之一來自俄羅斯，其他出口天然氣至德國的主要國家為：荷蘭（約24%）、挪威（約20%）。一九九八年，德國天然氣消費量占該國能源消費總量的21%。這一比例預計在今後十年還將上升，特別是在電力行業中核電的逐漸退出。目前，天然氣在德國發電燃料利用中所占比例大約為10%。

　　德國天然氣競爭市場發展緩慢。*Ruhrgas*公司的主要競爭對手是*Wingas*公司。該公司成立於一九九三年，是巴斯夫（*BASF*）的*Wintershall*公司和俄羅斯*Gazprom*公司的合資企業。由於*Wingas*擁有了部分國內管線和天然氣進口管線，該公司所占的市場份額有所上升，而*Ruhrgas*公司的市場份額有所下降。*Wingas*公司完成一條管線建設專案，該管線連接俄羅斯亞馬爾半島和德國管網，這專案有助於增加*Wingas*公司未來天然氣市場份額。雖然德國是歐

盟能源領域自由化程度較高的幾個國家之一，但德國天然氣市場的完全自由化還沒有真正實現。根據歐盟法律，成員國天然氣輸送系統在二〇〇〇年八月必須允許第三方管線接入。雖然德國法律確認了第三方接入具有法律效力，但該領域的新進入者仍很難獲得相關服務。

二〇〇〇年九月，*Deutsches Nordseekonsortium*（德國北海集團）開始開採德國北海第一個海上天然氣專案。該集團由*Wintershall*公司（40%，經營者）、*BEB Erdgas und Erdoel*公司（40%）、巴斯夫（*BASF*）公司（12%）和*RWE-DEA*公司（7%）合資組建。氣田距德國沿海約190英里。每天開採量預計為330萬立方米，儲採比則為十六年。*E.ON*則與競爭對手*RWE*公司，鋼鐵廠*ThyssenKrupp*（*TKA*）及英國的*Vodafone*（*VOD*）協商出讓持股，以聯合併購歐洲最大瓦斯配銷商，德國*Ruhrgas*公司。評論者認為德國意圖藉石油天然氣能源的兼併，在全球鉅型企業如*Exxon/Mobil, BP/Amoco/Arco, Total/ Fina/Elf*或*Conoco/Phillips*強鄰環伺的競爭環境中創造德國本身的國家優勢[67]並希望促進能源市場的集中。

德國柏林工業大學（*TU Berlin*）的*Georg Erdmann*教授即從審查全球能源礦藏配置及戰略地位，進而提出分析企業結合所必須權衡的政治考慮因素。[68]事實證明*E.ON/Ruhrgas*在二〇〇三年六

[67] 俄羅斯《真理報》（Pravda）英文版即稱：'E.ON's Ruhrgas Bid Likely To Be Approved By German Government To Create A National Champion', 2002-07-05 http://english.pravda.ru/comp/2002/07/05/31873.html

[68] 參照Georg Erdmann，'Auswirkungen eines Zusammenschlusses der E.ON AG Düsseldorf und der Ruhrgas AG Essen', auf die Energieversorgungssicherheit, die Preiswürdigkeit der Energieversorgung und die internationale Wettbewerbsfähigkeit des Energiestandorts Deutschland（Berlin, 2002-03-19） http://www.uni-regensburg.

月三日隨已展開跨國併購，取得挪威天然氣公司15%的股權。

而在德國占主導地位的天然氣供應商*Ruhrgas*完成與公共電力公司*E.ON*的合併，埃克森美孚（*Exxon/Mobil*）、*BP*和殼牌失去在*Ruhrgas*的股權後，遂各自制定德國天然氣市場的開發計劃。英國石油（*BP*）與殼牌石油集團（*Royal Dutch/Shell Group*）必須對收購該國兩大公用事業（加油站與天然氣站事業部）的計畫作出讓步，才能獲得核准。德國*RWE*與*E.ON*係為籌措電力即天然氣收購案資金，提出石油事業部出售計畫；其中殼牌集團於二〇〇一年三月同意以卅億歐元收購*RWE AG*之石油事業部，而全球第三大公開交易石油公司－英國石油則於二〇〇二年七月宣布以總值六十五億歐元收購*E.ON AG*之石油事業部，相關收購案已使德國境內加油站市場的主要經營者由六家減少為四家。[69] 按照*BEB*的計劃，該公司的上游部門還與*Mobil Erdgas*和*Erdoel GmbH of Celle*（*MEEG*）的上游部門合併，因而促成北歐能源業者的結合與策略聯盟效應，也間接導致丹麥石油天然氣公司（*DONG*）放棄與德國*E.ON*公司的合作計劃。

丹麥國有的能源公司*Danish oil and nature gas A/S*（*DONG*）與北歐三家鉅型電力企業進行聯合，而不是之前計劃的歐洲最大的能源公司：德國的*E.ON*公司。這三家公司分別是瑞典的*VATTENFALL*公司，挪威的*STATSKRAFT*公司和芬蘭的*FORTUM*公司。[70] 因為自從*E.ON*公司成為瑞典的*Sydkraft*公司的大股東後，

---

de/Fakultaeten/WiWi/buchholz/forschung/ ,AVR/Rostock/Vortrag%20Rostock/Erdmann.pdf 及 http://www.wiwi.uni-muenster.de/~15/lehre/veranstaltungen/Rentz/EonRuhrgas minister.pdf

[69] 參照中油《石油通訊》（台北：民國91年1月號）。

[70] 參照哥本哈根投資機構（Copenhagen Capacity），'Visions of a Scandinavian

迅速進入丹麥的能源市場，成為丹麥能源市場份額最大的公司。
這使得*DONG*不得不考慮放棄與*E.ON*的合作，以確保*DONG*在丹
麥能源市場的地位。從戰略意義上，即是意識到應在北歐國家內
部尋找合作夥伴，結合丹麥的煤炭、天然氣、風力資源和瑞典、
芬蘭的核能源，這對整個北歐的發展才有利。

　　歐盟執委會競爭總署對上述的能源鉅型企業的跨國併購，皆
相繼作出競爭反壟斷審查及裁量，除與英國石油併購的
*M.2533-BP/E.ON*併購案面臨第八條第二項修正後始行核准的決
定外，大部分則以第六條第一項（b）款：「如果委員會的結論是
被通知的公司集中行為雖屬於本規則的調整範圍，但是並未對其
與共同市場的吻合性產生較大的疑義，應當決定不對其提出反對
意見，並宣布該併購行為與共同市場吻合。」無異議地核准通過。

　　譬如對於*E.On*集團部分即有*E.ON　ENERGIE*的*M.2219-E.ON
ENERGIE / ENERGIE OBERÖSTERREICH / JCE+JME* 等及下列數
案。

（1）*M.2119 - E.ON / ACP / SCHMALBACH-LUBECA*併購案；

（2）*M.2349 - E.ON / SYDKRAFT*併購案（27.02.2001申報）；

（3）*M.2367 - SIEMENS / E.ON / SHELL / SSG*併購案；

（4）*M.2443 - E.ON / POWERGEN*併購案；

（5）*M.2533-BP/E.ON*併購案；

（6）*M.2715 - E.ON / OBERÖSTERREICHISCHE FERNGAS /
　　　JIHOCESKA*併購案；

（7）*M.3007 - E.ON / TXU EUROPE GROUP*（電力天然氣及

---

energy giant',http://www.copcap.com/composite-1840.htm

　　蒸汽）併購案；

（8）併購芬蘭*FORTUM*子公司的*M.3173 - E.ON / FORTUM BURGHAUSEN / SMALAND / EDENDERRY*併購案等。

（9）*M.3306 - E.ON / MIDLANDS*

（10）*M.3696 - E.ON / MOL*（**匈牙利國營石油與天然氣集團**）併購案，現進行前置審理中。經二〇〇五年六月二日申報暨二〇〇五年十一月十七日截止日前需預審完罄，此則攸關*E.ON*與匈牙利國營石油與天然氣集團（*MOL*）是否能通過併購核駁。

　　至於*MOL*匈牙利國家石油與天然氣公司，曾於二〇〇五年一月間跨國譴責斯洛伐克財政部對其在斯洛伐克子公司*Slovnaft*精煉廠做出的高價出售汽油的調查結果有失事實。此相當程度可觀察國家基於經濟控管踐行外資規模及報酬率反壟斷規範之本位立場，與其與企業所導致之扞格。

　　*MOL*表示斯洛伐克財政部早些時候將調查結論發往布拉迪斯拉瓦的*Slovnaft*公司總部。在調查結果中，*Slovnaft*公司被告知根據斯洛伐克有關法律，二〇〇四年在斯洛伐克境內從事經營活動的外國石油公司的利潤率不得超過9.23%。如果外資石油企業在二〇〇二年和二〇〇三年利潤率分別超過5.09%與7.16%將被視為不合法。*MOL*表示正因為匈資企業*Slovnaft*的利潤率超過了這些限額，財政部有意以非法取得額外利潤為名向*Slovnaft*處以四千五百萬美元的罰款。斯洛伐克財政部所謂的「汽油價格調查結果」與其之前的一系列辦事程式顯示了其結論是缺少法依據、否認自由市場經濟的主要規則，並且其結果令人感到調查事先早有定論。MOL還表示，即使歐盟對這種對外資企業限定利潤上限的法律被認為是合法的，斯洛伐克財政部忽略諸如研發在內的一些基礎成

本的計算方法仍然是荒謬。任何試圖實施這樣法律的做法都將被認為是對外資公司的歧視對待，這將危害到國外資本對斯洛伐克的投資。*Slovnaft*管理層表示，該公司將使用包括向歐盟上訴在內的一切法律手段來應付斯洛伐克政府的行為。[71]

對*VATTENFALL*集團則有*M.2701 - VATTENFALL / BEWAG*併購案、*M.1842 - VATTENFALL / HEW*併購案等。

在*M.2443 - E.ON / POWERGEN*併購案中，德國最大型公用公司*E−ON*同意以一百五十三億歐元現金收購英國第三大電力公司*POWER−GEN*，同時會承受該公司的七十一億歐元債務，這次跨國收購則使*E−ON*成為全歐第二大電力公司。*POWER−GEN*在英國有三百萬客戶，在美國有一百萬客戶。*E−ON*藉這次收購得以涉足英國及美國市場。而*E−ON*在德國的最大競爭對手*RWE*早已收購電話、傳媒和其他資產，且同意收購*THAMES*水力公司，成為全球第二大水力企業。

在比利時，掌握比利時電力市場80%的比利時電力公司。這家公司數年前已被法國里昂水務集團的*TRACTEBEL*百分之百併購，成為法國公司的子公司。*TRACTEBEL*積極擴展業務，已掌握發電機組容量超過五千萬千瓦，成為世界領先的大電力企業之一，歐洲第五大電力公司，是世界上最大的獨立發電商。

在法國，法電*EDF*在國內電力市場飽和以後，積極拓展國際市場。現在法電在國內擁有三千萬客戶，在國外已擴展兩千萬客戶，還在繼續擴展中。在德國，*EDF*兼併德國第三大電力公司*ENBW*。在英國，*EDF*從美國公司手中買下了倫敦電力公司，倫

---

[71] 新導報網絡版http://www.xindb.com/206/hu3.htm

敦電力公司經過三年經營，又買了英國三百萬千瓦的發電廠，掌握倫敦市區三百萬客戶，並取得倫敦以外一百萬客戶的供電權。*EDF*和法國政府簽訂的未來五年目標中，要使集團50%的營業額來自法國境外業務收入和非電業務收入，把擴展國際市場特別是歐洲市場放在重要位置。二〇〇〇年十大國外發電投資商，其中第六家*POWER－GEN*已在二〇〇一年被德國*E－ON*兼併而消失。世界十大國外供電投資商，已無一家英國公司的位置。英國發電市場目前獨立發電業（*IPP*）之發電量約占全國總發電量的10%，所有的獨立發電業者所興建的發電機組都是複循環燃氣機組，此一現象顯示英國的天然氣發電相當有利，故亦被稱為「奔向天然氣」（*dash to the gas*）。這些*IPP*的電廠幾乎全部屬基載電廠。英國三家主要的發電公司除核能發電公司之外，分別是*National Power*及*Power Gen Company*，這兩家大型的發電公司對於市場價格的影響力很大。一般認為：這是英國電業自由化最大的敗筆。而為強化發電市場的競爭機制，英國電力管制局已要求這兩家大型的發電公司分別將其*4000MW*與*2000MW*的發電廠讓售與*Eastern Electricity Company*，意圖將可藉此降低*National Power*及*Power Gen*的市場影響力。

在一九九五年間，*National Power*及*Power Gen*曾宣佈要併購*Southern Electricity*及*Midlands Electricity*，但最後並未獲得中央主管機關即英國「貿易暨產業部」（*DTI,Department of Trade and Industry*）的核准，其主要的理由是：此一併購案將會降低電力市場的競爭機制，重新走回垂直整合的電力型態。綜合觀察，歐洲十大發電商其中第九家已被德國兼併，第十家已被法國兼併。歐洲將主要是前五家電力公司的天下。身為歐洲聯盟會員國之一的德國，適應歐盟的規定，且德國的競爭政策以歐盟的有關法律為

優先。隨著國際經濟一體化的發展，歐洲各國國家各行業的併購案亦蓬勃發展。

　　而全球各國、各大跨國鉅型企業早就在水資源的供應爭奪戰上彼此傾軋，其中實力最為堅強的，就是目前全球佔水資源供應第一、第二名的法國跨國公司集團，*The Center for Public Integrity*統計，*Suez*集團目前在超過130個國家設有據點，供給1.15億人水源，二〇〇一年營收九十億美元，*Vivendi*則在超過一百個國家設有據點，供給1.1億人水源，二〇〇一年營收則高達一百二十二億美元，就連實力超強的美國貝泰公司（*Bechtel*）在全球水供應的競爭中都屈居於後，可見法國在水資源私有化的擴張上著力之深。

　　事實上，水資源私有化和1980年代以來的自由化、全球化分不開來，最初是先將本國的水供應私有化，例如法國、德國和英國水資源在一九八〇年代就進行了私有化，並逐漸建立了龐大的水資源供應公司，法國的*Suez*及*Vivendi*，英國的*Thames*公司，德國的*RWE*公司都漸漸取得了本國的水供應霸權，並準備開始向外發展。

　　歐美水資源跨國公司向外擴張最著名的例子是一九九〇年代開始年阿根廷政府在世界銀行（*World Bank*）、IMF及美國政府的壓力下，為了解決自己的經濟問題及龐大外債，採取引進外資、賤賣國有企業的作法，*The Center for Public Integrity*的調查報告顯示，從一九八九年開始談判，在阿根廷梅南政府確定了私有化政策後，世界銀行才答應繼續貸款，其中在一九九〇年十二月，世界銀行通過「阿根廷新調整計畫」的三億美元貸款。而在水資源上於一九九三年，和兩家法國的水資源公司*Compagnie Generale des Eaux*及*Lyonnaise des Eaux*簽約（這兩家公司後來分別被法國*Vivendi*集團及*Suez*集團），私有化阿根廷首都布宜諾斯艾利斯超

過一千萬居民的水供應和下水道系統，而世界銀行也針對水資源
私有化政策，再貸一億美元給阿根廷政府及水資源跨國公司。

　　西班牙能源巨霸*Gas Natural*公司二〇〇五年九月七日宣佈，
將以二百三十億歐元的價格收購西班牙恩德薩（*Endesa SA*）電力
公司，如果收購成功，*GasNatural*有望成為世界第三大電力企業
及歐洲最大的能源生產商之一。[72] 如收購成功，此次收購規模將

---

[72] 彭博（Bloomberg）報導 Gas Natural Starts EU22.7 Bln Hostile Bid for Endesa,
http://quote.bloomberg.com/apps/news?pid=10000006&sid=aatBHVnJXMeQ
&refer=home

暨 Gas Natural lance son OPA sur Endesa, le valorisant à 22,5 mds EUR
http://fr.biz.yahoo.com/050905/299/4kim9.html

Le groupe gazier espagnol Gas Natural (Madrid: GAS.MC - actualité) a lancé
une OPA sur l'électricien Endesa(Madrid: ELE.MC - actualité)au prix de 21,3
euros par action, valorisant Endesa à 22,5 milliards d'euros, et visant la place
de premier groupe énergétique espagnol, et de 3ème mondial en termes de
clients, selon un communiqué.

"Le Conseil d'administration de Gas Natural a approuvé aujourd'hui （lundi,
ndlr）, à l'unanimité, le lancement d'une offre publique d'achat sur 100% du
capital de la société Endesa", selon le communiqué.

L'opération proposée "équivaut à une valorisation d'Endesa à 21,3 euros par
action, ce qui représente une prime de 19,4% par rapport au prix médian
d'Endesa au cours des 6 derniers mois".

"Les actionnaires d'Endesa qui accèdent à l'offre recevront 7,34 euros en
numéraire et 0,569 actions nouvelles de Gas Natural pour chaque action
Endesa", poursuit le communiqué.

"L'opération sera financée par un contrat de prêt et facilités bancaires de 7,806
milliards d'euros" auquel sont parties la banque française Société Générale
（Paris: FR0000130809 - actualité）, la suisse UBS Investment Bank et
l'espagnole Caixa.

Endesa ne fait "aucun commentaire" sur l'OPA hostile de Gas Natural à son
encontre, a déclaré lundi soir une porte-parole du groupe à l'AFP.

Aux termes de l'accord, le deuxième opérateur électrique espagnol, Iberdrola
（Madrid: IBE.MC - actualité） achetera des actifs estimés entre 7 et 9
milliards d'euros au nouvel ensemble qui devrait naître de l'OPA. Ces cessions
sont rendues nécessaires notamment pour respecter les règles de concurrence

超過二〇〇〇年英國沃達豐（*Vodafone*）收購西班牙*Airtel*移動電話公司一案。西班牙天然氣公司的兩大股東西班牙儲蓄銀行（*La Caixa*）以及石油鉅型企業裏普索爾公司（*Repsol*）都紛紛表示支援這次收購。

　　*Gas Natural*此次收購將以股票加現金的形式進行。支付每股21.30歐元的價格收購恩德薩公司65%的股票。*Gas Natural*在其隨後發表的聲明中提到，交易完成後，公司將改換恩德薩的燃氣渦輪機動力源，利用自身天然氣資源代替其原來的煤燃料。如果*Gas Natural*和恩德薩完成併購，恩德薩可以獲得穩定的廉價天然氣提供，而*Gas Natural*的天然氣輸出量也將獲得更大的利潤。

　　西班牙是典型的能源進口依賴型國家，其初級能源消費量的75%要靠進口，也就是說，西班牙本國的能源只能滿足其需求的

---

sur le territoire espagnol.

A ce sujet, Gas Natural déclare que l'offre "conjuguée à la cession d'actifs, permettra de vertébrer le secteur énergétique espagnol et contribuera à une concurrence effective plus grande sur ces marchés, en raison de la solidité de ses principaux agents".

Gas Natural ajoute qu'il s'attend a dégager "350 millions d'euros de synergies" à l'horizon 2008.

Concernant ses capacités de croissance internationale, Gas Natural déclare qu'"en Italie, la bonne position actuelle d'Endesa et Gas Natural, sur les marchés du gaz et de la production d'électricité, sera une plateforme optimale pour profiter des nouvelles opportunités de croissance".

德國經理人雜誌manager-magazin.de二〇〇五年九月五日05.09.2005 16:32

Gas Natural macht Endesa Übernahmeangebot - Kreise

LONDON（Dow Jones）--Die Gas Natural SDG SA führt offenbar Gespräche mit der Endesa SA, Madrid, über eine Fusion. Das berichten mit der Situation vertraute Kreise am Montag. Endesa ist das nach Marktkapitalisierung größte Energieunternehmen Spaniens, Gas Natural der größte Gasversorger des Landes. -Von Michael Wang, Dow Jones Newswires道瓊

25%。二○○三年以來歐洲最大的企業併購案件非西班牙天然氣公司莫屬。在其宣佈公開收購西班牙第二大電力公司*Iberdrola*公司的股份時就曾引來社會輿論驚呼，在整個歐洲經濟不是很景氣的時候，有如此的行動和決心實屬難得。西班牙天然氣公司掌握著70%的西班牙天然氣市場，但在電力市場的份額僅為4%；而*Iberdrola*公司佔有40%的西班牙電力市場，在天然氣市場也有7.2%的份額。西班牙天然氣公司此次公開收購*Iberdrola*公司股份，意在將兩大公司合為一體，創建西班牙的能源工業巨無霸。如果收購成功，新公司將成為歐洲第三大、全球第五大的能源企業。

歐洲電力公司尋找直接原材料供應商如今已經成為一種趨勢，*Gas Natural*此舉正是印證了這一點。如果併購得以順利進行，有可能引發西班牙能源產業併購風潮。專家指出，兩公司一旦合併，西班牙的電力工業可能遭遇壟斷威脅，因此兩公司的合併預計會遭致有關監管機構的嚴格審核。

近幾年，歐盟各國紛紛放寬能源和電信市場，加快整合歐洲市場。不過西班牙能源工業幾項重要的併購皆由於涉及壟斷問題而失敗。二○○二年，恩德薩與當時西班牙第二大電力公司伊維爾德羅拉（*Iberdrola SA*）試圖合併，但因為有關方面對可能出現壟斷局面的擔憂，最後合併無果而終。此外，*GasNatural*在二○○三年再度展開收購伊維爾德羅拉的行動，也以失敗告終。

在歐洲能源市場，最新的併購除*Gas Natural*欲收購恩德薩之外，德國*E.ON*能源公司二○○五年九月五日證實，公司計劃收購英國第五大能源供應商──蘇格蘭能源（*Scottish Power plc*）。

二○○七年底歐盟能源工業將向歐盟成員國全面開放，歐盟自由競爭的原則迫使一些國家挑戰市場結構，實現能源市場自由

化，一系列的改革措施推動歐洲能源企業的併購行為。

　　電力市場自由化對西班牙的主要影響是廣泛的企業重構和重組，正如歐洲聯盟電力規程要求的，反過來，企業的調整和重組也影響著企業擁有的水電資產。在新市場框架中，水電站與其他電力公司一樣，每個水電站都可以像其他熱電廠一樣按照同樣的規則在統一市場（如：日常電力市場、國內電力市場、儲備市場、即時市場等）中投標，三年的運作顯示了水電在電網安全和輔助服務方面優異的成績。

　　關於重構，西班牙四個最大的公用事業公司--前國有的 *Endesa*、*Iberdrola*、*Fenosa*集團、和*Hidroelectrica del Cantabrico* 一在國內市場上競爭，在歐盟統一市場內通過合併或意向合併參與競爭，並已開始努力建立新聯合繼續走向激烈競爭。例如：在二〇〇〇和二〇〇一年，西班牙最大的電力公司*Endesa*尋求合併 *Iberdrola*—西班牙最大的水電商，*Endesa/Iberdrola*表達了其雄心勃勃的進軍歐盟和拉丁美洲市場的計畫。但是，二〇〇一年二月，併購計畫失敗，因為西班牙政府與反壟斷審查機構要求合併的新公司必須淘汰大量落後的生產設備以有利於競爭，這將造成巨大的成本支出。

　　這次合併失敗並沒有阻止兩公司合併或接收的努力，二〇〇一年終，經過一系列努力，*Endesa*通過資產分派創建了一個 *2365MW*（其中包括*668MW*的水電）的新公司*Viesgo*，義大利*Enel*公司在投標中戰勝了西班牙的*Hidroelectrica del Cantabrico*和比利時的*Electrabel*，耗資21.47億歐元（合18.9億美元）購入*Viesgo*，*Viesgo*成為西班牙第五大電力公司，成為義大利*Enel*公司進軍西班牙快速增長的電力市場的跳板。

　　同時，西班牙電力企業也正面向國外市場，*Endesa*同意出資

26.3億歐元（合22.8億美元）購買義大利*Enel*集團通過資產分派產生的*Elettrogen S.P.A*公司（裝機總量5438MW，其中24個水電站裝機總量1014MW），成功進軍義大利電力市場；目前，*Iberdrola*投標義大利*Eurogen*公司—義大利*Enel*集團通過資產分派產生的，裝機總量7008MW，其中包括3個水電機組，裝機總量766MW。

　　相對應地，法國電力在歐洲是獨特的，因為所有電能的發電、傳輸、分配都是國有公用事業公司*Electricite de France*（*EDF*）完成的，是歐盟最後一個國家壟斷。然而，一九九六年歐洲聯盟電力規程為法國電力部門引入市場競爭，90年代後期，法國每年電力出口超過9000萬兆瓦時，因而在電力貿易中扮演重要角色。[73]

第四節　「政治運作」的涵義界定與案例解釋

一、歐洲鉅型企業之間

　　以東德國營事業信託管理機構（*Treuhand*）、德國聯邦統一相關特殊任務處理機構（*Bundes－anstalt für Vereiniungsbedingte Sonderaufgaben*）與億而富（*Elf*）併購德東化工業個案進行分析。[74]於德國統一後，總理柯爾（*Helmut Kohl*）為重建德東石化工業，擬在萊比錫附近的倫納（*Leuna*）、*Bitterfeld*、*Schkopa* 興建煉油廠。因為德國的石化鉅型企業巴斯夫（*BASF*）、拜耳（*Bayer*）與

---

[73] 可參照歐洲：開拓市場為水電發展創造機遇，中國農村水電及電氣化資訊網〔英〕湯瑪斯 J. 漢莫斯著，李萬良譯，張衛東校2003-04-29。

[74] 參照德國明鏡(Der Spiegel)週刊,1996.4.22第十七期,轉引自Roland Berger & Partner/Harald Simon,Brigitte Bauer,Franz Jägeler著，春田出版社編譯組譯,《探尋歐洲競爭優勢》(Auf Der Suche Nach Europas Stärken),(台北：春田出版社，1996年) 前言。

赫司特（*Hoechst*）等皆無意介入經營，因此一九九一年時原東德「國營事業信託管理機構」（*Treuhand*）就透過高盛國際（*Goldman Sachs International*）投資顧問公司招攬國際標。

總理柯爾（*Helmut Kohl*）透過法國總統密特朗（*Mitterrand*）邀法國企業參與，法國國營鉅型企業億而富（*elf*）因亟欲擴充市場暨接收原東德加油站據點行銷通路，遂與*Thyssen*公司聯合競標，且打敗鉅型企業：英國石油公司（*BP*），進而得標。

億而富石油公司係在一九六〇年代初期，由戴高樂總統親自下令成立的策略性國營機構，一級主管由總統直接任命指揮，財務直屬總統府管理，主要目標在掌握非洲油田，後來業務擴及中東，且涉入法國外交運作。一九九二年初雙方簽訂草約，億而富公司在簽約前一再改變承諾投資數額，從原來比競標者英國石油公司少，提高到高出十億馬克，令德國財經官員深覺困惑。但因設備老舊及清理污染等一時難以釐清，且德國方面不願因追求細節阻礙合作，只得在一九九二年夏簽約。億而富公司承諾投資四十八億二千萬馬克，並創造二千五百五十個就業機會，德國政府方面，則承諾依投資額與所創就業機會數，將補助十四億九千六百萬馬克。簽約後億而富公司發現國營事業信託管理機構急於出售原東德國營企業有機可乘，遂步步進逼，不願信守承諾，一直要求能降低加油站價格。一九九三年三月，德國財政部要求億而富公司簽署同意在*Leuna*闢建一座實驗室，億而富不允。一九九三年八月億而富改由保守的*Jaffre*擔任總裁，計畫將股票上市，不願負債過多。認為即使樂觀估計，在德國的這件投資案也只有百分之三的利潤。雖有政府補貼，風險仍然過大。於是在一九九四年走訪當時東德國營事業信託管理機構主席*Birgit Breuel*，表態願當小股東，希望德國政府也能參加投資。*Birgit Breuel*促億而富信守

承諾。

億而富則以政治運作手段，利用一九九四年德國選舉作為要脅，逼使德國政府就範，並揚言毀約在所不惜。柯爾總理不願合資失敗，遂致函當時右派多數聯盟領袖屬「共和聯盟」的法國總理巴拉度（Edouard Balladur），促其遵守合約，但一切枉然。德國政府不願因此破壞雙邊關係，因此在一九九四年二月進行協調，同意再購回三分之一股權。

為了解決參與投資問題，接手執行本案的「聯邦統一相關特殊任務處理機構」（Bundes－anstalt für Vereiniungsbedingte Sonderaufgaben）委託所羅門顧問（Soloman Associate）審查建廠支出以俾撥付補助款，結果發現數額差距懸殊達九億馬克，認為億而富公司可能藉建廠費灌水來騙取工程款，億而富則辯稱因環保條件特殊，耗費較鉅。但經聯邦統一相關特殊任務處理機構的深入追查，發現承造設備的Technip公司是億而富的子公司，且億而富在本案儲油設備，造價比該公司在德國境內所造昂貴四分之一。

事實證明億而富涉嫌利用併購煉油廠的機會，從中集體貪污並抽取政治獻金，資助德國基督教民主黨。巴黎法院檢察署對多位億而富重量級官員移送輕罪法庭審判，其中包括煉油廠及不動產負責人，且尚有在一九九二年併購前東德倫納（Leuna）煉油廠與所有加油站時介入的中間商侯哲（Dieter Holzer）、法國前情報員雷迪耶（Pierre Lethier）及商人奎爾飛（Andre Guelfi）等人，因涉及巨額政治獻金，導致德國總理柯爾下台。

二、美國、歐盟鉅型企業之間

以英國電信併購美國MCI個案；美國參議院阻撓德國電信

（*Deutsche Telekom*）併購史普林特公司（*Sprint*）與聲流無線通訊（*VoiceStream Wireless*）個案進行分析。一九九美國曾抵制英國電信併購*MCI*通訊案[75]，二〇〇〇年七月，美國民主共和兩黨議員則以不合法律規定為由對德國電信（*Deutsche Telekom*）收購史普林特公司（*Sprint Corp.*）表示反對，也基於維護國家安全利益的理由遏阻德國電信收購聲流無線通訊企業（*VoiceStream Wireless Corporation*）。[76] 在華盛頓，以*Sen. Ernest F. Hollings*為首數位關鍵立法者反對該收購，主要原因是德國電信58%的股份由德國政府持有。

國會同時以運作預算撥款方式[77]與研擬《外國政府投資法案》（*Foreign Government Investment Act of 2000*）（*S 2793*）因應。美國聯邦通訊委員會（*FCC，Federal Communications Commission*）審查與法院依據美國法律的規定對於併購計畫中關涉國家安全裁判部分，業已積累為數不少的判例。[78] 股份歸政府所有的外國公

---

[75] In re Request of MCI Communications Corporation British Telecommunications, P.L.C., 9 F.C.C.R. 3960（1994）; see also FCC Approves MCI/British Telecom Merger Subject to Certain Conditions, http://www.fcc.gov/Bureaus/ International/ News_Releases/1997/nrin7033.html

[76] 參照47 C.F.R. §43.51（a）-（e）（1999）, http://www.access.gpo.gov/nara/cfr/ cfr-retrieve.html; 'Deutsche telekom and voicestream merger: charting a new regulatory course'

[77] Making Appropriations for the Departments of Commerce, Justice, and State, the Judiciary, and Related Agencies for the Fiscal Year Ending 2001-09-30, and for Other Purposes, H.R. 4690, 106th Cong. （2000）, http://thomas.loc. gov/cgi-bin/bdquery/z?d106:H.R.4690:|TOM:/bss/d106query.html

[78] Moving Phones Pshp. L.P. v. FCC, 998 F.2d 1051（D.C. Cir. 1993）, cert. denied, 511 U.S. 1004, 128 L. Ed. 2d 46, 114 S. Ct. 1369（1994）; Cellwave Tel. Servs. L.P. v. FCC, 30 F.3d 1533（D.C. Cir. 1994）; Kansas City Broadcasting Co., 5 Rad. Reg. 1057（1952）.

司設若收購美國公司是不被允許的。[79]

當時包括參議院多數黨領袖*Trent Lott*和少數黨領袖兼*South Dakota*州議員*Thomas Daschle*、預算撥款委員會（*Appropriations Committee*）主席兼*Alaska*州共和黨籍議員*Ted Stevens*；航空暨通訊小組委員會（*Aviation subcommittee on communications*）主席兼*Montana*州共和黨籍議員*Conrad Burns*，在內的三十名參議員皆要求聯邦監督委員會嚴格監督這兩個鉅型企業非正式會談中提出的所有合併提議。*South Carolina*州民主黨議員*Ernest F. Hollings*[80] 甚至提出相關的法律條文，這些法規禁止將公司所有權移交給政府所有權超過25%的公司，不得有任何例外。*Hollings*說，如果這種交易符合大眾的利益，法律允許聯邦通訊委員會取消這一限制。[81]

---

[79] 參照美國一九三四年通訊法案第214條款、第310（b）（4）條款、第310（c）（4）條款暨＜In re Rules and Policies on Foreign Participation in the U.S. Telecommunications Market, FCC 97-142（1997）＞http://www.fcc.gov/Bureaus/International/Orders/1997/fcc97398.txt ； http://www.algora.com/Clippings/The%2520United%2520States/Foreign%20Telecoms.htm 引述：all companies with foreign government ownership face three statutory obstacles: the company must gain the right to provide international services under §214 of the Communications Act of 1934; it must obtain permission to exceed the 25% foreign ownership cap for spectrum licenses under §310（b）（4）of the Act; and finally, it should secure approval for taking over the majority of stock in an American company under §310（c）（4）.[15] The FCC will approve a merger that involves a foreign government-owned company, even if the company violates one of the three statutory obstacles, if the merger is conditioned to address the FCC's concerns.

[80] 參照美國參議院網與＜美國通訊法案＞http://www.senate.gov/pagelayout/senators/one_item_and_teasers/south_carolina.htm ； Communications Act of 1934, 47 U.S.C. §151（1934）, http://www4.law.cornell.edu/uscode/47/ch5.html ； 47 U.S.C. §§ 214, 310（1934）, http://www4.law.cornell.edu/uscode/47/214.html http://www4.law.cornell.edu/uscode/47/310.html

[81] Patrick Ross, Deutsche Telekom Clears Hurdle for VoiceStream Buy, CNET News.com, at http://yahoo.cnet.com/news/0-1004-200-3302756.html?pt.yfin.

　　歐盟則透過發言人*Michael Curtis*警告美國方面無須過度干預，否則將訴請*WTO*爭端裁決並對美國資本進入歐體市場亦加以嚴格限制。[82] 美國參議員們在二〇〇〇年六月月廿九日乃致函美國聯邦通訊委員會主席*William Kennard*，信中表明，「根據美國法律的規定，我們反對將公司執照移交給一個外國政府擁有25%以上股份的公司。」聯邦通訊委員會則回復表示將嚴格審查這兩大公司之間的併購活動。

　　德國電信已經持有史普林特10%的股份，該公司66%的股份歸德國政府所有。德國電信巨擘當時已經與史普林特公司舉行了初步合併會談。而史普林特和德國電信公司的發言人拒絕就英國《金融時報》中關於雙方的非正式會談發表任何評論。

　　美國第二大的世界電信公司計劃出價一千二百億美元收購排在第三大的史普林特電信公司，但是由於美國反壟斷委員會和歐盟執委會的反對，這一計劃最終擱置，未能達成協定。美國立法者向*Kennard*表示，史普林特公司被政府所有的電信公司收購是不符合美國的政策的，美國的政策鼓勵競爭，而且為了維護美國國家安全必須保證通信系統的安全。議員們在信中還說，「允許外國政府所有的公司購買美國電信公司將會使國內的競爭者任一個外國政府擺佈」。還列舉了義大利、西班牙和香港中止此類政府參與

---

cat_fin.txt.net（Oct. 26, 2000）.

[82] 'Deutsche Telekom to Buy U.S. Firm VoiceStream in $46 Billion Deal', ABCNEWS.com, http://more.abcnews.go.com/sections/business/dailynews/wireless 000724.html; Testimony of the Honorable William E. Kennard, Chairman Federal Communications Commission Before the Subcommittee on Telecommunications, Trade and Consumer Protection, Federal News Service, Sept. 7, 2000 [hereinafter Testimony], http://www.fcc.gov/Speeches/Kennard/ Statements/2000/stwek071.html

的公司收購案的實列。他們說「美國監督委員會也應該對此類收購案提出質疑」。[83]

但值得注意的是二〇〇〇年德國電訊已經得到斯洛伐克政府的同意以十億歐元收購斯洛伐克國家電訊*ST*。隨著荷蘭的*KPN*退出，德國電訊成為唯一收購ST大多數股票的公司。

二〇〇一年十二月，德國知名工業電腦業者*Kontron*集團亦以現金併購北美主要工業伺服器供應商*ICS Advent*，一舉成為全球工業電腦最大的供應商，進而牽動全球供應鏈。德國*Kontron*集團（*Kontron Embedded Computers*）是在法蘭克福*Neuer Mark*公開發行的上市公司，也是世界上最大的嵌入式電腦解決方案的提供者。*Kontron*成立於1972年，原為*BMW*儀器部門的子公司，提供其所需的檢測儀器。繼一九九八年獨立後隨即投入嵌入式電腦市場，並積極收購全球著名的工業電腦制造商，其中包括了加拿大著名的高階通訊電腦電話系統制造商*Teknor*、德國的*PEP Modular*（專長於工控業的*VME*、*CXC*及*CompactPCI*產品）、美國著名的*ICS-Advent*及德國*JUMPtec*（著名嵌入式電腦制造商）等，為工控市場中規模最大的全球集團。

德商*Kontron*集團二〇〇一年營業額達一億八千萬美元，產品包括技術層次較高的通訊及嵌入式產品，每年平均以三倍速度成長，在嵌入式系統及主機板等產品已經竄升為全球前三大供應商。據知名顧問公司*VDC*的報告指出，工業電腦市場規模每年約有60億美元商機，分別由*Radisys*、*Kontron*、*SBS*、研華科技以及

---

[83] 參照 In re Rules and Policies on Foreign Participation in the U.S. Telecommunications Market; Market Entry and Regulation of Foreign-Affiliated Entities, 12 F.C.C.R. 23891（1997）.

*Force*五強爭食，如今*Kontron*買下*ICS*後，擺脫*Radisys*與研華的糾纏，登上全球工業電腦首位。[84] 德商*Kontron*於繼而併購*JUMPtec*。*JUMPtec*以嵌入式零件模組技術聞名，為工業電腦系統上游關鍵零組件供應商，合併後，*Kontron*可提供從上到下完整的嵌入式電腦解決方案，透過掌握零件模組關鍵技術，也可更進一步深入各種垂直市場的應用，而其目標為每年四百億美元的嵌入式電腦市場。

三、美國、亞洲鉅型企業之間

以美國「外資投資委員會」（*CFIUS, Committee on Foreign Investment in the United States*）審查新加坡科技電信媒體（*Singapore Technologies Telemedia Pte Ltds, STT*）併購環球電訊（*GlobalCrossing*）涉及國家安全與經濟利益的個案進行分析。二〇〇三年七月廿一日美國經濟和國防官員所組成的「外資投資委員會」（*CFIUS, Committee on Foreign Investment in the United States*）決定，將審查新加坡科技電信媒體（*Singapore Technologies Telemedia Pte Ltds, STT*）購入環球電（*Global Crossing*）<GBLXQ>61.5%股權的工作再延長四十五天。在香港和記黃埔退出收購環球電訊2.55億美元的交易後，新科電信媒體（*STT*）同意

---

[84] 由於ICS是國內工業電腦業者的OEM大客戶，包括瑞傳、廣鑫等都是上游廠商，被Kontron併購之後是否會影響移轉訂單。Kontron亞洲總部總經理鄭國楷表示，Kontron在購買ICS後，主要著眼於降低採購成本，預計第一年可以省下500到1,000萬美元的成本，由於Kontron的亞洲總部設在臺灣，以國內的製造實力，訂單應該會留在臺灣，只是採購方式可能會有所調整。Kontron過去市場集中在歐洲跟美洲，近年策略積極發展亞洲市場，並以臺灣為亞洲基地，繼買下臺灣邁肯作為研發跟製造中心之後，二〇〇一年四月更股權併購世普科技的作為亞洲總部跟行銷中心，開始深耕亞洲市場。

單獨購買環球電訊。但是由於擔心這項交易會威脅到美國國家保安與安全問題，因此委員會延長審查工作。環電需要再度改變交易結構，以獲得五角大廈的首肯。該委員會（*CFIUS*）必須在三十天之內決定是否允許交易繼續進行，或者將調查期限再延長四十五天，在調查延長期過後，美國總統布希將有十五天的時間決定是否批准交易。

吳作棟總理為此在二〇〇三年七月十四日即曾致函美國副總統切尼（*Dick Cheney*），為新加坡科技電信媒體公司收購環球電訊股份的計劃進行關切。[85] 環球電訊的網絡遍及全球廿七個國家，由於背負一百廿四億美元的巨額債務，加之經濟低靡、競爭激烈和網絡容量過剩，該公司於二〇〇二年一月申請破產保護。[86]

在香港綜合企業－和記黃埔有限公司因美國國家安保官員的安全疑慮而退出交易後，環電已對出售股權的交易作過一次調整。根據環電股東的建議，環電除向現股東按比例發行換股證，即時集資約十七億新元，還會通過換股證持有人於三年內行使換股權，再融資約四十億美金，若全面行使將佔環電擴大股本約62%；而現有股東權益也將持有37.7%股權，較和黃全面撤銷股東及優先股權益的做法更有吸引力。環球電訊申請破產保護對美國經濟帶來衝擊。該公司的債權人思科系統、*Verizon*等均是電訊業巨型企業，由於環球電訊破產，業績受到一定影響。另外，和黃

---

[85] 參照彭博資訊Tom Giles, Bloomberg News, 'Singapore official urges Global Crossing sale', 07/17/03 - Posted 9:50:58 PM from the Daily Record newsroom http://www.dailyrecord.com/business/business1-globsing.htm

[86] 參照＜環球電訊對股東之破產聲明＞http://www.globalcrossing.com/xml/res/res_cust_confer.xml; 以及＜交易：併購破產企業搜尋網＞http://www.thedeal.com/NASApp/cs/ContentServer?pagename=TheDeal/BankMA/NWBankMASearch

7.5億美元的收購價與環球電訊的主要資產環球光纖電訊網路的估計資產值兩百廿四億美元大有出入，換言之，如果收購最終落實，環球電訊的債權人和債券持有人可以收回的現金或新債或新股價值將遠低於最初的投資額，被迫接受所謂的「削價」（haircut）。

STT同意出價2.5億美元收購環電的股權,而且雙方在二〇〇三年六月廿日向美國「外資投資委員會」（CFIUS）提交正式申請。然而美國電信企業IDT則要求該委員會詳查，將環球電訊（Global Crossing）出售給新加坡政府擁有的新加坡科技電信媒體的計劃是否合法，以及是否符合美國公眾的利益進行深入調查，新加坡科技電信媒體公司收購美國環球電訊股權的計劃因而遇阻。美國五角大廈和國土安全部的擔憂可能給該計劃造成困難是最主要的原因。在反對STT收購計劃的備忘錄中，美國國防部官員提到國家安全方面的疑慮。五角大廈的反對意見可能使上述交易無果而終。

環球電訊之所以贏得廣泛關注有多方面原因，除了號稱鋪設覆蓋全球的高速傳輸網路前景一度被看好外，還與其背後非同尋常的政經人脈關係密切相關。其投資者包括現任總統布希、美國民主黨全國委員會主席Terry McAuliffe [87]、紐約億萬富豪帝什家族等股東。環球電訊總裁Gary Winnick是民主黨政治獻金的捐助者，在他的幫助下,民主黨全國委員會主席Terry McAuliffe手中的十萬美元環球電訊股票投資迅速獲得一千八百萬美元鉅額回報。此後，Terry McAuliffe把Winnick介紹給當時的Clinton總統。Winnick為表達對Clinton總統的支持，曾向Clinton總統圖書館慨贈一百萬美元。[88]

---

[87] 參照〈美國民主黨網站〉，http://www.democrats.org/
[88] 參照Wes Vernon, 'Global Crossing Funded Anti-Free Speech Incumbents',

由於民主黨利用恩隆（*Enron*）破產案向*Bush*政府發難，共和黨倍感難堪，正不知如何扭轉劣勢。與民主黨關係不一般的環球電訊恰逢此時破產，而且揪出聳人聽聞的內幕，為此，共和黨暗自欣喜，這回民主黨可是自身難保，環球電訊案將使前克林頓政府與民主黨蒙羞。[89]

與和黃合作收購環球電訊的新加坡科技公司也有其戰略考慮。它的創建人是新加坡副總理李顯龍的夫人，在新加坡有不尋常的背景。該公司本來也是環球電訊亞洲公司的投資者，希望通過收購環球電訊得到光纜通信的國際通道，打敗當地最大的競爭對手新加坡電信公司。其實早在環球電訊陷入困境但還未尋求破產保護時，新加坡科技就想出資收購，但限於實力，未能如願。當實力雄厚的和黃與它聯手之後，這才成為收購環球電訊的最強大買主。如果併購成功，新加坡科技的業務就會擴展到全球。[90]

NewsMax.com, Wednesday, Feb. 13, 2002, http://www.newsmax.com/archives/articles/2002/2/12/172151.shtml

"They are Reps. Edward J. Markey, D-Mass., \$12,500; Harold E. Ford Jr., D-Tenn., \$10,250; Jane Harman, D-Calif., \$5,000; and Patrick J. Kennedy, D-R.I., \$4,000.

The lone Republican in that charmed circle, Rep. Thomas M. Reynolds, R-N.Y., \$8,000, had not returned a NewsMax call by Tuesday evening as to where he stands on Shays-Meehan. Research indicated he has opposed the anti-free speech bill in the past."

[89] 參照CNN新聞報導。Michael Weisskopf,'Equal-opportunity crisis : The G.O.P. hoped Global Crossing would be the Democrats' Enron. Now it's everybody's mess', February 18, 2002, http://www.cnn.com/ALLPOLITICS/time/2002/02/25/crossing.html

[90] 〈資產評估分歧大 環球電訊和買家談崩了〉，《中國網》http://202.130.245.40/chinese/jingji/154302.htm

四、歐洲、歐盟、美洲與亞洲鉅型企業之間

　　以關於跨國潛艇製造商*HDW*併購案反壟斷審查的多重政治意涵進行個案分析與理論闡釋。二〇〇二年三月德國潛艦製造廠（*HDW, Die Kieler Howaldtswerke-Deutsche Werft AG*）公司兩大股份持有者，*Babcock Borsig AG, Oberhausen*（佔百分之五十）和*Preussag AG, Hannover*（佔百分之二十五）觀光暨金融投資業集團（原為鋼鐵業者）被芝加哥第一銀行*Bank One*下屬的*One Equity Partners,OEP*公司從德國*Preussag*財團購買了HDW30%的股權，從*Babcock Borsig*公司收購了HDW25%的股份，從德國投資集團*Bayern Finanz*手中獲得約20%的股份。

　　二〇〇四年十月七日，歐洲最大的鋼鐵製造商德國蒂森克虜伯（*THYSSENKRUPP*，*ThyssenKrupp Werften GmbH*（"*TKW*"））集團與美國（*One Equity Partners*）公司達成協定，將雙方的造船業務整合，成立蒂森克虜伯海事系統公司。二〇〇四年十二月十日，歐盟委員會批准上述整合協定。歐盟委員會批准了蒂森-克虜伯船廠與德國*HDW*合併組建造船聯盟的方案。歐委會得出的結論認為，該項合併計劃不會阻礙潛艇和軍艦製造領域的競爭，因為在該領域繼續存在著足夠的強大競爭對手，譬如法國*DCN*集團以及義大利*Fincantieri*集團等。

表2-13　歐盟反壟斷審查中蒂森克虜伯（*THYSSENKRUPP*）併購案例

THYSSENKRUPP
M.3596 -（2004/12/10）- THYSSENKRUPP / HOWALDSWERKE-DEUTSCHE WERFT
M.3334 -（2004/2/16）- ARCELOR / THYSSENKRUPP / STEEL24-7
M.3192 - THYSSENKRUPP / HSP HOESCH / JV
M.3152 - THYSSENKRUPP / MERCEDES LENKUNGEN

> M.3151 - THYSSENKRUPP / SOFEDIT
> M.2614 - THYSSENKRUPP / CAMOM / EURIG
> **THYSSEN KRUPP**
> M.1575 - THYSSEN KRUPP / VDM EVIDAL / KME SCHMÖLE

　　HDW公司（*Howaldtswerke-Deutsche Werft AG*）這一德國最大的且掌握世界最先進潛艇設計與製造技術的造船企業其全部股權被外國公司掌握，使得德國政府頗感緊張。出於對國家安全考慮，德國造船界產生了重新購回HDW公司股權的構想，並開始著手德國軍船製造企業重組。

　　二〇〇二年四月經歐盟核准HDW收購希臘造艦（*M.2772 - HDW / FERROSTAAL / HELLENIC SHIPYARD*）。之後HDW被總部設在美國的*Bank One Corporation*轄下的投資公司*One Equity Partners*併購。歐盟執委會並再於二〇〇二年五月三十一日通過該項併購案，而傳出美國將藉此繞道出售給臺灣所承諾的八艘二〇九級柴電動力潛艇訊息。（*M.2823 - BANK ONE CORPORATION / HOWALDTSWERKE - DEUTSCHE WERFT AG*（*HDW*））。但此尚需美國聯邦交易委員會及德國國家安全會議同意批示的輸出許可證。然而德國軍火業者雖受法律明文限制，不可向危機區域（包括台海）出售武器，但業者仍想盡辦法轉移政策枷鎖，幹出幾票驚愕的軍售交易，如一九八〇年代，德國軍火公司透過第三地一家同名公司，向利比亞提供化學武器，巧妙躲過德國官方的審查。德國以尊法守紀著稱，但軍火商也曾爆發駭人的賄賂弊案。一九九九年德國蒂森鋼鐵公司違背禁令，向沙烏地阿拉伯提供卅六輛最新型狐狸號裝甲車，軍售的一半金額用於向政府官員賄賂，聯邦安全委員會竟批准蒂森之申請核發出口。該案揭發後震驚全德。此軍售成交額4.464億馬克的武器交易中，有2.197億馬克被用

來進行各種各樣的賄賂，其中，國防部國務秘書普法爾斯得到了三百八十萬馬克；有一百萬馬克直接給了當時德國執政黨基民盟。環顧此個案的真正重要性，尤在於可促使美國可以運用德國企業資格出售潛艦給臺灣政府。

　　本併購範例案關涉之U31是目前世界最先進的常規動力潛艦，可以在水下巡弋數週，幾乎不可能被探出現形。臺灣透過轉圜或將祕密獲取U31潛艦技術的消息曝光後，北京軍事觀察家相當意外，一般研判臺灣從德國引進的是209級潛艦，沒想到是最先進的U31。據稱，德國研製先進的212A級潛艦僅有四艘，首艘於二○○二年三月始命名為*U31*。該型潛艦主要為德國海軍使用，二○○四年正式服役。消息顯示，U31在二○○二年年十月進行海試。U31潛艦採用最新的*AIP*動力系統，它率先使用燃料電池，裝置有「水下絕氣推進系統」〈*AIP*〉，可使潛艦長時間靜伏於淺海海床上數十天，反潛機不但不易察覺，且下潛深度最深也能達到七百公尺，隱蔽性之高備受國際軍火市場推崇。德國願意出售U31潛艦，除了經濟創匯和提供就業的考慮，也基於有更新的214級潛艦開發始把技術釋出。而南韓已向德國訂購三艘214，計劃從二○○七年起逐年交艦。臺灣軍方則是因海軍在無法獲得三千噸左右的攻擊潛艦之前提下，轉購具備「水下絕氣推進系統」的德製潛艦，是一項變通的做法，再者由於美製潛艦皆為「核能動力」系統，與我國所需之構型不符，因此，我國海軍勢必要以歐製潛艦作為採購的對象，其中，瑞典製「哥特蘭」級和澳洲製「科林斯級」潛艦都礙於現實無法獲得，法製「紅寶石級」潛艦亦為核動力的條件下，故較有可能是藉由美國「購廠」的途徑，藉以獲致八艘柴電潛艦。

　　美國意圖協助臺灣規劃出的潛艦構型有西班牙的S－80型潛

艦、韓國的214型與德國的209型潛艦。美國「替」我們規劃的潛艦選項都相當可議。西班牙的建造潛艦能量，主要是奠基在他們與法國造艦局（DCN）合作製造的天蠍型級潛艦，西班牙將原本的巴贊船廠（BAZAN）改組為伊薩爾造船廠後（IZAR），才擁有自己的造艦能量，訾議的是，西班牙原本的技術能量都源自於法國，那為何不直接將法國製造的潛艦列入我方的考量呢？韓國蔚山造船廠的造艦能量主要是源自於韓國在一九八七年、一九八九年與一九九三年，分別以每批三艘的方式，向德國哈德威造船廠（HDW）購入了九艘209型1200系列潛艦之後，才與哈德威造船廠保持良好的關係；接著韓國再以配置絕氣式推進系統（AIPs）的214級潛艦做為韓國第二代潛艦的主力。美國為何不直接選擇209型潛艦的母公司－哈德威造船廠－做為交涉的對象，反而是向韓國的蔚山造船廠？再則德國海軍漸漸以212型潛艦取代209型潛艦，是否真的無從研判為何美方沒有將212型潛艦列入購艦的考慮呢？還是，美方沒有向廠商要求必須在潛艦內安裝絕氣推進系統，所以隨便向我方建議209型潛艦呢？[91]

事實上北歐諸國所推動的維京級潛艦，美方根本就不曾列入考慮，美國也沒有將法國廠商列入，原因無他，因為美國的次承包商與其他系統的廠商，跟法國與北歐廠商沒有做策略聯盟，若將臺灣潛艦購案交由這些國家承製，美國廠商將無利可圖。

可供抉擇的模式是如南韓向德國哈德威造船廠訂購三艘214級潛艦，這項交易由哈德威造船廠提供藍圖與材料，並提供相關的技術指導，但是卻在南韓的現代造船廠製造。214級潛艦是採用

---

[91]　參照《蜂報》陳國銘，http://www.cyberbees.org/blog/archives/001599.html

模組化的設計，會隨著模組的不同選擇，在性能與成本上都有所不同。再者我們也可以要求美方委外的廠商設計我們需要的潛艦，交給中船承製。例如澳洲的柯林斯級潛艦就是由瑞典克考姆公司（*KOCKUMS*）設計，由澳大利亞潛艦公司建造，總計有六艘柯林斯級潛艦被承製，這合約價值五十一億元澳幣，是澳洲歷年來最具規模的採購案。最後也可以要求美國，在不同的造船廠分別裝配潛艦的方式來累積我們的造艦能量。例如，法國造艦局外銷巴基斯坦的三艘奧古斯塔*AGOSTA 90B*型潛艦（平均每艘為三點一七億美元）就是一例，第一艘此級潛艦在法國造艦局的瑟堡廠建造，第二艘一半在法國建造、一半在巴基斯坦的喀拉嗤船廠建造，最後一艘則全部在喀拉嗤船廠建造。

　　*HDW*跨國集團的總部位於德國基爾。主要的商業活動則集中於基爾（德國），*Karlskrona*（瑞典），*Malmo*（瑞典），*Rendsburg*（德國）和*Skaramanga*（希臘）。其集團包括下列成員：

（1）瑞典的*Kockums*船廠（有兩個船廠，分別位於*Karlskrona*及*Malmo*），主要營業範範圍為建造、維修潛水艇及軍艦，並且結合了最先進的匿蹤（*stealth*）科技技術。

（2）位於希臘*Skaramanga*之*Hellenic Shipyards Co.*（*HSY*）造船公司，主要營業範圍為商船建造、改裝、維修及軍艦建造維修。

（3）位於德國*Rendsburg*之*HDW-Nobiskrug GmbH*船廠，主要營業範圍為現有船舶之建造、改裝、維修。

（4）位於德國 *Hamburg* 及 *Kiel* 之*HDW-Hagenuk Schiffstechnik GmbH*（*HST*）公司，主要營業範圍為海事電機工程。

（5）位於德國*Kiel*之*MARLOG Marine Logistik GmbH*公司，主要營業範圍為後勤運籌（*Logistics*）工程。

　　主管武器獲得的美國海軍助理部長*John Young*，曾發出緊急「備忘錄」，強烈主張這筆軍火交易應該由美國本土直接介入建造潛艦船身及作戰系統，不宜由外國承包建造，因而迫使海軍海上系統司令部奉命出面通告延宕說明。

　　跨國政商複合體蠢蠢欲動。來自密西西比州的美國參議院多數黨領袖*Sen. Trent Lott*和參議員*Sen. Thad Cochran*都贊同*John Young*助理部長的觀點，他們並致函給海軍主管潛艦計畫的*Rear Adm. J. Phillip Davis*將軍，敦促售台潛艦應該在美國建造。兩位參議員認為，臺灣需要潛艦維護安全防衛，維持航道暢通，而售台潛艦在美建造也符合美國海軍政策，並可加強美國造船工業的穩定。最有可能為臺灣生產潛艦的諾斯洛普‧格魯曼（*Northrop Grumman Corp.*）*Ingalls*造船廠就位在密西西比州。美國軍方之所以再三延宕布希總統所宣布的售台潛艦案，主因固然是美國軍火商尚未完全順利「併購」海外有能力製造傳統柴油潛艦廠，另一方面，也和跨國軍火政商複合體，積極掠奪兩千四百億元（臺灣官方估價為一千六百億）之鉅額軍購潛艦利潤有關。

　　二〇〇二年九月廿七日「華盛頓時報」的軍事新聞「五角大廈圈內話」專欄裡曾有所披露，華時的專欄指出臺灣當局已經支付四十萬美金的「潛艦採購計劃研究經費」頭期款，正式啟動布希總統所宣布的售台八艘柴油潛艦幕僚作業。該報同時透露：台北方面已應允繼續分期支付幾百萬美元所謂的「研究經費」，最後，則會為第一艘傳統動力潛艦的製造付出至少五億美元。就在這宗新聞見報不久，一向最被注目的美國軍火公司諾斯洛普‧格魯曼集團總裁*Kent Kresa*，很湊巧地於十月十一日在德國法蘭克福接受媒體專訪時公開指稱，該集團已責成創投公司投資*HDW*造船廠，向柏林當局交涉銷售潛艦給臺灣的折衷方式；如果德國官方

嚴守自訂的管制規定不予批准，則歐盟境內尚有不少想要取而代之者。*HDW*負責人撤換時機詭異，*HDW*董事長，竟然也在上述訊息見報三天後，從*Klaus G. Lederers*撤換為*Brumester Succeeds*博士。

　　尤其值得注意的是，*HDW*造船廠的領導層甫於二〇〇二年十月十四日異動，一週後該廠便與諾斯洛普·格魯曼集團之造船系統（*NGSS*）簽締策略聯盟合同；後者即位於美國密西西比州的殷格索造船廠（*Ingalls*），該廠自一九三八年創設以來，由於位處南方的地緣關係，除了美國參議院多數黨領袖*Trent Lott*外，其投資者諾斯洛普與格魯曼公司又分別與臺灣有過F-5E戰機及E-2T空中預警機等軍火合作交易，故早被外界一致看好是潛艦生意內定「接單者」。[92] 諾斯洛普·格魯曼集團何以會在美方公布的七家競逐者（中船不列入）脫穎而出，主要是該集團所來往的*BankOne*投資*HDW*百分之七十五股權所致；儘管有部分小股東對此質疑而告進法院，但*HDW*造船廠控股的巴柏寇集團（*Babcock Borsig AG, Oberhausen*）已申請破產程序，連手中剩餘的百分之廿五股份也想拋售，此舉導致美商可望百分之百完全掌控*HDW*之股權。因此，諾斯洛普·格魯曼集團遂向五角大廈提出潛艦承造的具體「概念」，並向柏林當局攤牌。雖然巴寇克擁有五〇％加一的造艦股份，但仍有五〇％減一的股份在*Preussag*與拜爾集團的手中，*HDW*造船廠前董事長雷德勒（*Klaus Lederers*）在二〇〇二年一月卅一日的會計報告中，還提出將購買這些股份，並將此列為下年度的優先項目。而事實上，巴寇克並無資金作此交易，在他承諾將購

---

[92] 溫紳，〈潛艦大餅軍火商搶紅了眼〉，《中國時報》，2003-05-08, http://www.ttnn.com/cna/news.cfm/030508/13

入哈德威剩餘股份不到兩個星期，雷德勒卻到總理府試探，如果將船廠股份轉賣給美國金融投資公司*OEP*，是否聯邦政府會持反對意見？總理施羅德（*Gerhard Schröder*）為此震怒，電詢*ThyssenKrupp*公司的負責人，是否願意購買哈德威股份，總理衷心的希望是由德國（本國的而非外國的）造艦聯合集團來收購並提出報價。

事實上，*HDW*造船廠前董事長*Lederers*在四分之三股權被美商併購，且在二〇〇二年五月底經由歐盟執委會批准通過後，便曾銜命向德國總理施羅德等人「知會」將要售台八艘潛艦的決策，當時並無反對回應。畢竟，總理施羅德於數年前擔任地方聯邦首長時，也曾為解決高失業率而一度同意售艦，後來當選總理卻因外交部堅決反對才作罷。不料消息走漏而在媒體喧騰，綠黨方面基於北京當局可能反彈，遂提出嚴重警告，導致德國官方反常地保持緘默立場，同時也埋下美商決定對*HDW*領導層陣前換將，並對德國政府公開談判交涉。德國恐懼如西門子公司將部分退出軍火製造，而將股份轉賣給坦克製造商*Krauss-Maffai-Wegmann*，同時也有美國企業集團表示有意願。如此演變下去，以後歐洲軍火轉向美國購買，還得支付美國要求的價格，德國政治人物對德國軍火銷售與出口將不具控制與影響力。更嚴重的是，如果軍火的銷售操在美國手上，國會涉外事務小組擔憂，將來歐洲對外政策的獨立性將會受到考驗。

然而巴寇克負責人還是照原定計畫將股權轉賣給*OEP*，他的解釋是說*OEP*提出的價格比*Thyssenkrupp*高。緊接著又有傳言，*OEP*只是接受美國軍火買賣集團的合約而購入股權，*OEP*會很快的轉賣，因為它是*BankOne*的子公司，*Henry Crown &Co.*在*Bank One*美國投資企業集團又有股份，而*Henry Crown & Co.*手中又持

有軍火製造集團通用動力的股份。

　　在一連串的條款中，雷德勒設下限制，例如OEP有義務持股兩年，之後如果要轉賣股權，在船艦業務上與哈德威有往來的*Tyssenkrupp*與*Ferrostaal*兩家德國企業具有優先購買權，因此針對德國人的意願，雷德勒保證，直到二〇一二年哈德威將不會轉賣給德國以外的買者。以這個說詞，雷德勒暫時安穩住德國的政治人物。

　　德國國防部長夏平（*Rudolf Scharping*）曾這樣認為，德國科技知識流入美國暫時能規避風險，還說，在美國投資集團入主德國造艦廠事件上，所訂的合約將是嚴密防範。雷德勒個人也認為沒有危險，而且讓*OEP*購買哈德威股權，還給他帶來了一個小小的好處，就是*OEP*在接手之後，堅持讓雷德勒留任當公司的負責人，如果是*Thyssenkrupp*佔了大股，那哈德威負責人的位置，不是就要落入其他人的手裡了嗎？大家才被安撫住不久，國防部對「哈德威股權轉售*OEP*的事又發出新的憂慮」。國會秘書舒特警告夏平說：這事件的危機不僅是德國科技知識流入美國這麼單純，她說：「未來，哈德威持股人的結構將有爆炸性的變化，除了*OEP*的50%之外，*Thyssenkrupp*佔15%、*Ferrostaa*佔15%、剩餘的20%將落入美國軍火商諾斯洛普古曼。」但是雷德勒之前曾保證，哈德威與諾斯洛普古曼之間僅止於事業上的合作，並無股權販售計劃。而巴寇克公司發言人魏克曼卻證實，國防部持有的股權分配方式可能將是最終定案的名單。巴寇克在哈德威還擁有25%加一的股份，這25%巴寇克公司顯然想賣給諾斯洛普古曼。根據內行專家的看法，哈德威股權最終還是會落入美國競爭者手裡，有購買優先權的兩家德國公司*Thyssenkrupp*與*Ferrostaal*根本無法阻止，因為他們既不願意也無能力購買，諾斯洛普古曼入股之事根本無法

阻止。[93]

　　臺灣方面也有所動作，陳水扁總統在接見德國眾議院外交委員會副主席史龐格（*Carl-Dieter Spranger*）[94] 時即正式表態，寄望柏林當局與美方相互合作，最好是德國提供製造傳統潛艦的藍圖，並經美國技術協助以完成八艘「防禦性」自衛武器的訂單。

　　而依據美方的「相互合作」構想，是由*HDW*與殷格索合作製造艦身，前者並負責動力系統，後者則負責電戰及導航系統；設若*HDW*參與艦身及動力系統有違德國軍火管制規定，則艦身部分將轉向與荷、法、西等國合作，德方僅管動力系統。陳總統曾對德國積極表態由於柏林當局對於中共似乎仍有諸多顧忌，因此除了美商在德國境內公開交涉外，據傳臺灣的國安系統，便曾在特殊管道的穿針引線下，實地走訪以色列參訪德國方面所半買半送的「海豚級」潛艦。

　　因為特拉維夫當局聲稱該型*HDW*委託*TNSW*造船廠位於德、荷交界的*EDEM*所製潛艦，其實係臺灣亟欲擁有的另類*S-209*型。當時由於*HDW*疑慮承製潛艦可能會得罪回教國家，所以寧可授權鄰近的*TNSW*廠為以色列製造。因此透過以色列這個「管道」，或許是臺灣在被*HDW*摒棄合作時，可以另闢蹊徑，從其曾經提供藍圖的*TNSW*廠尋求合作機會。*HDW*廠的潛艦製造藍圖，除了以色列、韓國及義大利三國因為技術合作等關係而擁有外，一九八六年時，也一度被南非白人政府所取得。當時，由於南非實施種族

93　＜追擊u31型潛艦＞，譯自德國明鏡轉載於《中國時報》http://news.chinatimes.com/Chinatimes/newslist/newslist-content/0,3546,110502+112002062700031,00.html

94　參照德國聯邦眾議院http://www.bundestag.de/mdb14/bio/S/spranca0.html

隔離政策而遭到武器禁運，南非白人政府遂花了三千萬馬克的代價，透過特殊管道購得*HDW*廠的*S209*型潛艦製造藍圖，結果，在準備進口特殊鋼材秘密製造時曝光，導致德國當局追究外洩責任，遂使當時的董事長*Klaus Ahlers*被迫辭職，而南非也因為國際社會嚴密抵制，自製潛艦計畫終告幻滅。特別是由於美國自五〇年代以來便不再建造柴油潛艦，而擁有藍圖的荷、德兩國因為中共影響拒絕授權合作，甚至不排除以「南非模式」設法取得潛艦製造藍圖，在此同時，德國方面也央人前來台北與府院高層接觸。[95]

　　二〇〇三年七月八日德國《世界報》（*De Welt*）報導承造軍購拉法葉艦的法國國營造艦局（*Direction des constructions navales,DCN*）公司併購*HDW*訊息[96] 及二〇〇三年二月廿五日《德國商報》報導，美國金融投資公司*OEP*（*One Equity Partner*）即有意出售所收購多數股份的德國*HDW*潛艇廠。據稱，主要原因是*OEP*公司曾希望通過收購船廠實現向臺灣出售常規潛艇的目的，但德國政府拒絕向台出售武器，包括經過美國向台出口潛艇。

　　此外，*OEP*公司對涉足傳統造船業的風險防範不夠，銀行也不願在專案實施前預先提供資金。德國國內原本即曾就以下數種方案進行策略推演。

---

[95] Großes Interesse, auch die restlichen 25 Prozent der HDW-Anteile von der Babcock Borsig AG zu übernehmen, hat die Investmentgesellschaft
http://www.welt.de/daten/2002/06/09/0609un337002.htx
One Equity Partners （OEP）HDW-Anteile von der Babcock Borsig AG, One Equity Partners im Netz: www.bankone.com/capcorp/equity/

[96] Mittwoch, 9. Juli 2003　Berlin, 04:58 Uhr Franzosen bieten 800 Millionen für HDW, Staatskonzern DCN will größte deutsche Werft übernehmen - Bundesregierung prüft Veto gegen Verkauf, http://www.welt.de/data/2003/07/08/130096.html; 參照http://www.welt.de/data/2003/07/08/130096.html, http://www.n-tv.de/3170390.html, http://www2.abendblatt.de/daten/2003/07/08/ 184270.html

（1）由擁有另一家造船企業*Blohm & Voss*的*ThyssenKrupp Werften GmbH*（*Hamburg*））公司收購。長期以來，關於建立德國造船業聯合的討論一直不斷，而且德國政府也希望由本國企業出面購買。但*Thyssen Krupp*集團表示根據*HDW*現狀，目前不會參股。

（2）由法政府核准公、民營的造船局*DCN*與電子作戰系統生產公司*Thales*（前*THOMSON-CSF*）併購新設企業或其他歐洲企業收購。

（3）依照德、法、西航空企業聯合組成歐洲航空國防及航太公司（*EADS*）的模式，使*HDW*船廠與*Blohm & Voss*公司及法國*DCN*公司共同組建具備相當競爭力的歐洲造船企業聯合。[97]

事實演變是蒂森克虜伯集團與*HDW*公司進行奠基於國防安全與國家利益的成功併購整合，不僅裨益於進一步提高德國造船業在國際市場上的競爭優勢，鞏固德國造船業在常規潛艇市場上的地位，並可有效地防止外國有關企業集團收購這三家船企，從而避免德國軍船建造技術的流失和生產能力的喪失。

*HDW*公司與蒂森克虜伯集團旗下的博隆·福斯船廠和北海船廠都是德國承擔軍、民船建造任務的重要企業，尤其在軍船建造方面這三家企業在德國具有舉足輕重的地位。長期以來德國政府一直在努力促進*HDW*公司與蒂森克虜伯集團造船業務的整合，但由於多種原因一直沒有進展。

蒂森克虜伯集團擁有在漢堡的博隆·福斯（*Blohm+Voss*）船

---

[97] ＜美國公司OEP有意出售德國豪華船廠＞《中國駐德國大使館經濟商務處》
http://www.trade-embassy-china.de/deguojingmaodongtaikuaibao2003024. htm

廠、在埃姆登的北海船廠。美國*One Equity Partnrs*公司擁有德國原*HDW*公司的100%股權。原*HDW*公司是德國最大的造船企業，同時也是世界上最大的常規潛艇建造商，擁有在德國基爾的*HDW*船廠、在德國倫茨堡的修船廠HDW NO- biskrug、在瑞典的考庫姆公司以及在希臘的赫勒尼克船廠暨設在*Forrostaal*的貿易部處理業務。

新成立的蒂森克虜伯海事系統公司總部設在漢堡,公司年銷售額約二十二億歐元，員工達九千三百人。協定規定，蒂森克虜伯集團擁有蒂森克虜伯海事系統公司75%的股份，負責組建該公司的管理機構和運營機制。美國*One Equity partnerw*公司擁有蒂森克虜伯海事系統公司25%的股份。蒂森克虜伯集團將向這家美國公司支付現金二億二千萬歐元（約合2.92億美元），以置換美國公司擁有的*HDW*公司部分股份。整合後新公司的業務將包括四大部分：潛艇、水面艦艇、民舶建造和船舶修理。漢堡造船基地將集中建造水面艦艇和民用船舶；基爾造船基地將集中建造潛艇。

位於基爾的*HDW*股份公司（*Howaldtswerke-Deutsche Werft AG*）明確表示希望與蒂森・克虜伯集團下屬的漢堡*Blohm+Voss*及蒂森北海船廠合併，組建德國最大的造船集團。*HDW*和*Blohm+Voss*是德兩家最大的船廠。*HDW*與蒂森集團進行緊鑼密鼓動的談判，第一步計劃先購得北海廠少數股份，讓其分擔*HDW*目前大量積壓在手的訂單；第二步再進行較大規模的併購，同時爭取拿下合併後的主導權，年營業額將達35億馬克。國內併購完成後，*HDW*將積極考慮與西班牙*Lzar*和義大利*Fincantieri*兩大造船集團的合併問題。

二〇〇三年七月十八日法國金融經濟暨產業部長*Francis Mer*於接受*Handelsblatt newspaper*訪談中，則曾正式表態支持*DCN*與

*HDW*併購案。[98] 此舉可視為「政治運作」對跨國企業併購的效應。

而面對「國家經濟結構發展」與「全球產業競爭均衡」的雙重施壓，「政治運作」就被視為加速或遏阻企業兼併策略性的督促與驅使力量。

五、2004～2005年俄羅斯石油霸業競爭與國有控制－國際司法審查暨跨國商業「能源政治」之範例

討論（一）尤科斯Yukos－（*Neftanaya kompaniya YuKOS；Нефтяная компания ЮКОС*）範例、（二）羅斯*Rosneft*－（*Neftanaya kompaniya "Rosneft"；Нефтяная компания "Роснефть"*）範例、（三）俄羅斯天然氣公司－*Gazprom*（*"Газпром"*）（四）盧克*Lukoil*－（*Neftanaya kompaniya "LUKOYL"；Нефтяная компания "ЛУКойл"*）與美國康菲石油（*ConocoPhillips*）併購個案範例等。

◆ **尤科斯***Yukos*－（*Neftanaya kompaniya YuKOS；Нефтяная компания ЮКОС*）

二〇〇三年四月二十二日俄羅斯尤科斯公司（*Yukos－Neftanaya kompaniya YuKOS；Нефтяная компания ЮКОС*））收購俄羅斯第五大石油企業西伯利亞*Sibirskaya Neftyanaya Нефтяная компания "Сибнефть"*公司，出資136.15億美元通過換股將所持*Sibirskaya Neftyanaya*公司（*Sibneft*）股權比例由20%提高到92%。

---

[98] 'French Finance Minister would welcome DCN, HDW merger', FRANKFURT（AFP），2003-07-18, Agence France-Presse.，http://www.spacewar.com/2003/030718100643.wcqzk0ob.html

新成立的公司名為尤科斯士搏內石油公司（*YS*）。兩公司合併後組成俄羅斯第一大、世界第四大之石油公司。俄反壟斷政策部，核可批准尤科斯石油公司與俄第五大石油公司西伯利亞石油公司的合併。俄羅斯天然氣工業公司*Gazprom*和俄羅斯國營石油公司***Rosneft***，皆力圖兼併另一個獨立的石油生產商─俄羅斯第五大石油企業西伯利亞石油公司（*Sibneft*），使其處於政府的控制之下。

尤科斯日後因政治干預遭逢整肅，由俄羅斯總檢察院達十一項指控涉嫌逃稅漏稅、組織領導犯罪、轉移資產、使用詐欺方式控制私有化企業股票以及捲入數起刑事案件，面臨分崩離析之危機。

類似的情勢觀諸俄羅斯最大的造船廠*Volgotanker*曾被政府催繳二〇〇一年的二千三百萬美元稅款。而二〇〇四年十二月八日傳出俄羅斯政府要求俄羅斯第二大移動電話運營商VimpelCom補繳1.58億美元稅款的訊息，曾導致俄羅斯股市在兩天內應聲震盪下跌10.9%。

俄羅斯第一大產油集團尤科斯（*OAO Yukos OilCo.*；*OAO "Surgutneftegaz"*；*OAO "Сургутнефтегаз"*），包括俄羅斯首富即尤科斯總裁霍多爾科夫斯基（*Mikhail B. Khodorkovsky*）更因被指控涉及欠稅等罪名遭到長久羈押，分析認為尤科斯的問題，其實不外是出於政治問題，因為他資助俄羅斯總統普京的政敵。最初是俄國總統和該國最富有的商賈之間的鬥爭，現在已經發展成了佔據重要工業的寡頭政治家和急於重新主張掌握俄國經濟的克裏姆林宮之間的更大的傾軋鬥爭。[99]

---

[99] 俄羅斯的寡頭，是在葉利欽時期暴富起來的大資本家，他們通常被稱之為「寡頭」。其中最著名的是「七大寡頭」，聯合銀行總裁別列佐夫斯基Boris Berezovsky、大橋銀行總裁古辛斯基Vladimir Gusinsky、國際商業銀行總裁維諾格拉多夫、首都儲蓄銀行總裁斯摩棱斯基、阿爾法銀行總裁弗裏德曼、

　　尤科斯盼藉申請破產保護扭轉旗下主要產油子公司 *Yuganskeneftegaz* 遭拍賣的命運。在二○○四年尤科斯向美國德州南區破產法院曾申請破產保護案，法院並於同年十二月十六日舉行聽審。由於美國的破產法效力及於全世界，尤科斯為了自救，最後一搏只得走上交由他國法院仲裁一途，尤科斯請求美國的破產法院發佈臨時禁制令，好阻止俄羅斯政府。然俄羅斯稅務官員於二○○四年十二月不顧美國法庭臨時禁制令，沒收並出售了尤科斯最大子公司，以抵償其約二百八十億美元所欠稅額。因與俄羅斯政府發生稅務糾紛而申請破產保護，並請求美國地方法官阿特拉斯（*Nancy Atlas*）暫時禁止拍賣。該法庭曾禁止 *Gazprom* 參與拍賣，也禁止銀行提供現金貸款，世界最大的俄羅斯天然氣公司 *Gazprom* 的上訴則遭駁回，臨時禁制令禁止俄羅斯天然氣集團的上市子公司和西方各大銀行參與競拍，並在全球範圍內皆一體適用。這些銀行包括法國巴黎銀行、美國摩根大通公司、德國德意志銀行、荷蘭銀行和卡里昂金融公司等。

　　但嗣後情勢驟變，在尤科斯在與國家的抗爭中，積極尋求美國德克薩斯州休士頓破產法庭保護的結果，卻是美國德州休斯頓聯邦法官裁決駁回，理由是被俄羅斯政府指控積欠二百八十億美元鉅額稅款的石油公司尤科斯沒有資格獲得美國破產法的保護。美國法院這項裁決遂被認為是有利於美、俄之間關係之表徵。

　　休斯頓破產法官 *Letitia Clark* 駁回尤科斯提出的破產保護申請，俄羅斯稅務機構二○○四年十二月沒收並拍賣尤科斯旗下最

梅納捷普銀行總裁霍多爾科夫斯基 Mikhail Khodorkovsky、俄羅斯信貸商業銀行總裁馬爾金，他們利用強大的經濟實力和所控制的媒體，操縱政局，左右俄政府的重要決策。

大生產子公司以催繳積欠稅款，尤科斯則設法保住公司剩餘部份，以免落入俄羅斯政府手中。*Clark*指出，「境外公司獲准在美申請破產保護雖有先例可循，但這些案例中沒有涉及一個在一國經濟中扮演重要角色的公司。」甫結束訪歐行程的美國布希總統呼籲俄羅斯總統普京履行推動俄羅斯民主的承諾，尤科斯聲稱俄羅斯稅務機構計劃接收整個公司，並剝奪其資產，尤科斯發言人*Mike Lake*指出，在研究判決結果後將考慮是否提出上訴。尤科斯向休斯頓聯邦法院申請依據《破產法》第11章（*Chapter 11*）之破產保護，試圖阻止俄羅斯政府拍賣占尤科斯資產比重近60%的子公司*Yuganksneftegaz*，但俄羅斯政府仍不顧美國法院所下達的禁令，執意拍賣此一分支，*Yugansneftegaz*為俄羅斯國營石油公司*OAO Rosneft*所有。

　　引人注意的是，為尤甘斯克公司進行資產評估的是德國德累斯頓銀行*Dresdner Bank AG*駐俄羅斯分行。而該銀行竟然是在沒有任何其他銀行競標的情況下輕易從俄政府手中贏取評估授權合同。按照德累斯頓銀行的評估，尤甘斯克的資產價值僅為八十億英鎊，可是根據拍賣前尤科斯石油公司的評估，其價值至少應為一百六十億英鎊。據《星斯日電訊報》援引美國《華爾街日報》報導，一批新近在柏林解密的檔案顯示，現年四十九歲的馬西亞斯‧沃甯（*Matthias Warnig*）曾是前民主德國秘密情報機構「斯塔西」（*Stasi*）特務，早在上世紀80年代末期他與現總統普京的關聯便非同尋常。[100] 沃甯更於之前任命成為國有企業俄羅斯天然

---

[100] 'Putin's enemies call for investigation into links with Stasi agent', "Telegraphy", By Tom Parfitt in Moscow ：According to research by The Wall Street Journal http://www.telegraph.co.uk/news/main.jhtml?xml=/news/2005/02/27/wruss27.xml 'Rivals demand probe into Putin-German spy link',by Tom Parfitt," The

氣公司 *Gazprom* "*Газпром*" 的董事。

　　普京當年工作的地點離斯塔西大樓僅100米之遙。當時民主德國情報機關斯塔西向克格勃同行轉交了許多德累斯頓市民的申請書，要求政府頒發允許他們的聯邦德國親戚過境探望的入境許可證。克格勃情報特務普京（*Vladimir Putin*）的工作之一，就是從這成千上萬封申請文件中，挑選出那些住得離美軍軍事基地較近的聯邦德國公民，在幫他們獲得探親許可證進入民主德國後，再伺機從中發展出可以幫助克格勃監視美軍動向的線人。

　　對於普京與沃甯當年的那段舊交，兩人當年的許多熟人以及數名前斯塔西雇員給予證實。耐人尋味的是，德累斯頓銀行高層雖然承認沃甯當年確系斯塔西（*Stasi*）特工，卻矢口否認兩人的交情始於普京在民主德國當克格勃特工期間。[101] 無獨有偶，俄政府同樣也否認了普京當年在德國時曾與沃寧並肩作戰的傳聞，並堅稱兩人是直到一九九一年才在聖彼得堡市相識。按照克裏姆林宮的說法，時任聖彼得堡市副市長的普京主持外國投資方面的工作，而年輕的德國銀行家沃甯則負責德累斯頓銀行在聖彼得堡市的業務開拓。兩人的友誼純屬偶然：當時普京夫人柳德米拉在出了車禍之後急需醫治，在沃甯的一手安排之下前者順利地前往醫療條件更為優越的德國就醫。普京的發言人也否認總統因為私交「關照」沃甯的生意，以及尤科斯子公司拍賣幕後有克裏姆林宮

Standard"（香港《鑫報》), February 28, 2005, http://www.thestandard.com.hk/stdn/std/World/GB28Wd04.html

[101] 'Report Links Putin to Dresdner'," THE ST. PETERSBURG TIMES"（俄羅斯聖彼得堡時報）, http://www.times.spb.ru/archive/times/1048/news/n_14996.htm"Warnig was nominated to the board of the state-owned energy behemoth Gazprom."

插手甚囂塵上的傳聞。

　　隨不久，二〇〇四年十二月份，俄羅斯最大石油企業尤科斯（*Neftanaya kompaniya YuKOS；Нефтяная компания ЮКОС*）公司主要的石油生產部門尤甘斯克公司（*Yugansk；Yuganskeneftegaz, Group Menatep*）在被俄政府拍賣給貝加爾金融集團（*Baikal Finans Group*）後僅僅一周多，國營國有企業羅斯石油（*Rosneft*）就在二〇〇四年十二月底收購了貝加爾全部100%的股權。[102]

　　作為國有能源巨霸，羅斯石油控制的石油約占俄羅斯石油蘊藏量的17%，是俄羅斯第七大石油公司。而貝加爾金融集團（*Baikal Finans Group*）這家專有用途投資公司，註冊地為俄羅斯西北的邊遠城鎮*Tver*。該公司沒有自己的網站，針對該公司而進行的網路搜索毫無結果，甚至沒有在其向俄羅斯聯邦資產基金會披露的地址設有辦公室。在其註冊地址資訊中有一個移動電話號碼和一家二十四小時營業的雜貨店。就是這樣一家公司通過了俄羅斯政府的層層稽查，支付十七億美元的押金並且最終拿下了尤甘斯克。而俄羅斯天然氣集團（*Gazprom*）的拍賣委託人在打完一個諮詢電話後就不戰而逃，其行徑也啟人疑竇。

　　俄羅斯聯邦資產基金會代理會長*YuriPetrov*在隨後舉行的新聞發佈會上指稱，*Baikal*必須在二〇〇五年一月二日之前將申購資金劃撥至俄羅斯聯邦資產基金會。根據俄羅斯法律的規定，如果*Baikal*未能在這個期限內支付全額款項，那麼另一家參加的拍賣公司*Gazprom*以拍賣價取得優先購買權，如果*Gazprom*也無法付出

---

[102] 'The Yuganskneftegaz-Baikal Finans deal: Who stole Russia? First ask, who stole Yukos?', http://frankwarner.typepad.com/free_frank_warner/2004/12/who_stole_russi.html

款項，政府可以下令重新拍賣，或者查沒此次標售的資產以償付未能支付的稅款。

◆ **羅斯（俄羅斯國營石油）**（*Rosneft*；*Neftanaya kompaniya "Rosneft"*；*Нефтяная компания "Роснефть"*）

俄羅斯國營石油（羅斯）公司（*Rosneft*；*Neftanaya kompaniya "Rosneft"*；*Нефтяная компания "Роснефть"*）在部分政府官員的支援下，在這次非常難以理解的拍賣會上，以高達九十三億七千萬美元併購俄羅斯最大石油企業尤科斯（*Neftanaya kompaniya YuKOS; Нефтяная компания ЮКОС*）公司主要的石油生產部門尤甘斯克公司（*Yugansk; Yuganskeneftegaz*）。

尤甘斯克（*Yugansk*）二〇〇四年十二月十九日被俄羅斯政府掛牌出售，以部分補償尤科斯兩百七十五億美元的欠稅。俄羅斯政府指控尤科斯拖欠兩百七十八億美元稅款，並在二〇〇四年十二月十九日公開拍賣它下屬的尤甘斯克公司76.79%的股份，起拍價是八十六億美元，比任何一家投資銀行最保守的估值還要低。『這全都是關於權力政治』，俄國國內最大經紀公司「垂卡對話」（*Troika Dialog*）的首席戰略策劃師詹姆斯─芬克諾（*James Fenkner*）說，「殘酷的教訓是，私有化的受益人，像霍多爾科夫斯基，必須遠離對立政治。」霍多爾科夫斯基膽敢直接挑戰普金，今後任何寡頭都不太可能再犯那個錯誤。億萬富翁，英俄石油公司TNK-BP主席米開爾・佛瑞德門（*Mikhail Fridman*）已經明確知道這個資訊。在他所管理的莫斯科阿爾法銀行（*Alfa Bank*）表示：『我不想公開交流我的看法，我們從來不與政治家有關聯』。

事實上早於二〇〇四年九月十四日，俄羅斯總統普京即裁定批准俄政府關於用俄天然氣工業股份公司（*Gazprom "Газпром"*）

股票置換俄羅斯石油公司（*Rosneft*）資產的議案，這意味著俄羅斯石油公司將被俄天然氣公司兼併，新公司將成為俄羅斯乃至世界上的超級能源霸業。這筆交易完成後，俄政府在俄天然氣公司所持股份將超過50%。俄媒體評論稱：「這是俄羅斯歷史上繼尤科斯公司與西伯利亞石油公司合併之後最大的一筆交易，也將是今年俄經濟中最重要的事件。」

　　俄羅斯經濟發展及貿易部長格列夫（*German Gref*）即曾表示，天然氣壟斷企業蓋茨普洛姆（*OAO Gazprom*）與國有企業羅斯石油*OAO Rosneft*的合併日程表將依賴於後者在接管尤甘斯克（*Yuganskneftegaz*）問題上的情況。

　　俄羅斯國營石油公司*Rosneft*在收購之前的年產量為2160萬噸，但從未向中國運送過原油。它成立於一九九五年九月，前身是前蘇聯石油部及俄羅斯石油天然氣總公司。該鉅型企業二〇〇四年十月的現金流不超過2500萬美元，因其100%國家控股的特殊身份，遂成為俄羅斯政府國有控股尤科斯克公司（*Yugansk*）的合適首選。

　　俄羅斯能源部長赫裏斯堅科（*Viktor Khristenko*）與俄羅斯最大的國有石油公司—羅斯石油公司（*Rosneft*）總裁波格丹契科夫（*Sergei Bogdanchikov*）於二〇〇五年五月訪問中國。訪華期間，俄中雙方討論羅斯石油向中國（大陸）石油天然氣公司（中石油）出售部分股權事宜。據路透社援引俄羅斯能源部知情人士的消息稱，俄羅斯政府放棄將羅斯石油公司與俄羅斯天然氣集團（*Gazprom*）合併的計劃而更青睞另一種做法：即「向中石油出售羅斯石油的部分股權，然後將所得資金用於獲得俄羅斯天然氣集團的直接控股權。」

　　俄羅斯日報《新聞時報》（*Vremya Novostei*）稱俄政府將用這

筆資金增持俄羅斯天然氣集團股份的報導。該報稱，俄羅斯考慮將至多49%的羅斯石油股份以75億－80億美元的價格出售給中石油，其中包括羅斯石油收購之石油子公司尤甘斯克。尤甘斯克原屬尤科斯石油公司（*Yukos*）麾下，也是尤科斯集團的核心子公司。出售股份所得隨後將用於從俄羅斯天然氣集團的子公司手中收購其11.7%的股份。一旦收購成功，克里姆林宮所持的股份就已超過直接控股這家舉足輕重的天然氣壟斷企業所需的50%股份。

◆ 俄羅斯天然氣公司（*Gazprom "Газпром"*）

俄羅斯天然氣工業股份公司（*Gazprom*），是世界最大天然氣生產商和出口供應商。這家公司掌握的天然氣儲量占全俄羅斯的65%，年產值約占俄國內生產總值的8%，年出口收入約占俄外匯總收入的15%。2003年，該公司天然氣開採量占俄開採量的93%，占全球開採量的20%。歐洲的天然氣供氣系統，是全世界最大、最密集、現代化程度最高的。向歐洲各國出口天然氣的國家中，論總量，俄羅斯居首位，阿爾及利亞次之，第三是挪威。天然氣工業的收入，也是俄羅斯經濟收入的重要來源。

目前，俄天然氣工業股份公司38.37%的股份為國家所有，外國投資者持有11.5%的股份，其餘股份為俄羅斯法人和自然人持有。儘管俄天然氣工業股份公司的股票向市場開放，但根據規定，外國投資者對俄天然氣工業股份公司的參股比例不得超過20%，且需要得到聯邦金融市場局的許可才能購買。

而與此同時，克林姆林宮一直在致力於繼續增加國有股在公司股本中的份額。二○○四年九月，普京批准俄政府關於用天然氣工業股份公司股票置換俄羅斯石油公司資產的建議。這意味著俄羅斯石油公司被天然氣工業股份公司兼併，成為其子公司。這

筆交易完成後，俄羅斯政府在俄天然氣工業股份公司中所持的股份將超過50%，同時也宣告了世界上最大的能源公司即將誕生。該公司董事長梅德韋傑夫，是俄羅斯總統辦公廳主任。這樣的做法，被外界評論為，俄政府「有意逐步收回石油產業的權益和控制。」

俄總理弗拉德科夫（*Mikhail Fradkov*）[103] 稱此舉還將為俄天然氣公司股票向市場開放創造條件，但在該公司股票向市場放開後，國家仍將保持控股權並將保留對外國投資者參股的某些限制。根據俄總統一九九七年簽署的五二九號令，外國投資者對俄天然氣工業股份公司的參股比例不得超過20%，且需要得到聯邦金融市場局的許可才能購買。目前外資控制著該公司11.5%的股份。

俄羅斯工業和能源部部長赫裏斯堅科（*Victor borisovich Khristenko*）還指出，俄天然氣工業股份公司的股票向市場開放與該公司兼併俄石油公司將同步進行。由於兩個公司都是大企業，兼併不會很快完成，其程式將嚴格按照公司法進行。他認為，這一

---

[103] 2004年3月5日俄羅斯國家杜馬（議會下院）全體會議5日以全體450名議員中352票贊成的結果通過了米哈伊爾·弗拉德柯夫出任俄羅斯新政府總理的提名。

米哈伊爾·弗拉德柯夫1950年9月1日出生在位於伏爾加河畔的薩馬拉市，1972年畢業於莫斯科機床刃具學院，1981年畢業于全蘇對外貿易學院。他長期在外經貿領域工作，曾在原蘇聯國家對外經濟聯絡委員會、駐印度大使館經聯處和外貿公司任職。弗拉德柯夫曾任俄羅斯駐關貿總協定常任代表，1992年12月至1998年5月歷任俄對外經濟聯絡和貿易部副部長、第一副部長和部長等職。1999年8月開始，他在普京領導的政府中任貿易部長。次年普京當選總統後，他被任命為俄聯邦安全會議第一副秘書，2001年3月出任俄聯邦稅務警察局局長。2003年3月聯邦稅務警察局撤消後，弗拉德柯夫被任命為俄聯邦駐歐盟全權代表，同年6月出任俄總統負責與歐盟關係發展的特使。2004年3月1日，普京總統提名他為俄羅斯政府新總理候選人。但2005年7月據傳俄總理弗拉德科夫隨時可能會被解職，女市長瓦連京娜·馬特維延科則近期極有可能會接任這一職務，有望成為俄首任女總理，尚待觀察中。

聯合符合俄能源戰略，將有助於提高俄能源企業在世界上的地位。

俄羅斯總統普京曾批准俄政府關於用天然氣工業股份公司股票置換俄羅斯石油公司資產的建議。這意味著俄羅斯石油公司將被天然氣工業股份公司兼併。這筆交易完成後，政府在俄天然氣工業股份公司中所持的股份將超過50%。目前，俄總統辦公廳主任梅德韋傑夫擔任該公司董事長。

俄羅斯天然氣工業股份公司成立於一九九三年，是世界上最大的天然氣開採公司。這家公司掌握的天然氣儲量占全俄總儲量的65%，當年度其天然氣開採量占俄開採量的93%和全球開採量的20%。

二〇〇四年八月，俄總統普京曾簽署關於限制一批戰略性企業實行私有化的命令，俄天然氣工業股份公司和俄石油公司等一千多家企業被列入名單。兼併消息披露後，俄天然氣公司的股價一夜之間飆升15%，創下俄股市新紀錄。公司市值約合七百五十億美元，投資者普遍看好兼併後的新設公司前景，預計市值將水漲船高，達一千億美元。

分析家認為，俄當局這樣做的目的是完全符合國家利益的，一是可以保障國家所需的石油和天然氣供應，二是有能力直接影響俄國內市場的能源價格，三是將為俄帶來更豐厚的外匯收入和稅收。

此間輿論普遍認為，俄當局的這一決定是一箭雙雕之舉：一方面，俄天然氣公司的市值將大幅上揚，這為其股票對市場開放做好了準備，另一方面這也使國家完全控股的俄羅斯石油公司實現「軟」私有化，此前對該公司進行私有化的計劃已經討論了長達七年之久。

今後俄羅斯或許會出現由國家控股的「國家石油天然氣公

司」，如此一來，作為俄經濟命根的石油和天然氣這樣的戰略性資源就完全掌握在俄政府手中，這也將鞏固俄羅斯在國際市場的地位，俄將有實力與國際能源巨頭一爭高下。

由於衡量尤甘斯克公司被兼併，新成立的集團規模太大，以致俄羅斯天然氣工業公司不能承受。此外，如果與有爭議的拍賣的勝利者合併，俄羅斯政府擔心對俄羅斯天然氣公司（*Gazprom* ″*Газпром*″）會有法律上的挑戰。於是，俄羅斯天然氣工業公司與俄羅斯國營石油公司的合併方案沒有實施。俄羅斯國營石油公司的管理者似乎很滿意。

俄天然氣公司是世界上最大的天然氣開採公司，掌握的天然氣儲量占全俄總儲量的65%，當年度其天然氣產量占到了全球總產量的20%，俄政府控制著該公司38%的股份。而俄羅斯石油公司是俄第七大石油公司，由俄政府100%控股。兼併後的新公司石油年產量將超過5000萬噸，加上在俄天然氣領域的壟斷地位，對俄能源市場乃至世界能源市場將產生巨大影響。

二〇〇五年八月份全球最大的天然氣公司——俄羅斯天然氣工業股份公司（*Gazprom*）宣佈計畫以一百億美元收購俄羅斯億萬富翁羅曼.阿布拉莫維奇（*Roman Abramovich*）的西伯利亞石油公司（*Sibneft*）。

石油大亨、俄羅斯楚科奇州行政長官、英超勁旅切爾西（*Chelsea*）隊的持有者羅曼·阿布拉莫維奇——身價125億美元。他控制著西伯利亞石油公司80%的股份、俄羅斯鋁業公司一半的股份、俄羅斯國際航空公司25%的股份和國際影視公司25%的股份。

但二〇〇四年五月二十三日俄聯邦審計署署長謝爾蓋·瓦季莫維奇·斯捷帕申指控，阿布拉莫維奇作為楚科奇自治州的行政長官，「嚴重違反金融政策」，要求其辭去這一職位。針對楚科奇自

治州的審計結果表明，阿布拉莫維奇為他所控股的西伯利亞石油公司及其旗下的25個子公司提供高達137億盧布的違法避稅，還挪用國家預算資金來提高當地工資。由此認定，楚科奇自治州實際上已失去基本財務能力，瀕臨破產邊緣。

俄天然氣工業股份公司目前由國家控股，是世界上最大的天然氣生產商。西伯利亞石油公司則是世界第五大石油生產商，日產原油近七十萬桶。俄天然氣工業股份公司與德累斯頓銀行、荷蘭銀行（*ABN-AMROBANK*）商談有關貸款融資事項，其他銀行也隨時可能加入。目前，西伯利亞石油公司的是阿布拉莫維奇，這個英超足球切爾西的金主擁有該石油公司72%的股份。而俄羅斯另一石油巨霸尤科斯亦擁有該公司20%的股份，只不過後者的這些股份現正被俄羅斯政府凍結。

一九九六年，別列佐夫斯基（*Boris Berezovsky*）、阿布拉莫維奇（***Roman Abramovich***）和銀行家斯摩棱斯基（*Alenxander Smolendky*）合夥參與購買西伯利亞石油公司的拍賣招標。斯摩棱斯基負責資金運作，別列佐夫斯基在政府高層充當說客，阿布拉莫維奇負責技術環節。如今，這家公司已成為阿布拉莫維奇一人的囊中之物。阿布拉莫維奇之所以能夠暴富，傳跟以一億美元的代價收購當時股值高達二十八億美元的西伯利亞石油公司有關。上一世紀九〇年代，時任俄羅斯總檢察長的尤裏-斯庫拉托夫（*Yuri Skuratov*）認為，阿布拉維奇的「西伯利亞」（*Sibneft*）石油公司私有化不合法，並準備了一系列卷宗文件準備使該公司化歸為國有，但最終他被俄羅斯政府解職。

根據俄羅斯最高機構的檢查結果，俄羅斯總檢察院認為西伯利亞石油公司和其他俄羅斯公司私有化不合法。當時，針對阿布拉莫維奇的調查還包括偷稅和非法使用國際貨幣基金組織提供給

俄羅斯的四十八億美元援助資金（七百八十個現任以及前任政府官員利用內部情報從俄羅斯國庫券市場上獲取暴利接受調查）。而就在此時，尤裏-斯庫拉托夫突然被解職，對阿布拉維奇的調查也因此停止。據悉，斯庫拉托夫被解職的原因是一盤小小的錄影帶，內容是一個像斯庫拉托夫的人與兩名妓女大玩性愛遊戲。報導指出，斯庫拉托夫被解職使阿布拉莫維奇積累了財富，也加強了他與俄前總統鮑利斯-葉利欽和現總統弗拉季米爾-普京的關係，同時也使許多人對阿布拉莫維奇如此之快登上財富和權力頂峰心懷嫉妒。

　　阿布拉莫維奇的命運與俄羅斯首富、另一位石油大亨米哈伊爾-霍多爾科夫斯基（*Mikhail Khodorkovsky*）迥異。霍多爾科夫斯基反對普京，而阿布拉莫維奇是親克里姆林宮，結果是霍多爾科夫斯基目前在監獄，同時也失去了對尤科斯石油公司的控制。唯好景不常，阿布拉莫維奇已經成為克里姆林宮強硬派的下一個打擊目標。

左：首富霍多爾科夫斯基（*Mikhail Khodorkovsky*）。右：次富阿布拉莫維奇（*Roman Abramovich*）[104]

---

[104] Expert, #48（403）December 22, 2003 Deep in the Heart of Russia,http://eng.

據悉，一九九五年八月，俄羅斯前總統鮑利斯-葉利欽簽署命令，宣佈組建西伯利亞石油公司。一九九五年十二月，克里姆林宮公開出售這家公司，當時該公司大股東阿布拉維奇贏得此次競標，並用一億美元購置該公司過半數51%的股份。據俄羅斯預算署公佈的資料顯示，西伯利亞石油公司的股份應值二十八億美元，也就是俄羅斯政府為此耗損二十七億美元。

斯庫拉托夫表示，俄羅斯總檢察院準備就更改這一招標合同進行上訴，並收集了大量的資料證實這份合同不合法，但是卻沒有時間這麼做。斯庫拉托夫指，他對西伯利亞石油公司偷稅進行了調查，但是克里姆林宮卻命令停止這方面的調查。俄總檢察長表示，俄羅斯政府沒有讓他完成調查，因為他們意識到，調查下去會再涉及到葉利欽總統和阿布拉莫維奇。

一九九九年初葉利欽簽署命令解除斯庫拉托夫總檢察長職務。在俄羅斯議會拒絕就解除斯庫拉托夫職務進行表決幾個小時後，俄羅斯電視臺播放了非常像斯庫拉托夫的人與兩名妓女在床上做愛的錄影。斯庫拉托夫稱：「我早就知道這盤錄影帶，當時葉利欽試圖使用它來向我施壓，並迫使我自動辭職。」但斯庫拉托夫不承認，但同時也沒有否認，錄影中的人就是他，他表示這個人非常像。這或許內有隱情也不一定。而斯庫拉托夫認為，時任俄羅斯聯邦安全局局長的普京參與了這盤性愛錄影的拍攝。

二〇〇四年俄羅斯政府決定不核准斯庫拉托夫參加國家杜馬選舉，歐洲安全與合作組織曾對俄政府此舉進行譴責。有關西伯利亞石油公司私有化的爭論長期以來並沒有停止。

---

expert.ru/society/03-48theman.htm

　　鮑利斯-葉利欽在《午夜日記》中如此載述:「同志和檢察長」一「我甚至不想動筆寫這一章。任何人在任何時候都不能使我按照他的規則來進行遊戲。然而尤裏·斯庫拉托夫卻成功地把我、聯邦委員會和國家捲入到了他卑劣而骯髒的醜事之中。『性情溫和的檢察長』善於把自己的羞愧和恥辱暴露出來讓公眾評述,並裝得好像這都不是他自身的羞愧和恥辱。但我還是應該寫寫他。大家都說俄羅斯在總檢察長人選上不太走運。瓦連京·格奧爾基耶維奇·斯捷潘科夫、卡贊尼克、伊柳申科——這些人都是斯庫拉托夫的前任。斯捷潘科夫在一九九三年事件中引退;卡贊尼克把叛亂的組織者從監獄中提前釋放,而後憤然離去;伊柳申科(由於斯庫拉托夫,即伊柳申科繼任者的"關照")自己就身陷"列福爾托沃"。每一位檢察長都是帶著醜聞離職的。他們每一位都在身後留下了尚未公開的案件的餘波。

　　事實上,總檢察長只是一位國家官員,並不需要他在政治上具有遠見卓識。況且,在檢察長的職位上這個典型的優點轉瞬之間就可能會變成缺點。檢察長的職責就是要成為一切不法行為的剋星。

　　在任命斯庫拉托夫之初,我感覺我們終於找到了一個合適的檢察長。我們定期會面。斯庫拉托夫向我通報那些引起轟動的特大謀殺案的偵破進程:謀殺神職人員亞歷山大·緬的案子、謀殺電視主持弗拉德·利斯季耶夫的案子、謀殺新聞記者德米特裏·霍洛多夫的案子、謀殺商人伊萬·基維利德的案子。這些謀殺案數年未破,令我非常不安。我不止一次地同斯庫拉托夫談過我的這種感覺。

　　他用其低沉而且故顯平淡的嗓音宣稱:偵破正在進行之中,他們已經圈定了嫌疑人,正在一條一條地對線索進行核實……

　　我注意到,事實上他們什麼事都沒有做。斯庫拉托夫沒完沒

了的單調托詞把我激怒了。有意不過問政治是斯庫拉托夫的另外一個特點，這在當初令人樂觀。但是，正如後來弄清楚的那樣，總檢察長有了一個"精神領袖"——議員維克托‧伊柳欣，就是那個曾經試圖以"叛國"為由對米哈伊爾‧戈巴契夫、以"俄羅斯民族的種族滅絕"為由對我提起刑事偵查的伊柳欣，此人是所有關於葉利欽沒有能力管理國家的法案的起草者。就像報章所寫，正是這位曾經在克格勃檢察系統中工作過的議員開始頻繁出入各級檢察院，甚至最高檢察院的大門。好一個不問政治的斯庫拉托夫！現在我明白了，為什麼會發生這一切。尤裏‧斯庫拉托夫具有許多作為檢察長所必不可少的品質———善於執行任務、很強的記憶力、堅韌，但他不具備最主要的東西———意志、頑強的性格、對自己和自己力量的信心。從某種意義上說他是一個不能指望的人。而這個空缺需要用鮮明而現實的內容儘快地填補上。伊柳欣正合適。

我知道，斯庫拉托夫受了一些人的影響，他們給他暗示最輕鬆的道路，而且一路上充滿了轟動性的事件。」以吐心中憤慨。

二〇〇三年十二月底俄羅斯國家杜馬（議會下院）經濟政策和企業委員會副主席弗拉第米爾‧尤金向俄羅斯總檢察長弗拉季米爾-烏斯基諾夫（*Vladimir Ustinov*）提出正式訴訟。在遞交的三頁檔案中，尤金對一大批企業家和官員進行指控，其中包括阿布拉莫維奇。他呼籲俄羅斯檢察部門對世紀90年代出售國營西伯利亞石油公司一事展開刑事調查。這與針對尤科斯石油公司進行調查的程式非常相似。其要求調查尤科斯石油公司董事會主席西蒙‧庫科斯（*Simon Kukes*）。尤金在這份申請中指出，美國紐約州法庭對俄「秋明」石油公司的領導人進行調查，這其中就包括謝梅-庫科斯。正是尤金號召俄羅斯總檢察院開始調查尤科斯石油公司和「緬納傑普」公司一案，並最終促成俄檢察院逮捕「緬納傑普」

銀行總裁普拉托-列別傑夫（*Platon Lebedev*）和「尤科斯」石油公司前總裁米哈伊爾-霍多爾科夫斯基。在「秋明」（*Tyumen, TNK*）石油公司與英國的***BP***公司合併前，庫科斯此前曾擔任過該公司的總裁。[105]庫科斯除了有豐富的工作經驗外，其最大的優勢就是，他是一個美國人。加拿大***Norex Petroleum***公司曾向紐約州法院提出訴訟，指控庫科斯和「阿爾法-格魯普」公司及「秋明」石油公司的一些官員在合併俄羅斯「尤爾加」石油公司時曾進行賄賂和參與洗錢。總檢察院後來在新西伯利亞市機場逮捕了俄第一大富豪、尤科斯石油公司總裁霍多爾科夫斯基，並指控他非法攫取資金和逃稅，給國家造成十億美元的損失。

♦ **盧克（俄羅斯最大石油企業）（*Lukoil；Neftanaya kompaniya "LUKOYL"；Нефтяная компания "ЛУКойл"*）與美國康菲石油（*Conoco/Phillips*）併購案範例**

　　由於尤科斯石油公司的「遜位」，俄羅斯國營石油公司成為－俄羅斯最大的石油生產商盧克石油公司（*Lukoil；Neftanaya kompaniya "LUKOYL"；Нефтяная компания "ЛУКойл"*）的強大競爭對手。盧克石油是與尤科斯相匹敵的石油巨霸，業已取代尤科斯的位置，成為市場資本最大的俄國公司。總部設在俄羅斯的*Lukoil*是全球第二大私人石油公司，僅次於埃克森美孚（Exxon Mobile）石油集團。*Lukoil*生產全球百分之二的石油並控制著世界百分之一點三的儲油。

　　二〇〇二年，美國兩大石油公司，即大陸石油公司（*Conoco*）

---

[105] USA Inquires for Political Aspects of the Yukos Scanda，07/12/2003, "PRAVDA.Ru"., http://english.pravda.ru/main/18/88/351/10476_yukos.html

和菲利普斯石油公司（*Phillips Petroleum*）宣佈合併成立一家整合性的國際能源公司——美國康菲石油（*ConocoPhillips*）。二〇〇四年七月，美國康菲石油公司（*ConocoPhillips*）的執行總裁詹姆斯—牟瓦（*James Mulva*）與俄國總統普京和盧克石油執行總裁瓦基特—阿力克普盧夫（*Vagit Alekperov*）會面商討交易。

該鉅型企業籌畫搶購*OAO Lukoil Holdings*（*LKOH.RS*）至少二十億美金的股份；出售順利，這是自尤科斯事件開始以來，西方公司對俄國的最大支持表示。

奠基於國際關係的解析上，向美國康菲石油公司售賣盧克石油股份不但能夠加強俄美經濟關係，如果康菲石油公司能夠搶先法國道達爾億而富（*TotalFinaElf*）等外國競爭對手拿到俄國的石油財富，美國政府更沒有理由不樂見其成。排名美國第三大能源公司的康菲石油，是於二〇〇四九月二十九日在莫斯科的俄羅斯財產基金會上以十九億八千八百萬美元買下路克石油的7.59%股權，並且在三年內要逐漸提高股權到20%的上限。這也是俄國國營企業民營化以來，金額最高的一次交易。而康菲與路克合作案是英國石油（*BP*）以七十億美元併購俄羅斯*TNK*石油後，最大筆的外資投資案。

實際上早於二〇〇四年六月二十四日，俄羅斯尤科斯石油公司的管理高階的撤換與僭替即可觀察出國有控轄暨外資導入的徵狀。

為因應危機召開年度股東大會，最終確定了該公司由十一人組成的新任理事會。俄羅斯前中央銀行行長、國家杜馬委員維克托—格拉申科（*Viktor Vladimirovich Gerashchenko*）當選尤科斯石油公司理事會主席，尤科斯—莫斯科石油公司總裁斯基維—邁克—基基（*Steven Michael Theede*）被任命為公司董事會主席，僭替

前主席謝蒙—庫克斯（*Simon Kukes*）。[106] 新任理事會成員包含
*Halliburton Energy Services*公司總裁埃特加爾—奧爾基茲。[107]

　　格拉申科於二〇〇二年卸任俄羅斯央行行長，他是俄羅斯國
家杜馬斯「祖國」聯盟的重要人物，有著深厚的政府關係。基基
在進入尤科斯石油公司前曾擔任*ConocoPhillips*公司歐洲、俄羅斯
和里海地區勘探和開採部經理。與庫克斯不同的是，基基可以專
門從事該公司石油生產方面的問題，並且可以幫助該公司度過這
一危難時刻。

　　美國康菲石油公司企業籌畫開發*Lukoil*位於俄羅斯歐洲部分
季曼嶺—伯朝拉（*Timan-Pechora*）地區的油氣儲備。此外，*Lukoil*
亦爭取使其開發世界最大的油田之一——伊拉克西古爾納（*West
Qurna*）油田有爭議的合同生效。

　　一九九七年，*Lukoil*的執行長*Vagit Alekperov*簽下價值三十五
億，時間長達二十三年的合約，要薩達姆·侯賽因從伊拉克西部
的*Qurna*油田抽取五十億桶原油（伊拉克在蘇維埃政府時期欠莫
斯科政府八十億美元的債務。）同年，中國（中共政權）石油總
公司簽署開發*Adhab*油田與北*Rumailah*水庫的合約。法國的
*TotalFinaElf*也簽署合約開發*Nahr bin Umar*和*Majnoon*油田，內含
兩百億桶原油。

---

[106] http://www.yukos.com/New_IR/Board_of_Directors.asp

[107] 哈里伯頓能源服務集團（Halliburton Energy Services Group）是美國從事
油田服務和油田設備銷售的大型跨國公司，總部位於美國德州的休士
頓，在全球一百多個國家有8萬5千多名員工，為一百多個國家的國家石
油公司、跨國石油公司和服務公司進行鑽井、完井設備、井下和地面各
種生產設備、油田建造、地層評價和增產服務等等。該公司壟斷了美國
對伊戰爭後所有的油田重建工程，最重要的是，美國副總統錢尼（Dick
Cheney）正是這家公司的董事長。

伊拉克的油田（佔全世界供油的百分之十一）曾經受到*Shell*, *BP*, *Exxon*, *Mobil*和*CFP*（法國國家公司）的控制。擁有一千億桶原油的伊拉克石油公司（*IPC*），是在*Exxon*, *Mobil*（兩家皆為美國公司），*Shell*和*BP*（兩家皆為英國公司）的旗下。一九七二年，*IPC*成為國有公司。伊拉克國家石油公司（*INOC*）證實有一千一百二十五億桶原油的儲油量。

第六節　全球局勢動盪的競爭效應

安全體系動盪的影響，對跨國鉅型企業的併購投資活動尤有相當程度的效應，諸如：恐怖主義攻擊活動、國際經濟不振等皆屬之。九一一事件後，若干大型交易立刻擱置，部分甚至已經撤銷。可見企業體跨國併購投資（*Merger & Anquaintion Investment*）與國際安全體系動盪的影響攸戚相關。

二〇〇一年九一一事件攻擊爆發的三天後，九月十四日西班牙*Telefoni-ca Moviles*電信即退出收購巴西行動電話業者*CRT*公司的談判，該交易價值九億兩千三百萬美元。九月廿三日法國傳播集團*Havas Ad-vertising SA*也撤銷收購英國坦帕斯集團（*Tempus Group*）的計畫，這項交易原本價值六億美元。聯合國貿易與發展會議（*UNCTAD*）主席李庫培若（*Secretary- General, Rubens Ricupero*）[108] 拒絕猜測當年國際投資的最後數字，而最大的不確定因素仍舊是投資人的態度。他說：「大部分的外資屬於長期投資，投資人對風險的承受度，通常會在政治極端不穩定時降低。

---

[108] Secretary-General: Mr. Rubens Ricupero（Brazil）; Deputy Secretary-General: Mr. Carlos Fortin（Chile）。

就連暗示戰爭的字眼，都會製造不安。」因此九一一事件的衝擊，將使得已經相當嚴酷的情勢雪上加霜。在美國九一一恐怖攻擊中，恐怖份子挾持民航客機當做攻擊武器，對原本就脆弱不堪的航空產業形成致命衝擊，現在唯有鉅型企業才能生存。

國際航空運輸協會（*IATA*）表示，九一一慘案發生後，全球航空業者的損失已高達一百二十億美元，表現最差的航空公司將面臨關閉命運。美國六大航空公司業宣佈裁員九萬人，而且表示航班將縮減二〇%。美國總統布希雖然承諾提供航空業者一百八十億美元融資援助，但全美第二大的聯合航空公司（*UA*）表示，政府援助計劃無法彌補該公司的鉅額虧損。

歐洲聯盟執行委員會也解除歐盟各國對航空業者補助的限制，但僅限於補助九一一慘案發生後的虧損。歐洲航空產業協會（*European Association of Airlines*）當時預測，二〇〇一年歐洲航空公司營業額將比二〇〇〇年萎縮卅六億歐元（約卅二億美元）。歐洲聯盟執委會副主席，身兼能源與運輸總署事務委員的戴帕拉希歐（*Loyola de Palacio*）女士當時即評估只有四到五家歐洲航空公司足堪繼續經營國際航線。

瑞士航空宣告破產後，比利時*Sabena*航空也搖搖欲墜，所有加入歐洲飛航聯營網*Qualiflyer*的航空公司均備受威脅。同屬*Qualiflyer*聯盟的航空公司，包括法國的*AirLib*、波蘭的波蘭航空（*LOT Polish Airlines*）、葡萄牙的*Tap Air Portugal*與義大利的飛翔航空（*Volare*）。德國航空公司（*Lufthansa*）已經表明，無意併購營運困難的同業，因為這種做法會使危機擴大。[109]

---

[109] 跨國併購投資的政治風險（political risk）參照：Herring, Richard J., ed.Managing International Risk, （Cambridge: Cambridge University Press1983）; Kobrin,

Stephen J, 'Political Risk: A Review and Reconsideration', Journal ofInternational Business Studies, 2, p. 74-,1979.Monti-Belkaoui, Janice and Ahmed Monti-Belkaoui, The Nature, Estimation and Management of Political Risk, （Westport, CT: Quorum Book. 1998）http://www.acad.polyu.edu.hk/ ~mspeter/schedule.htm. country risk analysis: http://www.duke.edu/~charvey/ Country_risk/couindex.htm.

第三章

全球金融企業併購的策略運籌與政治運作

　　自一九九一年波斯灣戰爭以來，國際投資歷經十年的快速活絡擴展：主要動力來自於跨國購併（ *Cross-border Merger & Acquisition* ）和創業投資盛行。一九九五年，全球跨國購併總額占全球跨國直接投資總額的百分之六十九點七，而到一九九九年就增至百分之八十三點二。[1]

　　二〇〇五年七月，在倫敦爆炸案引發全球安全關注之後，亞洲主要股市相對於歐洲股市呈現上漲行情。由於投資者認為倫敦爆炸案對全球經濟前景的影響有限，美國股市已收復早些時候下挫的股指。道瓊斯工業平均指數和納斯達克綜合指數都上漲零點三個百分點。*Jujiya Securities*公司總經理*Masayoshi Okamoto*說：「投資者當中的擔心和不安的情緒很強烈，但這些情緒不會轉變成股價。畢竟華爾街在休市時未作出太大反應。對於日本來說，這只是在一個很遙遠國家發生的事件。」在亞洲股市的早間交易中，東京日經平均指數上漲0.19%，漢城股市綜合指數也上漲0.12%。印度股市七月對倫敦爆炸事件作出強烈反響，孟買證券證券交易所的*SENSEX*指數下挫了兩個百分點。包括東京股市在內

---

[1]　Eric Helleiner, "State power and the regulation of illicit activity in global finance" in H. Richard Friman and Peter Andreas （eds.）. The Illicit Global Economy and State Power, Lanham: Rowman and Littlefield, 1999, pp. 53-90

的其他亞洲主要市場在襲擊發生時已休市。

　　對倫敦公共交通系統的攻擊使歐洲金融市場出現劇烈震動，股票縮水額達數百億歐元，並使英國股指出現了一年來最大的下挫。金融時報指數100指數下跌了1.36%。油價在襲擊事件發生後下跌六個百分點，至休市之前的下跌幅度已不足一個百分點。美國輕原油的價格在亞洲市場的交易額下降零點五個百分點。金價在爆炸事件發生後一度上沖至每盎司428.50英鎊，但在紐約市場的後期交易中下滑至423.75至423.50英鎊。英鎊對美元的匯率近十九個月的最低點，英鎊對美元的匯率曾大幅下挫。在爆炸發生後，美元對其他主要貨幣的匯率也出現下挫，但隨著投資者的注意力轉向將於晚些公佈的美國雇傭資訊，美元對其他主要的匯率又呈回升走勢。

　　在美洲部分，二〇〇五年一月三日，美國全國證券交易商協會（*National Association of Securities Dealers*）則完成將美國證券交易所（*American Stock Exchange*，下稱"美交所"）出售給交易所會員的交易。美交所的會員是在私人資本公司*GTCRGolderRaunerLLC*達1.1億美元收購失敗後投票決定接手該交易所的。此項交易的結束具有重要的戰略意義，它使美交所重新成為獨立的機構。該交易所董事長兼*CEO Sal-vatoreF.Sodano*在聲明中表示，作為一個獨立的機構，美交所可以更好的把握市場的機遇和面對挑戰。

　　納斯達克在一九九八年曾收購了美交所，並曾計劃利用交易其他交易所的產品來取得成功，但換來的卻是美國證券交易委員會（*SEC*）的調查。二〇〇四年年十一月，美交所稱交易所三名高管，包括*Sodano*、總裁*Peter Quick*及執行副總裁兼總法律顧問*Michael J. Ryan Jr.*收到了*SEC*的涉及對該交易所處理期權指令的方法的調查通知。

「納斯達克的一系列決定嚴重地危害了交易所的利益」，*AGS SpecialistPartners*的高級合夥人*AndrewSchwarz*表示，「我們希望擁有我們自己的董事會和管理團隊」。美交所將選出由十五人組成的理事會，其中包括九名獨立理事及六名證券業內人士，然後由他們決定管理層人選。根據協定內容，全國證券交易商協會同意對美交所所欠的五千萬美元貸款進行重組。若美交所在一年內償還一半貸款，則餘下貸款將予以沖銷；或者，美交所在貸款二○一一年到期時全額償還本息。

美交所是美國的第三大交易所，一向被認為是紐約證交所的過渡市場。像石油公司艾克森*Exxon*和通用汽車*General Motors*都是在這裏成長為大企業後，才再到紐約證交所上市的。美交所還是美國唯一一家為所有種類的股票、期權、交易所交易基金（*ETFs*）包括結構投資產品和*HOL-DRSSM*（*Holding Company Depositary Receipts SM*）提供交易的交易所。同時美交所也是最大的期權交易市場，除了國內外股票之外，還涉及寬基指數與類群指數的期權交易。根據交易所網站最新資料顯示，在該交易所*ETF*的總市值達到二千億美元。美交所交易著美國16%的股票的股指期貨，四個年度前這個數位為28%，市場份額喪失的主要原因為該所電子交易系統的落後。在美國，規模相對較小的美交所一直以來都是併購的目標。除了納斯達克，紐約證交所和美國芝加哥期權交易所（*CBOE*）也曾提出與美交所合併。

二○○五年六月二日，布希總統則是同意了美國聯邦證券與交易委員會（*SEC*）主席威廉・唐納森（*William Donaldson*）的辭職請求。在二○○二年，在美國投資者和公眾輿論對公司醜聞的譴責聲中，二○○二年十一月五日，*SEC*主席哈維・皮特（*Harvey L. Pitt*）因被指責治理證券市場不力和在任命韋伯斯特為上市公司

會計監督委員會主席一事中隱瞞真相，被迫辭去SEC主席之職，唐納森被布希總統提名為SEC主席。恩隆和世界通訊公司對投資者的欺詐事件揭發後，美國投資者和公眾輿論將目標直接指向聯邦市場監管。所以，唐納森上任的第一件事就是恢復美國投資者對市場的信心。華爾街人士普遍認為，唐納森在市場監管上是一強勢人物。上任不久，唐納森就開始雷厲風行地整頓美國金融市場。首先，對違規公司進行嚴肅處理。唐納森二○○三年二月正式履新。四月，SEC就對華爾街十家投資銀行的違規行為罰款十四億美元，將美林證券Blodget等華爾街重量級分析師懲處。十月，SEC對美國基金市場展開調查整頓，包括帕特南投資公司在內的多家共同基金和對沖基金接受調查。二○○五年三月，SEC對紐約證交所七家最大的證券經紀公司的違規交易處罰，督促支付達二億五千萬美元的代價。唐納森不僅得罪了華爾街投資銀行和美國大公司，也惹惱了某些政界人物。美國財政部長斯諾對他的改革就頗有微詞，認為過分嚴厲的市場監管反而會扼殺美國商業活力，美聯儲主席格林斯潘則對唐納森加強對沖基金管制的做法不以為然。

事實上，美國市場監管日益嚴峻，是因為二○○二年夏通過的《薩班斯—奧克萊法》（*Sarbanes-Oxley Act of 2002*），在法律環境、美國投資者和公眾輿論壓力，唐納森別無選擇。

SEC 主席
哈維·皮特（*Harvey L. Pitt*）

威廉‧唐納森（*William Donaldson*）[2]

　　對基金市場監管，特別是將對沖基金納入*SEC*監管，很可能變得更加困難。華爾街流行一種看法，認為美國過去二年半的市場嚴管政策可能發生轉變，投資者又擔心自己的利益失去有效保護。美國最高法院推翻大陪審團對安達信公司的刑事指控，美國司法界、商界和投資者團體圍繞著如何維護自己利益的鬥爭一直激烈。所以，唐納森辭職使美國市場監管政策處在一個轉捩點：美國是需要維護市場信譽和純潔性，還是在自由企業思想下維護公司的利益，或在這兩者之間找到一種平衡？

　　而歐洲，銀行業原本最大的跨境併購乃是西班牙國家銀行（*Banco Santander Central*）以八十億英鎊（約合一百四十九億二千萬美元）收購英國*Abbey National PLC*。此外還有丹麥最大的銀

---

[2]　白宮新聞 http://www.whitehouse.gov/news/releases/2002/12/images/20021210-5_wmdonaldsonweb-515h.html

行丹麥銀行（*Danske Bank*）於二〇〇四年十二月以十九億美元收購澳洲國民銀行（*National Australia Bank Ltd.*）旗下北方銀行以及愛爾蘭國民銀行。荷蘭銀行控股公司（*ABNAMRO Holding NV*）以七十五億美元收購了義大利*Banca Anton veneta SpA*銀行；而西班牙畢爾巴鄂比斯開國有銀行集團（*Banco Bilbao Vizcaya Argentaria SA*,簡稱*BBVA*）更提出以價值六十四億四千萬歐元（82.9億0.美元）的股票收購義大利國家勞工銀行（*Banca Nazionale del Lavoro SpA*，簡稱*BNL*）。而進入中東歐市場最大的幾家外資銀行分別是比利時的*KBC*銀行、奧地利埃斯特銀行、奧地利信貸銀行和義大利聯合信貸銀行等。

義大利最大銀行聯合信貸銀行—*Unicredito Italiano SpA*於二〇〇五年以一百五十四億歐元收購德國第二大銀行裕寶銀行（*HVB Group AG*），這次收購刷新西班牙桑坦德銀行90億英鎊收購英國阿比國民銀行的紀錄，成為歐洲銀行業迄今為止金額最大的一宗跨國併購交易。

但相互對應地是併購範例中之人謀不臧。義大利中央銀行總裁法齊歐（*Antonio Fazio*）涉嫌幕後操縱兩起義大利銀行併購案，在反對派全面譴責與執政聯盟對二〇〇六年大選考量下中央銀行總裁面臨去職的壓力日增。另此併購案例涉及利益輸送、股票內線交易及以不當手段逼退外商等疑案，亦引起輿論大譁。媒體陸續披露檢察官側露法齊歐與義大利人民銀行執行長費歐拉尼之間的對話，示意中央銀行將批准此一併購申請。該調查顯示並揭露義大利中央銀行及法齊歐如何運用其法定權力，法齊歐被指利用職權阻止荷蘭*ABN AMRO*銀行併購義大利排名第八的安東維內達銀行（*Banca Antonveneta*）及西班牙巴斯克聖坦戴爾銀行（*BBVA*）併購國家勞工銀行（*Banca Nazionale del Lavoro*）的意圖，並安排

規模較小的義大利人民銀行（*Banca Populare Italiana*）及*Unipol*保險公司分別併購安東維內達銀行與國家勞工銀行。

　　義大利財經部長辛尼斯卡勒柯（*Domenico Siniscalco*）就在內閣會議中發言，認為政府應明快處理此事，因為這涉及義大利央行及國家的信譽。社會福利部長馬洛尼（*Roberto Maroni*）認為政府不應介入中央銀行的運作。副總理芬尼（*Gianfranco Fini*）認為中央銀行總裁改採任期制為佳。改革部長卡德洛裡（*Roberto Calderoli*）表示全力支持法齊歐，認為他只是因阻擋某些人的財路而遭忌，不應辭職。法齊歐自己在二〇〇五年八月二十六日舉行的國際儲蓄信託委員會會議中則表明，自己所做所為均符合職務上的法定授權，沒有瀆職，也未損害國家及銀行的信譽。他的去留會於九月二日之內閣會議決定。總理貝魯斯柯尼（*Silvio Berlusconi*）迄未對此事清楚表態，僅表示支持立法管制電話監聽及加重洩秘者的懲處。但根據義大利媒體披露，貝魯斯柯尼與反對派領袖已密商解決問題之道，包括修法將中央銀行總裁職務改為任期制或限定總裁年齡不得高於七十歲等方案，好讓現年六十九歲，已在任達十二年多的法齊歐一個下臺階。

　　二〇〇五年一月十日，渣打銀行擊敗滙豐銀行，以3.5萬億韓元約合三十三億美元的報價成功併購韓國第八大的韓國第一銀行。同年二月十八日，日本三菱東京金融集團與日聯銀行更達臻依總金額約3.99萬億日元（合三百八十億美元）的合併協定，合併後1.8萬億美元的資產將使其成為全球資產規模最大的銀行霸業集團。

第一節　全球資本與金融市場的競爭體系

　　本研究奠基於*Thomas Risse-Kappen*在《將跨國關係帶回來》（*Bringing Transnational Relations Back In：Non-State Actors, Domestic Structures and International Institutions*）中的論證加以修改。*Thomas Risse-Kappen*的論證是：（1）世界政治中的跨國關係重要性且缺少跨國活動將無從探討國際間結構演變。（2）治理的制度性結構－包括國內與國際－居中斡旋著並影響跨國行為者政策。「國家世界」與「社會世界」相互需要。（*Ernst –Otto Czempiel, 1996*）[3]（3）將國內與國際結構皆視為主要影響跨國行為者決策之變數，則其解釋效力遠超過於國際間權力結構、國家間議價、國內政治、議題領域及行為者屬性。[4] 而不同類型的跨國行為者將以不同方式影響政策。[5] 本文研究目的即在於將就上述論證加以衍伸，但不同處在於導入較「國際體系」更高的「全球體系」以作為分析跨國併購投資的分析層次。

　　本研究認為：此際唯有金融市場的併購整合始能體現全球體

---

[3]　參照Czempiel, Ernst-Otto, ' Internationale Beziehungen: Begriff, Gegenstand und Forschungsabsicht, in',Knapp, Manfred/ Krell, Gert （Hrsg.）: Einführung in die Internationale Politik, München 1996, S.2-26 參照德國科隆大學 Forschungsinstitut für Politische Wissenschaft und Europäische Fragen der Universität zu Köln Seminar für Politische Wissenschaft der Universität zu Köln 政治經濟學教授 Lehrstuhl für Internationale Politik und Außenpolitik , Seminar für Politikwissenschaft, Professor Dr. Thomas Jäger 網址 http://www.politik.uni-koeln.de/jaeger/pruefungshinweise/bwl/ 。

[4]　Thomas Risse-Kappen 在《將跨國關係帶回來》（Bringing Transnational Relations Back In：Non-State Actors, Domestic Structures and International Institutions）p.311

[5]　op cit.p.307

系的層級。因為作為「金融市場」運作的「界面」「機制」
（*System/Structure/Agency*中介），已超越傳統的「企業」（*Unit/Agent*
單元）觀念。

　　美國於金融購併案減少後，亞洲及歐洲國家加速進行。亞洲
國家如泰國、印尼、新加坡、韓國等在金融風暴後，政府為重整
金融機構而鼓勵銀行合併，尤其是馬來西亞總理馬哈迪最為強
烈，主張強制將國內五十四家銀行整合成十家。在歐洲部分：瑞
典證交所與期交所*OM*合併案，及哥本哈根證交所連盟案（稱
NOREX）皆有相當進展，瑞典斯德哥爾摩證交所與期交所*OM*與
丹麥哥本哈根證交所整合成功的因素主要在於丹麥願意放棄自己
的交易系統，全部以瑞典證交所的*SAX*系統為主。因此屆時丹麥
交易所會員需與瑞典的證券交易所連線，始能交易丹麥的股票。
另外有德國衍生商品市場*DTB*與瑞士*SOFFEX*合併為*Eurex*案，
*Eurex*與*MATIF*及與*CBOT*結盟案，德國證券市場尋求與英國證券
交易所連盟案等。

　　而美國一九九九年十一月的新金融法中，允許銀行、證券公
司（投資銀行）與保險公司的跨業經營後，歐洲金融集團紛紛將
觸角伸至美國。然而並非所有的購併案均能成功，德國德意志銀
行與德利銀行即是失敗的例子之一。此外，為因應全球金融市場
的整合，證交所與外匯經紀商亦進行合併或成立子公司。日本銀
行為重返世界銀行之列，除積極改善管理、收入結構，亦透過合
併、關閉分行、裁員等方式節省開支。首先登場的是第一勸業銀
行、富士銀行與興業銀行於一九九九年八月宣佈合併，成立全球
第一大的「瑞穗銀行集團」（*Mizuho Financial Group*），資產總額
為一百三十四兆四千億日圓。櫻花銀行與住友銀行也於一九九九
年十月宣布合併，成立「住友三井銀行集團」（*Sumitomo Mitsui*

Financial Group），合併後資產總額為九十七兆六千億日圓，成為全球第二大銀行團。一九九九年三月十四日，日本三和銀行宣布與東海銀行、東洋信託銀行合併，成立「日本聯合金融集團」（*United Financial of Japan*），合併後資產總額為八十二兆六千億日圓，成為日本第四大、全球第六大銀行。

第二節　主要證券期貨外匯市場經紀商的併購

　　經紀商屬於企業體。除銀行間及銀行與證券、保險公司的購併案外，證交所與外匯經紀商亦進行合併、策略聯盟或成立子公司。法蘭克福德意志證交所（*Deutsche Börse*）董事長在二○○○年七月十七日宣布與倫敦證交所合併成立國際證券交易所（*iX*）的作業已準備就緒，並且可促成與美國那斯達克（*Nasdaq*）全面合併，成立一個全球性的股票交易所。然合併案在九月十四日遭倫敦證交所股東投票反對而宣告終止。

　　美國那斯達克證交所則於日本與加拿大分設子公司。其中日本子公司係與日本軟體銀行合作，成交量因受日本景氣不佳、股價下挫的影響而無法擴大。此外，二○○○年十月二十五日大通、花旗與德意志銀行與路透社集團聯手成立線上外匯公司*Atriax*。*Atriax*結合五十家銀行與二十五家企業，預計在全球一兆五千億美元的外匯交易中佔有50%的交易，此外亦提供外匯研究與外匯資訊，預計提供一百種貨幣以上的交易。

　　值得注意的是：證券市場有別於期貨市場之制度，其中之一在於上市規定。證券欲交易之前需上市或上櫃，而每個國家的上市標準之寬鬆與上市程序也不同。而期貨商品是一標準化合約，只要商品一經主管機關核准即可掛牌交易，之後的價格變化即由

市場決定。然上市股票上市交易後，雖然價格由市場決定，可是
仍需持續對上市公司加以監管。基於證券相對於期貨並非一標準
化商品，因此就結盟國而言，需要對可連線交易之證券設定標準，
並不希望所有上市股票皆可供其交易，這也是為什麼英德兩國證
交所洽談結盟時，僅打算透過子公司之方式交易三百支經篩選的
藍籌股，而非所有個股。而這也是衍生性商品期權市場的結盟較
一般證券市場來得頻繁的原因。

　　法國對併購與收購上市公司的管理監督機構設置有金融管理
局（*Conseil des Marchés Financiers, CMF*）和證券交易委員會
（*Commission des Opération de Bourse, COB*）。金融市場委員會成
立於一九九六年，是在原證券交易所委員會基礎上成立的；該委
員會由十六名成員組成，是法國交易所規則立法機構。此外，它
還有監督職能，監督範圍幾乎涵蓋證券交易的各個方面，包括給
經紀人簽發證券交易業務卡。

　　證券交易委員會於一九六七年九月成立，其職能類似於美國
的證券交易委員會。委員會主席由政府部長會議委任，任期六年，
具有獨立的地位。其他八名成員的任期為四年，其中六人分別由
最高行政法院、最高法院、審計院、法蘭西銀行等部門委派，餘
下的兩個人選由前六名成員與主席推選產生。委員會的主要任務
是監督證券交易依法進行，並對作弊現象進行檢查、審理和處罰，
審核有關的證券資訊發佈的真實與可靠性，批准或取消證券的上
市及各類基金的經營。

　　二○○一年二月，法國經財部宣佈將「金融管理局」（*Conseil
des Marchés Financiers, CMF*）和「證券暨期貨管理交易委員會」
（*Commission des Opération de Bourse, COB*）合併，加上「金融管
理紀律委員會」（*Conseil de Discipline de la Gestion Financiere,*

CDGF）三家機構組成「金融市場管理局」（*Autorité des Marchés Financiers, AMF*）。二〇〇三年八月一日，法國頒佈第2003-706號法令，確定新組建的機構為法國金融安全管理的最高權力執行機構。

　　另外也可以用跨國證券交易來衡量全球資本市場整合的程度，在一九七五年，主要先進國家的跨國債券及股票交易皆少於其GDP的5%，但是，到一九九七年則增加到GDP的一倍到七倍不等。此外，一九九七年美國與外國投資人間的證券交易金額達十七兆美元。而在歐洲，外人參與證券市場的程度，較美、日又更深，此與位於歐盟各國內的金融機構所為之股票交易有一半以上是跨國境交易關係。

　　此整合態勢中最顯著的例證即是：全球股票市場（GEM）計畫的研擬協議。紐約、東京、阿姆斯特丹、布魯塞爾、巴黎、澳洲、香港、多倫多、墨西哥、聖保羅等十家證券交易所於二〇〇〇年六月宣佈成立一全球股票市場（*Global Equity Market, GEM*），參與之證交所涵蓋亞太、歐洲及美洲等三個時區之主要股票證券市場，以提供全球投資者得以廿四小時交易全球各地股票機制，並提高股票流動性及價格發現功能，其上市市值逾20兆美元，約占全球證券市場總市值60%。[6] 全球股票市場（GEM）計畫，仍在商談階段，沒有具體細節。惟GEM計畫仍有許多待解決的障礙如

---

[6] '10 Exchanges to Form Global Stock Market'. http://www.endtimeinfo.net/government/globalstockmarket.html , Sadakazu Osaki, head of the capital market research department at Nomura Research Institute in Tokyo described the plan as ``epoch-making.'' ``This （plan） would eventually divide global stock exchanges into two powers -- one led by the iX, Nasdaq group and the other by Euronext, NYSE, TSE and others,'' Osaki added. Martin Korbmacher, co-head of Global Equities at Dresdner Kleinwort Benson said making the GEM plan work would be tough.

十個國家及證交所都各有交易、稅制、會計等規則及行之已久的交易方式重大難題。

表3-1　主要國家跨國債券及股票交易佔GDP之比例（％）

	1975	1980	1985	1989	1990	1991	1992	1993	1994	1995	1996	1997
美國	4	9	35	101	89	96	107	129	131	135	160	213
日本	2	8	62	156	119	92	72	78	60	65	79	96
德國	5	7	33	66	57	55	85	170	158	172	199	253
法國	...	5	21	52	54	79	122	187	197	187	258	313
義大利	1	1	4	18	27	60	92	192	207	253	470	672
加拿大	3	9	27	55	65	83	114	153	208	189	251	358

資料來源：國際清算銀行（BIS, Bank for International Settlements）

表3-2　全球主要證券交易所的併購與結盟

交易所	購併與結盟
紐約證券交易所	・研究與東京證券交易所策略聯盟
Nasdaq 市場	・1998 年與美國證交所、費城證交所合併 ・1999 年 6 月與澳洲證交所策略聯盟 ・1999 年 6 月與日本軟體銀行合組 JASDAQ（後來撤除） ・2001 年併購 EASDAQ 成立 NASDAQ EUROPE
多倫多證券交易所	・研究與溫哥華交易所進行服務與產品重組
德國交易所	・1994 年與德國期貨交易所、德國清算公司合併 ・1998 年與瑞士衍生交易所合併成立 EUREX ・1998 年與倫敦證交所建立策略聯盟 ・計劃與紐約商品交易所共同建立德國能源交易所
SBP 巴黎交易所	・1998 年 SBF 集團接管法國 4 家交易所和 3 家結算機構 ・1999 年將現貨及衍生商品服務納入巴黎證交所 ・1999 年與芝加哥商品交易所、新加坡國際金融交易所訂立電子交易聯盟協議
斯德哥爾摩證券交易所	・1998 年與瑞典衍生商品交易所合併 ・與哥本哈根、奧斯陸、赫爾辛基交易所共同成立北歐交

	易所
東京證券交易所	・接管廣島、新瀉兩家地區性交易所 ・研究與紐約證券交易所策略聯盟
澳洲證券交易所	・1999 年與雪梨期貨交易所簽訂合併協議 ・1999 年與 *Nasdaq* 建立策略聯盟
新加坡證券交易所	・1999 年底與新加坡國際金融交易所合併
香港聯合交易所	・1998 年與 *Nasdaq* 市場建立聯合網頁，研究相互掛牌可行性 ・與香港期貨交易所、香港結算所合併成立新公司

資料來源：自行整理及參照＜中華民國證券商業同業公會＞國外證券機構
http://www.csa.org.tw/CSA4/CSA4-1.htm

第三節　金融市場併購運籌中談判策略的案例探討

英國倫敦、法國巴黎與德國法蘭克福互爭歐洲金融市場霸主的戰爭由來已久，彼此既競爭又聯盟，權謀運籌盡出。[7] 而歐洲、亞洲金融版圖重整中更常有美國財經勢力基於全球佈局考量的投資與撤資、控股與釋股。

自一九八六年英國實施「金融大爆炸」的改革措施，固定傭

---

[7] 競爭關係可參照"Battle of Europe's Bourses: It's Frankfurt vs. Paris for top dog in the eurozone", 2002-10-28, http://www.businessweek.com/magazine/content/02_43/b3805148.htm；歐洲證券暨衍生性商品期權市場聯盟合作以組合單一市場抗衡美國金融市場的網絡可參照："Europe Seeks Single Capital Market Equal to U.S." Managing Europe's New Money,Special Report - Spring 2002. http://www.europeanaffairs.org/archive/2002_spring/2002_spring_70.php4；進階參考文章參照：歐洲證券交易協會主席Andrew Beeson（Chairman, European Association of Securities Dealers （EASD）講辭以及歐洲證券交易聯會總裁暨新泛歐證券市場Euronext執行長穆樂 George Möller（President of the Federation of European Securities Exchanges （FESE）and Chief Operating Officer of Euronext）講綱。http://www.wmrc.com/businessbriefing/pdf/Globalbanking2001/Book%20Section/Beeson.pdf

金的取消和其他交易費用的下降導致英國商業銀行紛紛被歐美金融巨霸收購：一九八九年，德意志銀行（*Deutsche Bank*）兼併摩根建富（*Morgan Grenfell*）；一九九二年，*Hoare Govett*被荷蘭銀行集團收購；一九九五年，華寶證券（*S.G.Warburg*）投向瑞士銀行公司（*Swiss Bank Corp.*）。

一、歷史因素

歐洲證券市場的巨大發展應部分歸功於對發行債券的免於徵稅。在債券發行時，每個發行者（即借貸者）一般都會公佈一份說明書，在說明書上指明付款代理商（一般是負責支付本息的銀行）和債券保管者。這些付款代理商一般都集中在倫敦或盧森堡。起初，歐洲債券的購買者中很大一部分是由比利時、荷蘭和盧森堡關稅聯盟以及瑞士和德國中的追求免稅收入的個人，但不久，一些機構單位也對這種債券發生了興趣，從而促進了這種債券市場的發展。這些業務活動中的很大一部分是在倫敦進行的，所以倫敦反對歐洲的債券收入扣除計劃是可以理解的。這是因為，實行這一計劃不但會增加管理費用，而且還有可能使這些業務活動的地點轉移到歐洲以外的地方。此乃歷史因素之於歐洲金融市場的影響效應。

二、地理因素

不過因為地緣因素中的歧異於股票額中比市場資本估算更能體現，也因此試圖促成金融一體化的機制往往多舛。[8] 歐盟金融

---

8   Benjamin Beasley-Murray," Europe's Bourses Dance in Slow Motion : Consolidation continues to raise its head, but few can predict how the exchange

市場原有的三十二個證券暨期貨交易所值得指出的是，相殊異的態樣如：英國倫敦證交所交易規模龐大，主要因素是國外交易額度較大（參照圖3-1）；而工業股票的交叉持股即占德國股票所有權的40%；相對應地，在義大利，70%的股票交易委託進入銀行的內部交易網絡，其餘部分才進入米蘭交易所。（*Dudley 1997,82；Hayes & Hubbard 1990,72；Lindsey & Schaede 1992,49；Sington 1990,212-282；Szego 1992,304*）。

圖3-1　國際金融市場組成比例分析

International financial markets

% share	UK	US	Japan	France	Germany	Others
Cross-border bank lending (September 2001)	20	9	11	6	10	44
Foreign equities turnover (2000)	48	36	.	.	6	10
Foreign exchange dealing (April 2001)	31	16	9	3	5	36
Derivatives turnover						
- exchange-traded (2001)	7	35	4	7	15	32
- over-the-counter (April 2001)	36	18	3	9	13	21
Insurance net premium income (1999)						
- marine	19	13	14	5	12	37
- aviation	39	23	4	13	3	18
International bonds (2001)						
- primary market	60	...	...	...	...	...
- secondary market	70	...	...	...	...	...

Trends in London's share of international markets (%)	1989	1992	1995	1998	2000	2001
Cross-border bank lending	17	16	17	20	20	20
Foreign equities turnover	...	64	55	65	48	...
Foreign exchange dealing	25	27	30	32	...	31
Derivatives turnover						
- exchange-traded	5	12	12	11	8	7
- over-the-counter	...	...	27	36	...	36
Insurance net premium income						
- marine	31	29	24	19	...	...
- aviation	37	45	31	31	...	...
International bonds						
- primary market	75	60	...	...	60	60
- secondary market	80	70	70	70	70	70

Sources: Bank for International Settlements, London Stock Exchange and other Exchanges, Bank of England, Systematics International, Lloyd's, International Securities Market Association

資料來源：國際清算銀行（*BIS, Bank for International Settlement*）

---

landscape will look at the end of this year." http://globalf.vwh.net/content/?article_id=331

三、德國*Deutscher Börse AG*與英國*LSE*金融企業併購案例

　　功敗垂成的德國法蘭克福證券交易所（***Deutscher Börse AG***）與英國倫敦證券交易所（***London Stock Exchange, LSE***）合併為「*iX*（*international Exchange*）」之併購計劃案，因瑞典*OM*集團及路透社中途介入的「敵意收購」阻撓而告終。直至近年仍於艱困中持續斡旋併購計畫。

　　歐洲交易所整合乃大勢所趨，倫敦證交所和德國證交所的合併、甚至整個歐洲的交易所的整合可以追溯到二〇〇〇年。當時德國證交所對倫敦證交所提出要約，準備合併組成「『國際交易所』（*IX, International Exchange*）」。雖然該計劃因故夭折，卻促成巴黎、阿姆斯特丹和布魯塞爾證券交易所合併組成了*Euronext*。自此開始，歐洲證券交易所的合併進程啟動。多年來，德國證交所對倫敦證交所的野心覬覦一直是個金融界公開的秘密。併購計劃導致了德交所領導層與大多數股東的分裂。計劃破產後，註冊地為英屬加勒比海開曼群島的*TCI*基金公司作為德交所的第二大股東開始積極醞釀逼退計劃。多數股東擔心德國交易所出價過高影響自己的分紅機會，而*TCI*等大股東代表了大部分股東的想法，即希望德交所把資金用來回購自己的股票，為股東分紅。雖然賽弗特最終也同意這樣的分紅計劃，但是與大股東的內部分裂已經難以彌合。

　　德國法蘭克福證券交易所（*Deutscher Börse AG*）[9] 與英國倫敦證券交易所（*London Stock Exchange，LSE*）[10] 於二〇〇〇年五

---

[9]　http://deutsche-boerse.com/

[10]　http://www.londonstockexchange.com/。英國的倫敦證交所（（LSE）是歐洲第一大證交所。倫敦證交所旗下提供了不同的市場讓掛牌企業有更多

月三日宣佈併購計劃；該泛歐證券交易所由英、德雙方以同等股權參與，命名為「*iX*（*international Exchange*）」，交易系統則採法蘭克福的*Xetra*系統，原先規劃的董事長預定由英國的唐‧克魯克桑科（*Don Cruickshank*；中文名：鄧國帥）出任，總經理則為德國的賽弗特（*Werner G. Seifert*）。[11]

但二〇〇五年五月避險基金逼退德意志交易所公司（*Deutsche Börse AG*）兩大巨頭之後，於舉行年度股東大會時，輪到小股東圍剿這些「變節」的大股東。以倫敦避險基金*TCI*與*Atticus Capital*為首的投資人揭竿而起，迫使德意志交易所公司高層放棄併購倫敦證券交易所（*LSE*），並繼續醞釀在股東會上聯手把董事長賽佛（*Werner Seifert*）轟下臺，逼得賽佛於二〇〇五年五月九日辭去執行長職務。監督委員會主席布魯爾（*Rolf Breuer*）也是受害者，一旦覓得新董事長與執行長人選，年底前也將下臺。

的選擇，除了主要交易市場之外，還有針對小型新興企業設計的AIM（Alternative Investment Market），並於一九九九年十一月月推出以新科技公司為主的techMark。英國最具代表性的股價指數乃由倫敦金融時報所編制，其中英國系列便有金融時報100、250、350指數及上述小型新股為主的FTSE AIM指數和科技股的FTSE techMark 100指數等近十種指數，其中最常用於追蹤英國股市表現的指數是金融時報100指數，該指數乃以1984年1月3日為基期，選取倫敦證交所裡權值最高的100支股票的加權平均編制而成。

[11]　http://www.londonstockexchange.com/newsroom/releases/03-05-00.asp

The chairman of the board of German stock exchange, Deutsche Börse AG, Werner G. Seifert. [12] Don Cruickshank （right）

　　顯然，*TCI*和*Atticus*等來自英、美的大股東已經動員多數的股東站在自己一邊，因此賽佛和布魯爾為了避免被股東投票趕下臺的尷尬，主動挑起白旗，贏得個體面下臺。德交所的人事變動對於德國經濟界來說是一次大地震。目前，德國正在進行一場充滿所謂的「批判資本主義」大辯論，執政的社民黨主席明特菲林批評國際金融集團像蝗蟲一樣在吞噬德國經濟，認為這些國外投資者缺乏社會責任感，為了快速提高股東現金回報而不惜大量毀掉就業崗位。

　　德證交所人事地震對於德國經濟界中的保守人士來說是一個不祥的信號，他們擔心今後還會出現類似的股東造反影響企業穩定的情況。但是也有經濟專家認為，國外金融集團進入德國企業是全球化的必然趨勢，這會推動德國的企業法人治理，並會加強對股東權益的保護。[13]

　　*TCI*與*Atticus*成功攔阻賽佛夢想多年的*LSE*併購計畫，並迫使

---

[12] Opportunity or Risk for Deutsche Börse? http://www.dw-world.de/dw/article/0,1564,1428757,00.html

[13] 德國之聲"www.dw-world.de/chinese

德意志交易所公司把原訂收購用的錢配發給股東，但達到目的後仍趕盡殺絕，非要將賽佛掃地出門不可，令許多德國人大惑不解。懷著疑團未解，散戶投資人打算五月二十五日在股東會上問個清楚：究竟LSE收購計畫大逆轉的策略考量何在？賽佛被逐出門戶又是怎麼回事？更重要的是，德意志交易所公司下一步打算怎麼走？小股東權益代表團體DSW發言人柯茲（*Juergen Kurz*）說：「其他股東現在想明白，公司未來方向是什麼？」TCI（兒童投資基金）已表明，比較希望德意志交易所公司與頭號勁敵泛歐交易所集團（*Euronext*）結合；*Euronext*是巴黎、阿姆斯特丹、布魯塞爾以及里斯本證券交易所的經營者。但基於*Euronext*本身也只對掌控LSE有興趣，*TCI*的提議似乎不大可能實現。

另一大不確定因素是：主管當局正調查*TCI*與*Atticus*的意圖。德國金融市場監管機構聯盟金融服務監管局（*Bundesanstalt für Finanzdienstleistungsaufsicht, BaFin*）二○○五年五月十九日表示，跡象顯示這兩家避險基金為阻撓LSE併購計畫並逐出賽佛，可能已聯手運作五個月。若發現確有共謀情事，而兩家基金合計持股比率超過30%，則他們必須按德國法律，公開出價收購德意志交易所公司的其餘股票。[14] 雖然*BaFin*稱其調查物件並不專門針對特定的投資者，但此時卻正值數位德國政要對反對德國證交所管理層的海外對沖基金大加譴責。

德國經濟部長克萊門特（*Wolfgang Clement*）就任職達十二年CEO的*Seifert*辭職一事曾表示，這顯示必須就對沖基金在德國、歐洲乃至全世界的活動進一步加以較嚴密之監控管制。

---

[14] http://www.bafin.de/gesetze/findag.htm ；
http://www.rechtslexikon-online.de/Finanzdienstleistungsaufsicht.html

　　早在一九九八年七月七日德國交易所即與倫敦證交所共同宣布雙方形成策略聯盟，聯盟的主要原因和DTB與SOFFEX合併使用類似的作業處理軟體主因類似。英國的倫敦證交所所使用的SETS系統為安德信顧問公司所開發，與德國交易所的軟體開發單位相同。兩交易所聯盟的最終目的在建造一個共同的交易平台。至於合併後是否影響德國法蘭克福的金融地位，德國證券交易所總經理Seifert認為不但不會，反而可與美國華爾街分庭抗禮。Seifert先生是一個鐵面無私的談判者。在五月三日有關iX協定公佈前，德國交易所說，它要使泛歐洲市場成為歐洲最大的股票，名字也起好了，叫Euroboard，並即將發行。許多倫敦人覺得這簡直是德國人強加給自己並讓自己向法蘭克福表示友好的協定。正好在OM投標前，LSE股東內部傳出齊聲的反對聲—他們中許多人也是顧客—抗議這項龐大的協定中缺乏詳細的條款，認為LSE是賤價將自己賣出。看來，離75%的股東同意這一協定方可通過的目標似乎日益遙遠。

　　此外，因全歐的成長股市重要的部分幾乎集中在法蘭克福，對於法蘭克福而言，不啻是利多因素，且就業機會與稅收仍留在德國。擬議中的證券交易所由於當時也準備與美國的Nasdaq合作，雙方分持相同股權，以期共同擴展全歐成長股的證券交易業務，因而前美國那斯達克交易市場主席兼執行長薩博（Frank Zarb）[15] 曾對此併購方案深表贊同。

---

[15] 繼任者為西蒙斯（Hardwick Simmons）。華爾街資深人士、培基証券（Prudential Securities）前首席執行長2001年2月1日就任那斯達克股票市場公司首席執行長CEO，同年9月26日當選為Nasdaq Stock Market Inc.董事長，然任職僅兩年就將被這家全球最大的電子股票市場解職。很多年前，在扎布的力勸下，西蒙斯加入了Hayden Stone，該公司是雷曼兄弟

薩博（*Frank Zarb*）[16]

　　德國證交所在併購市場上一貫擅長運用合縱連橫之術，將一個個中小金融機構場收入轄屬。早在一九九六年底，它與瑞士期權及金融期貨交易所聯合，成立日益強壯的歐洲期貨交易所（*Eurex*）；二〇〇二年初，德國證交所斥資十六億歐元，換來了證券信託公司*Clear-stream*的全部股份；二〇〇四年八月，德國證交所將目光投向了瑞士股票及衍生工具交易集團*SWX*，瑞士交易所擁有位於倫敦的泛歐藍籌股交易所（*virt-x*），因此也有分析師認為，德國證交所可能以瑞士交易所的*virt-x*為籌碼，向倫敦證交所施加壓力，為以後的合併交易鋪路。瑞士期貨聯合會董事會成員、交易所行業顧問帕特裏克‧楊表示，德國證券交易所不會讓

（Lehman Brothers Inc.）的前身，他最終成為雷曼私人客戶業務的主管。西蒙斯1991年加入培基證券，當時的職位是解決培基出售有限責任合伙關係引起的糾紛。監管當局控告培基誤導投資者，使投資者不能認識到有限責任合夥關係的風險。在西蒙斯的努力下，培基終於以向投資者和監管當局支付10億美元平息此事。INTERNATIONAL FIRST: AFTER LIFFE"What's Next for Euronext?" Exchange reportedly eyes Ketchum for CEO post and Archipelago buy to boost trading volume March 11, 2003: 7:20 AM EST。二〇〇三年三月已預定由Rick Ketchum繼任。

[16] webevents.broadcast.com/ softbank/indexj.html

別人來動瑞士交易所，因為歐洲期貨交易所的一半股份將落入別人手中，這將使德國證券交易所失去對歐洲期貨交易所的控制權。

　　降低成本也是兩家交易所考慮合併的重要因素。使用同一個交易平臺能幫助節約成本，而現階段交易所的大客戶都紛紛要求減少交易手續費用。另外，德國證券交易所長久以來都希望自己的形象能越出本國的界限，變得更泛歐化一些，此前甚至暗示要在名稱上做一些改動。

　　*iX*併購運籌的第二步驟則是可能與西班牙的馬德裏及義大利的米蘭結合，至於是否與巴黎、阿姆斯特丹、布魯塞爾的「*Euronext*」合併則尚未知。該併購計劃案後來因為瑞典的*OM Gruppen*集團及路透社以鉅額介入收購而告終。消息傳來，是英國著名的通訊社路透社欲斥資巨額資金收購倫敦證交所。瑞典斯德哥爾摩證券交易所最大的股東瑞典*OM*集團並突然提出要以12億美元的價格收購倫敦證券交易所。

　　瑞典*OM*集團—這個只有15年成長史的瑞典技術及交易公司—卻要以12億美元的價格投標收購已有200年歷史的倫敦證券交易所（*LSE*），其承諾更是令人興奮不已：這一敵意收購的目標不僅是收購一家公司，還是整個市場。英國人不禁驚呼：北歐海盜的船隊駛入了泰晤士河。*LSE*就已拒絕了*OM*的示好，它的拒絕被視為「嘲弄性的」。不管是否嘲弄，即使*OM*收購失敗，但其提出收購本身也已具有重要意義。*LSE*已經被強行推遲了關於同德國交易所（*Deutsche Börse*）合併形成*iX*（國際交易所）的提議的表決，該項表決被安排在9月14日舉行。可以想見它與*OM*的會戰也得持續數月的時間。*OM*的出價一點也不大方，*OM*收購被擱置也令憤世嫉俗的人覺得，這種收購僅僅是一種把水攪混的策略：十一月，*OM*將與摩根斯坦利合作，將一種為零售商設計的穿越邊

境的貿易體系*Jiway*投放市場。一家小小的只運作著一家小交易所的技術公司如何能夠接納實力強大的*LSE*？畢竟它的股票交易在歐洲的排位元離最大還十分遙遠。

由於*Nasdaq*在這種投機中除了提供它的商標幾乎不出力就能得到一半股份，所以*LSE*被指責是將更多的價值丟掉了。連一些大型的熱衷於在規則內進行合併遊戲的投資銀行也不高興。他們認為iX在用最高的成本做著最少的事：「結算」。許多人不高興是因為遊戲規則被倫敦和法蘭克福弄亂了。比如，在倫敦，所有的交易必須迅速報告給交易所；而在德國，不在交易所做的交易就不用向交易所報告。這樣一來，給人的感覺是iX對小點規模的公司不會太在意。一些股票經紀人甚至提議買下*AIM*。

*OM*投標涉及一些利害關係。*OM*認為銀行會以最小的成本使用早已被二十家交易所使用過的附加技術。因為*OM*的總裁皮爾·拉松（*Per Larsson*）考慮，*LSE*是唯一一家具有國際名譽的交易所，它的商標名應該得到保持。交易將在倫敦經過調整的體制下進行。*OM*說，它可以每年至少從*LSE*的成本中除去3000萬英鎊的債務。它多半也看重越來越多的收入，比如與*Liffe*形成一種聯盟。*OM*也承諾提供企業管理從而使股價能夠得以升值。但*OM*性急的定級也是為什麼它的收購不可能成功的原因之一。它的出價的4/5還在它那張高額定價的協定上。股東們更喜歡的是多多的現金。更重要的是，對於許多股東來說，*OM*並沒有解決許多緊迫的圍繞股票交易所合併而帶來的問題。

其一，*OM*並沒有給新市場帶來更多的流動性。拉松先生強調這無關緊要：在一個電子化時代，交易將移到絕大多數直接生效的市場進行。但這一觀點至少對於目前這個時代是有爭議的：儘管許多股票可以在其他二級市場上市，但交易多集中於其國內市

場—而且效率仍是極低。

其二，*OM*也不從事票據交換和結算。它很願意倫敦的「票據交換所」成為新的交易所的中央相對定單，為*Crest*處理結算。即使*OM*敵意收購失敗，許多*LSE*的股東還是希望這一收購至少能夠促使倫敦證交所與法蘭克福證交所有一個比較好的協定。

德國交易所主席早就說過，他樂意擔當「白色武士」，儘管只是與其他交易所的聯合，他注意到無需對該協定條款再作改變。但不是所有德國交易所的人都渴望有一個收購。無論如何，倫敦證交所的許多人會發現，很難容忍類似被一個德國人接管的現實。也許有其他人插手相助收購搶走*LSE*？*Nasdaq*就是潛在的合作夥伴或收購者。但*Nasdaq*主席弗蘭克・薩博（*Frank Zarb*）表示，他還是想與*iX*合作。而且，這種交易也不會留下特別炫耀的記錄：多數其海外投機都得到了其海外合作夥伴的大力支助。

巴黎、布魯塞爾和阿姆斯特丹交易所合併後誕生的*Euronext*更可能是這個收購的候選人。它提議的與*LSE*各占50%股份的合併建議被*LSE*一口回絕，儘管其條件看上去相當優惠（比如合併後的實體在倫敦證交所的規則下操作）。但它說它仍然對合併保持興趣。不像*Nasdaq*，上述這3家證交所早就被其股東擁有，合併計劃也將於本月最後確定。這就使得它為收購而進行的籌款來得比較容易。其他交易所現在覺得可能對倫敦證交所可以來個捷足先登了。或者，使交易所和技術公司之間的差異如此快地得到銷蝕的多半是一個利率極高的技術公司。

歐洲金融市場發展態勢主要依兩個軸線拓展其路徑：一條是以無形電子市場為依託，建立一個泛歐證券交易市場。模仿美國納斯達克股票市場公司（*Nasdaq Stock Market，Inc.*）即原「全美證券經紀商協會自動報價系統」（*National Association of Securities*

Dealers Automated Quotations）納斯達克（*Nasdaq*）（其職能是操作並維持那斯達克報價系統的運轉，並提供各種金融服務[17]）建立的「歐洲證券經紀商協會自動報價系統」（*Easdaq*）就是這一路徑的代表。

但這一模式忽視了國別利益和各個證券市場的既得利益，所以，既未受到歐洲各國的支援，也沒有得到歐洲各個交易所的配合。由於歐洲各國缺乏統一的監管規則、行為準則和一個證券市場中央監督機構，另起爐竈成立泛歐市場並不容易。*Easdaq*創立不久，投資者基礎比較薄弱，目前上市的多為中小企業，而且數量不多。

另一條途徑是由各個證券交易所和期貨交易所組成聯盟。在股票市場上，德國交易所集團與倫敦股票交易所於締結戰略聯盟，兩家交易所上市的德國和英國的藍籌公司實行聯網交易。聯盟的進一步目的是設立由多家交易所組成的聯合公司，採用完全電子化方式，建立能夠容納300家歐洲頂級藍籌股公司的歐洲單一市場。一些小國，迫於歐元所帶來的統一大市場壓力，紛紛加入德英聯盟。巴黎交易所傾向聯合比利時和荷蘭交易所與德英聯盟抗衡。而為德英聯盟強大的陣容所吸引，北歐的芬蘭交易所則放棄加入瑞典和丹麥交易所聯盟而把市場運作大權交給德國交易所集團。

在衍生產品市場上，德國交易所集團和它主導的*Eurex*系統正

17　納斯達克市場隸屬于全美證券商協會（NASD）。該協會還有另一家子公司，即全美證券商協會監管公司，根據全美證券商協會自立的證券交易規則和聯邦證券法對那斯達克系統公司以及場外交易進行監管。因此那斯達克是全美也是全球最大的股票電子交易市場。全美證券商協會是美國最大的金融自律組織。

成為構築歐洲期貨交易所聯盟的核心。*Eurex*由德國期貨交易所*DTB*（德國交易所集團下屬機構）和「瑞士期權和金融期貨交易所」（*Soffex*）聯合建立，目前為世界第二大期貨交易市場，*Eurex*且和法國衍生產品交易所*Matif*結成歐洲聯盟，以和倫敦國際金融期貨交易所*LIFFE*抗衡。有迹象表明，法蘭克福至少會造成一種威脅。大陸股票交易活動開始從倫敦轉移到海峽的另一邊。

倫敦證券交易所被迫與德國證券交易所結為合作夥伴，進行歐洲三百種股票指數的交易。儘管歐洲的其他一些證券交易所也在計劃加入，但是為時已晚，法蘭克福明顯處於控制地位。法蘭克福的金融衍生產品交易所搶走了倫敦國際金融期貨和期貨交易所在十年期德國政府債券方面幾乎所有最大的合同，而且它還與「瑞士期權和金融期貨交易所」聯合起來，現在已經取代倫敦國際金融期貨和期權交易所成為世界第二大期貨交易所。此外，法蘭克福交易所還與歐元區其他交易所組建交易中小公司的歐洲新型市場（*EuroNM*）網路，以和*Easdaq*展開競爭。

為協調歐洲金融市場，解決歐洲高速成長公司股權融資渠道匱乏的問題，歐洲創業資本協會（*EVCA*）在1994年初提議模仿美國*NASDAQ*，成立歐洲股票市場。*EASDAQ*的目標是發展成一個高度監管的歐洲股票市場、它將是一個流動、高效和公平的市場。通過該市場，那些有著國際化目標的高速成長型公司能夠從投資者手中籌集資金。*EASDAQ*成立後，正如歐洲創業投資協會所期望的那樣，對歐洲的企業投資的發展產生極大的推動作用。*EASDAQ*是一個獨立的小盤股市場，其服務對像是高成長性的小型企業。其總部設在布魯塞爾，但業務面向全歐。*EASDAQ*是由來自十二個國家（其中九個為歐共體成員國）的九十多個金融機構所擁有。它於一九九六年九月卅日正式開始交易，到一九九八

年五月廿二日，有廿六家上市公司，總值達到12.3億歐洲貨幣單位。每家公司的籌資額達到四千五百六十萬萬歐洲貨幣單位。

　　*EASDAQ*是根據一九九六年六月十日的比利時皇家法令建立的。它作為二級市場的地位是由一九九五年五月六日法律中的第卅條，以及一九九三年投資服務法中對有關投資銀行和金融仲介機構的管理規則確定。一九九六年六月卅日皇家第二號法令批准*EASDAQ*的規則和條例。由於*EASDAQ*是比利時法律規範下的股票市，比利時刑法適用於*EASDAQ*市場的所有交易活動，比利時法院有裁決權。除了上述一般的法律外，*EASI）AQ*還受下列項法規的管制：

（1）*EASDAQ*規程，由*EASDAQ*市場行政管理當局提請董事會起草並經財政部批准；

（2）*EASDAQ*市場操作規程，由*EASDAQ*市場行政管理當局起草並經財政部批難。有關金融仲介機構的管理以及企業兼併、公司上市等方面按所在國的法律執行。

（3）申請在*EASDAQ*上市的公司必須滿足一些基本條件，其中包括最低總資產350萬歐洲貨幣單位和最低公眾股10萬股等。

　　*EASDAQ*的交易規則和交易系統是*EASDAQ*的歐洲版本。它在報告制度、市場透明度、公司管理和市場責任等方面都是參照美國的規則。*EASDAQ*是一個新誕生的市場，歐洲新市場目前成員中已有阿姆斯特丹新市場、比利時新市場、法蘭克福新市場和巴黎新市場。作為聯接這些成員的網路，歐洲新市場不僅為成員國的高成長中小企業提供融資窗口，使它們能夠接觸到歐洲範圍甚至更廣範圍的投資者，而且，它還建立了運作規則和監管框架，規定每一個成員必須採納的最低標準，這些標準涉及發行公司的

上市條件、會員資格和市場規則等方方面面。設立這樣的組織架
構，既尊重各個成員市場的自治權和創造性，又保證必要的合作
性與一致性，使市場更具流通性和透明性。沿著這條途徑前進，
在運作規則、監管規則、交易平臺、清算平臺逐漸統一的基礎上，
歐元區的交易所將可能朝著聯盟的高級階段發展，即產生交易所
的跨國境資產併購與重組。

　　歐洲各股市由於法規、稅制、科技與運籌之間的差異導致邁
向單一股市之路困難迭生。本文以為，此困境反而是各種策略運
籌實務與理論產生的佳境。當市場派指控少數金融仲介經紀商的
垂直整合枉顧使用者管理概念，相對應的辯證概念即產生。

　　顯著的案例以二〇〇一年十二月七日法蘭克福證交所
（*Deutscher Börse AG*）掌控歐洲主要的兩家股票保管商之一「清
流」（*Clearstream*）50%的控股權，排除競爭對手「歐洲結算系統」
（*Eurocleaner*）對「清流」的購併案而獨家掌握自己與「清流」
的購併議價權為最。

　　質疑之聲以「歐洲證券論壇」（*Europe Securities Forum, ESF*）
為主，因ESF主張證交所應相互併購或應依照前法國財長及「新
泛歐證交所」（*Euronext*）主席希奧德（*Jean Francois Théodore*）[18]
提倡的水平結合（*Horizontal merger*）與同業式（*Congeneric*）聯
盟，而各自的交割與保管體系也當各自整合以提供更自由網絡並
確保價格透明化。歐洲證券論壇ESF執行主席康特（*Pen Kent*）即
指出：「歐洲有兩種整合的運籌模式。」歐洲中央銀行較支持水平

---

[18] INTERNATIONAL FIRST: AFTER LIFFE,"What's Next for Euronext?Jean-Francois Theodore pulls off the biggest coup of his life.FORTUNE,Friday, November 16, 2001 By Richard Tomlinson。 http://www.fortune.com /fortune/investing/articles/0,15114,370481,00.html

整合。由金融家組成的智庫「三十人組織」（*Group of Thrity*）製作的交割系統報告則屬於傾向支持仿效美國的「保管與交割公司」（*Depository Trust & Clearing Corporation*）成立單一非營利的交割組織。推行水平整合是主管當局有意鼓勵合併交割機制合併的成果。

二○○四年十二月底倫敦證券交易所（*LSE*）拒絕德國證交所時隔四年後再次提出的收購建議，原因是德國證交所開出的13.5億英鎊（約合26億美元）、即每股530便士（約合10.2美元）的收購價格未能達到倫敦證交所期望的心理價位。但倫敦證交所願意就一個經過大幅修改的提議進行磋商，雙方的談判持續進行中。普遍認為德國證交所低估了倫敦證交所的價值，倫敦證交所發言人約翰華萊士（*John Wallace*）即曾表示，「我們希望他們對收購提案做進一步的改進。」與此同時，歐洲第二大股票市場*Euronext*亦向倫敦證交所提出了競爭性的收購建議。約翰華萊士透露，二○○四年十二月二十日上午，倫敦證交所和*Euronext*已就後者提出的合併意向進行了會談，並且，雙方的進一步討論將和倫敦證交所與德國證交所的磋商同步進行。

圖3-2　德國法蘭克福證券交易所（*Deutscher **Börse AG***）
組織架構與集團持股比例圖

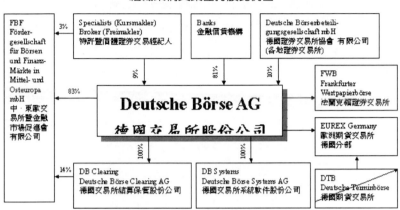

資料來源：台灣證券交易所編。《德國證券市場相關資料》。

四、新泛歐證券交易所（*Euronext*）併購案例

　　二○○○年九月巴黎交易所與阿姆斯特丹及布魯塞爾交易所
宣佈合組新泛歐證券交易所（*Euronext*），成為歐元區內最大的證
券交易所，合併之後再併購葡萄牙證券交易所。後於二○○二年再
併購*LIFFE*（英國倫敦金融期貨暨選擇權交易所，*London
International Financial Futures and Options Exchange*）組成「*NQLX*」
[19]。但目前*Euronext*將面臨電子交易通訊網絡系統（*ECN*）如*Xtrea*
等的強大挑戰，並與德國證交所兩相競購*LSE*。[20]

---

[19]　http://www.nqlx.com/；http://www.money.net/mktadv/。

[20]　Maria Kasch-Haroutounian/Erik Theissen, "Competition Between Exchanges:
Euronext versus Xetra", January 2003（University of Bonn.Email:
mkasch@uni-bonn.de and theissen@uni-bonn.de.）
http://symposium.wiwi.uni-karlsruhe.de/papers/Kas_The.pdf。

此項併購計劃案在英國證券交易所（*LSE*）與英國倫敦金融期貨暨選擇權交易所（*Liffe*）主席布萊恩‧威廉森爵士（*Sir Brian Williamson*）及執行長弗芮特堡（*Hugh Freedberg*）的同意下並送達英國國會完成備忘錄後達成。[21] 關於此併購計劃方案的策略運籌的談判過程（*Chronology of key events*），由雙邊四個談判方構成，分別標識為為英國*LSE/CF—Clara Furse*女士‧英國*Liffe/ HF—Hugh Freedberg*、及*Liffe/BW—Sir Brian Williamson*爵士與*LSE/DC—Don Cruickshank.*。[22]

電子通訊網路（ECN）為一全自動電子撮合系統，擁有高效率、低成本及具透明度的特性，美國1993年時，所有ECN佔紐約證券交易所及Nasdaq的上市上櫃總成交量1.4%及13%，1997年分別增加到4%及20%，到1999年其佔Nasdaq的成交量更突破30%。自從那斯達克Nasdaq市場異軍突起，影響力日益凌駕道瓊工業指數之後，以電子通訊網路（ECN）為架構的交易系統，在全球各地如雨後春筍般成立，儼然成為廿一世紀證券交易的主流。虛擬的網路交易平臺稱為ECNs（Electronic Communication Networks），譯為「電子交易網絡」。目前較著名的ECNs分別有Island、Archipelago、Instinet、REDIBook、BRUT、Strike、Attain、NexTrade、TradeBook等公司投資設立。

[21] 14 January 2002，"Memorandum submitted by the London Stock Exchange"。23/01/2002 Treasury Select Committee examines bids for LIFFE http://sigbiz.com/en/charlie/getitemz.mv?nrec=7865。

[22] 有關意向書的談判與收購協議的簽訂參照Alexander Reed Lajoux and Stanley Foster Reed著，葉蜀君、郭麗華譯，《併購的藝術：兼併、收購、買斷指南》（北京：中國財政經濟出版社，2001年），頁359-407。關於談判進程人物之代碼：LSE/CF—Clara Furse 女 士 .Liffe/HF—Hugh Freedberg. Liffe/BW—Sir Brian Williamson. LSE/DC—Don Cruickshank.。

表3-3　「*Euronext*」（新泛歐證券交易所）併購「*LIFFE*」（英國倫敦金融期
貨暨選擇權交易所,*London International Financial Futures and Options
Exchange*）組成「*NQLX*」的談判過程

LSE/CF/LIFFE/HF—雙方執行長會晤	*19 March 2001*
LSE/CF breakfast with BW（與主席餐敘）	*5 April 2001*
LSE/CF/LIFFE/HF meeting. LSE/CF proposes Technology Review（細節評估）	*19 April 2001*
KPMG 畢馬威（安侯建業）國際會計師諮詢顧問事務所陳述建言 *work commences on Technology Review*	*21 May 2001*
KPMG submit first draft of report（首次企畫書遞交）	*End of June*
KPMG submit final version of report（確定版）	*Mid July*
LSE Board meeting to consider detail of LIFFE proposition（細節商榷）	*10 September 2001*
LSE/CF/LIFFE/HF 會晤（*meeting*）	*19 September 2001*
LSE/LIFFE meeting 會晤（*meeting*）	*20 September 2001*
LSE/CF/LIFFE/HF 會晤（*meeting*）	*21 September 2001*
LSE starts due diligence meetings（審查）	*24 September 2001*
LSE/DC/LIFFE/BW 會晤（*meeting*）	*25 September 2001*
LIFFE announces it has received a number of approaches	*28 September 2001*
LSE confirms it is considering making offer for LIFFE（併購意向書；表態）	*28 September 2001*
LSE makes initial offer for LIFFE　£14.50 per share（議價談判）	*28 September 2001*
LSE sends further indicative offer letter to LIFFE　£13.70 per share（議價談判）	*15 October 2001*
LSE sends further indicative offer letter to LIFFE　£18.50 per share（*50:50 cash/shares*）	*24 October 2001*
LSE sends further indicative offer letter to LIFFE £19 per share（*£12 cash and £7 LSE shares plus collar*）	*29 October 2001*
LIFFE announces that it is recommending Euronext offer（完成併購）	*29 October 2001*

資料來源：自行整理自路透、彭博、*Datastream/ICV*、*BBC* 資訊新聞及英國國會財
政部門備忘錄檔案。

　　金融市場的流動性並不是影響商品成功與否的主要關鍵，交易者還會評估哪一家提供的交易平臺最好，這牽涉到技術面的問題，現在看來，*NQLX*似乎較佔優勢，該交易所採用的*LIFFE CONNECT*系統，在期貨交易系統中，普遍被推崇為最好的系統之一，而且大多數的交易商均熟悉這套系統；相對地，芝加哥*OneChicago*使用的*CBOEdirect*系統，目前僅用於*CBOE*場內交易結束後之時段，是一套較新但尚未歷經市場全面性檢驗過的系統。而新泛歐也曾考慮與紐約證交所締結併購協議。[23]在跨洲合併與策略聯盟上，美國的「保管與交割公司」（*Depository Trust & Clearing Corporation*）也曾在二○○一年替納斯達克股票市場公司（*Nasdaq Stock Market, Inc.*）即原全美證券商協會自動報價系統（*National Association of Securities Dealers Automated Quotations*）納斯達克（*Nasdaq*）（其職能是操作並維持那斯達克報價系統的運轉，並提供各種金融服務[24]）併購原「歐洲證券交易經紀商協會自動報價系統」（*Easdaq*）重組之後的*Nasdaq Europe*成立歐洲交割公司（*Euro CCP*）。

　　面對倫敦與德國兩大交易所的合併，如果*Euronext*聯合*EADAQ*、*Jiway*、*Euro.NM*這樣的歐洲成功的網路交易機構，並輔

---

[23] `Euronext, NYSE heads meet, deal may be near', "Jean-Francois Theodore conducted a series of meetings last Friday with his NYSE counterpart （NYSE Chairman Richard Grasso）,"Fr-iNvest.com, a GlobalNetFinancial.com publication, reported. http://www.financialexpress.com/fe/daily/20000517/ fns17023.html

[24] 納斯達克市場隸屬于全美證券商協會（NASD）。該協會還有另一家子公司，即全美證券商協會監管公司，根據全美證券商協會自立的證券交易規則和聯邦證券法對那斯達克系統公司以及場外交易進行監管。因此那斯達克是全美也是全球最大的股票電子交易市場。全美證券商協會是美國最大的金融自律組織。

之以必要的市場調整，*Euronext*的生存危機就會得以避免。整合進程結束後，未來歐洲的證交所究竟是一家獨霸還是兩家爭霸，主要是取決於*Euronext*的調整適應能力，相比而言，出現兩家的可能性更大一些。另外一個為外界所關心的問題就是合併後交易費用的變動走向。歐洲的所有證券交易所都承受著各自最大的客戶——投資銀行的壓力，他們要求證交所降低交易費用。

自從二〇〇二年與*Euronext*競購倫敦國際期貨期權交易所（*Liffe*）失敗後，人們就擔心倫敦證交所會成為下一個併購標的。因為那次競購失敗一方面使倫敦證交所在電子平臺交易方面更加落後于競爭對手，另一方面也使*Euronext*得到了一個絕好的機會，不僅將勢力範圍擴大到歐洲金融中心倫敦，而且還成為擁有大型衍生金融商品交易所的金融機構。金融專家稱，倫敦證交所被接管的命運已成定數，所作為獨立實體的日子已經不多了。

毫無疑問，倫敦證交所是理想的併購標的，成功拿下倫敦證交所的一方將能夠統領歐洲股票交易市場。如果按交易所上市公司的市值計算，倫敦證交所是歐洲老大，資本總額達2.56萬億美元，而*Euronext*和德國證交所的資本總額只有2.18萬億美元和1.02萬億美元，而覬覦倫敦證交所的*Euronext*和德國證交所也正是看重了這一點。

但是無論哪家最終獲得了倫敦證交所，都需過各國金融管理當局這一關，其中涉及的司法管轄和金融監管等層面的諸多問題都相當棘手。事實上，不管倫敦證交所歸屬誰家，歐洲金融監管機構都會守住自己的底線，那就是這次合併一定要為普通交易商帶來益處，而且不會危及該領域的公平競爭。

目前，英國金融服務局（*FSA*）承擔著倫敦證交所的監管工作，德國證交所處於德國黑森州政府的管理之下，*Euronext*由於

涉及多個國家的金融市場，因此它的上司也就最多。如何對合併後新股票市場進行監管是個問題，需要最終達成協定的兩家證交所事先形成默契。英國金融服務局並不想放棄自己應盡的職責，但是，一旦倫敦證交所被德國證交所收購，它將很難對身在法蘭克福的高級管理人員進行有效監督。相對而言，倫敦證交所和監管形式更為分散的*Euronext*進行合併，更符合英國金融服務局的心意。

對於*Euronext N.V.*首席執行長*Jean François Théodore*而言，德國證券及衍生工具交易所（*Deutsche Boerse AG, DB1.XE,* 簡稱：德國證交所）於二○○五年突然退出競購倫敦證交所（*London Stock Exchange, LSE.LN*）的大戰之後，*Euronext*收購倫敦證交所、從而締造出繼紐約證交所（*New York Stock Exchange*）之後的全球第二大股票市場的道路或許已然掃清。

*Euronext N.V.*首席執行長
Jean Francois Théodore

但是，在謀求收購倫敦證交所的過程中，*Jean François Théodore*必須避免重蹈德國證交所首席執行長*Werner Seifert*的覆轍。*Théodore*必須成功說服*Euronext*的投資人——其中許多人同時

也是德國證交所的股東—並且打造出一個不至於像*Seifert*的收購計劃那樣招致股東一片反對的收購要約。德國證交所計劃出價十三億英鎊（合25億美元）收購倫敦證交所，但後因遭股東反對而作罷。*Théodore*已經提出了自己的競購方案，但是還沒有給出具體報價。*Euronext*已將此項交易計劃送交有關部門進行反壟斷審查。

五、納斯達克（*Nasdaq*）全球股票交易網的運籌佈局

　　納斯達克股票市場公司（***Nasdaq Stock Market, Inc.***）即原全美證券商協會自動報價系統（***National Association of Securities Dealers Automated Quotations***）—納斯達克擬建全球股票交易網的全球運籌佈局考量。

　　納斯達克股票市場公司（***Nasdaq Stock Market，Inc.***）即原全美證券商協會自動報價系統（*National Association of Securities Dealers Automated Quotations*），其特徵在盈利方面，在那斯達克全國市場上市要求過去三年稅前利潤一百萬美元，未來銷售和利潤預測在25%以上，而小型市場幾乎沒有要求，而在紐約交易所上市則要求過去三年稅前利潤１億美元，且要考慮未來利潤。由此可以看出，那斯達克市場具有良好的市場適應性，能適應不同種類、不同規模和處於不同發展階段公司的上市要求。再有，就是外國公司在那斯達克發行股票的數量增加快，目前已超過紐約交易所和美國證券交易所的總和。

　　最為典型的是一九八六年在那斯達克市場上市的微軟公司，當時的資產只有兩百萬美元，剛剛達到*Nasdaq*小型市場的最低上市門檻—有限資產兩百萬美元，上市時的股價為十五美分。到一九九九年七月，微軟股價已超過一百美元，市值已經達到五千億

美元，超過通用，成為全球市值最大的企業。由此可以看出，那斯達克市場已並非一般意義的二板市場（二級市場），也並非全部的高科技市場。可以把它理解為高成長性的中小型和外國企業提供的最佳上市場所。

納斯達克與德國*Commerzbank*和*Dresdner*宣佈，建立納斯達克德國股票交易市場（*Nasdaq Deutschland Stock Exchange*），以爭奪由德國證交所壟斷了90%的德國市場，充分展現其戰略佈局為進歐撤亞。納斯達克國際的首席執行長表示，還不想與亞洲其他股票市場合作。如果與日本的合作需要找個替罪羊的話，那只能歸咎於無法抗拒的經濟和市場環境。納斯達克將把全球擴張的重心放在歐洲市場的運營。歐洲市場又以德國的電子交易新計劃為核心，以與該國獨佔鰲頭的德國證交所一決高低。新的電子交易平臺，被稱為納斯達克德國正式運作。這將是納斯達克全球戰略的重心。與日本軟銀行公司董事長孫正義合作成立的*Nasdaq Japan*曾使東京國際金融中心面臨嚴峻挑戰。東京證交所的前身是設立於一八七八年年五月的東京股票交易所。日本經濟在戰後高速增長，東證也得到了快速發展，特別是80年代後期的"泡沫經濟"時期東證的增長速度達到了鼎盛。一九八九年十二月二十九日，日經股指一度創下了三千九百一十五點的天價。股價暴漲，使在東證上市的企業劇增，股票時價總額超過紐約證券交易所，一度成為全球最大的證交所。不過，紐約和倫敦證交所在分別經歷七〇年代後期和八〇年代後期一場深刻的金融體系大改革後，競爭力大大提高。

近來，紐約證交所以美國經濟高漲為後盾，股市如日中天，道·瓊斯股數攀升。日本國內共有八家證交所，其中廣島和新瀉證交所已併入東京證交所。此間業內人士認為，在日趨激烈的競爭

之中，地方證交所很難單獨生存下去，箚幌、京都和福岡三家證交所與東證所的合併也只是時間問題以迎戰*Nasdaq*，不過*Nasdaq*現已撤資出走。

第四節　全球金融市場整合態勢中的政治因素

　　歐洲擁有世界最著名的證券交易所之一的倫敦證交所，它的歷史悠久，其成員人數、上市交易的證券數量和種類在世界上均名列前茅，其公司證券的成交額幾乎同所有歐洲證券交易所成交額的總和相等。面對如此強大的競爭對手，納斯達克要想在歐洲重現其在美國的輝煌業績實屬不易。另外，以倫敦和法蘭克福為軸心的歐洲八大證券交易所加緊磋商，也準備建立泛歐證券交易所，加之電子通訊網絡的日益發達，使得股票交易更加簡單易行，通過電子手段便可以完成，這一切給納斯達克全球構想的實現增加了難度。

　　隨著國際金融市場競爭的加劇，各國股市對資金和上市公司的爭奪也愈加激烈。歐洲國家的股市要想與美國平起平坐，必須通過增強實力。從兩大證交所的合作看，它已經對美國證券市場形成了影響。美國的納斯達克交易市場現有資本總額為二萬多億美元，但若倫敦加上法蘭克福就將其遠拋在後。同時，納斯達克與法蘭克福原定的合作計劃也不得不暫時停止，因為倫敦現在也有了發言權。這是歐洲證券業乘歐元啟動的大好時機，來抗衡美國證券業所採取的適時的行動。近年來，法蘭克福證交所大力發展電子交易系統，投資九千萬美元實現技術更新。其規模不僅超過了法國和瑞士，甚至超過了美國的納斯達克。法蘭克福證交所的電子化程度目前已在歐洲遠遠領先。在電子化的促進下，其日

均交易額也已經超過了倫敦。

對於股票發行企業和投資者來說，建立一個統一、便捷、低成本和高效益的歐洲股票市場至關重要。從英國方面來說，這一聯營將有助於緩解由於不在第一輪加入歐元區而可能使倫敦作為歐洲金融中心的地位受到影響的擔憂。這一併購與結盟也表明，倫敦與法蘭克福對在歐洲貨幣聯盟成立之後由誰來支配歐洲市場的金融服務業的問題上達成了一種妥協。其最終目標是以倫敦－法蘭克福為核心，逐步聯合其他歐洲同行，建成歐洲單一股票交易所。

表3-4　歐洲各國證券暨期貨交易市場

Europe	Stock Exchange	Symbol
Austria	OESTERREICHISCHE TERMIN- UND OPTIONENBOERSE	OTB
	WIENER BOERSE	VIE
Belgium	EURONEXT BRUXELLES	NTS
	BRUESSEL BELFOX	BFO
Bulgaria	BULGARIAN STOCK EXCHANGE	BUL
Croatia	ZAGREB STOCK EXCHANGE	ZSE
Cyprus	CYPRUS STOCK EXCHANGE	CSE
Czech Republic	PRAGUE STOCK EXCHANGE	PRG
Denmark	KOBENHAVNS FONDSBORS	CPH
Estonia	TALLINN STOCK EXCHANGE	TAL
Finland	HELSINKI STOCK EXCHANGE	HEL
France	EURONEXT PARIS	PAR
	PARIS OPTIONS （MONEP）	POP
Germany	BADEN-WUERTENBERGISCHE WERTPAPIERBOERSE ZU	STR

	STUTTGART	
	BAYERISCHE BOERSE IN MUENCHEN	MUC
	BERLINER BOERSE	BER
	BREMER WERTPAPIERBOERSE	BRE
	FRANKFURTER WERTPAPIERBOERSE	FRA
	HANSEATISCHE WERTPAPIERBOERSE HAMBURG	HAM
	NIEDERSAECHSISCHE BOERSE ZU HANNOVER	HAJ
	NEW MARKET FRANKFURT	NMF
	NEW MARKET XETRA	NMX
	RHEINISCH-WESTFAELISCHE BOERSE ZU DUESSELDORF	DUS
	XETRA	ETR
Greece	ATHENS STOCK EXCHANGE	ATH
Hungary	BUDAPEST STOCK EXCHANGE	BDP
Iceland	ICELAND STOCK EXCHANGE	ICE
Ireland	IRISH STOCK EXCHANGE	ISE
Italy	MERCATO CONTINUO ITALIANO	MCI
Latvia	RIGA STOCK EXCHANGE	RSE
Lithuania	VILNIUS STOCK EXCHANGE	VSE
Luxembourg	BOURSE DE LUXEMBOURG	LUX
Macedonia	MAZEDONIAN STOCK EXCHANGE	MSE
Netherlands	AEX OPTIONS	AEX
	EURONEXT AMSTERDAM	AMS
Norway	STOCK EXCHANGE OSLO	OSL
Paneuropean	STOXX	STX
	EURONEXT COMMODITIES	ENC

	EURONEXT INTEREST RATES DERIVATES	ENI
	VIRT-X	VTX
Poland	WARSAW STOCK EXCHANGE	WAR
Portugal	BOLSA DE LISBOA	LIS
Romania	BUKAREST STOCK EXCHANGE	BSE
Slovakia	BRATISLAVA STOCK EXCHANGE	
Slovenia	LJUBLJANA STOCK EXCHANGE	
Spain	BOLSA DE BARCELONA	
	BOLSA DE MADRID	
	MERCATO CONTINUO ESPANOL	MCE
	MERCADO ESPANOL FINANCIERO DE FUTUROS RENTA FIJA	BRF
	MERCADO ESPANOL FINANCIERO DE FUTUROS RENTA VARIABLE	MRN
Sweden	OPTION MARKET STOCKHOLM	OMS
	STOCKHOLMS FONDBOERS	STO
Switzerland	EUREX	EUX
	SWISS EXCHANGE	SWX
Turkey	STOCK EXCHANGE OF ISTANBUL	IST
Ukraine	KIEV STOCK EXCHANGE	KSE
United Kingdom	NASDAQ,LONDON （EUROPE）	EAS
	INTERNATIONAL PETROLEUM EXCHANGE	IPE
	LONDON INTERN. FINANCIAL FUTURES EXCHANGE（LIFFE）	LIF
	LONDON METAL EXCHANGE	LME
	LONDON STOCK EXCHANGE （LSE）	LON
	FINANCIAL TIMES	FIT

http://www.telekurs-financial.com/tkfich_index/tkfich_links/tkfich_links_exchanges/tkfich_links_exchanges_europe.htm

♦ **電子科技金融交易網絡機制與金融市場併購之範例：公司治理之重新省察**

　　電子科技介面交易網絡處理機制侵入證券暨期貨交易市場之併購處理上引起疑議的範例，從紐約證券交易所（*NYSE*以下簡稱：紐交所）席位持有人擬就紐交所對電子交易平臺*Archipelago*的收購計劃對紐交所發起集體訴訟事件可獲致參照點。

　　紐交所個別席位持有人指出，該併購計劃可能侵犯紐交所整體一千三百六十六個席位持有人的利益，因此要求法庭終止紐交所的此項併購。訴訟表示，併購將不利於紐交所席位持有人，兩百一十三年歷史的紐交所對只有八歲大的電子市場退讓太多。在提交給法庭的文件中載明，該項併購是紐交所董事會成員在併購顧問高盛集團的協助和教唆之下，進行的「瀆職」行為。

　　紐交所曾在二○○五年四月二十日宣佈，與位於芝加哥的*Archipelago*電子證券交易公司合併。[25] 合併後的新公司將稱為「紐約證交所集團公司」（*NYSE group Inc.*），紐約證交所首席執行長約翰‧塞恩（*John Thain*）出任新公司首席執行長，*Archipelago*（*ArchEx*）公司首席執行長傑裏‧帕特南擔任新公司總裁兼聯合首席營運長。紐約證交所一千三百六十六個席位擁有人（包括經紀人和交易專員）研判將獲得四億美元現金和新公司70%的股票，*Archipelago*股東將持有新公司30%的股份。這一重要交易可

---

[25] Building Global Competitiveness NYSE and Archipelago agree to merge http://www.nyse.com/Frameset.html?displayPage=/content/articles/1116412455918.html

望一舉解決紐交所的歷史問題，並按紐交所首席執行長塞恩的精心擘劃：「讓紐約證交所通過收購電子交易所*Archipelago*成為一家公開上市公司。」紐交所收購這個成功的電子交易平臺之後，可以此為基礎建立自己的電子系統，從而與納斯達克（*NASDAQ*）在電子交易業務上進行競爭。

紐交所宣布併購僅隔兩天後，納斯達克（*NASDAQ*）繼而不遑多讓地宣佈以十八億八千萬美元現金購買路透社子公司*Instinet*。納斯達克只有通過併購相關公司來壯大自己的實力，以擴大市場份額。被納斯達克合併的*Instinet*將進行重組。旗下證券經紀業務部門將出售給*Silver Lake Partners*；*Lynch，Jones&Ryan*將出售給紐約銀行；而納斯達克只留下Instinet的電子證券交易部門*INETECN*。

二○○四年五月，納斯達克就提出了一個與紐交所競爭的計劃，其中之一就是升級其交易平臺。為此，納斯達克專門從美國*sungard*資料系統公司購買了一套名為*brut ecn*的自動交易平臺。二○○五年三月二十八日，納斯達克透露，它已經通過槓桿方式收購了*brut*公司及其在紐交所的席位，據此滿足納斯達克會員在交易速度和交易透明度方面的要求。納斯達克將繼續保留*brut*公司在紐交所的場地交易市場中租賃的那個交易席位。*brut*是紐交所一個非常活躍的交易商。

出乎意料的是，華爾街金融家肯·蘭貢（*Ken Langone*）旋即提出，亦將對紐交所進行敵意收購以阻止這項合併計劃的實施。這也使得本來就競爭激烈的美國證券交易行業的局勢更加撲朔迷離、暗潮洶湧。作為美國著名企業得寶（*Home Depot*）的共同創始人、銜稱還包括投資銀行*InvemedAssociates LLC*主席，通用電器、世界紡織巨頭美國*UNIFI*公司、資訊收集企業*Choice Point*和

百盛全球餐飲等公司的董事，同時*Langone*還是前紐交所薪資委員會負責人和交易所董事，可謂與紐交所淵源頗深。肯·蘭貢表示，他醞釀對紐交所進行敵意收購，以阻止紐交所對*ArchEx*的收購。這使紐交所收購*ArchEx*的交易頻添變數。

華爾街金融家肯·蘭貢（*Ken Langone*）

對於紐交所來說，它想將自身轉變為「傳統人工交易與現代電子交易」的複合型交易所，對*Archipelago*的成功收購並借殼上市，便成了它與納斯達克進行殊死對壘的有利權杖。

而對納斯達克來說，*Archipelago*成為紐交所向其發起猛烈進攻的毒丸，因為自1998年該電子交易公司創建以來，它已經攫取了納斯達克掛牌股票大約25%的交易量，在紐交所強大優勢的支援下，納斯達克市場份額會不斷被蠶食。

基於分析利弊得失的立場，現在的紐交所是由會員所有，每個會員擁有「大廳交易」席位，他們控制著市場交易，一直不願意接受「電子交易」，因為這將損害交易席位的價值。由於歷史因素，目前紐交所仍主要以人工喊價作為主要交易方式，因此場內

交易員承擔著提供買賣報價和維持交易秩序的重任，並能促進成交。在一些特定的情形下，當某些股票出現暫時停止交易或受到消息影響大幅動盪時，交易員有權注入一定的資金對沖，去平衡波動直到穩定成交。但是這種職責的特殊性，也使得交易員佔有利益風險的關鍵位置。儘管對於這種授權投資，紐交所對其交易員有嚴格的限定，並設立了市場交易監督部門，不斷採用各種新技術手段去監控交易員的授權投資行為。但是，許多難於控制的「先行交易」，可能還是源發於此。

二〇〇五年六月紐約證券交易所的十五名場內交易員受到指控，因為他們為了在交易過程中先交易他們公司的股票，利用其掌握的市場動向知識干預或擱置了客戶的交易指令，這種干預或擱置通常只有關鍵的數秒鐘。雇用上述交易員的七家特設經紀商公司同意，在不承認也不否認過錯的條件下支付2.47億美元，以了結針對這些雇員的指控。但美國證券交易委員會（*SEC*）還將對這七家公司提起證券欺詐指控，其中包括紐交所五家主要特設經紀商公司中的四家：美洲銀行旗下的*Fleet Specialists*、*Van der Moolen Holding NV*旗下的*Van der Moolen Specialists USA*、高盛集團的*Spear，Leeds & Kellogg*以及貝爾斯登公司的*Bear Wagner*。*SEC*還將指控紐交所未能對場內員進行有效的管理。美國證監會（*Securities And Exchange Commission, SEC*）發現，從一九九三到一九九八年期間，許多獨立場內交易員都參與了非法交易活動，而紐交所並沒有採取及時有效的措施根除這種違法或違紀活動。美國證監會在向紐交所提出的強制執行協定中，明確認為：在最近若干年內，大約有六十四名場內交易人曾經涉及濫用職權為自己牟利的交易。紐交所在冊的九家場內交易商都與一家神秘的交易代理—*Oakford*公司的非法操作交易有牽連。這間隱形公司設於

場外，專門與場內交易商勾結謀串，通過炒作股票牟利。

紐交所CEO塞恩上任以來一直致力於改進大廳交易，並推行電子交易和大廳交易並行的交易系統。這種過渡安排巧妙地緩解改革者與保守派的衝突。紐約證交所一千三百六十六個席位擁有人（包括經紀人和交易專員）在交易所都擁有交易資格。無疑地支持大廳交易系統，要說服他們去投票放棄自己的工作無疑極端困難。而現在，如果他們同意這一併購，將成為新公司的股權持有者，他們不但可以在大廳交易中受益，也可以均享電子交易的利潤。熟知塞恩想法的人士透露，塞恩本人認為紐交所上市有幾個潛在好處：能使紐交所更容易獲得投資資本；為紐交所與其他證交所合併贏得支援；使紐交所的投資者和交易員都成為股東。雖然想法如此，但他目前還沒有推進首次公開發行的計劃。

塞恩已明確表示，他的工作就是為紐交所的廣大利益相關者提供服務，而這些利益相關者的範圍要比紐交所目前會員廣泛得多。塞恩認為在上市前有許多事情要先釐清，關鍵解決過去一直飽受指責的交易漏洞及舞弊問題。加盟紐約證券交易所之前，塞恩曾任高盛總裁一職。他在一九九九年直接參與高盛這家投資銀行從合夥制到上市公司的轉型，因此對企業的改組頗有經驗。塞恩認識到紐交所成為上市公司的弊端，特別是每個季度都要面臨收入增長的壓力，因為要公佈季度財務報表。托馬斯是紐交所一個擁有另一家上市公司席位的投資經理，他向紐交所董事會和會員發出了書面建議，論述了公開上市的好處。他聲稱，根據對加拿大多倫多等其他交易所的估價，交易席位轉換成股份時價格會高漲，目前每個席位轉手就值一百五十萬美元，因此紐交所的市值估計高達二十億美元。

美國證監會新的「全國市場交易系統管制規則」則被認為是

促成紐約交易所和納斯達克各自大舉併購的主要驅動力量。證監
會於二〇〇五年四月七日通過的新規則保證，投資者在交易時得
到的價格將是電子交易市場中的最優價格。為滿足這個監管要求
並在競爭中取得優勢，紐交所和納斯達克皆需要極力拓展自己的
電子交易業務（參見《財經》2005年第3期〈美國證監會「維新」
坎坷〉，第8期〈美國股市交易「變法」〉）。紐交所是採取措施，趕
上納斯達克（在電子交易方面）的領先位置。

「席位持有人」（即非盈利機構的股東）則事認為紐交所本應
在合併而成的新公司紐約證交所集團公司中享有更大的持股比
例，而不僅僅是現在的70%。此外，高盛集團的「利益衝突」也
是億萬富豪與前紐約證交所董事的肯·蘭貢（*Ken Langone*）計劃
收購紐交所的原因之一。在此次併購案中，高盛集團同時擔任紐
交所和*Archipelago*的顧問，並因此獲得一百七十萬萬美元的報
酬。而與此同時，高盛集團同時擁有紐交所的席位和15.5%
*Archipelago*的股份。更嚴重的是，一些高盛的競爭對手也是紐約
證交所的大客戶，它們對自己被排除在交易之外感到生氣。美林
公司首席執行官斯坦·奧尼爾（*Stan O'Neal*）便曾致電塞恩先生
表示抗議。

包括蘭貢在內的許多華爾街金融人士認為，作為一個撮合之
「雙重搞客仲介」，高盛集團很可能將引發利益衝突，因此蘭貢希
望通過收購紐交所阻止其對*Archipelago*的收購。但高盛對此的回
應是交易不會帶來任何利益衝突。蘭貢本人是一個爭議人物。作
為紐交所前任董事長迪克·格拉索（*Richard Grasso*）的好友，在
格拉索因天價薪酬案被迫離職之後，蘭貢曾多次為格拉索辯護。

然而事實證明經濟或酬庸醜聞確是收購無法繞過的障礙。除
了與斯皮策仍有官司未了，二〇〇三年，蘭貢的一家投資公司

*Invemed Associates*也曾被全美券商聯合會起訴，原因是這家公司的IPO利潤分配計劃被懷疑是非法，*Invemed*目前仍在應付這件官司並且拒不認罪，不無影響的波及效應。紐約州總檢察官長斯皮策（*Eliot Spitzer*）已經同時起訴了蘭貢和格拉索。斯皮策指控蘭貢在格拉索的薪酬問題上誤導了董事會成員，準備對蘭貢處以一千二百萬美元的處罰。格拉索和蘭貢對此均予以否認。這對蘭貢收購紐交所造成了一定的阻礙。紐交所是位於紐約的非營利性機構，斯皮策作為紐約州總檢察官，在收購問題上有一定發言權。與斯皮策的法律糾紛將成為蘭貢收購紐交所或者*Archipelago*，或者同時收購二者的重大障礙。另外，交易還需獲得美國證券交易委員會的批准。[26]

作為併購雙方的顧問和*Archipelago*的股東的高盛，因此已經受到華爾街不少人士的譴責。對此，紐交所發表聲明表示，交易所已經詳細閱讀了申訴，認為其完全沒有意義。紐交所還指出：併購仍將按原計劃進行。二〇〇五年四月，紐交所宣佈，公司將收購*Archipelago*公司，並計劃上市。根據紐交所的計劃，席位持有人每個席位將獲得三十萬美元，並將分享合併後70%的股權，其餘的30%將分給*Archipelago*的股東。在過去的數年裏，紐交所的席位費已經從九年前的一百萬美元的新低大幅回升到逾二百萬美元。據紐約證券交易所首席執行官約翰・賽恩透露，隨著紐交所席位價格的提高和*Archipelago*股價的上漲，此次併購值約為五十億美金。

另一些分析派別則認為，真正被低估價值的不是只有空架子

---

[26] Commissioners：Cynthia A. Glassman, Acting Chairman Terms expire June 52006 Paul S. Atkins2008 Roel C. Campos2005 Harvey J. 2004 Goldschmid

的紐交所，而是蒸蒸日上的*Archipelago*。事實上，*Archipelago*的盈利水平大大高於紐交所，2004年前者的利潤是後者的兩倍。二〇〇五年第一季度的財報顯示，前者的淨利潤達到1320萬美元，經營收入為1.187億美元，毛利率為11.1%，紐交所的毛利率卻只有8.7%。

此外，*Archipelago*電子介面交易網絡處理機制給紐交所帶來的優點實在難以量化，不僅可以幫助它進入債券、衍生品等金融市場，而且為其曲線上市提供了一條出路。塞恩也承認，由於電子交易平臺*Archipelago*擁有包括期權等衍生金融商品在內的納斯達克市場25%的交易業務，合併後將使紐交所成為最多元化、速度最快的電子交易機制。

二〇〇五年五月，前任美國證券交易委員會（SEC）主席*William Donaldson*（現任自*July 1, 2005*起為*Cynthia A. Glassman*女士）在關於合併對競爭和投資者潛在影響的參議院聽證會議上表示：紐約證券交易所（*NYSE*）和納斯達克證券市場計劃的合併將使它們在股票交易中佔據主導地位，但這並不會破壞競爭。

圖3-2　全球金融市場併購運籌網絡檢示圖

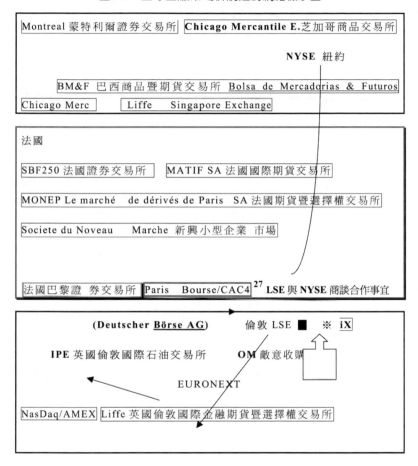

27　在一九九九年六月一日，法國的巴黎證交所（SBF），法國國際期貨交易所（MATIF SA），法國商品交易所（MONEP SA）及新興小型企業市場（Societe du Noveau Marche）合併成立一新公司巴黎交易所（Paris Bourse SBF SA）。

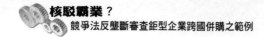

第四章

歐盟競爭法體系對跨國企業
併購控制的觀點

　　歐體併購控制規則之立法制訂，歷經各會員國利益折衝協調，而於一九八八年第五次修正案提出。併購規範的內容架構大致形成，最後的爭點為：（一）適用對象；（二）評價基準；與（三）管轄權。[1]　本研究擇定評價基準為認知歐盟併購控制規範的中心，並且認為所謂評價基準，其實應明確地理解為：「競爭法就跨國併購施展反壟斷審查裁量權限的權衡基準」。而此權衡基準即是結合經濟分析的反壟斷衡量與產業發展政策，多重複合考慮因素，具有靈活、機動性質的政治運作。

　　歐盟競爭法反壟斷審查的基本目的，一方面在排除歐洲經濟共同體統一市場的限制性障礙；另一方面，則在保護與促進競爭。[2]　執委會基於此執掌的多重靈活性，因此經常鼓勵中小企業之間的合作以有效地對抗共同體內外的大企業；有時又會鼓勵生產力過剩的產業中的鉅型企業併購、收購與資產重組；同時並著重消

---

[1]　參照何之邁，第五章，〈結合之管制〉，《歐洲共同體競爭法論》，（台北：作者自印，1999年），頁152-187。參照王泰銓，《歐洲事業法（二）─歐洲競爭規範》，（台北：五南圖書出版，2000年），頁241-364。

[2]　參照歐體《執委會第一號報告（1971）》，頁13與歐體《執委會第十八號報告（1988）》，頁13。另參劉寧元、司平平、林燕萍，《國際反壟斷法》（上海：上海人民出版社）第二章〈反壟斷立法與反壟斷執法機構〉，頁74。

費者的權益維護。[3]

因此，儘管歐盟企業併購控制政策在形式上採用的是哈佛學派（主張實行嚴格的併購控制）的結構—行為—績效模式，但在政策實踐中卻更傾向於芝加哥學派的自由主義觀點，對企業併購採取了寬鬆甚至鼓勵的態度。但是它的首要目標又與芝加哥學派的傳統的競爭目標存在較大差別。由於這種既不同於哈佛學派也不同於芝加哥學派的特殊性，歐盟的政策模式故稱為「布魯塞爾學派」，可總結其特徵在：對於布魯塞爾學派來說，在考慮到了首要的政治目標（指一體化）的前提下，經濟理論才可以成為判斷行為是否具有促進競爭或反競爭性質的指標。

第一節　處於趨同與抗衡之間的歐盟競爭法體系

歐洲共同體條約欲建構一個以市場經濟（*marktwirtschaftlich*）為導向的體制，而競爭法規範可視為歐洲聯盟的經濟憲章（*Wirtschaftsverfassung*），並以歐洲共同體各項政策中的優先地位，實現類似於憲法基礎上的基本價值理念（*verfassungsrechtliche Grundwerte*）。[4]

---

[3]　參照 Phillip Areeda & Louis　Caplow, Antitrust Analysis－2000 Supplement：Problem,cases,and materials,（ 5th ed.; Aspen Publishers, Inc. 2000）.

[4]　關於歐洲共同體競爭政策的優先地位參照：Jürgen Basedow, 'Zielkonflikte und Zielhierarchien im Vertrag über die Europäische Gemeinschaft', Festschrift für Ulrich Everling,（Baden-Baden,1995）;及Meinrad Dreher, Der Rang des Wettbewerbs im Europäische Gemeinschaftsrecht,WuW7.u. 8/1998.經濟憲章基礎部分參照：Schweitzer/Hummer：Europarecht, 4.Auflage, Frankfurt a.M.1993, s.318.

　　此優先地位藉由條約的直接即時適用原則，創設個人及個人間，與個人與成員國政府之際「相互之間」（*inter se*）的權利暨義務關係並且經歐洲共同體法院如 *Van Gend & Loos* 案[5]及 *BRT/SABAMI*[6] 案等案例建立。「直接即時適用原則」實質上尤藉由一九六二年第十七號指令與歐洲共同體法院 *De Geus v. Bosch* 決議（*Bosch, ECJ April 6, 1962, 1962 ECR 45; 1962 CMLR 1.*）更彰顯其效力。因為歐洲共同體條約的簽署與超國家聯盟的建制，使得聯盟被賦予職責權能執行外交、經濟等主權事務，此參照 *Costa/ENEL* 案例可獲得佐證。[7] 顯現在歐盟競爭法併購審查上的優先地位，則為根據歐盟理事會一九八九年第四〇六四/八九號規則[8] 第廿一條，歐洲共同體執委會是有權依據該規則作出裁量決定的唯一機構。

　　該條第二款還規定，任何成員國不得對具有共同體規模的企業併購，適用本國國內的競爭法，此徵諸歐盟執委會於一九九九年七月二十日關於 *BSCH/A. Champalimaud*（*Case No IV/M.1616*）

---

[5]　2 ECJ Feb.5 1963 ECR 1,12;1963 CMLR 105,130-131 Case 26/62 ；N・V・Algemene Transport-en Expeditie Onderneming Van Gend en Loos v・Netherlands Fiscal Administration(1963)ECR 1；1963年歐洲法院在第26/62號案即「凡根路斯」(Van Gend en Loos) 案中首次闡明瞭歐洲共同體法的直接適用性原則。法院在判決中指出：不僅成員國，而且其國民，都可以成為歐洲共同體法的主體；歐洲共同體法律秩序直接賦予訴訟當事人以對其所屬國家提出主張的個人權利；而且成員國國內法院的任務是為了維護這些權利或利益而適用歐洲共同體法律。

[6]　ECJ Jan.30,1974,1974 ECR 51,62-63;1974-2 CMLR 238,284(paras. 16-17)。

[7]　在「科斯塔」案中，歐洲法院進一步要求成員國國承擔積極義務，確立了歐盟基礎條約優先於成員國國內法的原則。

[8]　參照劉俊海譯，《歐盟公司法指令全譯》，（北京：法律出版社, 2000），＜歐共體理事會關於控制公司集中行為的規則＞，頁262-284.

併購案的裁量決定可知。[9] 而根據歐盟理事會關於企業集中的一九八九年第四○六四/八九號規則第廿一條第三款，儘管歐盟執委會對於具備共同體規模影響的企業併購有專屬管轄權，然成員國也有權採取必要措施以保障歐體企業併購控制規則未予以考慮的合法利益。根據這個條款，可以被視為是合法的利益包括社會安全、媒體多元化與謹慎的原則。

第二節　歐盟執委會對企業併購審查的政治運作職能

整個競爭法律體系除歐共體條約外，還包括據此制定的部長理事會和委員會的條例、指令和決定。主要包括《關於實施歐共體條約第81、82條競爭規則的第1/2003號決議》、《關於在歐共體條約第81條、82條下處理申訴的委員會通告》、《關於競爭主管當局網絡合作的通告》、《關於歐盟委員會根據歐共體條約第81、82條調查程式的第773/2004號決議》、《關於實施條約第81（3）條的指南》、《關於控制企業集中的第139/2004號決議》、《關於在控制

9　參照Von Frank Montag und Christoph Leibenath. , 'Aktuelle Probleme in der europäischen Fusionskontrolle （WuW）', Freshfields Bruckhaus Deringer, http://www.freshfields.com/practice/comptrade/publications/fusionkontrolle/ fusionkontrolle.pdf 因符合共同體規模及企業集中的定義，歐盟執委會決定書中原文載為："Von BSCH and the AC Group have a combined aggregate world-wide turnover in excess of Euro 5.000 million（BSCH: 9.371 million Euros; AC Group: 2.607 million Euros）. They both have Community turnover in excess of Euro 250 million（BSCH: 5.166 million Euros; AC Group: 2.484 million Euros）. The undertakings concerned do not achieve more than two thirds of their aggregate Community-wide turnover within one Member State. The notified operation, therefore, has a Community dimension. "

企業集中的理事會條例下評估橫向合併的指南》、《關於實施理事會第139/2004號條例的802/2004號條例及其附件（包括*CO*申報表，簡化*CO*申報表和簡化*RS*申報表）》等。

　　歐盟競爭法對於推動單一市場、建立統一的歐盟大市場發揮了重要作用。為適應經濟發展和歐盟擴大的需要，從1999年開始對競爭法的改革方案提交歐洲議會和成員國討論。2002年在歐盟競爭法中引入了卡特爾寬大處理制度。新的《關於實施歐共體條約第81、82條的第1/2003號決議》和《關於企業合併控制的第139/2004號決議》對競爭法的三大支柱禁止限制競爭協定、禁止濫用市場壟斷地位和企業合併控制進行了修改，並從2004年5月1日起開始實施。歐盟新競爭法賦予了成員國競爭主管機關和成員國法院執行歐盟競爭法的權力，強化了私人推動競爭法實施的救濟途徑，並且在企業合併控制規則方面加強了靈活性、可預見性和科學性。作為歐盟競爭政策的決策與行政層級，需要進一步闡析歐盟執委會的機構組成部分。

◆ 企業合併反壟斷審查

　　歐盟有關合併審查的立法主要有：修訂後的《合併條例》（以理事會第139/2004號決議（2004年）取代第4064/89號決議（1989年）），以及同時頒佈的《橫向合併評估指南》和《合併調查最佳實踐指南》。2004年5月1日開始，有關合併反壟斷審查制度的變化主要有三方面：

　　（1）**實體上的變化——評估合併的標準**。新《合併條例》第2條規定：「集中如果在共同市場或其大部分將嚴重妨礙有效競爭，特別是通過產生或加強市場支配地位的形式，將被宣佈與共同市場不相容」。與修改前「產生或

加強市場支配地位，以至於嚴重妨礙有效競爭」相比，新條例將一切嚴重妨礙有效競爭的合併交易納入規制範圍，產生或加強市場支配地位只是其中的一種形式。這意味著歐盟委員會更加強調合併對競爭的影響，而非市場支配地位本身，這與美國的標準也趨於一致。條例規定，如果參與合併的企業的市場份額不大，合併不會影響市場的有效競爭，合併就可以在第一階段得到通過；如果參與合併的企業在歐盟市場的份額不超過25%，在不影響適用條約第81、82條的前提條件下，合併可以通過審查；如果合併後企業的市場份額在25—40%之間，除非特殊情況，一般也認為不可能產生市場支配地位。在委員會的實踐中，絕大多數的市場支配地位產生於合併後企業的市場份額達到40—75%之間。如果超過75%，雖然不是絕對壟斷，但一般會被認為產生或者加強市場支配地位。除了根據市場份額評估企業合併對競爭的影響外，還要結合消費者的需求、產品供應、潛在的競爭對手、市場進入障礙等因素作出分析。

（2）**程序上的變化——更具靈活性的審查期間。**合併申報的時間予以提前，以前需要有約束力的協定，現在只需要意向書和當事人完成交易的誠信（*Good Faith*）即可。這樣給予當事人更多的靈活性來選擇什麼時候將交易提交委員會或競爭當局審查，但未經批准不得實施合併交易的限制依然未變。合併審查各階段的具體時間限制也有一些變化。第一階段從收到完整的申報資料之日起算。在歐盟委員會收到提交案件或當事方作出修改承諾的情況下，可以延長十日。第二階段從歐盟委員會做出

進一步審查的決定之日起算。在當時方請求或委員會要求並經當事方同意的情況下,可以延長十五日;在開始進一步審查日後當事方作出修改承諾者可延長二十日。

二〇〇二年十二月十六日,歐盟部長理事會曾通過決議,對歐盟現行競爭政策的基礎法律(共同體條約第81條款和82條款)進行了大幅度修改,新的條款將於2004年5月1日開始生效。新條款最大的修改之處在於取消原來所規定的盟內企業兼併必須要向歐委會競爭總署申報備案,超過一定金額的大的企業兼併要得到歐委會批准後才能實施的規定。但這一新的規定絕不意味著歐委會放鬆了對企業兼併的監管,而是取消實踐中被證實為不必要的行政備案審批程式。

(1)**加重執法幅度,嚴厲打擊不正競爭行為。**近年來歐委會擴張對不正當競爭行為、特別是反壟斷的執法力度。例如,二〇〇一年歐委會處理十起壟斷案,共罰款二十億歐元,這一罰款金額超過了歐共體成立以來歷年反壟斷罰款的總和;二〇〇二年處理了九起壟斷案,罰款十億歐元。

(2)**推進公共服務行業的市場開放和自由化。**近年來,歐委會在盟內大力推進各成員國相互開放各自的公共服務行業,如電信、鐵路交通、能源供應、民航運輸等。經過多年的努力,歐盟在公共服務行業的市場開放方面取得了長足的進步。二〇〇五年六月,歐委會又通過關於煤氣和電力供應完全自由化的指令,使成員國之間完全實現了電力和煤氣貿易、供應、輸配的自由化,徹底打破了成員國原有本國公司對此的壟斷。由於打破壟斷引入競爭機制,歐盟內的國際長途資費近5年來下降了

45%，但市內電話資費近5年來幾乎沒有下降，寬帶網接入的70%控制在本國大的電信商手中，這表明只有打破壟斷、引入競爭，公共服務行業的價格才能降下來。同時也表明市場開放的速度是很不均勻的，國際長話的競爭比較充分，相反地本地電話網和寬頻接入服務的競爭還很不充分。

（3）**歐委會競爭總署的內部組織機構進行調整**。為了適應新的競爭法規的要求，歐委會計劃對競爭總署的機構設置進行必要的調整。

1. 鑒於近年來處理案件中所涉及到的技術性、專業性越來越強，競爭總署增加了總經濟學家的職位，*Lars-Hendrik Roller*教授被任命為競爭總署首任總經濟學家，總經濟學家下面配備幾名助理。總經濟學家的主要職能是對案件從專家角度提供獨立的、專業性意見供總署長決策時參考。

2. 將反壟斷和企業兼併監管的處室合併在一起，按行業重新劃分管轄職能。

3. 推行「研討會」制度，對某一案件，主管處室在開會研究談論時要邀請其他不相干處室的同事來參與，讓他們作為外部人發表意見。

歐盟競爭總署機構改革最大的改變是兩個方面：一是在複雜案件中引入獨立的首席經濟學家（*Chief Competition Economist*），更加重視對案件的經濟分析。二是對原來的以違法形態劃分的部門（反托拉斯部、合併控制部、國家補貼部）進行重組，改為以經濟產業劃分為五個專業部門，每個部門既負責卡特爾、濫用市場支配地位，也負責合併審查。改革的目的在於使負責某一產業市

場的競爭主管機關的官員深入瞭解該市場，以便對該市場中的各種違法行為進行調查。另外，還設立了非專家小組，對委員會的調查結論從「業外人士」的角度（*Pair of Fresh eyes*）進行審查。調查程式可以由當事人的控告而開始，也可以由歐盟委員會主動啟動調查程式。歐盟委員會的調查手段包括要求有關當事方提供相關材料、回答相關問題、實地勘察等。委員會有權到公司所在地等辦公場所以突然襲擊的方式搜集證據。

◆ 歐洲聯盟競爭總署之權責與機轉

　　荷蘭前運輸部長尼裏‧克羅斯（*Neelie Kroes*）取代義大利裔馬里奧‧蒙蒂（*Mario Monti*），成為歐盟的競爭總署主持反壟斷審查事務委員。蒙蒂與反壟斷委員會的其他委員在二〇〇四年十月卅一日離職。選擇克羅斯的決定是由歐洲委員會新任主席若澤‧曼努埃爾‧巴羅佐（*Jose Manuel Barroso*）做出的。愛爾蘭財政部長查利‧麥克裏維（*Charlie McCreevy*）被任命為歐盟國內市場和服務專員，英國前內閣大臣、英首相托尼‧布萊爾（*Tony Blair*）的堅定支持者彼特‧曼德森（*Peter Mandelson*）被任命為貿易專員。麥克裏維和曼德森原來都有望成為歐盟的競爭總署主持反壟斷審查。

　　而現任歐盟執行委員會主席巴羅佐於二〇〇四年十一月履新（至二〇〇九年任期）後給予法國執掌能源暨運輸（*Jacques BARROT*）、德國（*Günter Verheugen*）和義大利（*Franco Frattini*）三國各一位副主席的職位，並新增愛薩尼亞前總理的西姆‧卡拉斯（*Siim Kallas*）和瑞典的瑪戈特‧瓦爾斯特倫（*Margot Wallström*）女士兩名副主席。這個安排是為了確保歐洲傳統三強不能在擴大後的歐洲中為獲取某種重要角色而施加壓力，是為了人們完全接

受「我們需要一個有力，獨立和可信的委員會」的信念。前任主席普羅迪的班底計有十五名委員，曾出現十二名左派委員對陣三名右派的局面。但現今內部市場和競爭委員則分別由一個荷蘭的自由派和一個溫和派出任。巴羅佐將會充分反映和延續這種自由局面。

他的二十五人組成的團體必須兼顧區域平衡與利益攤派，由於歐盟從十五國擴大到二十五國後，新一屆歐委會也從二十名成員增加到二十五名，巴羅佐就將目前歐委會主席普羅迪內閣中的某些職位一分為二，如將交通與能源、農業與漁業、內部市場與稅收政策分別拆除，這樣就使所有的委員都具有各自的勢力範圍。執委會裏僅有七個左派，但其他的也並非全是自由派，事實上有八個自由派，五個基督教民主派和五個保守派。從經濟角度講，這三個右派的家族比較接近；但從社會角度講，保守派和基督教民主派與自由派員則不是一路。所以，現在這個巴羅佐主持的委員會也許是迄今為止力量最均衡的一個。

巴羅佐很清楚每個政府的合作與滿意是整個使命成功的先決條件，也明白對委員們的信任不應當看他們的母國，而是他們的能力。波蘭政府滿意達紐塔・胡奈爾（*Danuta Hubner*）獲得區域政策委員的職位。該政府期望她能夠推行一個同等對待新成員國區域援助的體系。立陶宛也滿意獲得財政委員的席位，因而有機會對稅收同化政策發表一個有分量的反對意見。捷克前總理弗拉迪米爾・史匹德拉（*Vladimír Špidla*）也只被任命為不甚重要的就業與社會事務委員。

主管競爭事務委員現任為*Neelie Kroes*女士、前任為*Mario Monti*是透過參謀「內閣」（*cabint*）與競爭總署（*DG IV:European Commission Directorate - General for Competition*）相互協調並執行

審查裁量權限。[10] 執委會競爭總署署長現任為*Philip LOWE*（前任則為*Alexander SCHAUB*），反壟斷事務執行長為*Gianfranco ROCCA*、併購事務執行長為*Götz DRAUZ*。*Romano Prodi*執委團中主管競爭事務委員*Mario Monti*的內閣幕僚長（*Chef de cabinet*）為*Marc Van Hoof*，內閣副幕僚長則為*Angelo Marcello Cardani*，主要負責國際協作與經濟分析、國會及法律增修（*Parliament, Ombudsman Council*）、及預算暨金融控管等。另有「內閣」成員為*Betty Olivi*負責反壟斷（*Units C1, C2, C3, D2 and E3*科），*Carles Esteva Mosso*負責競爭政策之協作暨變革（*Units A1 and A2*科）並職掌併購、反壟斷（*Units E2, F1 and F3*科）、處理對歐洲法院關係與配置性貿易等。*Arianna Vannini*負責國家補助業務及反壟斷（*Units D3 and F2*科）、*Karl Soukup*負責國家補助業務及企業關係、*Alessandro Cavallaro*負責賦稅補貼及*Donatella Soria*等幕僚提供行政支援與運作。

　　克羅斯的前任蒙蒂在任期內做出了許多驚人之舉：二〇〇一年六月，蒙蒂阻止了兩家非歐盟公司奇異電器（*GE*）和*Honeywell*（*HON*）的合併計劃。蒙蒂的其他重大決定還包括：二〇〇四年三月對微軟課以4億9700萬歐元的罰款，罪名是微軟濫用其在歐盟市場的領導地位；勒令英國足球比賽的轉播權必須轉讓給天空電視臺（*BSY*）以外的其他公司。此外，在法國政府向本國企業，特別是工程集團*Alstom*（*ALS*）提供津貼的問題上，蒙蒂與法國政府也展開了激烈的鬥爭。

　　九〇年代，作為荷蘭運輸部長，克羅斯曾極力鼓吹私有化。

---

[10] 另可參照王為農，《企業集中規制基本法理：美國、日本及歐盟反壟斷法比較研究》（北京：法律出版社，2001年）。

歐洲初審法院判定微軟接受歐盟作出的金額超過六億美元的反壟斷懲罰措施，這對於克羅斯會是個嚴峻的考驗。微軟正在考慮是否提出上訴，這過程可能需耗費達五年的時間。克羅斯面臨的另一個棘手案件是有關德國政府援助國有銀行的問題，歐盟認為，德國政府的援助人為地提高了這些銀行的信用評級。克羅斯的前任曾打贏一場訴訟，要求德國政府在二〇〇五年中之前逐步停止國家擔保，償還數十億歐元的借款，並且國有銀行在向德國政府貸款時應遵照與私有銀行同樣的條件。克羅斯將如何執行這些決議，以及在處理與她擔任董事的五十多家公司有關的案件時，將如何避免發生利益衝突。

另審察競爭政策的執行實務上，就併購案例而言，先前由於擔心瑞典紙廠SCA併購芬蘭紙廠METSÄ TISSUE後，會在北歐市場形成獨占地位，歐盟執委會曾經於二〇〇〇年八月依照歐盟理事會所頒佈第四〇六四/八九號規則第八條第三項「假若執委會得出結論認為備案的公司集中行為符合本規則第二條第三項確定的標準，或是該備案涉及第二條第四項但未能滿足歐洲共同體條約第八十五條第三項（按、此乃歐體原Rome條約；現已改為第八十一條）條件，應當製作決定書，宣布公司集中行為與共同市場規模不相吻合。」(*Where the Commission finds that a concentration fulfils the criterion defined in Article 2（3） or, in the cases referred to in Article 2（4）, does not fulfil the criteria laid down in Article 85（3） of the Treaty,it shall issue a decision declaring that the concentration is incompatible with the common market.*) 逕而否決此一併購計劃案（參照競爭總署併購競爭審查案例 *M.2097-SCA／METSÄ TISSUE*）。此一金額達六億四千萬歐元的併購案生變的訊息，使得各界紛紛指責歐盟執委會過於重視單一廠商在小國家的市場佔

有率，而未能從整個歐洲的角度來考慮。

　　歐盟理事會所頒佈的第四○六四/八九號規則第二條第三項中規範：「假若某一合併創設或者強化了導致嚴重損害共同市場或者共同市場中實質性部分中有效競爭的支配地位，應當被宣布為與共同市場不相吻合。」（*A concentration which creates or strengthens a dominant position as a result of which effective competition would be significantly impeded in the common market or in a substantial part of it shall be declared incompatible with the common market.*）。[11] 瑞典重型車廠*Volvo*與*Scania*擬合併的提議[12]，在執委會亦曾以相同理由駁回後終告失敗。（參照競爭總署併購競爭審查案例*M.1672 - VOLVO / SCANIA*）。充滿爭議的奇異電氣與霍尼威爾併購案（*M.2220 - GENERAL ELECTRIC / HONEYWELL*）、世界通訊與史普林特（*M.1741 - MCI WORLDCOM / SPRINT*）併購案、*AIRTOURS / FIRST CHOICE*併購案、*AEROSPATIALE / ALENIA / DE HAVILLAND*併購案等等皆屬四○六四/八九號規則第二條第三項中規範的情況。

　　於二○○二年六月，歐盟競爭總署終於決定放寬審核企業併購的執行標準，並且考慮縮減併購引起的相關罰鍰費用，其中即隱藏著公共政策面的考量。[13] 尤其近期執委會競爭總署，在二○

---

[11] 'EU Merger Regulation : Consolidated version', http://www.europa.eu.int/comm/competition/mergers/legislation/regulation/consolidated/en.pdf

[12] http://europa.eu.int/comm/competition/mergers/cases/index/by_nr_m_33.html#m_1672

[13] 'Mario Monti veut réformer l'antitrust européen' : 載明 "Le commissaire européen à la concurrence entend élargir les critères examinés par ses services dans les décisions rendues à propos des fusions d'entreprises. A côté de leur effet sur la concurrence, il souhaite aussi prendre en compte les économies de

○三年七月八日頒佈「競爭總署組織重組：關於併購控制的重要
資訊」（*DG Competition Reorganisation: Important information
related to Merger control activity*），確實地展現對本身機構重組的
變革決心並呼應學術界與實務界間因競爭政策中對企業併購的反
壟斷審查長期欠缺法律精確性暨透明性所導致的「不透徹」
（*opaque*）與不易預測性的批評。

　　*Tetra Laval/Sidel*則由歐盟競爭總署於二○○三年三月核准任
命瑞典*Stockholm*的*Bergenstråhle & Lindvall AB*商標專利與技術授
權事務所託管。[14] 眾多建議也多從此種缺憾產生，競爭法與經濟
分析學者*Neven Nuttall*、*Paul Seabright*（1993）、*Sylvie & Pénélope
Papandropoulos*（1998）與*Valentine Korah*（1997）等即聲籲相關
職掌機關，應亟修正反壟斷審查的機制以因應實際需求。[15] *André
Schmidt*（2001）與*David Banks*（1997）更質言闡釋為競爭政策中
的「非競爭性因素」[16]，進而倡議歐盟競爭機制亟待進一步的結
構性變革：如設置專屬且權責獨立的「反壟斷處」與「國家補助
委員會」等。[17]

---

coûts qu'elles génèrent.", http://www.lexpansion.com/art/17.45.60110.0.html
（lexpansion.com 2002-06-04）

[14] http://europa.eu.int/comm/competition/mergers/cases/additional_data/m2416_62
ex_en.pdf

[15] Ehlermann,Claus Dieter, 'Wettbewerbspolitik im Binnenmarkt', Recht der
internationalen Wirtschaft 39（1993）,p.793.

[16] BANKS, David, Non-Competition Factors and their Future Relevance under
European Merger Law, European Competition Law Review, （1997）, p.182.

[17] André Schmidt, 'Non-Competition Factors in the European Competition
Policy: The Necessity of Institutional Reforms'.16 th Annual Conference of
the European Association of Law and Economics （EALE） in Castellanza,
Italy in September 1999 and at the CeGE Research Workshop at the

　　歐洲聯盟執委會在二〇〇三年四月三十日提出：「競爭總署機構重組計畫方案」（*IP/03/603*）；二〇〇三年五月二日提出：「併購投資處分之最佳實踐綱領：拆解剝離資產」（*Best Practice Guidelines for Divestiture Commitments*），研擬企業授權委託管理（*Trustee Mandate*）標準模型的解釋。

　　而作為主持歐洲聯盟競爭事務的政要，歐洲聯盟主管競爭事務委員所展現斡旋於歐盟各會員國之間以協調、闡釋、推動歐盟執委會理念的職權屬性，與對跨國企業併購案予以審查裁量的政治運作功能因而更顯重要。

　　作為一個歐盟競爭政策的「政治人物」，歐盟負責競爭事務的委員內莉·克羅斯（*Neelie Kroes*）和歐洲各個大集團聯繫緊密，對美國在併購方面的行動防範甚嚴，和前任馬里奧相比，這是迥然相異之方向，與執行上徹底之調整。

　　*Mario Monti*除於二〇〇二年前往挪威、波蘭、丹麥、美國[18]、荷蘭、西班牙[19]、等地拜會競爭主管機關、民間商業工會與學術院校；二〇〇三年三月則拜會法國*d'entreprise publique industrielle et commerciale*（*EPIC*）[20]；四月相繼會晤德國基督民主聯盟黨籍

Georg-August-University in Göttingen in May（2000）.

[18] 於紐約Fordham大學舉辦第29屆國際反壟斷法與政策年會（Annual Conference on International Antitrust Law & Policyon 2002-10-31）公開演講。http://www.fordham.edu/alumni/Whats_New/archive249.html

[19] What are the aims of European Competition Policy-Mario MONTI - European Competition Day - Madrid, Spain – 2002-02-26

[20] 'Concurrence : Mario Monti veut ouvrir une procédure d'examen contre EDF.: A la suite du refus de Paris de supprimer la garantie d'Etat accordée à EDF, Mario Monti vient d'annoncer son intention de proposer à la Commission une procédure d'examen sur EDF.', Fenêtre sur l'Europe, 2003-05-18.

Hamburg 邦首席市長 *Ole von Beust* [21]，與德國聯邦參議院（*Bundesrat*）參議員 *Gunnar Uldall*（*Eimsbüttler Bundestags abgeordneter und wirtschafts politischer Sprecher der CDU/CSU-Fraktion*）進行議題討論。[22] 二〇〇三年六月廿三日，*Mario Monti* 並應邀於國際競爭網絡（*ICN, International Competitive Network*）的墨西哥 *Mérida* 會議發表演說（*Introductory Remarks for the ICN Capacity Building and Competition Policy Implementation Working Group-Mario MONTI-Second ICN Annual Conference - Medrida, Mexico - 23.06.2003*）。

---

[21] 漢堡邦現由基民黨、法制黨（Schill）黨與自民黨聯合執政，首席市長為基民黨籍之Ole von Beust，第二市長Ronald Schill（法制黨），下屆選舉將於2005年舉行。

[22] http://www.neue-soziale-marktwirtschaft.cdu.de/uldall_ordnung.htm ； http://www.abendblatt.de/daten/2003/04/12/145139.html

圖4-1　歐盟執委會競爭總署組織架構圖

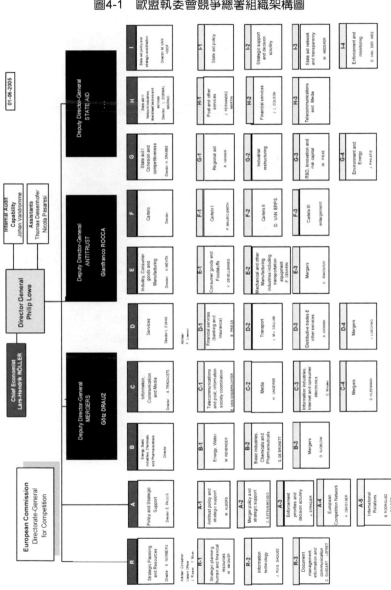

表4-1　依照第四○六四/八九號規則第八條第三項否決之併購案例
（1989-2005/7迄今）計十九件個案：

09.11.2004	*M.3440 - ENI / EDP / GDP* （*4064*）
30.10.2001	*M.2416 - TETRA LAVAL / SIDEL*
17.10.2001	*M.2187 - CVC / LENZING*
10.10.2001	*M.2283 - SCHNEIDER / LEGRAND*
03.07.2001	*M.2220 - GENERAL ELECTRIC / HONEYWELL*
31.01.2001	*M.2097 - SCA / METSÄ TISSUE*
28.06.2000	*M.1741 - MCI WORLDCOM / SPRINT*
15.03.2000	*M.1672 - VOLVO / SCANIA*°
22.09.1999	*M.1524 - AIRTOURS / FIRST CHOICE*
27.05.1998	*M.1027 - DEUTSCHE TELEKOM / BETARESEARCH*
27.05.1998	*M.993 - BERTELSMANN / KIRCH / PREMIERE*
26.06.1997	*M.890 - BLOKKER / TOYS "R" Us* （*II*）
04.12.1996	*M.774 - SAINT GOBAIN / WACKER CHEMIE / NOM*
20.11.1996	*M.784 - KESKO / TUKO*
24.04.1996	*M.619 - GENCOR / LONRHO*
20.09.1995	*M.553 - RTL / VERONICA / ENDEMOL* （*'HMG'*）
19.07.1995	*M.490 - NORDIC SATELLITE DISTRIBUTION*
09.11.1994	*M.469 - MSG MEDIA SERVICE*
02.10.1991	*M.53 - AEROSPATIALE / ALENIA / DE HAVILLAND*

資料來源：歐盟執委會競爭總署併購案例彙整。
http://europa.eu.int/comm/competition/mergers/cases/index/by_dec_type_ar
t_8_3.html

表4-2　歐盟執委會競爭總署任命委託管理（*Trustee appointed in case*
COMP/M.2416, Tetra Laval/Sidel Article 6（*2*）*Conditional Clearance Decision*）

併購個案	案例企業標題	歸責條款類型
M.567	*LYONNAISE DES EAUX/NORTHUMBRIAN WATER*	*Art. 21*（*3*）*decision taken on 29/03/1995*
M.1346	*EDF/ LONDON ELECTRICITY*	*Art. 21*（*3*）*decision taken on 27/1/1999*

M.2416	TETRA LAVAL/SIDEL	Trustee Appointment

資料來源：歐盟競爭總署。

http://europa.eu.int/comm/competition/mergers/cases/additional_data.html

　　而關於歐盟競爭事務的審裁，對於政府補助與併購可從華爾街日報（*WSJ*）報導，甫於二〇〇四年擊敗美國與以色列二地提案，取得英代爾（*Intel*）最新12寸晶圓廠*Fab 24-2*興建首肯的愛爾蘭*Kildare*郡*Leixlip*地區，日前卻因歐盟以英代爾具支配市場優勢之姿，不符合歐盟嚴格定義下的政府補助案條件，引起歐盟介入調查之範例中加以探討闡釋。

　　該個案中，愛爾蘭政府之反應為隨即宣佈抽回1.7億歐元（約2.25億美元）補助款，英代爾發言人*Chuck Mulloy*指出，該公司對其結果很失望，但*Fab24-2*建廠工作只能繼續，無法再打退堂鼓，不過，英代爾也暗示，愛爾蘭政府此舉極可能會影響英代爾未來在該國投資先進制程設備意願。

　　不過，據美聯社（*AP*）報導，就在撤回補助案的次日，愛爾蘭投資暨發展署（*Investment and Development Agency; IDA*）署長*Sean Dorgan*受訪時，終於忍不住公開批評歐盟官員缺乏*IC*產業常識，先前，歐盟競爭委員（*EU competition commissioner*）*Neelie Kroes*宣稱英代爾晶圓廠完工後，所生產的產品並非屬於鼓勵創新之舉，再加上晶圓廠完工後，不僅沒為歐洲帶來更具競爭力的研發轉移，也未能替歐洲創造新的工作機會。

　　但*Dorgan*則反駁指出，歐盟官員的談話完全看輕英代爾即將導入的65奈米先進制程科技之重要性，他並表示愛爾蘭人過去近二十幾年裏，深深瞭解如何吸引國際高科技大廠到愛爾蘭投資，為愛爾蘭加強全球競爭力，至於歐盟官員恐怕連為歐洲加強競爭力都作不到。另據*The Irish Times*報導，*Kroes*表示希望進行歐盟成

員國政府獎勵投資誘因之政策改革，約束成員國提供國際大廠之
投資或減免租稅措施，而將其資金轉進扶植小型企業與研發領域。

　　另外，歐盟審核併購案的態度尚可觀諸沙烏地阿拉伯基礎工
業公司（*SABIC*）收購荷蘭*DSM*公司的聚乙烯業務部門範例。這
件併購案使得*SABIC*成了世界第三大聚乙烯生產商。二○○二年七
月，歐盟執委會競爭總署經審查後反而無條件地批准沙烏地阿拉
伯基礎工業公司以十八億美金收購荷蘭*DSM*公司。歐盟執委會也
在二○○二年六月二十四日同意半導體大廠意法半導體
（*STMicroelectronics, ST*）收購法國電信設備業巨擘阿爾卡特
（*Alcatel*）旗下的微電子分支比利時企業阿爾卡特微電子（*Alcatel
Microelectronic*s）。

　　歐盟執委會在同意該併購案時表示，「它將面臨對手強勁的競
爭，以及典型的市場競爭約束：即市場進入的較低壁壘和強勢客
戶導向為特徵的市場。」併購完成後，意法半導體將成為歐洲*ADSL*
晶片組市場的中流砥柱。歐盟執委會指出，該企業面臨著
*Globespan ＆Virata*和*Analog*的競爭。[23]

　　另外歐盟委員會也正式批准了法國媒體事業集團*Vivendi*公司
以三百四十億歐元收購加拿大*Seagram*公司的計劃。然而作為獲得
歐盟批准的前提條件之一，*Vivendi*公司必須同意出售它在英國收
費有線電視公司*BskyB*（歐洲第二大的收費有線電視公司）所擁有
的22.7%的股份（價值60億至80億美元），時間期限為兩年。且

---

[23] 而事實上Globespan　Virata也是在二○○一年時十二月由Globespan公司
　　（擅長DSL物理層解決方案）和Virata公司（專長在DSL應用集成軟體和
　　通信處理器）完成了併購。合併後的企業具有為DSL及相關寬帶接入產品
　　提供優秀的集成系統設計解決方案的能力。是目前業界DSL領域的最大研
　　發投資商和主要的通信IC供應商之一。

*Vivendi*公司還就如何處理合併後的公司在法國、比利時、西班牙、義大利、荷蘭和北歐國家的有線電視業務提出詳盡的方案，以消除歐盟對其可能壟斷市場的疑問。[24] 可見就跨國併購進行競爭審查的裁量權限有其一定的規範。

在對外資或跨國併購審批的政治因素中也可以驗證半導體技術迅速發展的經驗。由於從汽車製造到武器研製都需要半導體技術，美國從一九七九年一直限制這項技術的外流。但中國大陸自一九八六年以來，把提高半導體技術作為國家結構經濟大計，同時還以無償提供工廠用地和採取優惠稅制等辦法吸引外資有關企業。結果是，中國出現了五十三個「矽谷」（硅谷）式高科技工業區。但更難的還是保持自己領先的核心技術。拿以色列來說，二〇〇〇年，它被美國《線上》雜誌評為世界四大高科技中心之一，新興高科技公司已達到三千家，數量上僅次於美國。但是，以色列幾乎每天都有新興高科技公司被外國大公司兼併收購的消息，一九九七年到二千年三月，美國公司收購二百二十四家，德國收購十二家，加拿大收購十家。[25]

歐洲聯盟曾在二〇〇〇年三月召開葡萄牙里斯本高峰會議。會議中提出具有挑戰性的任務是在二〇一〇年使歐盟成為全球最具競爭力的經濟實體，但在具體措施的採納上並沒有充分體現此承諾。近年來歐盟在國際競爭中落後美國，除產業結構和市場方

---

[24] Miguel Mendes Pereira, 'EU competition law, convergence, and the media industry', Law Society of England and Wales,2002-04-23, http://europa.eu.int/comm/competition/speeches/text/sp2002_016_en.pdf;EU Competition policy in the Media Sector 7 13/12/2002 No. Name Decision No. Date Type OJ Court case M.2050 VIVENDI / CANAL+ / SEAGRAM 13.10.2000 Merger: Art. 6（2） with conditions & obligations

[25] 參照〈交易：併購破產企業搜尋網〉, http://www.thedeal.com/

面的因素外，另一個重要因素是歐盟成員國企業在跨國界和跨地區重組方面仍然受到限制。過去，歐盟執委會一直希望歐洲議會能夠通過企業收購法案，以推動成員國企業在歐盟內的跨國界重組。

為了讓企業更容易在歐洲境內跨國收購企業，歐盟預定實施的「企業收購法案」。但於二○○一年七月卻在歐洲議會遭到否決。最大原因，是德國政府運作成功。德國政府擔心國內企業成為外國企業併購的對象。實施新法案後，收購企業的提議如果對股東有利，經營團隊將無力阻止，因此德國極力阻撓。目前德國企業中，以英美為主的外國股東已逐漸增多。而且二○○二年起，德國對企業出售股票獲利將實施原則上不課稅的措施，以銀行為主的企業勢必會大量減少交叉持股。鑒於德國曼尼斯曼公司被英國沃達豐集團敵意收購，如果企業收購法案通過，德國擔心外資收購德國企業將會形成熱潮。這些，在在都透露著跨國併購投資除了經濟面衡量因素外，已不得不需要將浮現政治力運作的因素納入全球投資的變數考量。

審察 *BSCH/A. Champalimaud* 併購個案，涉及西班牙 *Banco Santander Central Hispano*（"*BSCH*"）銀行和葡萄牙保險企業主 *António Champalimaud*（"*AC*"）與 *AC Group*（*AC SGPS,SA and Munfinac, SGPS*）的配換持股協議（"*Acordo Parassocial*"）。其中 *BSCH* 取得 *AC* 公司40%股權，*AC* 公司取得 *BSCH* 的1.6%股權。這個合併案事後向葡萄牙政府進行了申報。一九九九年六月，葡萄牙財政部長 *Sousa Franco* 其（"*Visão*", 見解）是禁止此併購計劃，隨之也禁止 *BSCH* 根據持股協議對 *AC* 公司行使表決權。葡萄牙政府禁止該併購的主要理由是：

第一、根據葡萄牙一九九八年頒佈的相關法律，*BSCH* 取得 *AC* 公司40%股權需事先向葡萄牙財政部進行申報。然而因遺漏此程

式從而違反葡萄牙的程序法。

　　第二、財政部認為，這個併購案是關於跨國企業進入葡萄牙的保險市場，關係到一個與葡萄牙的經濟與財政制度密切關聯的策略經濟部門，從而影響到葡萄牙的國家利益。由於葡國政府的禁令，BSCH遂向歐盟執委會申報並對葡萄牙政府提出行政申訴。

　　根據歐盟執委會觀點，遑論葡萄牙政府出於保護國家利益和維護戰略經濟部門的利益，還是出於當事人違反葡萄牙關於併購事先申報的程序制度，這都不足以闡明葡萄牙財政部有權依據歐盟理事會一九八九年第四〇六四/八九號規則第廿一條第三款對該併購案發佈禁令。執委會還指出，即使葡萄牙當局事先進行申報，執委會也不會因為該併購企業未事先向葡萄牙進行申報就認為這個禁令有合法利益。[26]

　　尤其根基於歐盟本身，歐體與會員國（中央與地方）的雙重或三重結構，在面對全球競爭環境，歐盟此種作為行政裁量的權衡準則，決定性地促成域外管轄權與適用對象門檻擴張抑或限縮的整體連帶效應。況且，歐盟內部本身的組織架構也層層受到高峰會、理事會、執委會、歐洲法院（含初審法院）等政治與司法壓力暨歐洲議會決議、跨國黨團遊說等多邊影響。

　　歐洲最高法院二〇〇二年十月即推翻歐盟執委會競爭總署對一項合併計劃的否決案，此次合併計劃是Schneider Electric收購其對手電力設備製造商Legrand。據彭博社報導，歐洲法院的裁決為Schneider全部或部分持有Legrand的股份鋪平了道路。Legrand於

---

[26] 參照BSCH/A. Champalimaud （Case No IV/M.1616）http://europa.eu.int/comm/competition/mergers/cases/decisions/m1616_21_3_en.pdf；王曉曄，《歐共體競爭法》,（北京：中國法制出版社，2001），頁317－318。

二〇〇一年八月表示，將出售1/3價值70億歐元的股份。這是歐洲最高法院第二次推翻歐盟競爭委員會反對企業合併的決議。歐洲最高法院曾裁定，歐盟競爭委員會反對*Tetra Laval*17億歐元收購*Sidel*無效。

*Schneider*收購*Legrand*旨在將該公司建造成最大的低壓電力器材生產商。然而二〇〇一年十月，歐盟競爭委員會以這兩家企業業務重疊太多，將造成電力設備生產市場的不公平競爭為由，否決了這一合併計劃。英國《金融時報》則稱，最高法院的裁定可望加速歐洲競爭法規的改革。

按照原先歐盟競爭法律，歐盟執委會是歐洲聯盟十五個成員國的行政機構，有權對合併後全球整體年銷售額四十二億美元（五十億歐元）、在歐洲整體銷售額超過二千一百五十萬美元（二千五百萬歐元）的合併交易作出否決或實施限制，即使所涉及的公司並非以歐洲為總部也受到影響。

併購（結合）規則一九九七年於理事會一三一〇-九七號規則第一條修正適用之門檻限制，則將共同體規模降低為：所有併購（結合）事業全球營業總額達二十五億歐元以上；至少在三個會員國內，所有併購（結合）事業營業總額超過一億歐元；至少在三個會員國內，至少有兩個併購（結合）事業之營業總額超過二千五百萬歐元；至少有兩個結合事業之共同體內營業總額達到一億歐元以上。除非每一參與事業在同一會員國內所占之營業額達其「共同體營業額」之三分之二以上。[27]

從趨同與抗衡政治之間的運作來觀察，這意味著：如果參與

---

[27] 參照何之邁，第五章，＜結合之管制＞，《歐洲共同體競爭法論》，頁28-30。

併購的每一個企業在歐盟範圍內的銷售額中超過三分之二的部分皆來自同一個成員國，則此項併購就不應視為具有共同市場影響力。從前述三個要件，與理事會一九八九年第四○六四/八九號規則的第一套標準相比擬，這套標準中關於企業規模的門檻大為降低，但同時第三個條件進一步強化了對於併購行為的跨國屬性的規範。這表明，委員會希望通過降低門檻擴大自己的核駁裁量權限，而成員國並不願意進一步向委員會讓渡其權力，除非是併購具有顯著的跨國影響從而更適合由歐盟執委會這樣的超國家機構來進行審查與處理。

市場支配地位的判別，首先依賴單一公司所持之地位，即合併後的實體或合資企業所公告的市場支配地位。實際上，至今歐盟部長理事會併購條例項下的絕大多數的此類公告引發的僅是單獨支配爭端。儘管條約與歐盟部長理事會併購條例本身均未就行為上或結構上的規制能否應用於共同、兩方或壟斷市場支配的防止與管理過程中予以明示，但市場支配地位的評定確實已應用於以下支配狀態的甄別過程中：企業集中本身並未導致或加劇單一或共同市場支配局面的合併後之實體與第三方企業共同保有的市場支配狀態或兩方或寡頭市場支配狀態。尤其在歐洲法院一九九八年三月*Kali und Salz*案判決之後更是如此，歐洲法院認為：「此條例，與條約81和82款不同，其目的是為了處理歐共體範圍內所有因對歐共體市場競爭結構產生了影響，而可能被認定與條約所倡導之有序市場競爭體系不相融合的併購」市場併購導致或加劇了由交易相關方與未涉及此併購的另一實體共同保有之市場支配地位，則也應該被視為干擾了條約所倡導之有序市場競爭體系。因此，如果僅僅認為導致或加劇交易相關方市場支配地位的併購才是條例所涵蓋的市場併購，則以上述所特別指出的條例本身之

宗旨在實踐中將有部分無法貫徹。因而條例將失去來自歐共體市場集中規制體系一般框架的必要指引，也將喪失實效的重要方面……所以……共同市場支配狀態不應被置於條例涵蓋的範圍之外。」

委員會還指出，早在上述判決之前，在 **Nestle and Perrier** 案的附條件批准裁定中「單一公司支配與寡頭支配之間的區別並不是申請運用或者不運用併購條例的決定性因素，因為這兩種狀態在特定市場框架條件下都會明顯阻礙有效競爭。」「由單一公司之市場支配地位導致的對有效競爭的限制將被禁止，且不能因為支配地位的保有者超過一個公司而得到許可。」「即使條款2（3）中沒有明確排除寡頭支配的情況，也不可假設立法者允許兩家或兩家以上的企業在市場內擁有相當獨立地共同行事的能力，從而抑制有效競爭。……基於這些法律和經濟方面的考慮，條款2（3）應該被解釋為涵蓋單一公司支配和寡頭支配……」。

委員會於一九九六年四月對 *Gencor/Lonrho* 一案所作的禁止性裁定明示了何種情況下併購會導致寡頭支配狀態。根據委員會的裁定，寡頭企業的成員在形成支配的過程中並非都必須存在故意串通。進一步說，只要寡頭企業的成員為適應市場環境而實行了以產出減少和價格升高為特徵的平行反競爭行為，則寡頭的市場支配狀態也就出現了。*Gencor/Lonrho* 一案闡釋歐盟部長理事會併購中以防止非競爭市場框架形成為目的之預期控制體系與條約涉及反競爭實踐的第86條包含的事後控制機制的基本差異。

隨後，歐洲初審法院於一九九九年三月在 **Gencor v. Commission** 案中承認：「寡頭企業之間形成共同市場支配的必要關係並不僅局限於形式上的結構聯繫，還包括經濟上的互相依賴，即通常所指的默示串通，其反映出的經濟思想是寡頭壟斷或共同市場支配概念的基礎」。正如委員會的早先裁定所述：「通過從事反競爭的平

行行為，互惠依賴狀態會產生強大的共同利益和利潤最大化的動機…實際上，假如價格易於探知且每個公司生產力富餘，則訂立低價路線就會失去動機，因為無論是否存在協定都可預期其他企業也會採用相當或更低的價格。」[28]

◆ 市場佔有率

　　關於市場佔有率標準的運用通常始於對合併後實體在相關地區市場與產品市場上的地位評定，尤其是它的市場佔有率評定。市場佔有率必須附加具體準確的地區市場和產品市場或相關市場的概念方有意義。委員會認為，如果從條約第86條的目的來檢驗市場支配狀態，市場佔有率的數位的確是一個有用的分析起點，但必須謹慎使用。一般來說，除某些特殊情況外，長時間擁有較高市場佔有率本身即可顯示市場支配地位，且如此高的市場佔有率賦予相關企業的市場自主權也是市場支配地位的證明。有些企業擁有的市場佔有率可能遠遠小於一般非專業角度所理解的壟斷概念，但是實際上他們已經進入了歐盟部長理事會併購條例所劃定的禁區。

　　「一旦市場佔有率達到40%至45%，則大致可認定市場支配狀態存在。雖然該份額本身並不會自動控制市場，但如果擁有如此高市場佔有率的公司與其最接近的競爭者之間存在巨大差距，加之其他可能存在的有利於該公司競爭的因素，支配狀態便很可能出現。如果支配導致市場結構扭曲並妨礙了現有競爭形態（已被支配狀態的存在削弱）的存續或發展，則以併購方式鞏固企業

---

[28] 此節部分主要參照涂崇禹律師編譯之＜歐盟部長理事會併購條例項下的市場支配概念＞，福建重宇合眾律師事務所內部通訊。

就可能產生弊端。此效果尤其取決於併購後市場參與者之實力在相關市場上的變化，即新團體與原有競爭者的地位對比。在*AKZO*案中，歐洲法院認為50%的市場佔有率足夠形成市場支配地位。[29] 我們可以注意到如果併購後企業的市場佔有率超過40%，委員會可能會更詳細地分析該市場集中，此時該佔有率是否會引發市場支配狀態在很大程度上取決於市場的供應結構及現存競爭者的市場實力。

另一方面，如果合併後的企業市場佔有率低於25%，則該交易將被推定符合歐洲共同市場的規則。[30]一般認為低於40%的市場佔有率（綜合其他因素考慮）不太可能形成市場支配地位。[31] 在*United Brands*一案中，綜合其他因素*UBC* 40%至45%的市場佔有率被認定足以體現其市場支配地位。而*Hoffman-La Roche*在維生素B3市場43%的市場佔有率則因為其缺少支援其目前市場實力的其他要素而被最終裁定為不構成市場支配。[32]

此外，委員會還將研究市場佔有率如何隨時間發展，呈上升還是下降的趨勢？甚至對企業集中導致市場佔有率超過了40%的情況，委員會在作出限定時仍然相當謹慎。因此，多數企業合併儘管導致其相關市場中的佔有率將累積超過40%，也已在委員會併購公告程式的第一階段通過。

---

[29] Akzo Chemie BV v. Commission, Case C-62/86,（1991）E.C.R. I-3359,（1993）5 C.M.L.R. 215

[30] Council Regulation No. 4064/89, Recital 15

[31] Jean-Yves Art and Dirk Van Liedekerke, Developments In EC Competition Law in 1996 - An Overview,（1997）C. M. L. R. 34:895-956, Kluwer Law international, 1997

[32] Hoffmann-La Roche and Co. AG v. Commission, Case 85/76, （1979）E.C.R. 461,（1979） C.M.L.R. 211

在某些案例中，委員會強調了在市場特點和競爭本質的背景下分析市場佔有率的重要性。相關企業市場優勢地位的必要存續時間也必須作為市場支配的構成要素之一。[33] 歐洲法院也認為「……從另一方面而言，相關企業與其競爭者（尤其是從實力上最接近它的競爭者）之間的市場佔有率關係，相關企業優於競爭者的技術領先程度，存在高度發達的銷售網路和潛在的競爭缺失都是相關因素，因為第一點可評析相關企業的市場競爭能力，第二點和第三點本身說明了技術層面和商業層面的優勢地位，第四點則是市場障礙阻止新競爭者進入市場的結果。」[34] 因此，在一個增長、創新、技術高速變化為主流的多樣性市場內，高市場佔有率並不等於市場實力，尤其當市場的准入壁壘較低時更是如此。

在*American Cyanamid/Shell*一案中〔19〕，即使*Cyanamid*的市場佔有率在20%到35%之間，此一併購仍被認為可以通過，部分原因在於與一些競爭者的產品相比，該企業的產品生命周期較短且技術新穎，另一部分原因在於對於動態與研發密集型產業而言，僅依靠市場佔有率是無法證明其擁有市場支配地位的。在*Digital Equipment International/Mannesman Kienzle GmbH*案中，計劃中的企業集中與歐洲共同市場的相容性並未受到質疑，因為「競爭的態勢不會顯著變化，因而企業集中不可能導致或加劇市場支配地位。由個人電腦和小型電腦市場在過去十年裏發展而成的電腦工作站市場是一個相當新的市場。在新發展的市場內出現較高

---

[33] Commercial Solvents, Case 67/73 and United Brands, Case 27/76,（1978）ECR 207,（1978）C.M.L.R. 429,

[34] Hoffmann-La Roche v. Commission, Case 85/76,（1979）E.C.R. 461,（1979）3 C.M.L.R. 211

的市場佔有率並無異常，這些份額也並非必然體現企業的市場支配地位。實際上，該市場內三家主導性公司一段時間以來市場佔有率的發展狀況正表明了該市場的動態本性。市場記憶體在持續性變化，包括市場主導的變化。」[35]

　　歐盟部長理事會併購條例作出的裁定必須預測，如果某種程度的市場併購被允許，市場將會如何發展？由於種種原因，過去往往並不足以推演未來。這一點在*Mannesmann/Hoesch*一案中得到了充分的體現，委員會裁定通過了相關方鋼管業務的合併交易，因為裁定過程將還未正式頒佈的設備採購條例列入了綜合考慮範圍。「……倘若高市場佔有率不但反映出了市場的現實情況，而且也是未來市場情況的可靠指標，那麼它們就成了判定市場支配狀態的重要依據。如果沒有確認其他結構性因素適時地改變了現有的競爭狀態，則市場佔有率必須被視為未來狀況的可靠指標。」[36] 委員會發現，在多數的產品領域，當結合市場佔有率的波動，具有強勁研發能力之競爭者的實力與數量，新產品面世的速度與衝擊和替代品對產品價格的影響等諸多因素進行分析時，「很高的市場佔有率」也不一定意味著市場支配。某些領域以市場佔有率的易變性為特徵，而其他領域，也許更多的是傳統行業，則表現出標榜的穩定性。在*Tetra Pak/Alfa Laval*案中，「高達90%的市場佔有率本身不言而喻地顯示出市場支配態勢。然而，在極個別情況下即使是如此高的市場佔有率也不必然導致市場支配狀

---

[35] Digital Equipment International and Mannesman KienzleGmbH,（1992）4 C.M.L.R. M99

[36] Mannesmann/Hoesch, Case IV/M.222,（1992）O.J. C114/34;（1992）5 C.M.L.R. 117

態。」[37]在*Waterhouse/Coopers & Lybrand*案中，委員會還對公司在較長時間段內更換結算人員的頻率和獲得與結算服務相聯繫的競爭價格與質量的技巧加以考慮。

　　企業集中導致市場佔有率的增長幅度也是一個重要的指標。一般來說，即使併購者擁有較高的市場佔有率，如併購後的企業獲得的市場佔有率未高於5%，委員會也通常不會干預。然而，有些情況由於合併後的企業與其他競爭者之間市場佔有率的差異相當巨大，因此小幅度的市場佔有率增長也可能受到關注。所以，關鍵因素有時並非併購企業的市場佔有率，而是現存競爭者的地位與市場的准入條件。

　　但是，在某些市場，企業的市場佔有率或無法取得或完全不可信。*Securicor/Datatrack*一案中，該合資企業的商業方向是在荷蘭市場引進車輛跟蹤服務，而在荷蘭市場上並沒有類似的服務專案，因此無法作出相關的評價。此外委員會一九九二年五月在*ABB/BREL*一案中認為，在鐵路機車和鐵路車輛市場上，由於一年內數單大金額的合約在有限的幾家製造商之間的分配，所以市場佔有率的逐年變化相當無序。「較之純粹的市場佔有率，未來合約的競爭程度更反而更具重要性，似乎沒有理由擔心那些歐洲大製造商例如*AEG*、*SIEMENS*、*GEC Alsthom*等的競爭能力。」

　　市場佔有率資料在涉及潛在的共同市場支配狀況的案例中可能傳達完全不同的資訊。在寡頭市場內，相關的寡頭企業之間的市場佔有率並沒有巨大差異，而是均勻分佈。此時依據條約第86條項下的案例或單一公司市場支配規則加以處理都是不合適的。

---

[37]　Tetra Pak/Alfa-Laval, www.Europe.eu.int

在分析市場壟斷本性而非某公司優勢市場地位產生的市場相容性的過程中，評估程式應充分延長。

◆ 競爭者

　　已公告併購的合資企業及合併參與方的競爭者之市場支配力與實力也是委員會評估的另一重要因素。市場內少量地位相等的競爭者，在不與合併企業協同行動的情況下，足以維持有效競爭。同時，在實力較強的市場參與者的作用下，合併企業與競爭者之間市場佔有率的巨大差異本身也未必導致支配狀態。

　　在*Renault/Volvo*一案中[38]，委員會認定，雖然*Mercedes*公司在法國巴士市場上18%的市場佔有率與*Renault*的54%的市場佔有率相比處於劣勢，但仍足以形成競爭阻礙。委員會批准卡車與巴士業務的合併的理由是，合併後企業的市場佔有率確實較高，但仍受其他幾家大公司市場競爭的影響和支配。但在*Boeing/McDonnell Douglas*一案中，委員會卻裁決*Airbus*公司在大型民用噴氣飛機市場30%的佔有率不足以制約*BOEING*公司與*MD*公司的合併實體，因為基於技術或研發能力處於劣勢，或者對手成功地構築壁壘阻礙其潛在發展與競爭，競爭者的地位並非市場佔有率所顯示地那麼強大。[39]

　　委員會還考慮其他公司參與有效競爭的方向與相關能力。合理時間段內出現的潛在競爭也在其考慮範圍之內。公司可能會以增加產出或重新關注生產為對策。繼而未經利用或處於閒置狀態的設備盈利性地滿負荷生產時的價格水平也是一個有關的考察

---

[38] Renault/Volvo, Case IV/M.004,（1990） O.J. C281,（1994） 4 C.M.L.R. 297
[39] Boeing/McDonnell Douglas, Case IV/M.877,（1997）O.J. C336/16

點。競爭者要負擔的生產成本也需要加以分析。潛在競爭有時受到市場准入壁壘的限制，在某些個案中，同來自于歐盟以外的競爭也有關聯。從委員會的案卷中，我們注意到許多高精尖產品的市場是全球性的，它們的運輸成本和其高昂的價格相比簡直微不足道。在*Aerospatiale/MBB*一案中，民用直升機市場就被認為是一個統一的全球市場，必需考慮來自歐共體之外的尤其是美國廠商的競爭壓力。雖然歐共體之外競爭行為的關聯性一般取決於市場的地區範圍，但偶爾委員也會判定來自市場之外的潛在性進口對合併企業的市場行為有拘束作用。

◆ 市場准入壁壘

　　眾所周知，即使某一公司確實擁有相當高的市場佔有率，但是由於市場上有可能出現新的競爭對手，所以其地位也是不穩定的。「總體而言，既使某市場併購導致市場支配地位的形成，如果有充分的證據顯示此種支配地位只是暫時性的而且很快會因為強勢市場准入者的出現而衰減，則也可認為符合併購條例第2（2）條框架下的歐洲共同市場規則。隨著這樣的市場准入，市場支配狀態不可能顯著抑制市場有效競爭……」[40] 對市場准入狀況的評估一直是裁定一個公司，或一批公司是否構成單一支配或共同支配地位的關鍵因素之一。該評估包括市場壁壘本身和潛在的市場進入者逾越壁壘以及其在市場上穩定存續所需要的時間兩個方面。除此之外，准入對於市場現有參與者行為的衝擊，廣告成本，經濟規模，已有品牌的實力，專利和其他知識產權、關稅、國家

---

[40] Aerospatiale SNI and Alenia-Aeritalia e Selenia SpA and de Havilland, Case IV/M53,（1992）4 C.M.L.R. M2

法規、購買偏好與設立管理設施或設立銷售或服務網路的需要，都與此有關。而在未來兩三年內不可能實現的發展態勢則因為周期太長而不在此列。正如歐洲法院在*Michelin*案中所闡述的那樣，擁有大量市場佔有率的公司，如果為了新的市場進入而花費過長時間建立新工廠，則即使面臨相當程度的競爭壓力，也可以被推定為擁有市場支配地位。即使供方市場存在潛在競爭，但如果消費者由於變更成本，資訊缺乏，合約責任等因素而被鎖定于現有產品之上，那麼新競爭者還是無法進入市場。

委員會必須以具說服力的證據證明，即使合併後的公司試圖提高價格或獨自行動，但是在相對較短的時間段內新競爭者實際上仍有希望進入市場，才可認定合併後公司的明顯高市場佔有率無法維持其市場支配地位。在*Eridania/Finebieticola*一案中，由於來自於義大利之外的生產商具有潛在的有效競爭，所以將控制義大利糖業市場巨大份額的併購交易獲得了批准。在一九九四年的*Mannesmann/Vallourec/DMV*案中，雖然競爭委員會執行委員由於該企業集中會導致市場寡頭支配狀態而最初建議阻止該市場併購，但委員會最後裁決卻批准了該交易，因為從日本和東歐至西歐的進口會有效抑制企業在合併後違背競爭規則的行為。[41]

*Mercedes-Benz/Kassbohre*的合併發生在兩家大型巴士生產商之間。合併後的企業將控制相關市場一半以上的份額。這項併購被認為符合歐洲共同市場的規則。委員會批准裁定的決定性因素來自於對非德國的歐洲製造商潛在競爭作用的認可。委員會從德國巴士運營商方面收集了德國以外地區競爭重要性的相關證據，

---

[41] Mannesmann/Vallourec/DMV, Case IV/M.315,（1994）O.J. 102/15;（1994）4 C.M.L.R. 529

認為德國巴士市場正處於競爭逐步對外開放的過程中。委員會還考慮了歐共體公共採購指令的影響,其要求許多巴士生產合約必須在歐共體範圍內招標。

在 *Alcatel/Telettra* 一案中 [42],西班牙電話市場的壟斷者 *Telefonica* 有約83%的產品來自於以上兩家公司。但是委員會注意到歐共體之外有生產類似設備的公司,其他一些電話設備製造商在西班牙也開展業務。雖然公共採購指令當時並不適用於西班牙,但是 *Telefonica* 仍聲稱其傾向於每種設備由兩家供應商競爭,且願意購買國外設備。委員會因此裁定,該市場具有競爭性,計劃中的合併交易不會導致市場支配地位,但畢竟合併還是對現有市場控制力造成了衝擊。一直影響市場准入可能性的因素是市場的增長性,或進一步說是市場的潛在增長性。增長性的市場較之一個停滯或者衰退的市場更有利於市場准入的實現,因為准入者能夠較為容易地吸引消費者而不致引發價格和利潤的急劇下滑。在這方面,近期的事實比理論分析更有說服力。而關於市場准入壁壘概念的某些特殊含義尚有頗多爭議。在某種程度上,它是一個廣義概念,幾乎泛指一切新企業進入市場特別困難的情況。很多人擔心,現有公司的高效率經營可能會被定義為壁壘。事實上,某些情況下合法的競爭行為與不公平或非法的競爭手段之間往往是難以劃清界限的。

◆ 其他因素

除了市場佔有率,競爭者,市場准入壁壘這些因素以外,其他一些與相關企業市場實力有聯繫的因素也需要加以考慮,例如

---

[42]　Alcatel/Telettra, Case IV/M.042,(1991)4 C.M.L.R. 778

企業財力、經濟規模[43]、最低限度的地區重疊、消費群的實力、消費偏好、消費者的反向議價能力、技術優勢、技術的高速進步，與市場及供應商的聯繫方式、組合實力、產品範圍與其他市場運營商的結構性聯繫，甚至相關企業的經營[44]，這些因素會強化或消減已公告的合併實體相對強勢的市場地位。

（1）買方勢力

在*Allied Lyons/HWE-Pedro Domecq*一案中，由超市集團抗衡食品生產商提出的零售購買力被用來支援許可性裁定，但是正如*Nestle/Perrier*[45]、*Coca Cola*[46]、*Guinness/GrandMet.*等一系列案例顯示的那樣，品牌實力有時可以抵消零售商的反制能力。

如*Pilkington-Techint/SIV*案裁決所示[47]，發動機產業內買方勢力通常被認為可以有效的抵消高市場佔有率，在充分考慮了歐洲主要汽車製造商控制力的基礎上，委員會對該領域汽車配件供應商之間的併購交易也採取了較為寬容的態度。在可信賴的替代供應商存在的前提下，類似的處理方法可應用於被國防部所壟斷的軍事產品採購上。

---

[43] United Brands, Case 27/76,（1978） ECR 207,（1978） C.M.L.R. 429

[44] Michelin v. Commission, Case 322/81,（1983） E.C.R. 3461,（1985） C.M.L.R. 282 and United Brand, Case 27/76,（1978）E.C.R. 207,（1978）1 C.M.L.R. 429, 487

[45] Nestle SA and Source Perrier SA, Case IV/M190,（1993） 4 C.M.L.R. M17

[46] Coca Cola v. Commission, Joint Case T-125/97, T-127/97, www.Europa.eu.int

[47] Pilkington/SIV, Case IV/M.358;（1994） O.J. L158/24;（1994） 4 C.M.L.R.413

買方也可以利用過剩能力來抑制市場地位顯赫的生產商和供應商。某些情況下，買方甚至有助於新競爭者的引入，或是運用自身資源維護縱向整合以抗衡實力過強的生產商。買方勢力不必實際運用，僅其運用的可能性足以作為委員會批准併購的證據。委員會也不願限制消費者能夠自行解決的市場併購。

這種趨勢反映在一九九四年的*Tractebel/Distrigaz*案及一九九六年的*Ruhrkohle Handel/Raab Karcher Kohle*案的批准過程中。後者高達75%的市場佔有率被認為沒有反映其真實的市場實力，因為德國煤礦行業補貼條例使得該企業無法自行制定價格。[48]

（2）財力

合併後企業的財力是另一需要考慮的重要因素。包括營業額，利潤率與融資能力在內的一系列參數，都體現了相關企業的經濟實力。但在實際操作中，委員會卻很少關注這個方面，而只是將其視為裁定作出的一般背景。

（3）組合實力

委員會已經在其一系列的併購裁決中明確了，企業產品範圍深度和廣度的危險性，尤其是其強勢品牌組合本身即可導致或加劇市場支配地位。[49] 在*Ciba-Geigy/Sandoz*案中[50]，委員會就充分考慮了名為*NOVATIS*的新併購企

---

[48] Ruhrkohle Handel/Raab karcher Kohle, Case IV/ECSC. 1147,（1996）O.J. L 193/42

[49] Coca Cola/Amalgamated,（1997）O.J. L218/15, Coca Cola/Carlsberg（1998）O.J. L145/41

[50] Ciba-Geigy/Sandoz, Case IV/M.737, Competition Policy Newsletter （Summer

業是否會利用其在大腦和其他腫瘤基因療法方面的專
利排他效果，獲得目前還不存在的市場支配地位。在
*Guinness/Grand Metropolitan*案中[51]，委員會就將供應商
實力的增長，更大的定價靈活性，潛在的銷售能力，經
濟規模以及市場範圍歸為組合實力效果。

就強勢品牌組合系列產生之競爭效果，委員會得出結
論，屬於各自市場的強勢飲料品牌的聯合會增強這些品
牌在各自市場領域內的價值，進而增強品牌所有者在各
市場的地位。在*Aerospatiale SNI and Alenia-Aeritalia e
Selenia SpA andde Havilland*案中，由於計劃中的併購可
能產生全方位覆蓋效果，因此該交易被委員會封鎖。正
如委員會所陳述的：「……在現實中，市場使用的完整
覆蓋優勢僅在航空公司擁有或者計劃擁有機隊，並且該
機隊由不同產品市場提供的飛機組成的前提下，才會出
現。根據*FOKKER*公司提供的資料，雖然機隊中也有30
座左右的機型，但一半以上的機型都是40座或40座以上
的。因此，至少可以表明擁有一個較完整的市場覆蓋是
很重要的……」[52] 無論企業實力是否由於組合實力而有
所增加，相關產品的號召力與範圍總是裁定該企業支配
地位存在與否的相關因素。有時，因為合資企業在相鄰
市場擁有的支配或優勢地位，抵消效果會而成為審查專

1996），31
[51] Guinness/Grand Metropolitan,（1998）O.J. L.288/24
[52] Aerospatiale SNI and Alenia-Aeritalia e Selenia SpA and de Havilland, Case
IV/M53,（1992）4 C.M.L.R. M2

門領域內一系列合資企業的主要理由。

（4）其他

總之，委員會的評估總是動態的，並包含了對市場潛在走向和技術革新的預判。來自臨近生產商之生產商和\或來自相鄰地區市場之生產商在供應方面的替換能力也要加以注意。委員會不但要分析合併的橫向方面，對其產生的縱向衝擊也要考慮。歐盟部長理事會併購條例第2（1）條對此也有相應的要求，表格CO需要提供有關方面細節，以便委員會能夠按照同於橫向效果的標準評估合併的縱向效應。假如合併集團中某一成員擁有其上游或下游市場至少25%的市場佔有率，且另一合併集團中任意成員也在該市場內從事商業運作，則必須向委員會提交詳盡的市場信息報告。

縱向整合的增強以及與供應商或消費者間的縱向關係（過去僅靠單一的合約關係而現在通過市場集中得到鞏固）都會影響市場的競爭結構。甚至在缺少明顯橫向或縱向效果的情況下，市場集中態勢在某些方面也會危及競爭。這些併購導致的行業或領域效果也可能產生或加劇歐盟部長理事會併購條例所禁止的市場支配狀態。[53]

美國、日本相比較，歐盟的企業併購控制規則雖然頒佈時間較晚，但是，自一九九九年九月廿一日開始實施以來，至二〇〇〇年為止的十年間，歐盟已累積相當豐富的經驗與相當眾多的適用

---

[53] Case IV/M.938; Case IV/M.877

案例。[54]然而歐洲競爭政策在實踐的過程中也顯現出若干瑕疵。[55]

一、政府對衰敗企業產業補助時的評估疏忽競爭原則

　　歐洲執委會在法國政府於二○○○年十二月初為資助虧損嚴重的法國電信（*France Telecom*），慨然提供九十億美金。而法國政府對里昂信貸銀行（*Crédit Lyonnais*）的金援部分，在一九九五年八月，前任歐盟執委會主管競爭事務委員*Karel van Miert*同意法國政府繼續再提供里昂信貸銀行四百五十億法郎補助。[56] 但此後執委會對一九九八年里昂信貸的年度財務報表所做績效公告未扣除需償還補助款而應列為虧損二十億部分，表達要求里昂信貸銀行總裁*Jean Peyrelevade*提出重整計畫及民營化時間表，否則歐盟將採取抵制行動的制衡。[57]

54　參照 Jean-Yves Art, and Liedekerke, Dirk van, 'Developments in EC competition law in 1995 : An overview.', Common Market Law Review ,33. 1996. 4. Pp .719-775. ; Ahlborn, C,' Competition policy in the new economy : is European competition law up to the challenge?', European Competition Law Review 2001.Pp.156-167.. Youri Devuyst, Janne Känkänen [et al.],'EU enlargement and competition policy : where are we now?', Competition Policy Newsletter, 2002. 1. Pp1-5. ; Cini, Michelle - McGowan, Lee, Competition Policy in the European Union., (Basingstocke; Hampshire : Macmillan Press, 1998) . p.264 .

55　參照Neil Harris,宇敏譯,《歐洲企業（第二版）》,（台北：五南圖書，2001），頁142-143。

56　參照德國西南廣播電台(SWR2)訪談Karel van Miert interviewt von Werner Rügemer http://www.swr2.de/zeitgenossen/sendungen/2000/11/05/; 以及希臘歐盟資訊中心C.Lyonnais rescue plan/Van Miert，EU News Flashes and Events for 97-01-14.

57　在經濟全球化的浪潮中，法國工商和金融企業的合併與兼併日趨活躍，而歐洲單一貨幣的誕生進一步加速了法國企業的大調整，使購併活動達到新的高峰。據法國《費加羅報》，一九九九年即歐元問世的第一年裏，法國企業的合併與兼併交易額比上一年度劇增124.5%，達到創紀錄的

於是一九九六年及九七年，*Jean Peyrelevade*遂就歐盟的制衡，會晤法國總統席哈克（*Jacques Chirac*）與總理居佩（*Alan Juppé*）商討因應對策。[58] 法國政府與里昂信貸銀行（*Crédit Lyonnais*）為顧全企業體質故以拖延策略相抗衡，將國有轉民營時間延遲四年並尋求特定對象：如德國*Allianz*保險與日本人壽（*Nippon Life*）釋放小部分股權達成民營化目標。在這國家補貼暨優惠或因國家產業考量實施特定豁免競爭政策上，反面的觀點則是認為由於九〇年代失業率被視為最主要的經濟與社會問題，如果停止補助將造成嚴重失業問題。

二、歐盟條約滋生增進歐盟全球競爭力併購案延遲的困擾

歐盟條約第八十二條所滋生的困擾是，即歐盟的競爭政策可能造成原本對歐盟有利，且因而增進歐盟全球競爭力的併購案延遲。為舒緩隧道運輸阻塞的雙向運輸公司*P&O*與史坦納（*Stena*）的併購案（參照歐盟執委會競爭總署審查*Case No COMP/M.2838*

2851億歐元，為一九九〇年的六倍。法國企業之間的合併與兼併活動尤為引人注目，交易額比一九九八年增加了190.5%，達到1365億歐元，約占全部交易額的48%。其中交易額最大的三起是托塔爾－菲納和埃爾夫兩大石油集團的合（526億歐元）、巴黎國民銀行兼併巴黎巴銀行（200億歐元）以及家樂福和普羅莫代斯兩大商品零售集團合併（168億歐元）。與此同時，法國企業的外向擴張也咄咄逼人，對外國企業的併購交易額比一九九八年增加了163.6%，達到1171億歐元。對外併購目標主要是歐美公司，其中德國公司廿二家，比利時公司廿二家，美國公司七十二家。外國企業對法國企業的兼併活動也有所加強，但不及法國企業的對外攻勢那樣凌厲。外國企業對法國公司的併購交易額為316億歐元，比一九九八年增加12.6%。

[58] 參照Privatisation du Crédit lyonnais Jean Peyrelevade met Chirac et Juppé hors jeu，www.humanite.presse.fr/journal/1996/1996-10/ 1996-10-22/1996-10-22-023.html.

-*P & O STENA LINE*（*HOLDING*）*LIMITED*）[59]，一九九七年整年便因歐盟執委會本身對併購後的新公司將擁有40%的市場占有率，且該公司將自其他營收中獲得補助的競爭審查過程，而將整個併購案延宕推遲。[60]

另外例如荷蘭資訊與出版集團里德愛爾索（*Reed Elesevier*）與瓦特克魯爾（*Wolters Kluwer*）的併購案則在一九九八年三月取消，原因是擔心為獲得許可，歐盟執委員會將要求這兩家企業解除許多原本經營的項目。歐盟執委會接獲競爭對手對此併購計畫案提出：將形成對稅務與法律出版品之獨攬行為的異議。執委會否認其有任何不合理的要求，但實際上卻表示該合併案將形成「大於歐盟境內其他專業出版商數倍規模」，且「將妨礙歐盟境內法律、財務與科技資訊之供需競爭，將嚴重影響及於消費者」。

三、整合利益與國家控制兩難的困境促使國家新保護主義型態興起

二〇〇二年四月，德國媒體巨擘克爾希（*Kirch Media*）宣告

---

[59] 參照歐盟執委會刊物（DN: IP/01/333,Date: 08/03/2001,IP/01/333,Brussels, 08 March 2001） Commission seeks comments on P&O Stena Line's cross-Channel ferry services Cross-Channel ferry operator P&O Stena Line has together with its parent companies P&O and Stena Line asked the European Commission for a renewed clearance under the EC competition rules. The joint venture was initially granted a three-year regulatory authorisation to operate which expires on March 9. The Commission publishes today a summary of the application in the European Union's Official Journal inviting interested parties to submit their comments within 30 days.

[60] 案例參照Etter, Boris,The Assessment of Mergers in the EC under the Concept of Collective Dominance An Analysis of the Recent Decisions and Judgements - an Economic Approach, World Compettion. 23 （2000）, No. 3, 103 . IP/02/1203, Brussels, 8 August 2002 ,Commission clears de-merger of cross-Channel ferry operator P&O Stena Line.

破產。克爾希媒體轄下的*ProSieben*是德國境內最大的電視廣播事業，因此，眾多國外傳播媒體如澳洲梅鐸（*Rupert Murdoch*）集團、義大利*Mediaset*傳播集團以及法國*TF1*，皆曾對收購表達意願。但同年十月時，由德國銀行團主導的克爾希（*Kirch Media*）媒體債權人委員會，卻在短短一小時的審議後，就決定將接管權完全交給位於德國漢堡的出版商*Heinrich Bauer Verlag*，並沒讓其他競爭者有機會詳盡說明，也不問獲得經營權者是否有足夠媒體經驗。二〇〇〇年十月法商維芳迪環球（*Vivendi Universal*）出現財務危機，則迅速出售給法國第二大的出版業者*Lagardere*集團，不願讓外國企業收購，這使得法國出版業呈現幾近獨占狀態。

此外，維芳迪環球拒絕英國電信鉅型企業沃達豐（*Vodafone*）集團以六十八億美元併購其轄下電話公司*Cegetal*的計劃。法國銀行卻提供維芳迪環球資金使得該企業有能力支付四十億美金取得*Cegetal*的控制權。

四、歐盟的競爭政策往往與其他政策等產生重疊現象

歐盟的競爭政策往往與其他諸如共同農業政策，以及區域性補貼政策等產生重疊現象。區域性補貼政策下，對景氣衰退企業的補助，如果時間長久，將形成對國內企業的不公平優惠，因而違反競爭政策的本旨。

第三節　跨國併購所採的「非競爭」考慮因素與政治意圖

　　規範企業集中控制，原本是屬於跨越各國疆界實施「多國籍企業併購」的不同市場經濟管理[61]。然而歐盟內部，因為不同的公司治理態樣，進而導致歐體與成員國間對於競爭法規則之間的疑議，與競爭裁量權限過於集約化的批評。另外由於各成員國的型態與國情殊異，歐盟尚需不時權衡歐盟企業所面臨的內外競爭壓力與單一經濟市場整合的宗旨。[62] 對跨國企業併購的反壟斷審查，也基於此因素，除了企業結構議題即決定企業集中化的核准程度暨縱向聯合的許可範圍之外[63]，實際上，更涵括著衡量市場准入、潛在競爭者與發展產業結構等複雜因素的顧慮。自此觀察，歐洲聯盟對於市場經濟的觀點遂導引其競爭政策的考量日益交錯複雜，因為決策程式逐漸地趨於政治化運作。[64]

　　雖然競爭觀念的範圍包括上述：經濟政策的規範原則、對於選擇特定的產品或服務在市場上的狀況、法律典則等，[65] 實質上

---

[61] J.R. Hollingsworth, P.C. Schmitter and W. Strreeck , eds., Governing Capitalist Economies. （New York, Oxford: Oxford University Press,1994）. Pp.215-243

[62] Jean Guyenot & Charles P. D'Evegnee,European Antitrust Law of the Common Market,1976,p.6.

[63] Peter Gourevitch, 'The Macropolitics of Microinstitutional Differences in the Analysis of Comparative Capitalism', in Suzanne Berger and Ronald Dore eds., National Diversity and Global Capitalism. （Ithaca and London: Cornell University Press,1996） pp.239-259.

[64] André Schmidt （1998）, Ordnungspolitische Perspektiven der europäischen Integration im Spannungsfeld von Wettbewerbs- und Industriepolitik, Frankfurt am Main, pp. 162.

[65] Grabitz/Hilf, Kommentar zum EG-Vertrag,2.Auflage, München 1991,Art. 85

依據二〇〇一年十一月廿八日跨機構協定的法律案，歐洲聯盟實已重新鑄造歐洲競爭法與政策法律規範與行政裁量上權限的實質內涵（*OJ C 77, 28.3.2002, p.1*）；而這是早先根基於一九九二年十一月的愛丁堡（*Edinburgh*）理事會高峰會議中為了達臻歐洲共同體更迅捷與更通權達變地處理競爭事務的宗旨所獲致。[66]

　　隨著一九九二年所提出建構一個單一歐洲市場的計劃方案的完成，這種所謂促進「積極整合」的重要性尤其彰顯並且此一推進力量與日俱增。[67] 評估歐洲競爭政策的績效基準，因而是依據能否達成歐洲聯盟的政治目標來判斷。

　　歷經十二年的艱苦談判，歐盟各國終於就跨國併購達成協定。在經歷了十二年的漫長談判之後，協調委員會的談判代表（包括歐盟各國政府、歐盟委員會—歐盟的執行機構和歐洲議會）就治理跨國併購問題總算是達成了一致，完成一套還算像樣的標準協定。但它還須經歐盟議會表決通過。按照這個協定的規定，各國將難以再用國內之規來阻斷跨國併購的發生。同時它還加強了少數股東的權益，方法是迫使潛在的併購者向目標公司發出購買所有股份的通用併購要約。要是以前，併購者往往僅是在向大股東要約，贏得對目標公司的控制後，對其他股東便採取要麼接受，要麼走的態度。歐盟執委會內部市場委員*Fritz Bolkestein*對此協定迅速表示了熱烈的歡迎。觸及歐盟競爭法與政策的根本在於：沒有一套統一的規則，跨國公司併購的合理化改革經常處於無人理

EGV,Rn.3.

[66] http://www.europarl.eu.int/summits/edinburgh/default_en.htm

[67] Ehlermann，C.-D.，'Der Beitrag der Wettbewerbspolitik zum Europäischen Binnenmarkt', in: Wirtschaft und Wettbewerb（WuW）　42 Heft（1）1992, pp.5 – 20.

會的尷尬境地。波爾凱斯坦和委員會其他官員的誇張修辭也折射出一種放鬆的情緒。由於遭到歐盟中的一些大國特別是德國的反對，這個協定險些中途擱置。

英國沃達豐電信公司併購德國*Mannesmann*公司個案中規模巨大的敵意收購並非政府安排，卻是反映了兩公司的股東意願。包括德國那些聲名狼藉的合夥公司經理都普遍認為，這是歐洲單一資本市場開始產生期望收益的一個信號。從此以後，大量的公司併購開始湧現，但是跨越國界的公司併購卻依然寥寥無幾。德國政府對協定中的一個關鍵條款表示反對引起了人們對協定前景的擔憂，這一條款規定公司管理層在未得到股東一致同意之前，不能使用類似「毒藥丸」的反收購抵禦措施。

德國曼內斯曼的部分股東，曾聚集在德國地方法院，要求禁止曼內斯曼管理層從事抵禦沃達豐敵意收購的活動。訴訟代表曼內斯曼股東為首的*Andreas Dimke*本身是律師，指稱曼內斯曼行政總裁*Klaus Esser*遊說個別大型機構投資者不要接受沃達豐的收購建議是不合法的，管理層應該保持中立。曼內斯曼管理層曾在歐美積極展開遊說工作，因此入稟法院的股東指這些活動有損他們的利益，要求*Klaus Esser*停止巡迴推介工作，以及取消一切可能阻礙收購的活動，例如主動組織支援管理層的股東，或動用公司資金展開反收購的宣傳活動。*Klaus Esser*向義大利報章表示支援德國總理施羅德（*Gerhard Schröder*）日前的反對敵意收購言論。*Klaus Esser*表示堅決拒絕沃達豐以一千四百七十億美元的敵意收購。除反對在歐洲內跨境收購外，還指出沃達豐的收購價未能反映該公司的潛在盈利能力，而且「絕對過低」。他認為，尤其是收購建議中換股部分低估曼內斯曼的市值，以及相對高估沃達豐的股價。沃達豐提出的收購建議，以53.7股沃達豐股份換取一股曼

內斯曼股權，而不涉及現金收購。

德國人士聲稱在其他國家，特別是在美國允許毒丸戰略和類似措施的使用，所以強迫歐洲公司承擔更大的被收購風險是不適宜的。但是目前德國的反對已被駁回。作為安撫，在修改國家法律以促進該協定實施以及雇員充分享受公司任何裁員計劃知情權的截止日期方面，德國人獲得了一年的延展期機會。

美國《公司法》的確對公司管理當局採用的毒藥丸戰略太容忍了，這是為什麼在美國敵意收購很少發生的原因。但是美國強烈的股東文化和對法律的偏好使美國公司管理當局比歐洲同行們更難運用這些反收購工具。德國反對論調的失寵，對於未完成的更為廣泛的議程─創建單一的歐洲資本市場─具有深刻的啟示。這個協定從醞釀到正式通過畢竟已走過了長達十二年的滄桑歷程。

反觀美國競爭法體系，二○○○年三月美國國會新通過 *Gramm-Leach-Bliley* 法施行後，則在銀行業務組織的合併程式和股份取得上，帶來全新的反托拉斯（*antitrust*）觀點。雖然美國聯邦機構對於此法的解釋與執行上的不確定性仍大，但可以確定的是美國銀行的組織如果選擇轉變為新法架構下的金融控股公司（*financial holding companies, FHCs*），在其合併或以任何方式取得非銀行業務公司（包括其他的銀行控股公司）的經營權時，均必須受到 *Hart-Scott-Rodino* 法案的規範要求。

美國對併購的法律規範，最主要靠案例和成文法。成文法中涉及併購之規範最早的是一八九六年的謝爾曼法（*Sherman Act*）和一九一四年的克萊頓法（*Clayton Act*）。謝爾曼法第二條規定禁止壟斷、意圖壟斷、聯合或共謀壟斷等。而克萊頓法第七條則禁止可能嚴重減少競爭或產生壟斷的合併與收購。謝爾曼法和克萊

頓法的執行機構為美國司法部和聯邦貿易委員會，這兩個機構在一九七○年運用上述法律阻止不合法的收購和合併活動時，發現其執法能力由於缺乏必要信息而大受影響，從而導致一九七六年《哈特-斯各特-羅迪諾反托拉斯改進法》（*Hart-Scott-Rodino Antitrust Improvements Act of 1976*）的通過。[68]

根據一九七六年美國《哈特-斯各特-羅迪諾反托拉斯改進法》的規定，任何可能取得壟斷地位的收購（具體是否達到壟斷地位將依據其一九一四年《克萊頓法》判別）均須事先向美國司法部和聯邦貿易委員會（*FTC*）事先申報以接受審查，如構成壟斷將構成違反反托拉斯法而不獲批准。此法案還規定，對於提交的併購計劃，反托拉斯機構可以進行調查，並且要整體考慮。「二次請求」將會延長等待時間，以便使美國司法部仔細審核關於合併事宜的提議，有時間決定交易可能產生的競爭後果，並在適當的時候在法庭上反駁此項併購交易。在多項條件中，收購案須完成《哈特-斯各特-羅迪諾反托拉斯改進法》規定之等候期屆滿或終止、向外國反壟斷監管機構申報、獲得股東批准、股份在股票市場上市，以及符合其他通常之條件。

二○○三年七月，商用軟體供應商甲骨文（*Oracle*）欲收購仁科（*Peoplesoft*）案例中即涵括「訴訟」與「二次請求」等程序。反收購操作上的設置「毒藥丸」廣義包括「金降落」（併購完成後需提供豐厚解職或離職金、股票期權收入與額外津貼等保障董事、總裁等高階主管的補償協議）、「員工持股計畫」（*Employee*

---

[68] 王文宇，〈世界主要國家併購相關法律規定之比較〉，《經濟情勢暨評論季刊》，第4卷第2期（1998年8月）。收錄於氏著《公司與企業法制》（台北：元照，2000年5月），頁155-160。

Stock Ownership Plan，簡稱ESOP）（因為員工持股計畫受託人－職工持股會通常傾向支持既有經理人而演繹為反併購有效的防禦工事）、防禦性併購、出售「皇冠明珠」（出售某一誘發收購公司欲望的高度資產價值、高盈利能力的優良部門以降低競爭威脅）等等；狹義僅指股份購買權利計畫（Share Purchase Rights Plan）。而「票據購買權利計畫」（Note Purchase Rights Plan）是「毒藥丸」的另種型態。在票據購買權利計畫下，如果第三者收購了被收購公司一定比率的股份（如30%），則權利持有人有權將他的股票售予發行者，發行者（即被收購公司）按約定向其支付證券，而這些證券往往含有一些旨在增加收購者融資困難的條件限制，比如說對償債次序、資產變賣限制規定或要求維持一定財務比率使整個收購進行徒增阻礙而延宕或終止，進而達成反併購的目的。在面對收購公司對全部股票發起全部現金標購的情況下，尚可實施「價值保證計畫」（Value Assurance Plans）以對付敵意收購。其方式是以股息方式向股東發放兩年期的「不定票據」（Contigent Unsecured Notes），該票據可以脫離普通股單獨交易。且價值保證計畫還規定，如果收購者以不定票據的轉讓作為股票收購的條件，則不定票據的受益人為標購發動前登記在冊的票據持有。此舉旨在防止併購者破壞價值保證計畫從而維護「毒藥」的效力。[69]

　　美國政府已經於二〇〇三年六月卅日延長對甲骨文公司此項收購意圖的企業併購反壟斷審查期限。甲骨文和仁科之間的競爭實際上是一場誰將成為第二大企業管理軟體廠商的爭霸戰。甲骨文公司是僅次於德國SAP公司的第二大企業管理軟體廠商，但仁

---

[69]　參照黃亞鈞、朱協編著，《資產重組與併購》（台北：五南圖書，2002年），頁135-156。

科同*J.D. Edwards*的併購將使甲骨文公司降到第三位。在聯邦反壟斷管理部門要求甲骨文繼續提供相關聯資訊以便對甲骨文敵意收購其競爭對手的做法進行審查的次日，甲骨文於二〇〇三年七月一日表示，它將推遲起訴仁科的聽證會。該公司和仁科已經同意將*Colorado*州法院原定二〇〇三年七月十六日對此項收購所作的聽證推遲到廿五日。*Colorado*州衡平法院原定於七月十六日舉行聽證會。第二天（七月十七日）就是*J.D. Edwards*股東將股票交付給仁科的最後期限。[70]

而仁科（*Peoplesoft*）企業的反收購策略：「毒藥丸」（*Poison Pills*），也就是股份購買權利計劃（*Share Purchase Rights Plan*）。這個計劃則是要使收購該公司的價格高得無法承受的一種反收購措施。甲骨文公司因此意圖通過法律手段取消「毒藥丸」，或者通過仁科董事會取消反收購措施。二〇〇三年七月十八日彭博社報導軟體設計商*PeopleSoft Inc.*（*US; PSFT*）完成以十八億美元合併*J.D. Edwards & Co.*的交易，這意謂著此併購導致*Oracle Corp.*欲兼併*PeopleSoft Inc*更加困難。*PeopleSoft Inc.*在*Business Wire*上發表聲明指出，在二〇〇三年八月底以前，他們將繳八億六千三百萬美元現金和五百廿六萬股股票，以作為合併*J.D. Edwards & Co.*的代價。[71]

值得探究的尚有媒體鉅子：電訊傳播公司（*Tele-Communications Inc.*美國有線電視業者，簡稱*TCI*）董事長瑪隆（*John Malone*）與梅鐸（*Rupert Murdoch*）之間所展開敵意併購股權攻擊防禦戰。

梅鐸於二〇〇五年八月十一日就瑪隆領導自由媒體集團兼併

---

[70] 'JD Edwards sues Ellison and Oracle for $1.7bn', 13 June 2003 http://www.silicon.com/news/500012-500021/1/4645.html

[71] 相關報導參照CNET科技新聞http://news.com.com/2030-1012-1018823.html

紐斯公司（*News Corp.*）案，宣佈延長毒藥丸計劃兩年，此舉旨在阻止「自由媒體集團在未諮詢董事會之下，未來收購紐斯公司大量投票股。」。新聞集團所持的股份包括出版業和廣播業中部分世界最知名的資產，如福克斯娛樂集團（*FOX*）、英國天空廣播公司（*BSY*）和紐約郵報（*New York Post*）等。

　　瑪隆從鄉間的小型有線電視公司*TCI*起家，一向慣以併購小型有線電視業來逃稅，十六年裡成交了四百八十二個購併案，公司股票價值成長了百分之九萬一千，*TCI*搖身一變為全美最大的有線電視公司。追溯自二〇〇四年十一月初，當時馬隆意外襲擊，利用他的自由媒體公司（*Liberty Media*）與美林證券進行交易，將他在紐斯公司的控制投票權幾乎增加一倍，由9％增加到18％以上，開始脅迫著追齊梅鐸家族29.5％的持股比例。新聞集團相應採取了股權攤薄反收購的措施。根據此一交易，自由媒體集團也可以把紐斯公司一些不具投票權的股票轉換為具投票權的股票。梅鐸驚詫遂展開反制，立即於十一月八日宣布毒藥丸計畫。根據此一計畫，他的家族及其他股東（馬隆除外）可以半價收購紐斯公司的股票。假如有任何梅鐸家族以外的人士取得紐斯公司15％的控制股權，紐斯的投資人可以用半價，以一股買一股。自由媒體集團日前的增股計畫不在此計畫內，但若馬隆進一步增加持股，便將引發此一計畫。當時，紐斯公司表示，將在一年內決定是否維持、放棄或修改此一計畫。

　　的確這種企業用以阻擋敵意併購的一種策略，被鎖定為併購對象的公司增發大量新股，企圖削弱自家股價在併購者眼中充斥蠱惑的吸引力，稱之為「毒藥丸」（*Poison Pill*），亦稱股東權利計畫。常用的毒藥丸是讓既有的股東（併購者除外）以折價購買更多股票，可以稀釋併購者的持股比率，對手的併購行動將更加

困難。投資人也可能馬上賺一筆，但公司成本高昂。顧名思義，毒藥丸也會讓公司本身造成內傷。二〇〇四年十一月，澳洲媒體大亨梅鐸表示，他的將採取這種防禦策略以阻止對手企圖取得更多的控制投票權。投資人擔憂這項防禦策略將使梅鐸付出龐大代價，發布當天，紐斯在澳洲的股價即重挫四％。毒藥丸的毒性由此可見一斑。

關於反併購的「訴訟」策略運用上，二〇〇三年七月十八日儲存管理軟體商*Legato Systems*的數位股東提出訴訟即屬之。為設法阻擋*EMC*併購*Legato*的計畫。股東提出兩起告訴，控告*Legato*公司的主管和該公司董事會蓄意操縱宣布收購案的時機，為這樁由儲存系統製造商*EMC*提出的十三億美元併購提案營造出利多形象，用意可能只為了提高他們可得的收益，而不是為了保障股東的利益。*Legato*首席律師*Noah Mesel*稱這兩起訴訟「毫無根據」，並聲稱會在呈報證管會的*EMC*合併相關文件中「提出詳細的事實，反駁有關紅利計畫的指控」。*Mesel*也駁斥所謂*Legato*更改盈餘公布時機的說法。業界分析師對*Legato*挨告表示困惑，但也指出少有合併案完全沒人阻擋就能過關的。*Gartner*儲存業分析師即稱，「合併相關訴訟似乎已變成『標準程序』」。

在二〇〇一年月出版的由前比利時中央銀行行長、國際清算銀行行長*Alexandre Lamfalussy*領銜的報告，建議將立法程序分成兩個層次，第一個層次只定義核心原則，由執委會研擬，再交由部長會議及歐洲議會審核通過；第二個層次為技術性的施行細節，授權由專家所組成的歐洲證券委員會（*European Securities Committee, ESC*）及歐洲證券監理者委員會（*European SecuritiesRegulators Committee, ESRC*）提供諮詢建議，執委會根據兩委員會的意見研擬草案條文後，送交ESC審核通過，即可逕

行對外公布實施。如此一來，可將立法時間從以往的數年縮短至數月。*Lamfalussy*報告立即獲得同年三月的歐盟高峰會通過，但歐洲議會卻擔心權責旁落，遲遲不肯答應，直到二○○二年初才與執委會、理事會達成協議。根據歐盟執委會二○○一年底公布的*FSAP*第五次進度報告，在*FSAP*認定的四十二項措施中已完成二十五項，其中有九項為立法行動，十六項為決策、溝通、建議或報告，至於尚未完成的十七項措施，有八項由執委會準備，其餘則由部長會議及歐洲議會審核中。如此漫長的擱置，在*Lamfalussy*領導下的「智囊團」提出的一份最新報告中已經有所暗指，在報告中，他提出了在金融服務領域和證券市場精簡相關程式，以儘快執行歐盟指示的倡議。歐洲領導人對*Lamfalussy*的這一計劃表示了支援。但是歐洲議會卻抵制這個計劃，他們擔心這可能會導致歐洲議會立法權的削弱。不管怎麼樣，如果像德國這樣的大國政府不同意開放他們的市場，精簡程式仍然不能發揮作用。

近年來，歐盟積極推動了相關指令的制定工作。在這一過程中，各種機構廣泛參與討論、諮詢，為制定相關指令打下了堅實的基礎。二○○一年五月三十日，歐盟委員會向歐洲議會和歐洲理事會提出了《關於內幕交易和操縱市場（市場不當行為）的指令建議》（以下簡稱《指令建議》）。歐洲議會和歐盟理事會分別於二○○二年十月二十四日和二○○二年十二月三日通過該建議。二○○三年一月二十八日，歐盟正式發佈歐洲議會和歐盟理事會《關於內幕交易和操縱市場（市場不當行為）的指令》（*Directive2003/6/EC*）（以下簡稱《指令》）。此後，歐盟委員會又於2003年12月22日通過了該指令的第一批實施措施，其中有關操縱市場行為的有《關於內幕資訊的定義及披露、操縱市場行為定義的歐盟委員會指令》（*Commission Directive2003/124/EC*）以及

《關於豁免股份回購計劃和安定操作行為的歐盟委員會規則》
（*Commission Regulation*（*EC*）2273/2003）。

時至今日，歐洲廣泛股權模式的發展，跨國投資組合的興起以及「權益文化」的成長，已把監管機構遠遠甩在了身後。無論是政府還是公司，都不得不更加關注小股東的權益和利益。令人鼓舞的是，法國的法院判決推翻了一次大規模企業併購，因為它對小股東採取了歧視性的政策。歐洲貨幣的形成正使整個歐洲大陸公司感受到前所未有的競爭壓力。然而，歐洲權益文化聯合和泛歐資本市場運作卻依然是遙不可及。所幸的是，歐洲金融政策的制定機構已經意識到：一九九二年單一市場和單一歐洲貨幣的形成所能產生的潛在收益能否真正實現，最終將取決於金融市場的開放程度。今天，他們甚至已經有所覺悟：要實現歐洲金融市場的真正開放，必須犧牲一些國家主權。對經濟力結合控制的併購亦然如此。

歐盟執委會與歐洲議會就競爭事務的角力，顯現於歐洲議會議員對歐盟競爭委員會提出的新法規進行了干涉。因為新法規大刀闊斧地改變了現行的汽車銷售模式。議會希望支援該委員會提出的對新法規進行修改的建議，該建議與歐盟執委會主管競爭事務委員*Mario Monti*提出的建議相左。目前干涉已起到一定作用，經過歐洲議會投票表決後，*Mario Monti*重新審視了推遲實施允許經銷商任意建立分銷店的建議，並於最近做出了新的決定。該建議的目的是為放鬆對歐洲汽車銷售的限制並增加市場競爭力，該建議計劃於二○○三年十月一日起實施，過渡期為一年。考慮到特殊的壓力，*Mario Monti*準備延長過渡期，*Mario Monti*說，但他沒有表明可能的延長期限。*Mario Monti*進一步表示，他受到遊說，從而使新法規的實施被迫攪入雜質。議會的經濟和貨幣事務

委員會對歐盟執委會主管競爭事務委員*Mario Monti*的建議提出第廿八條修改意見。委員會的大多數成員認為，現行汽車銷售法規改變得太快將會傷害小經銷商的利益並導致就業危機。汽車製造商反對歐盟競爭委員會太快地放開現行汽車銷售法規，但歐盟競爭委員會中有一批潛在的保守主義者，他們理論上支援放開汽車銷售市場。但議會的職責僅限於建議，而歐盟競爭委員會對新法規卻有獨立的決斷權。這些建議主要包括對新法規中的一些核心內容提出修改意見，如地方條款、多品牌銷售條款、分開銷售和服務的條款及取消經銷商銷售權的條款。該委員會反對經銷商有權不經製造商允許而在歐洲任何地方開設分店的條款。根據該條款，稅前價較低的國家如荷蘭的經銷商可以在稅前價較高的國家開設分店，從而直接侵犯了當地經銷商的利益。而在現行的地方條款中，經銷商未經製造商的同意就不能開設分店。*Mario Monti*想取消這一條款以增強國際品牌的競爭力。但經濟和貨幣事務委員會，還有法律事務委員會建議現行地方條款應該至少延遲使用到二〇〇五年。即使沒有銷售分店，經銷商仍可以通過郵寄或互聯網廣告跟同行競爭。而在現行法規下，汽車製造商可以禁止經銷商發展本區域以外的顧客。

　　*Mario Monti*的建議中允許經銷商在同一展廳中賣不同的品牌而不需要專門的管理和銷售隊伍。而委員會提出的修改意見為，經銷商可以在同一展廳賣不同品牌，但前提是要有專門的銷售隊伍。經銷商可以通過談判從製造商處獲得額外開支的經濟補償。*Mario Monti*希望讓經銷商可以選擇把維修服務下包。但該委員會建議銷售和服務分開應限制在當地，並補充說，經銷商可以把維修下包，但前提是經銷商附近要有修理廠。汽車製造商爭辯說，如果經銷店附近沒有維修廠，顧客會遭受痛苦。委員會還提

出，製造商不必被迫書面解釋為什麼要取消一家經銷店。而*Mario Monti*希望通過書面解釋來保護經銷商的利益。當然，製造商也遇到了小小的挫折。考慮到對經銷商零部件的供應，委員會提出如果一個配件不符合標準，應該由汽車製造商出具證明。而*Mario Monti*則要求供應商提供證明。這件事還沒有結束，以汽車為支柱產業的國家如德國、法國和義大利對*Mario Monti*提出的新法規表示了關注。德國總理施羅德（*Gerhard Schröder*）已口頭表示反對新法規。[72] 歐盟競爭委員會有決心保留*Mario Monti*最初建議的精神，特別是有關地方條款方面。競爭總署不會堅持其立場，如果所有的成員堅持修改意見，而且如果歐洲議會促成這件事，歐盟競爭總署可能會讓步。

此外，歐盟競爭委員會本身也不是全體支援*Mario Monti*的建議，某些總署內部的成員也反對新法規。在投票表決期間，許多製造商在布魯塞爾進行。特別是德國總理施羅德起到了特殊作用，因為他在選舉年要保護德國的就業。施羅德作為大眾集團前董事會成員，對歐盟競爭委員會的高級官員進行遊說。而此前在*Mario Monti*向委員會遞交法規草案的同一天，德國總理施洛德就曾表示：新法規的破壞力將會對德國的汽車工業帶來不利的競爭局面。歐洲汽車製造商及銷售商協會拒絕對*Mario Monti*的讓步做評論，但表示，保留的某些條款對消費者是有利的。消費者協會同樣向歐洲議會發動遊說，希望議會成員支援新法規，但製造商的遊說力量更強大一些。

---

[72] 德國總統則為羅曼·赫爾佐克Roman Herzog（基民盟）任期1994-1999年；現任總統為約翰內斯·勞Johannes Rau（社民黨）1999起。參照 http://www.de0049.com/gjgl/gjgl_ztzl.htm

　　同時相對應的是，一九九六年執委會競爭總署則首次依據雙重寡占壟斷理論禁止Gencor與Lonrho兩家白金生產企業的合併。此件個案的重要性不僅在於涉及寡占，並且還涉及第三國企業合併的問題。Gencor企業是南非國民人壽保險集團的子公司。Lonrho上市有限公司市屬於英國企業。併購協議是將Gencor的子公司Impara Platinum與Lonrho的子公司Lonrho Platinum Division組成一個共同管理的合營企業以合併白金生產活動。這項合併案是世界上排名第二及第二位最大白金生產企業的合併，在世界白金市場上共計占有28%的市場額度。而世界最大白金生產企業Amplates是南非英美（AAC）集團轄下的子公司，在白金生產市場則占有35%的市場額度。因此，競爭總署認為如果Impara Platinum與Lonrho Platinum Division合併，將會形成雙重寡占壟斷，而共同佔據大約70%的世界白金生產市場份額。因為俄羅斯開採量下降的因素，更將導致此支配市場地位的雙重寡占壟斷有不斷擴張的趨勢。值得注意的是，這個併購個案雖然有全球性的影響，但除了歐盟執委會競爭總署，其他任何國家的反壟斷機構皆未提出異議。

　　近年來執委會已經在審查寡占壟斷方面積累了一定的經驗。執委會的觀點是：如果相關市場上產品的同質性強，市場透明度高，市場需求方的地位弱，市場便容易發生寡占壟斷。在一九九五年的ABB/Daimler-Benz併購案中，委員會指出ABB/Daimler-Benz企業的市場占有額度共達到67-100%，這雖表明它們共同具備市場支配地位，但是僅在它們滿足了以下的兩個條件才能證實這種壟斷地位。第一，寡占壟斷企業間相互沒有競爭；第二，寡占壟斷企業與其他企業間也沒有實質性的競爭。執委會擔憂，此項併購將在共同體市場特別對德國的短途軌道市場（包括地下鐵道、市區有軌及無軌電車等）造成雙重寡占壟斷的支配地位。最後，這

個併購個案，經過執委會競爭總署審查的結果是：雖然核准其併購，但必須接受執委會所附加的條件，即*Daimler-Benz*必須轉讓出轄下一個具備相當實力的短途軌道電訊系統部門，目的在為這個系統市場至少保留一個競爭者，使寡占壟斷者能夠受到競爭的壓力以阻止其濫用市場優勢的支配地位。

在另一方面，執委會認為，如果市場透明度低，需求方的市場地位強，市場供應方之間易於展開競爭，市場便不存在寡占壟斷的危險。執委會在*Unliever/Diversey*併購案例中的決定指出，在工業清潔設備的產品市場上，鑑於購買數量與價格等方面的市場透明度極低，特別是鑑於需求方有較為有利的市場地位，因此該市場尚不至產生寡占壟斷情形。而在*Bosch/Allied Signal*個案中，執委會指出鑑於*ABS*煞車系統的需求方是市場勢力極強的汽車生產商，該併購不會出現寡占壟斷。在*Cardo/Thyssen*一案中，縱然該併購導致共同體有軌交通煞車系統的市場佔有率將達到60-80%，但是執委會認為該併購並不會限制競爭而加以核准。

第四節　會員國對企業經濟力的主權讓渡爭議與兼併壁壘

歐盟各會員國對企業經濟力濫用管制的主權讓渡爭議與兼併壁壘其實與歐陸競爭法的繼受淵源有關。傳統觀點認為二次世界大戰後美國競爭法乃為德國競爭法的繼受淵源（*Frazer, 1992; Gerber, 1998*），並進而間接地對歐陸競爭法規範有較重大的影響

（*Maher, 2000*）。[73] 此絕大部分導因於美國有已開發世界中較古老的競爭法。[74] 美國在戰後開始倡議世界自由貿易，實際上結束作為自由貿易壁壘的歐洲卡特爾時代。美國的立場在一九四八年四月《哈瓦那憲章》中儼然確立：意圖藉由憲章及雙邊協定規範各簽署國制定反壟斷法案。一九四七年一月廿八日，美國在其控制的德國佔領區制定第五十六號法律，宣告卡特爾為非法。在德國的影響下，歐盟的企業併購控制政策在很大程度上是以市場結構為導向。

第四〇六四號規則規定：「凡是企業通過併購產生或加強市場支配地位，且由此使共同市場或其相當部分地域內的有效競爭受到嚴重損害，則此項併購被視為與共同市場不相協調」。和德國相似，歐盟的企業併購控制政策將重點放在水平橫向併購上，因為它直接導致競爭者的數目減少。換言之，監控企業併購就是防止壟斷性市場結構的形成。關鍵則是要考察併購是否將使得某種長期性的市場支配地位出現。

為了應對六〇年代末的合併浪潮，歐洲各國政府在一九七二年巴黎峰會達成創建一個監督歐洲壟斷機構的協議。在一九七三年七月二十日，執委會就該問題向部長理事會提交規則草案。一九七四年二月，執委會獲得歐洲議會和經濟與社會理事會的支援。但由於各成員國決定保留其不可撼動的操控範圍底限，歐盟

---

[73] 有關美國與歐洲共同體競爭法規範之立法間的影響與差異，可參照：G.Majone, Law and Competition in Twentieth Century Europe : Protecting Prometheus（1998） at 270. ; T. Frazer,Monopoly,Competition,ant the Law（2nd. Edn.,1992） p.173.

[74] Imelda Maher,'Re-imagining the Story of European Competition Law'，Oxford Journal of Legal Studies,Vol.20,No.1（2000）,pp.155-166.

競爭政策中結合控制規則的討論遭到擱置。

由於監督壟斷權限未獲正式批准，執委會遂逕行奪取這項裁量權力。[75] 並於日後與歐洲法院產生裁量權力上的彼此角力、對峙。一九七二年，執委會決定任何在一特定市場已佔主導優勢地位的企業併購另一與其相競爭企業的意圖，將損害它原有的主導優勢地位：違反歐洲共同體條約第八十二條（原羅馬條約第八十六條）。在這一法律基礎上，執委會決議禁止大陸罐器公司 *Continental Can Company Inc.* 收購 *Europemballage*（72/21號決議）。惟這一案件後來在歐洲法院進入訴訟程序。[76]

在大陸罐器（*Continental Can Company*，簡稱*CCC*）案例中，事實指出*CCC*為世界包裝業之主要企業，擁有德國*Schmalbach—Lubeca—Werke AG*（*SLW*）公司85%的股份，該公司在德國魚、肉類包裝空罐暨金屬容器業之市場中居控制地位，*CCC*更進一步指示其子公司收購荷蘭*Thomassen & Drijver—Verblifa NV*（*TDV*）公司將近100%的股權。歐盟執委會因此認定*CCC*及其子公司*SLW*在歐市居主導地位，其併購*TDV*之行為已構成濫用。[77] 在*Continental Can Company*案例中，歐盟執委會將涉案產品分為肉罐、魚罐及金屬密封容器三個獨立的市場，但歐洲法院對此區分提出商榷，認為執委會作此分類並未經嚴密分析及有力論證。歐洲法院的論證在指出：「市場之確定，重要的是在於審覈產品的競

---

[75] Ibid.

[76] Europemballage Corporation and Continental Can Company Inc. v Commission of the European Communities. Case 6-72 R.European Court reports 1972 p. 00157

[77] Case 6/72 : Europemballage Corp. and Continental Can Co. Inc. v. EC Commission[1973]ECR 215,[1973]CMLR 199.

爭可能性，至於是否具有競爭性，則與涉案各產品的特質有所關聯。若產品間無需求彈性，或僅有極少限度的交換可能者，實非屬同一市場。」

追溯一九六六年的備忘錄中，法院自己認為《羅馬條約》控制壟斷和卡特爾的第八十五條（現八十一條）不適用於企業結合（集中）。但是，一九八二年於反對公司達成股票交換交易的聲明中，執委會認為此舉已構成真正的壟斷，與羅馬條約第八十五、第八十六條相悖。幾年後，法院在一九八七年*Philip Morris*對*Rothmans*案判決中，卻支持並確認執委會以確定的第八十五條款適用於正處於證券交換協議狀態的兩企業體屬於壟斷的觀點。這一極為重要的判決導致執委會獲得原本部長理事會拒絕給予它的相當大的控制及裁量權。[78] 一九八五年歐盟執委會主管競爭事務委員*Peter Sutherland*在對歐洲公司法協會的演講中即曾表達一種兩難的情況：「正如我在其他場合所暗示的，如果理事會討論長達十二年的合併控制的提議不能得以制訂，那麼執委會就得被迫審核（註：羅馬條約）第八十五、第八十六及第九十條條款對合併的直接適用性。在這種情況下，我可以向執委會建議在對個別案件上運用該政策時採用適當的指導方針。」

歐洲努力發展有關競爭的全面政策的歷史可以回溯到一九五七年羅馬條約的簽定，該條約建議對私人貿易限制措施和公共貿易限制措施皆加以規範。原則上，羅馬條約禁止扭曲競爭的協定和聯合行動，也禁止那些由具有市場支配地位的公司要求必須交

---

[78] 有關競爭法中的併購案例參照Advokaterne Bredgade,（1988）"Merger Control in the EEC",（Deventer:Kluwer）; Valentine Korah,（1982）, Cases and Materials on EC Competition Law:Competition Law of Britain and the Common Market..

易的協定和聯合行動。這與美國那些具有支配地位的公司拒絕交易的特權形成鮮明對比。

此外，羅馬條約將某些國有壟斷者視為是「基礎設施」，並且要求他們開放其網路進行競爭性的出價。重要的是，該條約還通過對國有壟斷者適用以前的第八十六條的規定的方法，規制那些由國有壟斷者所導致的公共的或私人的貿易壁壘—例如國營的電話業務—包括英國經營的電話產業，以及法國的電信產業（它被要求以競爭的方式獲得有關設備）。儘管美國的反托拉斯法所強調的是生產和分配領域的效率，但歐洲似乎更重視其他的事項，譬如說銷售的效率和公正性。與此同時，日本的競爭法則是將工業政策目標與某些獨占卡特爾協調起來。[79] 判斷一個國家銀行市場的開放程度，也可從觀察進入當地市場或外國銀行的數量及業務經營情況獲知。

瑞士於一九九八年，共有外國控股銀行一百廿八家、外國銀行分行十二家。外國銀行一方面通過建立分行、代理處、代表處進入瑞士金融市場，另一方面也通過參股、控股、收購、兼併等多種手段與瑞士銀行瓜分市場份額（例如：美國*GM Capitel*銀行收購主要從事小型貸款業務的*Aufina*和*Procredit*銀行）。它們只要獲得經營許可，跨國企業在瑞士就可以經營所有綜合性銀行的業務。而且瑞士主管當局也極力保證瑞士市場的開放性，例如：在聯合銀行（*UBS*）與銀行公司（*SBC*）合併後，瑞士聯邦競爭委員會甚至要求聯合銀行將其在瑞的30個營業網點出售給外國銀

---

[79] Julian Epstein, The Other Side of Harmony: Can Trade and Competition Laws Work Together in the International Marketplace?, American University International Law Review, 2002, Vol.17, p.343

行，以防止其壟斷地位的形成，可見瑞士對以跨國併購方式引進外資的開放性。

　　此現象，歐盟競爭法的特徵顯現於英國貿易與產業部《歐洲共同體的併購壁壘》（ *Barriers to Takeovers in the European Community* ）第一卷（ *London：HMSO, Her Majesty's Stationery Office* ）中所述：趨同的壓力來自於「規範之間的競爭」，而此主要歸因於資本流動國際化與管制多國籍企業的結果。[80]

　　這種批評觀點，從一九九一至九二年度英國國會下議院貿易與工業選任委員會《兼併暨收購》年度報告書的爭辯主題呈現：是因為歐體規則與指令的介入，導致企業併購的設計引入剛性規範，破壞英國原本為企業防禦敵意併購之「持股者一次出價」的制度設計，而藉由歐洲聯盟機構的複審，將可能與英國於一九六八年即設置，迄今仍在運作，由十七位委員組成的非官方組織：「倫敦金融商業區併購評判小組」（ *the Takeover Panel* ）依據一九六七年所制訂的《倫敦金融商業區併購法典》（ *"the City Code"：The City Code on Takeovers and Mergers and The Rules Governing Substantial Acquisitions of Shares,* 簡稱「倫敦法典」）作出的決定，產生兩相對峙的結果。[81] 儘管這個機構屬於民間，但對一九六七

---

[80] Stephen Thomsen & Steven Woolcock, 'Foreign Direct Investment in Europe：Competition Between Firms and Government', （London：Pinter,1993）; Steven Woolcock, 'Regulation in the Single European Market：Centralization or Competition among National Policies', （London:Royal Institute of International Affairs.1994） 提及歐洲單一市場的規制究竟屬於國家政策的集權化還是競爭的爭議所在。

[81] 參照http://www.thetakeoverpanel.org.uk/。現任十七人委員多為財務諮商投資顧問與企業經理領導階層如高盛、Rathbone Investment、Finsbury Growth Trust 、德利佳華證券（Dresdner Kleinwort Wasserstein）、所羅門美邦證券（Schroder Salomon Smith Barney）、瑞銀華寶（UBS Warburg）投資銀

至二○○二年宣告近一萬一千件併購交易數量而言，其參與諮商
的機構認證屬性，因評判違反該併購法典具備撤銷其交易授權的
效力而強化。[82]

　　歐盟執委會是對「歐洲共同體標準的集中」（*Concentration
with a community dimension,* 簡稱為*CCD*）即根據三種規模界限來
定義—全球範圍、歐洲共同體範圍和國家範圍擁有唯一的司法管
轄權機構。此*CCD*標準舉旨在針對那些不只限於單一成員國之
內，而且對歐共體範圍內產生影響的鉅型企業兼併收購案。除非
《併購法》允許的某些情況另有規定，這就可以避免涉及*CCD*的
公司要求接受不同國家的反托拉斯監管。取消這種多重司法管轄
的就是「一步到位」（*One-Stop Shop*）原則。[83]

　　通常，涉及兩個或兩個以上成員國的、規模較大的企業之間
的併購一般只需經過執委員的審查，而不必向其所涉及的多個成
員國申報。因此這個制度也被稱為「一站審查」，它具有三個重要
作用：第一有利於保證歐盟政策相對於成員國政策的優先地位；
第二有助於避免不同的併購控制政策之間發生衝突，從而提高企
業所面臨的併購控制的透明度和確定性；第三加快企業併購的審
查進度，提高了政策效率。所以「一站審查」深使歐盟的企業併

行等，分別由英格蘭銀行及蘇格蘭保險協會等任命：Peter Scott QC 、John L Walker-Haworth、Sir Christopher Benson、SIR David Lees （GKN軍備防務公司主席）、Anthony P Hichens、SIR George Mathewson、Judith C Hanratty、Lindsay P Tomlinson、Peter L Wyman、David J Challen、David J Challen、SIR Mark Wrightson、Alan C D Yarrow、Kenneth E Ayers、Michael D Ross、J Anthony V Townsend、G Mark Powell。

[82] 另參照Jo Danbolt, Target Company Cross-border Effects in Acquisitions into the UK,Glasgow University. http://www.law.gla.ac.uk/dbase/Accfin/Department/Library/Wp99/99-1.PDF

[83] http://europa.eu.int/comm/competition/citizen/citizen_mergers.html#onestopshop

購控制政策獲致廣泛支援。當歐共體內的併購法規範擁護者，和躊躇不前地將更多權力拱手讓給布魯塞爾某些成員國之間達成妥協時，歐共體的門檻也就為期不遠。[84]

在歐體範圍內，參與併購的公司必須在一周之內將併購的聲明告知歐盟執委會，而且可以延長三個星期。在一個月的通知期內，執委會必須決定該案是否和歐體市場協調一致，這是第一步。如果不是，則展開調查，並在四個月內作出結論，這是第二步。如果歐委會展開訴訟，受《倫敦法典》（the City Code）管轄的併購即時失效。如果併購威脅到歐盟的競爭，執委會將會完全禁止此類併購。如果併購的公司在遵循有關承諾，消除併購過程中反競爭因素的情況下，則這一併購允許繼續進行。[85]

關於執委會允許公司在具備條件限制遵守承諾的情況下所併購的狀態：如一九九二年，執委會批准英國航空公司（BA）取得歐洲航空公司（EA）49.9%的股權，EA經營法國國內航線（Case No IV/M.259 -BritishAirways/TAT European Airways）。[86] 這一收購使得BA有權買下EA的法國母公司的全部產權。BA沒有法國國內市場的份額，而EA只有3.8%。BA和EA在巴黎—倫敦航線，以及里昂—倫敦航線上重複交叉，在這兩條航線上，這兩家企業一起占了50%以上的份額，在格特威克和里昂航線上，它們沒有遇到

---

[84] 參照Sudi Sudarsanam, The Essence of Mergers and Acquisitions,（Hemel Hempstead: Prentice-Hall ,1995）, Pp.196-212.

[85] ibid.

[86] http://europa.eu.int/comm/competition/mergers/cases/decisions/m259_en.pdf; Decision upheld by the judgment of the Court of First Instance（19 May 1994）in case T-2/93- Air France v Commission

有效的競爭[87]。歐委會在接受*BA*承諾情況下，即承諾讓其競爭者在英國倫敦的希斯羅機場（*Heathrow*）和格特威克（*Gatwick*）機場填補空白的情況下，最後始批准這一併購案。[88] 歐盟執委會允許公司在有條件義務限制並保證遵守承諾的情況下即依據第六條第二款（*Art. 6*（2）*conditions&obligations*）所進行併購的狀態，迄二○○五年九月決議之個案如下列彙整：

M.3420 - GIMD / SOCPRESSE （4064）

M.3397 - OWENS-ILLINOIS / BSN GLASSPACK （4064）

M.3396 - GROUP 4 FALCK / SECURICOR （4064）

M.3354 - SANOFI-SYNTHELABO / AVENTIS

M.3322 - POLESTAR / PRISA / INVERSIONES IBERSUIZAS / JV

M.3314 - AIR LIQUIDE / MESSER TARGETS

M.3280 - AIR FRANCE / KLM

M.3235 - TEIJIN / ZEON / JV

M.3225 - ALCAN / PECHINEY （II）

M.3197 - CANDOVER / CINVEN / BERTELSMANN-SPRINGER

M.3161 - CVRD / CAEMI

M.3149 - PROCTER & GAMBLE / WELLA

M.3136 - GE / AGFA NDT

M.3091 - KONICA / MINOLTA

M.2922 - PFIZER / PHARMACIA

M.2879 - WALLENIUS LINES AB / WILHELMSEN ASA / HYUNDAI

---

[87] 另參Case N° IV/M130 - Delta Air Lines/Pan Am and Case N°IV/M157 Air France/Sabena.與Unilever/Bestfoods.等案例。

[88] 參照Motta, M., Polo P., Vasconcelos H., 'Merger Remedies in the European Union: An Overview', paper presented at the Symposium on "Guidelines for Merger Remedies - Prospects and Principles", （Ecole des Mines, Paris, January 17-18, 2002）

MERCHANT MARINE

M.2854 - RAG / DEGUSSA

M.2817 - BARILLA / BPL / KAMPS

M.2803 - TELIA / SONERA

M.2779 - IMPERIAL TOBACCO / REEMTSMA CIGARETTENFABRIKEN

M.2761 - BP / VEBA OEL

M.2690 - SOLVAY / MONTEDISON-AUSIMONT

M.2684 - EnBW / EDP / CAJASTUR / HIDROCANTABRICO

M.2621 - SEB / MOULINEX

M.2602 - GERLING / NCM

M.2574 - PIRELLI / EDIZIONE / OLIVETTI / TELECOM ITALIA

M.2567 - NORDBANKEN / POSTGIROT

M.2544 - MASTERFOODS / ROYAL CANIN

M.2431 - ALLIANZ / DRESDNER

M.2416 - TETRA LAVAL / SIDEL

M.2396 - INDUSTRI KAPITAL / PERSTORP （II）

M.2337 - NESTLE / RALSTON PURINA

M.2300 - YLE / TDF / DIGITA / JV

M.2286 - BUHRMANN / SAMAS OFFICE SUPPLIES

M.2277 - DEGUSSA / LAPORTE

M.2268 - PERNOD RICARD / DIAGEO / SEAGRAM SPIRITS

M.2059 - SIEMENS / DEMATIC / VDO / SACHS

M.2050 - VIVENDI / CANAL+ / SEAGRAM

M.2041 - UNITED AIRLINES / US AIRWAYS

M.2032 - SCA PACKAGING / METSÄ CORRUGATED

M.2020 - METSÄ-SERLA / MODO

M.2016 - FRANCE TELECOM / ORANGE

M.2002 - PREUSSAG / THOMSON

M.1990 - UNILEVER / BESTFOODS

M.1980 - VOLVO / RENAULT V.I.

M.1939 - REXAM （PLM） / AMERICAN NATIONAL CAN

M.1932 - BASF / AMERICAN CYANAMID （AHP）

M.1920 - NABISCO / UNITED BISCUITS

M.1892 - SARA LEE / COURTAULDS

M.1878 - PFIZER / WARNER-LAMBERT

M.1874 - LAFARGE / BLUE CIRCLE

M.1846 - GLAXO WELLCOME / SMITHKLINE BEECHAM

M.1838 - BT / ESAT

M.1835 - MONSANTO / PHARMACIA & UPJOHN

M.1802 - UNILEVER / AMORA-MAILLE

M.1795 - VODAFONE AIRTOUCH / MANNESMANN

M.1751 - SHELL / BASF / JV - PROJECT NICOLE

M.1747 - TELEKOM AUSTRIA / LIBRO

M.1745 - EADS

M.1712 - GENERALI / INA

M.1684 - CARREFOUR / PROMODES

M.1683 - THE COCA-COLA COMPANY / KAR-TESS GROUP
（HELLENIC BOTTLING）

M.1681 - AKZO NOBEL / HOECHST ROUSSEL VET

M.1621 - PAKHOED / VAN OMMEREN （II）

M.1571 - NEW HOLLAND / CASE

M.1557 - EDF / LOUIS DREYFUS

M.1551 - AT&T / MEDIAONE

M.1517 - RHODIA / DONAU CHEMIE / ALBRIGHT & WILSON

M.1467 - ROHM AND HAAS / MORTON

M.1464 - TOTAL / PETROFINA （II）

M.1453 - AXA / GRE

M.1430 - VODAFONE / AIRTOUCH

M.1403 - ASTRA / ZENECA

M.1397 - SANOFI / SYNTHELABO

M.1381 - IMETAL / ENGLISH CHINA CLAYS

M.1378 - HOECHST / RHÔNE - POULENC

M.1365 - FCC / VIVENDI

M.1339 - ABB / ELSAG BAILEY

```
M.1329 - USINOR / COCKERILL
M.1327 - NC / CANAL + / CDPQ / BANK AMERICA
M.1293 - BP / AMOCO
M.1286 - JOHNSON & JOHNSON / DEPUY
M.1229 - AMERICAN HOME PRODUCTS / MONSANTO
M.1185 - ALCATEL / THOMSON CSF - SCS
M.1182 - AKZO NOBEL / COURTAULDS
M.1137 - EXXON / SHELL
M.1109 - OWENS-ILLINOIS / BTR PACKAGING
M.1082 - ALLIANZ / AGF
M.1080 - THYSSEN / KRUPP
M.931 - NESTE / IVO
M.916 - LYONNAISE DES EAUX / SUEZ
M.873 - BANK AUSTRIA / CREDITANSTALT
M.646 - REPOLA / KYMMENE
M.616 - SWISSAIR / SABENA （II）
M.555 - GLAXO PLC / WELLCOME PLC
M.442 - ELF ATOCHEM / RÜTGERS
M.422 - UNILEVER FRANCE / ORTIZ MIKO （II）
M.259 - BRITISH AIRWAYS / TAT
M.235 - ELF AQUITAINE THYSSEN / MINOL AG
M.184 - GRAND METROPOLITAN / CINZANO
M.157 - AIR FRANCE / SABENA
M.113 - COURTAULDS / SNIA
M.102 - TNT / GD NET
M.9 - FIAT GEOTECH / FORD NEW HOLLAND
```

　　不僅英國如此，一九七二年歐洲共同體關於董事會結構的最初決議，在第五號公司法指令的審議過程中，德國也基於反對採取更有效的併購控制與消除併購障礙的措施起而抗衡歐體。這一反對意見後來雖然未獲得成員國的積極支援，但該指令（*Directive*）

草案的議事日程卻遭到延宕，於部長理事會（*the Council of Minister*）中擱置約兩年未曾進入討論。[89]

　　一九九七年年美國波音與道格拉斯公司的結合案，華盛頓也是事前就對布魯塞爾方面表示了「美國方面的意思」。這些行徑向來就令堅持「獨立審判」的歐盟很不以為然。如光是對於競爭法中「市場力」一詞的定義，歐盟競爭執委會與美國聯邦貿易委員會就有相當的歧異。美國方面的原則是，除非證明結合公司有事先協議價格的行為，否則官方不應隨意介入私人公司的決定。

　　歐盟則又顧及市場佔有率與公司結合之後的市場效應，歐盟的競爭管制顯然偏左地較為顧及市場的「公共秩序」。由*Mario Monti*所帶領的歐盟執委會企業購併小組於二〇〇〇年十二月十一日對歐洲企業購併管理辦法提出修正案。*Mario Monti*曾因為否決霍尼韋爾（*Honeywell*）以及奇異（*GE*）兩家美國企業在歐盟境內的合併案，並阻止*Schneider*與*Legrand*兩家法國電器公司合併而備受爭議。

　　*Honeywell*曾起訴奇異電器，理由是*GE*拒絕對歐洲管理當局做出更多讓步，以使雙方的併購得以順利進行。此外，*Honeywell*還在董事會上罷絀董事長兼執行長麥克爾・邦辛諾爾（*Michael Bonsignore*）的職務。*GE*在二〇〇一年七月十二日之前則曾籌備向歐盟再度提交新的合併計劃。計劃根據修正過的法案，*Mario Monti*或許在認為大刀闊斧革新企業合併法案將會受到市場歡迎一事上立論正確，但對於相關法令中的基本謬誤與欠缺公平，卻

---

[89] Woolcock, S. 'Competition among Forms of Corporate Governance in the European Community: The Case of Britain.', In S. Berger & R. Dore（eds.）. National Diversity and Global Capitalism.（Ithaca and London: Cornell University Press,1996） Pp.179-196.

似乎視而不見。對於大部分的法規，修正後的版本對於兼顧併購控制權、併購調查權以及相關原則制定上取得一定的平衡。法案同時也准許企業在調查過程中提出異議，並容許有更長的時間去檢視並解決歐洲司法體系對於企業併購過程中的障礙。但是問題的根本點卻在於企業併購小組應如何運作。

　　評論者認為，在缺乏內控機制以及獨立性下，企業併購小組擁有過大的決策權力。在*Mario Monti*個人的刻意忽略下，這項議題至今仍無解。為因應眾多會員國的輿論要求，二〇〇二年九月一日開始任職的歐盟執委會競爭總署署長（ *General — Directorate-General Competition* ） *Philip Lowe*及執祕*Gianfranco Rocca*曾相繼表示一九九七年二月開始，對競爭法第十七號規則的變革計劃[90]，是往後一九九九年四月提出「執行現代化」白皮書以及二〇〇三年頒佈並於二〇〇四年五月一日生效的第一號規則（ *Regulation 1/2003；OJ 2003, L1/1* ）推動的主要因素。歐盟執委會決定首次改組其競爭總署（ *Directorate General for Competition* ），此一總署已運作十餘年之久。在歐盟兩項措施（包括歐盟反壟斷法規之現代化、併購與國家補貼控制之改革）的激勵下，促使執委會將於二〇〇四年五月一日歐盟第五次擴大前，對競爭總署進行改組，以增進執委會競爭法之執行效率。競爭總署負責處理併購及反壟斷案件之小組將逐步整併至各部署（ *Sectoral Directorates* ）中。同時將設置一個新的執行小組來執行執委會的國家補貼決議以及處理非法的補貼行為。

　　*Mary LOUGHRAN, Kay PARPLIES*與*Roosmarijn SCHADE,*

---

[90] Council Regulation（EC） No 1310/97, OJ L 180, 9.7.1997, p. 1, corrigendum in OJ L 40, 13.2.1998, p. 17.

（*Directorate -General Competition, Directorate B*）於《併購控制的主要發展：二〇〇二年九月一日至十二月卅一日》（*Merger Control: Main developments between 1st September 2002 and 31st December 2002*）論述中即談論到該時期所面臨的困境。[91] *Céline GAUER, Dorothe DALHEIMER, Lars KJOLBYE* 與 *Eddy DE SMIJTER*（*Directorate-General Competition, unit A-2*）於《歐盟競爭政策通訊》二〇〇三年春季第一期中則闡明最新頒佈的：二〇〇三/第一號規則（*Regulation 1/2003；OJ 2003, L1/1*）藉由歐體條約第十條引進國家階層的會員國法院判決作為 *amicus curiae*（法庭之友：其他利益方顧問意見以協助處理心證）及促成歐洲競爭主管當局直接適用歐洲共同體條約第八十一條第三項除外（*exception*）審查所建立的競爭網絡，此緊密地跨階層協同運作將達臻更有效率的趨同。

企業因實現歐洲共同體條約第八十一條規範要件，意涵著，事業不再被要求對委員會申報併購通知協定並出於獲得豁免意願自行權衡考慮市場定位。在新章程之下，履行的協定基於第八十一條第三項的條件是合法和可執行的。執委會、國家競爭主管機構與法院不能藉著強制力以行政決定干預企業併購。事業並且能夠防禦不當行政干預及申請適用豁免除外的審查。

理事會二〇〇三/第一號規則的產生，也意圖匡正歐洲初審法院在審理集體市場壟斷：*Airtours/First Choice* 案[92]、拯救瀕危企業：*Schneider/Legrand* 案[93] 與評估相鄰市場：*Tetra Laval/Sidel*

---

[91] http://www.sm.umist.ac.uk/wp/Papers/wp2016.htm

[92] 《一九九九年歐盟競爭總署年度報告重點》，頁.63

[93] 《二〇〇一年歐盟競爭總署年度報告重點》，頁.64

（2002）[94] 暨*Alcan/Alusuisse/Pechiney*（2000）[95] 案時所面臨的諸多缺憾。[96]

---

[94] David S Evans and A Jorge Padilla，

[95] Aurélien Condomines , A lesson from the Tetra Laval / Sidel case: Taking into account neighboring markets for the purpose of merger control http://www.jurismag.net/articles/artiGB-tetra.htm（i）the Tetra Laval/Sidel case of 2002（concerning the competition between PET bottles and carton packaging）and（ii）the Alcan/Alusuisse/Pechiney case of 2000（concerning inter alia the competition between tinplate and aluminium aerosols）. The essence of its demonstration can be found in the following two sentences:

"By acquiring Sidel, Tetra would ensure that its dominant position in aseptic carton packaging was retained and strengthened by eliminating Sidel as a source of competitive restraint. In addition, leveraging its dominant position in carton, Tetra/Sidel would have the ability to reach a level of dominance in PET equipment（...）."

[96] Stephen A. RYAN,（Directorate-General Competition, Directorate B）於《歐盟併購控制體系的轉型》（Reform of the EU Merger Control System — a comprehensive package of proposals），《歐盟競爭政策通訊》二〇〇三年春季第一期。另案例評析部分參照：Tetra Laval/Sidel: The limits of leverage in EC mergers, Lexecon Competition Memos，（London:2002）http://www.lexecon.co.uk/publications/media/2002/Tetra_Laval_Sidel.pdf

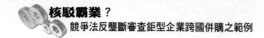

第五章

競爭法「反壟斷審查」權衡基準在鉅型企業併購的爭議

　　本章的主要探討的問題意識在於競爭政策中對外資併購投資所採取的「反壟斷審查」權衡基準，究歸因於經濟分析或政治運籌？而權衡基準對鉅型企業併購的處理或適用上的諸多爭議更待釐清。

　　基本上，學者將各國不同的競爭法領域區分為兩大模型，即「歐洲模型」與「美國模型」。「歐洲模型」的特色是在規範市場獨佔優勢地位的濫用，稱為「濫用模型」（*Abuse Model*）；而「美國模型」則著重防範反競爭行為，故稱「禁止模型」（*Prohibition Model*）。[1] 本質上已有不同。而自由市場制度的適用範疇是否具有普世性，觀念上也已受歐陸學者質疑。德籍民商法學者*Wolfgang Fikentscher*即闡釋（1）主觀競爭市場及（2）非市場形式短期易貨、互惠、再分配之市場的反思。[2]

　　實務發展上，歐洲聯盟於二○○三年五月二日則已頒佈「併購投資處分之最佳實踐綱領：拆解剝離資產」（*Best Practice*

---

[1]　參照Gerber. D. 1998,Law and Competition in Twentieth Century Europe: Protecting Prometheus, Clarendon Press,Oxford.

[2]　Wolfgang Fikentscher ,Mehrzielige Marktwirtschaft auf subjektiven Markten: Wider das Europa-und das Weltmarktargument,Festschrift ，Ernst-Joachim Mestmacker , Baden-Baden 1996: Nomas, 567-578.另參：Wolfgang Fikentscher,〈市場人類學與全球貿易〉,齊麟國際法律事務所譯，劉孔中、陳志民審定。《公平交易季刊》,第九卷第四期,（2001/10）,頁137-146。

Guidelines for Divestiture Commitments）法規範。[3] 同時並提出企業授權委託管理（*Trustee Mandate*）標準模型的解釋令。[4] 並且在二〇〇三年元月廿八日時，歐洲聯盟理事會則對收購企業之結合（集中）控制規則所提的前置議案（*OJ C 20, 28.01.2003, p. 4-57*）擬定：『歐體併購解釋備忘錄』（*Explanatory Memorandum*）COM（*2002*）*711 final—2002/0296*（*CNS*）（*2003/C 20/06*）中變更原有規範「4064/86規則」名稱而稱為「歐盟併購規範」[5]。

繼歐洲共同體理事會一九八九年第四〇六四/八九號規則、一九九七年第一三一〇/九七號規則相繼修訂後，於二〇〇二年十二月十一日「委員會表決通過歐盟併購控制的廣泛變革」提議（*Commission adopts comprehensive reform of EU merger control*）

---

[3] IP/03/614, Brussels, 2 May 2003, Commission publishes best practice guidelines for divestiture commitments in merger cases. EU Competition Commissioner Mario Monti today announced the publication of best practice guidelines for divestiture commitments in merger cases. These guidelines containing standard texts for divestiture commitments and trustee mandates - are designed to help merging parties and their legal representatives in their dealings with the Commission and should further enhance efficiency and transparency of merger proceedings http://europa.eu.int/comm/competition/mergers/legislation/

divestiture_commitments/

[4] 資產拆解剝離與重組相關文獻參照：Khanna and Palepu: 'The Right Way to Restructure Conglomerates in Emerging Markets', Harvard Business Review, July-August 1999, Pp .125-134. ; .The Economist （April 29th, 2000）: The end of Tycoons, p.77-80. & （February 5th, 2000） p. 70-72。

[5] 參照Consolidated Text of Council Regulation （EEC） No 4064/89 of 21 December 1989 on the control of concentrations between undertakings （Published in OJ L 395, 30.12.1989; corrected version OJ L 257, 21.9.1990, p.13） with amendments introduced by Council Regulation （EC） No 1310/97 of 30 June 1997（published in OJ L 180, 9.7.1997, p. 1, corrigendum OJ L40, 13.2.1998, p.17）Corrigendum勘誤。

（*Press Release IP/02/1856 of 11/12/2002*）。議案中則擬進一步增強
經濟分析基礎，並擴編競爭總署中經濟學家員額。[6]

第一節　企業體投資策略面臨反壟斷裁量權衡基準的變數

　　企業為報酬與風險的考量，進而有國際化的動機。而跨國（多
國籍）企業從事海外直接投資，首先將面臨的重要課題即為「進
入模式」（*Entry Mode*）的選擇。因為進入模式的選擇適當與否，
對企業日後的經營績效具有重大影響）。「跨國併購投資」（*Cross-
border Merger & Acquisition Investment, MAI*）即為迅速進入新市
場、獲取技術及創造綜效的投資選擇。因跨國併購不但可強化市
場地位，同時也藉由拓展技術領域與市場規模來獲得新的競爭優
勢。

一、外資併購的反壟斷審查制度

　　這主要涉及反壟斷的標準問題。標準實施的難點在於相關市
場的界定問題。對相關市場的劃分作出原則性規定，同時授權反
壟斷機關根據實際情況進行具體認定。在界定清楚相關市場後，
經客觀調查再確定該市場支配地位是否損害了相關市場的有效
競爭。

---

[6] Commission adopts comprehensive reform of EU merger control http://
europa.eu.int/comm/competition/citizen/citizen_mergers.html

二、對導致壟斷的外資併購行為的控制制度

　　對壟斷的控制措施主要包括：事前阻止外資併購、事後進行企業拆解分割以及對當事企業及其經理領導階層的懲罰。其中對企業的處罰和經理階層的處罰主要包括：通過連續罰款督促企業執行反壟斷措施，禁止已經實現控股的外資企業行使其股東權利，勒令停止營業或勒令歇業,請求登記結算公司拒絕或凍結股份轉讓登記,宣佈併購無效並通報相關部門，代表政府向法院提起訴訟等。

三、外資併購的反壟斷法適用除外制度

　　反壟斷的適用除外一般用於保護國有資本的合法壟斷地位，允許外資啟用該規則，意味著允許外資在一定程度上的壟斷和限制競爭，這顯然需要十分特殊的理由，對此規定則需要有較嚴格的審核制度。

　　歐洲聯盟理事會於二○○二年十二月十六日制訂並在今年初（二○○三年一月四日）推陳出新頒佈規範審查反壟斷市場行為的第一／二○○三號規則。[7] 此第一號規則，預計在二○○四年五月一日生效，以取代現今的第十七號規則並更新歐洲共同體條約第八十一條暨第八十二條的實質義涵。（參照表5-1）

---

[7]　Council Regulation （EC）No 1/2003 of 16 December 2002 on the implementation of the rules on competition laid down in Articles 81 and 82 of the Treaty The Council adopts a new Regulation implementing Articles 81 and 82 of the EC Treaty. This regulation will replace Regulation 17/62 when it comes into force on 2004. Until then, Regulation 17/62 remains in force. Official Journal L 1, 04.01.2003, pages 1-25. http://europa.eu.int/comm/competition/antitrust/legislation

表5-1　歐盟一九九九年二月一日起生效反壟斷法制的程序規範

	一般通則條款	聯島運輸	航海運輸	航空運輸
歐盟理事會規則（*Regulations*）	反壟斷規範：第 *17* 號（由第 *1/2003* 號取代）	第 *1017/68* 號規則	第 *4056/86* 號規則	第 *3975/87* 號規則
歐盟執委會規則：聽證部分	第 *2842/98/EC* 號規則（*OJ L 354, 30.12.1998, p. 22*）－廢除第 *99/63* 號與第 *1630/69* 號規則－撤銷 *Sections II of 4260/88 and 4261/88*			
歐盟執委會規則：申報部分	第 *3385/94* 號：採用格式類型為 *Form A/B*	第 *2843/98/EC* 號－廢除第 *1629/69* 號,第 *4260/8* 號暨第 *4261/88* 號規則採用格式類型 *Form TR*採用格式類型 *Form TR/*（*B*）：適用於第 *1017/68* 號規則的危機卡特爾		

資料來源：作者整理自歐盟理事會及執委會官方文獻。

第二節　歐盟對併購審查採「反壟斷審查」權衡基準的變異

　　雖然競爭觀念的範圍包括上述：經濟政策的規範原則、對於選擇特定的產品或服務在市場上的狀況、法律典則等，[8] 實質上依據二〇〇一年十一月廿八日跨機構協定的法律案，歐洲聯盟實已重新鑄造歐洲競爭法與政策法律規範與行政裁量上權限的實質內涵（*OJ C 77, 28.3.2002, p.1*）；而這是早先根基於一九九二年十一月的愛丁堡（*Edinburgh*）理事會高峰會議中為了達臻歐洲共

---

[8]　Grabitz/Hilf, Kommentar zum EG-Vertrag,2.Auflage, München 1991, Art. 85 EGV,Rn.3.

同體更迅捷與更通權達變地處理競爭事務的宗旨所獲致。[9] 隨著一九九二年所提出建構一個單一歐洲市場的計劃方案的完成，這種所謂促進「積極整合」（*Tinbergen, 1954*）的重要性尤其彰顯並且此一推進力量與日俱增。[10] 評估歐洲競爭政策的績效基準，因而是依據能否達成歐洲聯盟的政治目標來判斷。

確然如此，歐洲聯盟執委會競爭總署併購事務部門（*Europäische Kommission, Merger Task Force*）的*Andreas Strohm*即曾於二○○一年論述倡議：「以獲取績效視為歐洲合併控制的評鑑基準」（*Effizienzgewinne als Beurteilungskriterium in der europäischen Fusionskontrolle*）。觀察歐盟執委會對鉅型企業併購審理趨勢的演變，幾與美國司法部（*Department of Justice*，簡稱為*DOJ*）一九八四年併購指導原則中所揭露雷根政府對兼併所採的寬弛態度：「*大部分的併購並不危及競爭，反而有助於改善經濟效率（Economic Efficiency）的獲得*」[11] 此一增進經濟效率的「效率抗辯」（*Efficiency Defense*）相彷。[12]

---

[9] http://www.europarl.eu.int/summits/edinburgh/default_en.htm

[10] Ehlermann，C.-D.，'Der Beitrag der Wettbewerbspolitik zum Europäischen Binnenmarkt', in: Wirtschaft und Wettbewerb （WuW）42 Heft （1）1992, S. 5 – 20.

[11] 參照：Section 4 of the "U.S. Department of Justice Merger Guidelines," June 14, 1984. All other sections of the 1984 Merger Guidelines have been superseded by the "Horizontal Merger Guidelines" issued April 2, 1992, and revised April 8, 1997, by the U.S. Department of Justice and the Federal Trade Commission。

參照BACHES OPI, Sergio, 'Merger Control in the United States and European Union: How should the United States: Experience influence the Enforcement of the Council Merger Regulation?, Journal of Transnational Law and Policy, Frühjahr 1997

[12] 有關競爭法中「效率抗辯」的概念參照美國聯邦交易委員會主席Robert Pitofsky, 'Efficiencies in Defense of Mergers:18 Months After',George

　　然對於歐盟競爭政策此種核駁立場的轉變，在行政實務界及學術界卻有眾多評論或疑議產生：如美國聯邦交易[13]委員會（*Federal Trade Commission*）主席*Robert Pitofsky*即曾在二〇〇〇年九月十四～十五日於比利時布魯塞爾，由國際律師協會（*IBA*）、歐盟執委會競爭總署聯合召開的《歐體併購控制施行十週年紀念研討會議》中發表〈歐盟暨美國對國際併購的途徑－從美國聯邦交易委員會的觀點評析〉（*EU and U.S. Approaches to International Mergers-Views from the U.S. Federal Trade Commission*）。

　　諸多學者如*Thomas Greaney*（*2000*）、CAMESASCA, *Peter D.*（*1999*）、及*Fabienne Ilzkovitz and Roderick Meiklejohn*（*2001*）於奧地利維也納召開的第五屆歐洲產業政策網絡組織（*European Network on Industrial Policy,5th Annual EUNIP Conference Vienna, November 29th-December 1st, 2001*）[14] 等也撰文提出其商榷，論述歐洲是否適宜摹擬美國競爭法與政策的模式。[15]

Mason Law Review Antitrust Symposium: The Changing Face of Efficiency, （Washington, D.C., 1998-10-16）, http://www.ftc.gov/speeches/pitofsky/pitofeff.htm ; Robert Pitofsky, 'Efficiency Claims in Mergers and Other Horizontal Cooperative Agreements', Note by the European Commission Delegation, DAFFE/CLP/WD（95）9,http://www.oecd.fr/daf/clp/Roundtables/EFFC00.HTM.

[13] 作者認為譯為聯邦「交易」較「貿易」委員會似更能區隔真正實質的職掌屬性。

[14] 第六屆於芬蘭舉辦。Åbo Akademi University, Åbo, FinlandDecember 5 Th - December 7 Th, 2002。

[15] GREANEY, Thomas L., Why the EU should not adopt the American Efficiency Defense for analyzing Mergers and Joint Ventures, Saint Louis University Law Journal, Sommer 2000. 參照 NOEL, Pierre-Emmanuel, Efficiency Considerations in the Assessment of Horizontal Mergers under European and U.S. Antitrust Law, ECLR 1997, S. 498 ff. CAMESASCA, Peter D., The explicit efficiency defence in merger control: Does it make the

　　事實上，歐盟結合控制規則明訂併購後市場佔有率少於25%，符合共同體目的而不需加以規範。而美國司法部繼一九六八年之併購指導原則著重在併購的結構上之後，於一九八四年併購指導原則則修正一九八二年併購指導原則。針對併購行為，將原本併購審查評估著重在市場力量的經濟分析，如採用龢方達赫敘曼的「龢赫指數」（*Herfindahl-Hirschman Index*，簡稱為*HHI*指數）計算市場佔有率以1000以下及1800以上與介於其間但*HHI*變動超過100或1800以上*HHI*變動超過50區分為三級市場之外，也相對著重另外增列其他考慮與權衡因素：譬如（一）、市場趨勢的走向（*changing market condition*）；（二）、相關市場中所存在的企業財務條件（*financial condition*）。（三）外國之競爭（*foreign competition*）等等。

　　美國司法部及聯邦交易委員會在合併前（*pre-merger*）之審核意在併購企業完成後未來可能的反競爭效果。認為倘單以傳統的*HHI*指數作為判斷基準，可能產生不準確的結果。另外美國司法部（*DOJ*）及聯邦交易委員會（*FTC*）於一九九二年頒佈併購指導原則中將市場進入行為區分為：不受拘束的進入（*uncommitted entry*）與受拘束的進入（*committed entry*），而競爭審查機關亦必須同時考量潛在競爭者的市場進入行為，能否防止或舒緩某些市場結構的競爭問題。

　　相較於美國小布希新政府就職後，布希任命麥可‧鮑爾（*Michael Powell*）出任「聯邦通訊委員會」（*Federal Communications*

---

difference?, Europen Competition Law Review, 1999,p.19 Fabienne Ilzkovitz and Roderick Meiklejohn, 'European merger control : do we need an efficiency defence?',http://www.wifo.ac.at/~luger/ilzkovitz_fmeiklejohn.pdf

Commission, 簡稱為FCC）¹⁶ 主席，鮑爾對「美國線上」（America On Line, 簡稱為AOL）併購「時代華納」必須附加條件限制一案投下反對票來觀察，歐盟在執行反壟斷審查裁量上的立場實愈顯強硬。

　　歐盟不僅於二〇〇〇年六月否決美國電信巨擘「世界通訊」（WorldCom）與以一千五百二十億美金（約合新台幣五兆三千四百億）併購「史普林特」Sprint案；更曾於二〇〇一年否決美國飛機引擎製造商奇異電子（GE）併購航空電子工業領導廠商霍尼韋爾（Honeywell）計劃案。事實上，在一九九〇年的近四百宗有關美國公司的合併計劃當中，就只有電訊業WorldCom及Sprint的一次被歐盟否決，但在這件案例上，美國方面在歐盟之後也作出相同的決定。就雙方的立場上，歐盟認為問題的關鍵是併購將導致或加強企業操縱市場的地位，而美國關心的是併購是否實際上排斥了競爭。

　　美國司法部於二〇〇〇年六月廿七日向特區地方法院提出永久禁止WorldCom與Sprint併購之訴訟，WorldCom與Sprint分別為美國第二和第三大電信公司。由於此1,290億美元併購案為歷史上最大併購案，且將影響數百萬消費者之電信通話價格，成為政府所面臨的最大挑戰。美國司法部長Janet Reno表示，二十五年前由於AT&T壟斷電訊業市場，政府將AT&T分割成一個國內長途電話公司及八個地區性地方電話公司。WorldCom與Sprint之併購案將會破壞此種競爭狀態，若允許此併購案，將迫使大小企業及數百萬之個別消費者負擔較高電信費用並獲得較差服務。司法部列舉本

16　http://www.fcc.gov。相關電訊產業併購情況參照：何定為，〈自由化與全球化：電信產業的發展趨勢〉，《通訊雜誌》。1997年7月，頁60-65。

併購案將削減市場競爭力理由如下：

（1）以美國住宅長途電話市場而言，*WorldCom*佔有19%，
*Sprint*佔有8%。

（2）以美國聯結網際網路之服務市場而言，*WorldCom*佔有
37%，*Sprint*佔有16%。

（3）以美國與超過五十個以上國家之國際電話市場而言，二
公司總共佔有30%以上。總部設於密西西比州首府
*Jackson*市之美國第三大電訊公司*MCIWorldCom*以1,290
億美元併購美國第七大電訊公司－總部設於堪薩斯州
*Westwood*之*Sprint*公司之併購案結果尚未明朗。專家指
出若司法部門阻止本併購案，兩大電訊公司之前景均面
臨不確定性，而且均可能成為歐洲電訊競爭業者之標
的，以佔據美國電訊市場。歐盟執行反壟斷審查的競爭
總署亦反對此1,290億美元之併購案，歐盟擔憂此種併購
將使一個公司掌控世界網際網路市場。

*GE/Honeywell*案突顯歐盟、美國競爭政策在觀念上、執行上
的迥異。[17] 歐盟執委會正式否決奇異（即通用電氣）併購霍尼韋
爾案的理由是：*GE*併購*Honeywell*後將導致*GE*在不同市場的壟斷
地位。*GE*有可能會利用飛機租賃事業部來壟斷飛機發動機和航空

---

[17] 因研究該案例，作者曾承蒙位於西班牙馬德里的「國立經濟研究協會」
NERA於二〇〇三年五月二十日匯寄《NERA經濟月刊》中有關歐盟競爭
法特輯（NERA Economic Journal,2002.Spring. European Competition
Policy：Issues and Perspectives）。其中載有Thomas L.Boeder,Gary J. Dorman
所著The Boeing/McDonnell Douglas Merger: The Economics,Antitrust Law
and Politics of the Aerospace Industry，另可參照林仲璋，<GE收購
Honeywell案因歐盟反對遭挫之影響>，工研院經資中心。http://www.itri.
org.tw/chi/services/ieknews/m1801-B10-00000-AD6B-0.doc

電子市場，嚴重阻礙航空工業的市場競爭，使消費者支付更高價格。

　　美國司法部副部長助理*William Kolasky*則批評歐盟委員會拒絕奇異收購霍尼韋爾的決定。在巴黎的經濟合作與發展組織和全球競爭論壇上，考萊斯基發言時稱，歐盟用來阻礙該交易的所謂「組合效應」理由在經濟理論或經驗證明上沒有充分依據。考氏並在有歐盟負責競爭事務委員*Mario Monti*出席的會議上稱，雙方之間的分歧源自對反壟斷法正當執行範圍理解的明顯差異，或許是根本差異。但美方表示希望解決美國和歐盟監管部門之間的分歧，縱然合作本身有時無法解決反壟斷當局間的重大差異。

　　事實上，美國商務部的反壟斷監管機構往往對企業合併給價格和消費者帶來的直接影響進行調查；然歐盟執委會則會對合併交易採取一種更長遠的看法，也就是考慮該合併案將如何影響現有產業的市場結構。美國方面之所以表決通過，乃是因為看到其中附帶的維護競爭程度的補救措施，發現這兩家公司的市場仔在重疊，具體而言就是直升機引擎及其維護。而歐盟反對的理由在於一旦收購成功，通用電氣會將兩家的核心產品——噴射客機引擎與飛機電氣設備——搭售（捆綁銷售）。

　　歐盟一方面承認這將在中短期內使消費者得到廉價的產品，另一方面則擔心通用電氣的競爭對手們的利潤大幅縮減，長此勢必將降低航空業的競爭程度，而後一種擔心占了上風，終導致併購案被否決。

　　作為跨國鉅型企業，*GE*中國於二〇〇三年二月十七日宣布，*GE*動力系統已經完成了對位於杭州的克瓦納（杭州）發電設備有限公司90%的股權的收購，被收購後的克瓦納動力設備有限公司將更名為*GE*水電（亞洲）有限公司。這是*GE*繼二〇〇二年五月完

成收購中山市普特陽光板有限公司100%股權之後，在中國完成的第二次企業併購，也是其在中國完成的最大宗收購案。克瓦納（杭州）發電設備有限公司是由挪威克瓦納能源公司與杭州發電設備廠於一九九六年五月合資組建而成的，雙方各控股61%和39%，註冊資本為二千四百萬美元。此次該公司被GE水電收購後，挪威克瓦納能源公司將完全退出，而該公司的母公司杭州發電設備廠仍將保有公司10%的股權。

另外，二〇〇三年三月四日，歐盟則透露，美國奇異亦已經在二月廿八日向歐盟提出正式文件，就廿二億美元購買芬蘭醫療器械製造商*Instrumentarium*公司提出併購申報。[18] 主管部門需要在四月三日之前作出答復，是否同意這項併購，或者作出對此事進行為期四個月的深入調查後再做決定。歐盟正式開始對奇異電器（*GE*）收購芬蘭公司*Instrumentarium Corp.*可能引發的公平競爭問題展開調查，第二階段的深入調查預估將定於二〇〇三年九月十一日完成。

歐盟的調查重點為胸部掃描設備、麻醉患者監視設備和可移動C形搖臂X射線機。歐盟在聲明中指出，「合併發生在相關市場的兩家主要競爭者之間，可能導致合併後的公司享有很高的市場份額。」此外，歐盟的調查重點還包括，其他競爭性設備製造商的產品能否與合併後兩家公司的產品連接使用。歐盟認為，*GE*和

---

[18] 參照二〇〇三年五月份當日相關最新報導：'EU: GE/Instrumentarium-Deal durch Prüfungsaufschub nicht gefährdet',15.05.2003 - 14:51Quelle: dpa-AFX，http://www.finanznachrichten.de/nachrichten-aktien/instrumentarium.asp；'EU restarts clock on GE bid for Instrumentarium', 2003-05-23 10:38:08 EST，http://www.moneysense.ca/news/shownews.jsp?content=20030523_103715_9_re uters_general Presse: EU fordert Veräußerungen bei GE-Übernahme von Instrumentarium

*Instrumentarium*的合併「可能將其他患者監視設備的製造商排斥在市場之外。」*GE*公司發言人*Louise Binns*則在比利時首都布魯塞爾說：「我們將與有關官員密切合作，使他們能夠瞭解這椿併購。」已經有跡象表明，歐盟主管當局對該領域發生的併購的審核在升級。負責公司併購事宜的官員當時即就西門子（*Siemens AG*）與*Draegerwerk AG*成立合資企業一事進行為期四個月的深入調查。

　　觀察歐盟對時代華納與美國在線，*WorldCom*與*Sprint*公司合併的介入顯示出對世界範圍內競爭問題的關注，而這些公司由於橫向的和縱向的交易在新經濟領域擁有潛在的市場准入者的支配地位。相比之下，被禁止的通用電器和*Honeywell*公司之間的合併交易引起了對一個更為傳統的行業部門的關注。像這樣的合併證明無論是在新工業領域還是在傳統工業領域都存在通過合併的方式跨越國界的向其他國家進入的趨勢，從更廣泛意義上講，這些案例也顯示出歐盟委員會已經開始行使其司法與裁量權限干預，以進一步規範那些對歐洲消費者和市場產生直接的和重大影響的行為。而歐盟執委會對審查美國在線與時代華納公司合併案：美國在線與時代華納公司之間的合併其價值令人驚異，達到一千八百三十億，並且創造了一個資產達三千五百億的聯合公司，該合併被人們譽為是有史以來最大的一次合併，並且代表了傳統傳媒與新經濟之間的聯合。二〇〇〇年一月十日所宣佈的全部股票交易最初預計引起反托拉斯調整者的最低限度的關注，因為這兩家公司的業務很少有重疊的部分，儘管該合併引起了消費者群體和其他的人的巨大的關注。

　　但二〇〇〇年六月十九日，歐洲執委會宣佈它將對此次合併展開全面的調查，其對時代華納公司的協定將推動德國音樂公司*Bertelsmann*加強集中程度的問題表示關注，因為歐盟執委會擔心

該德國公司將給予時代華納公司對獨有音樂目錄的優惠准入權利。時代華納公司、*Bertelsmann*公司和*EMI*公司聯合起來佔據了音樂出版權55%的支配性份額，這使歐盟執委會擔心這種自下而上的對音樂目錄提供者的控制將使時代華納公司有能力在有關在互連網上發佈音樂的市場上扮演一個看門人的角色。在四個月調查期間的末尾，委員會於二〇〇〇年十月十一日表示它準備允許該合併交易繼續進行，條件是時代華納公司切斷與德國*Bertelsmann*公司之間的聯繫。

比較歐盟執委會與美國貿易委員會各自作出的調查重點，就可以清楚的看出這一事實，即一項合併將對不同領土上的市場產生不同的影響。這將使一個司法機構選擇域外執行其對合併的控制體系時必須採取不同的補救措施（儘管不一定是互相矛盾的措施）。

美國聯邦貿易委員會的陳訴是在二〇〇〇年十二月十四日作出的，該陳訴主要關注的是在餘下的寬頻准入市場、運輸服務出和互動電視市場上上的集中和競爭的喪失。而歐洲委員會則認定有關歐洲寬帶互連網市場准入問題的任何害怕都是不成立的，因為美國在線在歐洲沒有任何進行寬帶服務的基礎設施。在美國貿易委員會已經保護了所允許的秩序之後結束了有關的調查，在該秩序之下，合併的企業允諾將在本質上向其他與之競爭的互連網服務提供商開放其電纜體系，並且不干涉獨立互連網服務提供商在其寬帶上所進行的任何重大傳輸。[19]

---

[19] Sarah Stevens,'The increased aggression of the ec commission in extraterritorial enforcement of the merger regulation and its impact on transatlantic cooperation inantitrust Syracuse Journal of In ternational Law and Commerce，Spring, 2002，p.263..

　　歐盟執委會曾於一九九九年發佈競爭法「執行現代化」的政策白皮書，簡化行政裁量與程式，期能更迅捷與更通權達變地處理競爭事務。唯此舉反激起輿論批評。在併購實務處理的現況上，早先一九八九年第四〇六四/八九號規則即歐盟結合（集中）控制規則在評估市場力量中以第五條第三項（a）款：對於金融機構以資產負債表上總資產十分之一代替全球銷售金額，同條項（b）款也以保險機構之保費淨收入代替銷售金額，但是經由一九九七年第一三一〇/九七號規則修正後，歐盟部長會議則改擇以金融機構營收（包括利息贏收、有價證券酬傭、金融業務之收入及其它）取代銷售金額也不以其總資產為計算基點。

　　再者，於結合控制規則修正前，企業僅得以在為期四個月內的詳盡審查階段（in-depth（"Phase 2"）investigation）時修改其併購條款，以獲致執委會宣告併購計劃方案與共同市場相容；修法後，於為期一個月內的初步審查階段（"Phase 1" investigation），若經企業修正，執委會認為其不再有第六條第一項（c）款致生嚴重不適於共同市場疑義的情形，即得依據第八條第二項至第五項（附加條件暨義務）載明決定書並公告核駁結果於歐洲聯盟公報上。

　　在Andreas Strohm「以獲取績效視為歐洲合併控制的評鑑基準」（Effizienzgewinne als Beurteilungskriterium in der europäischen Fusionskontrolle）的論述中，亦特別闡釋歐盟執委會競爭總署於二〇〇一年十一月七日附加條件核准BASF/Eurodiol/Pantochim併購案。[20]

---

[20]　參照STROHM, Andreas, BASF/Pantochim/Eurodiol: Change of direction in European merger control?, EC Competition Policy Newsletter Nr. 3, Oktober

此個案關涉德國化學鉅型企業巴斯夫（*BASF*）併購兩家義大利米蘭*SISAS S.P.A., Milano*財團（母公司）轄下的關係企業：被比利時*Charleroi*商務法庭（*Tribunal de commerce*）宣告瀕臨前破產機制（"*concordat judiciaire*"：*under pre-bankruptcy regime*）並且裁決由法院派薦四名破產監督人（*Commissaires au sursis*）控管的企業*Eurodiol*與生產苯二甲酐（*phthalic anhydride*）的企業*Pantochim*。

藉由此件*BASF/Eurodiol/Pantochim*個案的競爭審查，拯救體質衰弱企業的「垂危抗辯」基準（*Failing Company Defence Doctrine*）被加以援引。[21] 由此益加證明涉及壟斷的控制問題，在歐洲常是政治議題－因歐洲各國政府經常鼓勵兼併收購，即使其結果顯而易見地阻礙競爭並與經濟分析原則相背離。[22]

第三節　經濟力分析與市場結構界定為競爭政策淵源

促進積極整合被視為歐盟競爭法與政策的主要導向，不純然是經濟分析，是參入多邊政治運籌因素的產業結構競爭考量。依據歐洲共同體條約第三條第g款的規定，歐盟的職責是在單一市場內建立一個防止競爭扭曲的總體環境。自一九五八年歐洲經濟共

2001, S. 22 ff.

[21] Case No COMP/M.2314 .BASF/Eurodiol/Pantochim。http://europa.eu.int/comm/competition/mergers/cases/decisions/m2314_en.pdf

[22] 參照Herve Dumez and Alain Jeunemaitre, 1996. The Convergence of Competition Policies in Europe: Internal Dynamics and External Imposition. In S. Berger & R. Dore（eds.）. National Diversity and Global Capitalism. Ithaca and London: Cornell University Press. 216-238

同體條約生效時起，由於旨在籲求一個單一整合的跨國界市場，歐洲聯盟的競爭政策自始即是從建構一個共同市場作為其主要的顧慮因素與發展作為首要目標。[23]

在審查美國航太業波音與麥道諾爾的併購案例（*Boing/ McDonnell：IV/M877. JOCE L336. 8/12/97*）中，歐盟執委會注意到空中巴士（*Air Bus*），相較於一九八〇年代曾導致侵蝕*Boing*市場地位的情況，在一九九〇年代並未顯著達到更高的市場佔有率。執委會競爭總署認為這幾乎適足以證明波音主導市場的獨占地位。[24]

當市場達到成熟時，辨別是否出現主導市場地位的危險徵候，被認為是極重要的。相對地，執委會則認為，在一個嶄新而發展中的市場具備廣大的市場佔有率的事態並不常發生，而且也並不需要表徵出另一較弱的競爭者。在*Digital-Kienzle*（*M 057 22/02/91*）個案中，執委會競爭總署表達：「在一個嶄新而發展中的市場，較高的市場佔有者並非特例，且它們也並不需要界定市場力量」的裁量立場。[25]自此觀察，歐洲聯盟對於市場經濟的觀點遂導引其競爭政策的考量日益交錯複雜，確然地是因為決策程

---

[23] Kerber, W. （1994）, "Die Europäische Fusionskontrollpraxis und die Wettbewerbskonzeption der EG : Zwei Analysen zur Entwicklung des europäischen Wettbewerbsrechts", Bayreuth, p.185. 與 André Schmidt, 'Non-Competition Factors in the European Competition Policy: The Necessity of Institutional Reforms'.16 th Annual Conference of the European Association of Law and Economics （EALE） in Castellanza, Italy in September 1999 and at the CeGE Research Workshop at the Georg-August-University in Göttingen in May 2000.p.4

[24] Michel Glais, 'Merger control law in the European Union'，In Jackie Krafft eds. The Process of Competition(Chelteham UK:Edward Elgar，2000）p.177

[25] Ibid. , p.178.

式逐漸地趨於政治化運作。[26]

在一九九四年*Kali & Salz/Mdk/Treuhand*案例中，該併購案雖形成碳酸鉀鹹（*Potash*）市場的優勢地位但因歐盟擔負挽救瀕臨艱困企業體的顧慮，不但可以觀察到在本件歐盟首宗針對「救援併購」個案的決議過程中，也發現德國政府擅長於推展政治運作以施壓歐盟執委會作出有利本國的決策。[27]

政治運作上，類似的情況也發生在法國金融經濟與產業部部長*Laurent Fabius*，致函現任執委會主管競爭事務及領導競爭總署（*DG IV*）的委員*Mario Monti*表達對二〇〇一年十二月發佈的併購控制規則綠皮書（*Green Paper*）的眾多批評與建議。[28]一九九九年四月歐盟執委會曾發表以「執行現代化」為名的政策白皮書（*White Paper*），執委會改革執行競爭法政策白皮書，被視為公開承認現行制度的運作不如預期理想。[29]

而學術界與實務界間因競爭政策中對企業併購的反壟斷審查長期欠缺法律精確性暨透明性所導致的「不透徹」（*opaque*）與

---

[26] André Schmidt（1998），Ordnungspolitische Perspektiven der europäischen Integration im Spannungsfeld von Wettbewerbs- und Industriepolitik, Frankfurt am Main, pp. 162.

[27] 參照英國勳爵Lord Sainsbury of Turville的證詞。http://www.parliament.the-stationery-office.co.uk/pa/ld199697/ldhansrd/pdvn/lds02/text/20718-16.htm, M.308 - KALI + SALZ / MDK /TREUHAND Notified on 14.07.1993 NACE: CB.14.30, CB.14.40 Prior notification published in the Official Journal C196 of 20.07.1993 Art. 6（1）（c） - 16.08.1993 Art. 8（2） with conditions & obligations - 14.12.1993 Art. 6（1）（b）

[28] 'French minister furnishes comments on EU reform plan for merger control', Antitrust and Trade Regulation Report,Vol. 82 No.2049,Friday,March 22,2002.

[29] 魏杏芳，〈歐洲共同體競爭法的新面貌－從改革執行程式的政策白皮書談起〉，《月旦法學》，2002.April 83期。

不易預測性的批評也多從此種缺憾產生：競爭法與經濟分析學者
Neven Nuttall、*Paul Seabright*（1993）、*Papandropoulos*（1998）
與*Korah*（1997）等即聲籲相關職掌機關，應亟修正反壟斷審查的
機制以因應實際需求。[30] *André Schmidt*（2001）與*David Banks*
（1997）更質言闡釋為競爭政策中的「非競爭性因素」[31]，進而
倡議歐盟競爭機制亟待進步的結構性變革：如設置專屬且權責獨
立的「反壟斷處」與「國家補助委員會」等。[32]

德國的反壟斷專家如*E.J.Mestmacher*、*U.Immenga*、*W.Moeschel*、
A.Deringer、*F.Rittner*等也曾紛紛撰文批評歐洲共同體競爭政策的
改革。德國反壟斷委員會還曾以《歐盟競爭政策的轉折》為題發
表了特別專輯。二○○○年七月，德國聯邦經濟與技術部科學顧
問委員會三十六位資深專家則聯名以《歐洲卡特爾政策的改革》
為題，對歐洲共同體委員會的白皮書改革方案提出了言詞犀利的
評論。

歐盟執委會由各加盟成員國代表組成，並且，在歐盟的成員
國中還存在著為了培育出能夠參與世界市場競爭的「歐洲之出類
拔萃」（*European Champions*）觀念，也應該將產業政策上的考慮

---

[30] Ehlermann,Claus Dieter(1993), 'Wettbewerbspolitik im Binnenmarkt', Recht der internationalen Wirtschaft 39,p.793.

[31] BANKS, David, Non-Competition Factors and their Future Relevance under European Merger Law, ECLR, 1997, S. 182 ff.

[32] André Schmidt, 'Non-Competition Factors in the European Competition Policy: The Necessity of Institutional Reforms'.16 th Annual Conference of the European Association of Law and Economics （EALE） in Castellanza, Italy in September 1999 and at the CeGE Research Workshop at the Georg-August-University in Göttingen in May 2000.

納入到評鑑基準當中的立場與主張。[33]

　　市場支配地位，根據執委會在聯合商標案中所做的解釋，是指「一個企業所享有的經濟能力。這種能力使企業可以採取顯著程度的獨立行動而無需考慮其競爭對手、顧客和最終消費者的反應，且其本身亦構成其他企業進入市場的障礙。」實際上，企業的市場支配地位是無法準確度量的，但是可以通過分析若干決定或影響市場支配地位的因素對其進行定性「評價」。從歐盟的政策實踐看，確定企業是否具有市場支配地位，一般要經過兩個步驟：

◆ 界定相關市場

　　界定相關市場是問題的核心所在，它既是分析判斷市場結構和市場影響力的前提，也是企業與競爭政策主管機構爭執最激烈的地方。因為隨著相關市場的界定，同時也就確定了企業是否已經或者將要具有支配地位。如果將企業放到一個較小的市場上，它就佔有較大的市場份額，從而它具有市場支配地位的可能性就越大；而把企業放到一個較大的市場上，它就佔有較小的市場份額，它具有市場支配地位的可能性就越小。從競爭政策的角度觀察，市場是三維的，即：物的市場（按產品/服務劃分的市場）、空間的市場（競爭關係的地域延伸）和時間市場（競爭關係在時間上的延伸）。其中，歐盟政策關注的焦點是相關的產品市場和地域市場。

（1）相關產品市場

　　首先，根據相關市場分析的一般原理，要確定相關產品

---

[33] BANKS, David, Non-Competition Factors and their Future Relevance under European Merger Law, ECLR 1997, p. 182.

市場的範圍，可以從供給方替代性和需求方替代性兩個
方面加以考察，關鍵是確認產品之間的「互換性」和「替
代性」的程度。從歐盟政策的執行來看，主要是從需求
方替代性來考察的，其次才從供給方替代性角度評價潛
在競爭，也就是對相關產品市場採取了比較狹義的確認
方法。委員會對此闡釋得較為詳盡：「任何其他產品與
被調查的產品，無論是相同的還是相似的，都應具有互
換性。是否存在著這種互換性，應從使用者的角度來判
斷，一般應綜合考慮產品的功能、特性、價格和用途。」
雖然委員會也提到可以用「需求交叉彈性」來分析產品
是否具有相互替代性，但它主要還是作為一種配合「近
似功能法」來使用的輔助方法，因為界定相關產品市場
決不單純是一個計算問題，而更多地是一個評價問題。

（2）相關地域市場

根據第四〇六四號規則，企業所具有的優勢地位是指在
整個共同市場或者其中相當一部分地域內的市場支配
力。這裏的「相當一部分地域」不僅可以是一個成員國、
兩個或更多的相鄰的成員國，還可以是成員國內某個較
大的地區。在歐盟政策中，地域市場被明確界定為：在
這個地域內，企業可以提高價格，而不必擔心購買者會
轉向另一個地域去購買商品或服務。為了正確判斷相關
地域市場，應當對所有與該市場有關的競爭條件進行分
析，如相關產品或服務的本質、特性、消費者的喜好、
與相鄰地域市場的價格差異以及與產品運輸相聯繫的
各種限制性因素等。
對於一些普通消費品來說，單一市場併沒有抹掉成員國國內

市場的痕迹，雖然各成員國的政策壁壘去除了，但消費者對本國品牌的偏好、跨國分銷系統的缺乏、語言不同造成的標識、說明成本等障礙仍將長期存在，因此成員國的疆界常常就是相關地域市場的邊界。但是在多數的製造業和服務行業，尤其是電訊、郵政等國營壟斷部門以及大型運輸、金融服務業、化工、醫藥等諸多「需要進行結構調整」的部門，委員會則強調，由於所要考察的是併購行為對企業將來的市場地位的影響，因此在「相關地域市場」的分析上就要考慮「長期的動態因素」。特別是隨著成員國之間市場壁壘的消除和原先彼此分離的市場的不斷融合，企業短期內的市場支配地位會受到"預期中"更激烈的競爭的挑戰，因此不應將相關地域市場界定在短期的、相對狹窄的範圍。委員會放寬相關地域市場邊界的傾向，實際上為這些部門的企業併購活動創造了相對有利的條件。

◆ 分析市場結構，評價企業的市場影響力

在界定了相關市場之後，下一步是分析相關市場的結構，判斷企業在其中是否將擁有較高的市場份額，以及是否有其他現存的或潛在的競爭對手威脅企業的支配地位。

委員會充分肯定市場份額的重要性，但同時也認為，市場份額本身不能確定企業的支配地位，它只代表了在某一特定時刻企業所擁有的相對市場力量，只有長時間保持這種力量的能力才構成市場支配地位。尤其是在高科技產業，企業的研發和技術創新在競爭中起著重要作用，企業的市場份額有很大的易變性，它很難作為衡量企業市場支配力的確切指標。因此委員會特別指出，在一個劇變的市場環境裏保持某一市場力量的時間少於三年，不足以證明支配地位的存在。根據委員會等機構的一般看法，只佔

有10%的市場份額幾乎不可能被認定為具有市場支配地位。如果市場份額在20%—40%之間，就有必要比較競爭對手的市場份額及其面臨的市場進入壁壘。佔有40%以上的市場份額足以構成"支配地位"，但同樣也要適當考慮時間、競爭對手的實力、供求雙方的力量對比以及市場進入壁壘（如現有優勢企業擁有的專利、品牌優勢、規模經濟和產品差別）等相關因素。

　　總之，歐盟沒有美國那樣運用市場集中度指標對市場結構進行嚴格控制，也沒有詳細規定企業的市場份額標準，委員會對市場支配地位的界定更多地是一種具有較強主觀色彩的評價，而這實際上就給委員會留下了針對具體情況靈活運用政策的轉圜餘地。

　　值得注意的是一九九一年十月二日，歐盟執委會競爭總署經審查後作出禁止法國*Aerospatiale*公司與義大利*ALENIA*公司聯合併購加拿大的*DE HAVILLAND* [34] 的決定。這一決定一公布即遭受具有直接利害關係的法、義兩國認為嚴重阻礙歐洲企業進入北美相應市場而有背於歐洲社會公共利益的強烈批判。

　　除此之外，歐洲議會於一九九一年十月十日更通過旨在要求歐盟執委會以後對企業併購案件作出裁量決定時，應將歐洲的產業政策、對歐洲人文社會與地域政策的影響同競爭法與政策一併予以考慮的決議。

---

[34] M.53 - AEROSPATIALE / ALENIA / DE HAVILLAND Notified on 15.05.1991 NACE: DM.35.30 Prior notification published in the Official Journal C128 of 18.05.1991 Art. 6（1）（c） – 1991-06-12

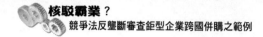

第六章

結 論

　　「權衡基準」為認知歐盟併購控制規範的重心。本研究認為所謂評價基準，其實應明確地理解為：「競爭法就跨國併購施展反壟斷審查裁量權限的權衡基準」。而此「權衡基準」即是結合經濟分析的反壟斷衡量與產業發展政策等多重複合考慮因素後，所具有靈活機動性質的「政治運作」。「權衡基準」的本質其實即等同於本研究所稱的「跨國企業併購中之政治運作」（*The Political Force within Cross-Border Merger and Acquisition of Multinational Conglomerate*）。

　　而歐盟競爭法反壟斷審查的關鍵核心尤其在於對相關「市場力量」的界定。判斷壟斷市場的競爭經濟分析與靈活的政治運作息息相關。自此觀察，歐洲聯盟對於市場經濟的觀點遂導引其競爭政策的考量日益交錯複雜，確然地，是因為決策過程已逐漸地趨於政治化運作。[1] 歐盟沒有美國那樣運用市場集中度指標對市場結構進行嚴格控制，也沒有詳細規定企業的市場份額標準，執委會競爭總署對市場支配地位的界定更多地是一種具有較強主觀色彩的評價，而這實際上就給委員會留下針對具體情況靈活運用政策的轉圜餘地。

　　本研究認為歐盟競爭總署善於針對具體情況靈活運用政策的

---

[1]　André Schmidt（1998），Ordnungspolitische Perspektiven der europäischen Integration im Spannungsfeld von Wettbewerbs- und Industriepolitik, Frankfurt am Main, p. 162.

雙重手段乃根基於「效率抗辯基準」[2] 與「拯救瀕危基準」使得特定產業或鉅型企業得以排除或豁免於反壟斷審查的嚴格管制之外，成為特例，甚至是通例。再加上本研究所彙整出：（一）權衡市場參與者的併購效應（二）權衡併購後是否產生宰控市場之聯合獨攬地位？（三）關鍵變項，尤在評鑒是否有潛在競爭企業體的三道權衡基準，使歐洲聯盟本身形成競爭政策的政治主導取向，確實具備體系上、運作上、執行上的獨特性、複雜性與靈活性。

本研究的研究結論是：企業體採取跨國併購與外資進入市場的謀略本身，具有政治及權力運作的因素，此權力運作或政治因素則是以「競爭優勢」鑒察。

其次是國家或超國家對企業體採取跨國併購與外資進入的謀略時，同樣具有政治及權力運作的因素，是以「競爭審查」的准駁來鑒察。

最後則是跨國併購與外資進入市場的競爭審查或外資審批權，此裁量權限該如何界定與執行始稱適當？本研究認為應該是維護競爭秩序防範壟斷的反壟斷審查介入調節，以結合經濟分析的權衡基準始稱適當。若單純地排除經濟分析的政治運作，也會因「全球產業競爭均衡」與「國家經濟結構發展」的政治取向，此兩項主要施壓力量交相競逐下而自然形成動態化的平衡。

在併購反壟斷審查中能否適當界定合併產業產品相關市場至關重要。[3]反壟斷審查的權衡法則的意涵，依照歐盟執委會競爭總

---

[2]　參照日本神戶大學武田邦宣，《合併規制と效率性の抗弁》（東京：多賀出版社，2001年）。

[3]　Michel Glais,2000, 'Merger control law in the European Union' in Jackie Krafft edited "The Process of Competition"(Cheltenham,UK：Edward Elgar).

署的實踐，本研究則認為可以將一九八九至二〇〇五年的發展經驗中抽繹案例，並且分類為下列三種予以探討。

◆ 權衡市場參與者的併購效應

1. *Digital-Kienzle*（*M 057 22/02/91*）
2. *Boing/McDonnell*（*IV/M 877. JOCE L336. 8/12/97*）
3. *Mitsubishi/UCAR CARBON*（*IV/M 024*）
4. *ICI/Tioxide*（*IV/M 029*）
5. *Promodès/Dirsa*（*IV M027*）[4]
6. *Redoute/Empire*（*IV/M 080*）
7. *Otto/Grattan*（*IV/M 070*）
8. *Kesko/Tuko*（*IV/M 784. L110. 26/04/97*）
9. *Alcatel/Telettra*（*IV/M042. JOCE L 122. 17/05/91*）
10. *TKS/ITW Signode/Titan*（*IV/M970. JOCE L. 316.25/11/98*）
11. *VIAG/Sanofi*（*IV M521*）

◆ 權衡併購後是否產生宰控市場之聯合獨攬地位？

1. *Nestle/Perrier*（*IV/M 190. JOCE L356 05/12/92*）
2. *ABB/DAIMLER BENZ*（*IV/M 580. JOCE L11 14/01/97*）

◆ 關鍵變項，尤在評鑒是否有潛在競爭企業體？

1. *Nordic satellite distribution*（*M 490. JOCE L53 02/03/96*）

---

[4] cf. sur cette question les décisions de la Commission relatives aux affaires Promodès/Dirsa（N IV/M.027）, Promodès/BRMC（N IV/M.242）, Delhaize/P.G.（IV/M.471）, La Rinascente/CedisMigliarni（IV/M.558）, Auchan/Pao de Açusar（N IV/M.804）

2. *Deutsche Telekom/Beta Research*（*IV/M 1027. JOCE L 53 27/02/99*）

3. *Boing/McDonnell*（*IV/M 877. JOCE L336. 8/12/97*）

4. *Bertelsman/Kirch/Premiere*（*IV/M 993 JOCE L53 27/02/99*）

5. *Krupp/Thyssen/Riva/Falk/Tadfin/AST*（*IV M484. JOCE L251. 19/10/95*）

6. *Mannesman/Hoech*（*IV M222.*）

7. *Nestle/Perrier*5 （*IV M190.*）

8. *ICI/Tioxide*（*IV/M 029*）

9. *PEPSI CO / KAS*（*IV/M.289*）

　　檢證歐洲聯盟競爭法體系的形成，經過本研究彙整，獲知對跨國併購的反壟斷審查「裁量權」本身，在彙集決策的過程之中，確實深受歐體暨成員國國內多重效應與權力配置影響，且併購個案中有關當事國的抵制或抗衡情勢不時地產生，已如前述章節所論述。另外，於執行法規範的過程中，更介入與其他國家的域外「管轄權」爭端，以及彰顯歐洲聯盟早就存在於高峰會、理事會、

5　NESTLE
　　M.1065 - NESTLE / SAN PELLEGRINO
　　M.1127 - NESTLE / DALGETY
　　M.1689 - NESTLÉ / PILLSBURY / HÄAGEN-DAZS US
　　M.190 - NESTLE / PERRIER
　　M.2818 - NESTLE / FONTERRA / JV
　　M.2773 - NESTLE / L'OREAL / INNEOV
　　M.2276 - THE COCA-COLA COMPANY / NESTLE / JV
　　M.2337 - NESTLE / RALSTON PURINA
　　M.2640 - NESTLE / SCHÖLLER
　　M.362 - NESTLE / ITALGEL
　　M.58 - BAXTER - NESTLE / SALVIA
　　M.90 - BSN / NESTLE / COKOLADOVNI

執委會、歐洲法院（包括歐洲初審法院）、歐洲議會跨國黨團之間多層次治理（*multi-level governance*）決策體制中權力競逐與政治運作的爭議，也經由本研究的個案分析，予以論證。

國際體系分析層級上，本研究試從全球資本流動與金融一體化的體系中，透過跨國併購投資（*Cross-border Merger & Acquisition Investment, MAI*）的審議，來探討超國家組織，以政治力介入跨國資本管理與金融控制的主要考量。此主要考量包含：

（1）國際政治與安全戰略權衡因素；

（2）國內政治與產業經濟政策考慮因素；

（3）國家或超國家組織對跨越國界經營的企業體（*TNC, Transnational Corporate*）採併購型態進入市場型態的外資（*Foreign Direct Investment, FDI*）控管機制；

（4）跨國企業體（*TNC, Transnational Corporate*）對此控管機制的因應對策。

並進一步探討全球跨國併購投資中：

（1）企業體（跨國併購投資決策行動者）；

（2）國家與超國家組織（以併購審查的調節閥，介入外資進入控管機制）；

（3）全球體系（不確定的風險效應）

本研究以這三個因素之間，環環相扣的多重效應（*Multi-effect*）與交相反饋（*Feedback*）的運作檢證：確然適合來進行對（一）國際政治與戰略權衡因素、（二）國內政治暨產業經濟政策考慮因素及（三）國家機關與跨國企業相關因應對策的理論檢證。

基於此動機，在本研究中試圖建立關於外資（*Direct Foreign*

Investment, DFI）、匯兌、證券、債券、控股、海外可轉換公司債
（*Euro-Convertible Bond, ECB*）[6] 和全球存託憑證（*Global Depository Receipt, GDR*）[7]與認購權證等經濟一體化的「全球資本市場」
（*Global Capital Markets*）暨期貨、選擇權（*Option*）等「全球衍生性金融市場」（*Global Derivative Finance Markets*）的虛擬資本，
在國際關係中的理論構成，得以進一步安立。並且基於純粹研究方法（*Pure Research*）[8]，欲建立理論模型，在主流國際關係理論中的三個分析層次：1.個體、2.國家、3.國際體系上，驗證需再創設另一種分析層次：「全球層次」或「全球體系層次」以充實整體論文的分析架構，亦藉由本研究對政治經濟面實際現象的考察得以確定。[9]

---

[6] 為企業在海外發行以外幣計價的可轉換公司債，其為結合債券與股票的金融商品，而發行公司賦予投資者將該債券轉換為股票的權利。投資人可於發行後特定期間內，依一定轉換價格或轉換比率將公司債轉換成發行公司之普通股股票或存託憑證。故ECB可視為結合「純公司債」與「選擇權」之金融商品。

[7] 存託憑證是國際性的存託銀行（Depository Bank），為原本已經在本國發行的股票，在外國發行的交易憑證。持有存託憑證等於擁有公司的有價證券（即股票），至於所表彰的有價證券則由存託銀行委託保管銀行代為保管。全球存託憑證（GDR，Global Depository Receipt），則泛指在美國發行（ADR）與歐洲發行（EDR）兩個國際主要市場所交易的存託憑證。

[8] 社會科學領域應用自然科學的研究方法來探討人類行為和組織行為。Miller（1991）將社會科學的研究分為三種類型：基礎研究（basic research）、應用研究（applied research）和評估研究（evaluation research）。基礎研究是以新知識來了解社會現象的純粹研究（pure research）。應用研究則是探求可以用來解決問題的知識，通常是以政策（policy）和活動（action）的方式呈現。評估研究是一種社會責任的表現，評估或者稽核社會政策和活動的執行績效與對社會的衝擊。

[9] Kenny Waltz於1999年的麥迪遜講座（James Madison Lecture）後發表於1999年12月《政治科學與政治》（Political Science and Politics）的〈全球化與治理〉（Globalization and Governance）一文的最後結論是：Many globalizers believe that the world is increasingly ruled by markets. Looking at

因此歸結本研究的研究結論是：企業體採取跨國併購與外資進入市場的謀略本身，具有政治及權力運作的因素，此權力運作或政治因素則是以「競爭優勢」鑒察。跨國企業為追求「競爭優

---

the state among states leads to a different conclusion. The main difference between international politics now and earlier is not found in the increased interdependence of states but in their growing inequality. With the end of bipolarity, the distribution of capabilities across states has become extremely lopsided. Rather than elevating economic forces and depressing political ones, the inequalities of international politics enhance the political role of one country. Politics, as usual, prevails over economics. （許多全球化支持者相信，世界正日益由市場所控制。看一看各國的狀況，我們就會得到不同的結論。國際政治的主要差異不在於國家間相互依賴的加深，而在於逐漸擴大的不平等。隨著兩極結構的終結，跨國力量分配極其不平衡。與其說國際政治的不平等突出了經濟力量，降低了政治力量，不如說它擴大了國家的政治作用。同往常一樣，政治優先於經濟。）請參照美國政治科學協會（APSA） http://www.apsanet.org/PS/dec99/waltz.cfm。暨德國政治研究網（e-politik.de; Netzkommunikator für Politik, Gesellschaft & Politikwissenschaft）Der Politische Neorealismus nach Kenneth Waltz: Kein Ausweg aus dem System - ein Staat kämpft ums Überleben。http://www.e-politik.de/beitrag.cfm?Beitrag_ID=496。觀察Kenneth N. Waltz從1959年Man,the State,and War到1970年 "The Myth of National Interdependence", in Charles P. Kindleberger, ed.: The International Corporation, Cambridge Mass., Harvard University Press到1979年Theory of International Politics到1999此篇到2000年'Structural Realism after the Cold War,' International Security 25（Summer 2000）'Globalization and American Power,' The National Interest 59（Spring 2000）及2002年Waltz and Scott Sagan 合撰的" The Spread of Nuclear Weapons"（Second Edition）的四十餘年間，在當代雖體認到國際體系朝向全球體系浮升的「全球化」態勢，但是仍然堅守「國家中心」及維護國家利益的現實立場。他批評互賴不足以導致和平；在國際政治中主要的事件是由國家能力加以解釋，而不是由在國家間運作或超越國家的經濟力量決定。

本書認為Waltz仍是處於國際體系層次及國家中心論的範圍中；針對國、與國之間的競合關係探討只是將經濟或國際資本流動當作是國家欲考慮的因素或力量，而非行為主體（Agent）－因為在他的理論中國家才是行為主體及分析的單位，而非其他。本書立論，則是欲辨正Waltz關於國際關係的詮釋。同時，在國際關係理論中，長期混淆「結構」、「分析層級」與「系統」等概念，時而交互誤用的疑議，也待進一步釐清。

勢」遂起而發展多國籍企業資產重組、策略聯盟或併購。而各種
投資佈局也以跨國併購為主要採用的策略。

其次是國家或超國家對企業體採取跨國併購與外資進入的謀
略時，同樣具有政治及權力運作的因素，是以「競爭審查」的准
駁來鑒察。競爭審查則是結合反壟斷的基準進行政治力的調節閥
控管，以對市場經濟力集中或支配市場的優勢地位濫用情況加以
治理。

最後則是跨國併購與外資進入市場的競爭審查或外資審批
權，此裁量權限該如何界定與執行始稱適當？本研究認為應該是
維護競爭秩序防範壟斷的反壟斷審查介入調節，以結合經濟分析
的權衡基準始稱適當。若單純地排除經濟分析的政治運作，也會
因「全球產業競爭均衡」與「國家經濟結構發展」的政治取向，
交相競逐而自然形成動態化的平衡。本研究以歐盟此一超國家組
織為研究主體，則有助於強化既往對競爭政策課題於國際政治經
濟學的相關研究環節的認知。

圖6-1 併購申報數量與歐盟競爭總署作出最終決議的年度比較

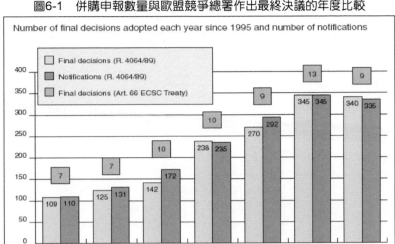

Number of final decisions adopted each year since 1995 and number of notifications

圖6-2 1993-2001年度中併購類別的區分

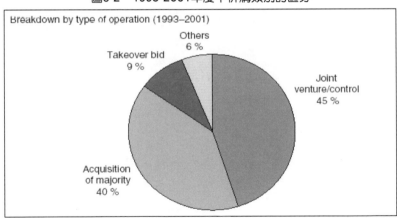

Breakdown by type of operation (1993–2001)

資料來源:歐盟 競爭總署二○○二年年度報告。

389

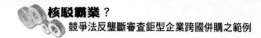

參考書目文獻

一、中文部分

◆ 書籍：

- *UNCTAD*（聯合國貿易發展會議）跨國公司與投資司編。2000年。《1999年世界投資報告：外國直接投資與發展挑戰》。中國財政經濟出版社。
- 中國外經貿部歐洲統一大市場政策研究諮詢組編譯。1994年。《歐洲統一大市場法規選編》。中國對外經濟貿易出版社。
- 中國營銷研究中心（*CMC*）盧泰宏主編。2002年。《跨國公司行銷中國：戰略、策略與個案》。廣州：廣東旅遊出版社。
- 上野明著；周彩敏譯。1990年。《跨國經營實戰錄》。台北：卓越文化出版。
- 小島郁夫（*Kojima Ikuo*）著；陳旻譯。2001年。《企業兼併》。北京：中信出版社。
- 王一。2001年。《企業併購理論及其在中國的應用》。上海：復旦大學出版社。
- 王玉英編。1995年。《企業兼併破產案例》。北京：中國物價出版社。
- 王為農。2001年。《企業集中規制的基本法理：美國、日本及歐盟的反壟斷法比較研究》。北京：法律出版社。
- 王泰銓。1989年。《比較法律問題研究》。台北：台灣大學法學院法律系出版。
  1991年。《歐洲公司法之研究》。台北：行政院經濟建設委員會健全經社法規工作小組出版月旦出版。

1996年。《中共對外經濟貿易法》。台北：五南出版。

1997年。《歐洲共同體法總論》。台北：三民書局出版。

- 楊苑琳、朱瑤琳、黃瑞卿、徐秀榕研究。1997年。《歐洲共同體競爭規範中免除管制之研究》。台北：行政院國家科學委員會。

1998年。《歐洲事業法（一）：歐洲公司企業組織法》。台北：出版。

1998年。《兩岸經貿爭議之解決途徑》。新加坡：東亞中心出版。

1999年。《歐洲共同體條約摘要說明及翻譯（Ⅰ）（Ⅱ）》。台北：行政院國家科學委員會。

2000年。《投資大陸市場法律與實務解析》。台北：學林文化出版。

2000年。《歐洲事業法（二）：歐洲競爭規範》。台北：五南出版。

- 王曉曄。1999年。《競爭法研究》。北京：中國法制出版社。
2001年。《歐共體競爭法》。北京：中國法制出版社。

- 王巍主編。2002年。《中國併購報告：2002年》。北京：華夏出版社。

- 王巍，康榮平編。2001年。《中國併購報告：2001年》。北京：中國物資出版社。

- 王巍等。2000年。《世紀併購》。上海：三聯出版社。

- 王韜光、胡海峰。1995年。《企業兼併》。上海：上海人民出版社。

- 王鶴。1994年。《歐洲自由貿易聯盟》。北京：經濟日報出版社

- 本杰明‧古莫斯-卡瑟爾斯（*Benjamin Gomes-Casseres*）著；

邱建、吳鏑譯。2000年。《競爭的革命：企業戰略聯盟》(*The Alliance Revolution: The New Shape of Business Rivalry*)。廣州：中山大學出版社。

- 王念祖、滕維藻主編。1990年。《跨國公司與中國的開放政策》。天津：南開大學出版社。

- 白樹強。2000年。《全球競爭論－經濟全球化下國際競爭理論與政策研究》。北京：中國社會科學出版社。

- 日本文摘編譯中心譯。1990年。《企業買收合併術》。台北：故鄉出版社。

- 田文編著。1995年。《企業兼併收購破產縱橫》。北京：中國物價出版社。

- 田福庭主編；王丙一，徐小玖，沈志漁副主編。1989年。《中國企業兼併的理論與實踐》。北京：經濟管理出版社。

- 亞歷山德拉·里德·拉杰科斯 (*Alexandra Reed Lajoux*)、弗雷德·威斯頓 (*J. Fred Weston*) 著；張秋生等譯。2001年。《併購的藝術：融資與再融資》(*The Art of M&A: Financing and Refinancing*)。北京：中國財政經濟出版社。

- 亞歷山德拉·里德·拉杰科斯 (*Alexandra Reed Lajoux*) 著；丁慧平、孫先錦譯。2001年。《併購的藝術：整合》(*The Art of M&A:Integration*)。北京：中國財政經濟出版社。

- 亞歷山德拉·里德·拉杰科斯 (*Alexandra Reed Lajoux*)、斯坦利·福斯特·里德 (*Stanley Foster Reed*) 著；葉蜀君、郭麗華譯。2001年。《併購的藝術：兼併、收購、買斷指南》(*The Art of M&A: A Merger/Acquisition/Buyout Guide*)。北京：中國財政經濟出版社。

- 亞歷山德拉·里德·拉杰科斯 (*Alexandra Reed Lajoux*)、查

爾斯‧埃爾森（*Charles M. Elson*）著；郭雪萌、崔永梅、萬
里霜譯。2001年。《併購的藝術：盡職調查》（*The Art of M&A:
Due Diligence*）。北京：中國財政經濟出版社。

- 尼爾‧胡德（*Neil Hood*），斯蒂芬‧揚（*Stephen Young*）著；
  葉剛等譯。1990年。《跨國企業經濟學》。北京：經濟科學出
  版社。

- 米海依爾‧戴爾瑪斯（*Mireille Delmas Marty*）；羅結珍等譯。
  2001年。《世界法的三個挑戰》（*Trois défies pour un droit
  mondial*）。北京：法律出版社。

- 米歇爾‧蓋特曼（*Michel Ghertman*）著；賴建誠譯。1985年。
  《多國籍企業》（*Les Multinationales*）。台北：國立編譯館編；
  幼獅文化事業公司發行。

- 竹中征夫著；揚瑞等譯。1995年。《企業海外投資與收購》。
  北京：北京經濟學院。

  1995年。《企業收購與兼併：合併與收購帶來新的企業發
  展》。北京：北京經濟學院。

- 伍忠賢。1992年。《國際併購》。台北：省屬行庫中小企業聯
  合輔導中心。

  1998年。《企業併購聖經》。台北：遠流出版社。

  2000年。《企業併購:理論與實務跨世紀全球投資觀點》。台
  北：新陸出版社。

- 亨特‧路易士（*Humter Lewis*）、唐納‧阿里森（*Donald Allison*）
  著；黃宏義譯。1983年。《全球經濟大戰》（*The Real World
  War*）。台北：長河出版社。

- 弗隆（*Raymond Vernon*）、威爾斯（*Louis T. Wells, Jr.*）著；沈
  根榮譯。1992年。《國際企業的經濟環境》（*The Economic*

Environment of International Business）。台北：五南出版社。

- 阮方民。1998年。《歐盟競爭法》。北京：中國政法大學出版社。

- 吳典城。2001年。《台商投資中國法網通－搶進大陸第一本「專門法令」與「特殊優惠」的白皮書》。台北：星定石文化出版社。

- 吳德慶、鄭榮霖主編。1992年。《企業兼併問題研究》。北京：中國人民大學。

- 吳越濤、張海濤編著。1997年。《外資能否吞併中國》。北京：企業管理出版社。

- 何之邁。1989年。《企業經濟力集中之法律問題》。台北：黎明文化事業出版。

  1997年。《公平交易法專論》。台北：撰者出版。

  1997年。《公平交易法專論（二）》。台北：撰者出版；三民經銷。

  1999年。《歐洲共同體競爭法論》。台北：撰者出版。

  2001年。《公平交易法實論》。台北：撰者出版。

- 何之邁、單驥、張懿云等著。2000年。《仿冒未受保護之新式樣與不公平競爭規範》。台北：行政院公平交易委員會。

- 沈玄池、洪德欽主編。1998年。《歐洲聯盟：理論與政策》。台北：中央研究院歐美研究所。

- 沈玄池。2002年。《國際關係》。台北：高立圖書出版。

- 沈玄池、陳彥煌。1996年。《歐洲聯盟租稅整合與我國因應之道》。台北：行政院研考會。

- 李德榮編譯。2002年。《跨國公司的中國之路》。北京：九州出版社。

- 李良智、季榮富主編。1995年。《跨國投資技巧》。南昌：江西高校出版社。
- 李書華、宋強、陳曉中主編。1994年。《大陸合資企業經營管理總論》。台北：山外山出版。
- 法律出版社法規編輯室編。1988年。《中華人民共和國中外合資經營企業法;中華人民共和國外資企業法;國務院關於鼓勵外商投資的規定及實施辦法》。北京：法律出版社。
- 杜筑生。1991年。《歐洲經濟共同體之對外關係》。台北：正中書局。
- 杜飛進、吳勇敏。1991年。《企業兼併論》。杭州：浙江人民出版社。
- 杜景林、盧諶。2000年。《德國股份法、德國有限責任公司法、德國公司改組法、德國參與決定法》。北京：中國政法大學出版社。
- 邵建東。2001年。《德國反不正當競爭法研究》。北京：中國人民大學出版社。
- 季文茹，王寶桐編著。1995年。《企業兼併實務》。北京：中國物價出版社。
- 來永明主編。1995年。《中國企業兼併全書》。北京：中國經濟出版社。
- 林康。2001年。《跨國公司與跨國經營》。北京：對外經濟貿易大學出版社。
- 林進富。1999年。《公司併購教戰手則》。台北：聯經出版。
- 林進富等合著。1999年。《公司併購法律實戰守則》。台北：永然文化出版。
- 拉丰（*Jean Jacques Laffont*）主編；王國成、黃濤、易憲容

等譯。2001年。《經濟理論的進展：國際經濟計量學會第六屆世界大會專集》。北京：中國社會科學出版社。

- 哈羅德西蒙（*Harald Simon*）、布里吉特包爾（*Brigtte Bauer*）、法蘭茲傑格勒（*Franz Jägeler*）著；春田出版社編譯組譯。1996年。《探尋歐洲競爭優勢》。高雄：春田出版社。

- 胡瑾、王學玉主編。2000年。《發展中的歐洲聯盟》。濟南：山東人民出版社。

- 施俊吉、鄭優、何之邁等計畫主持。2000年。《四C產業整合發展之競爭規範研究》。台北：行政院公平交易委員會。

- 洪禮卿、何之邁、單驥主持。2000年。《公平交易法第四十六條修正後之適用問題研究》。台北：行政院公平交易委員會。

- 段克競、王瑋。1999年。《兼併浪潮與中國對策》。北京市：世界知識出版社。

- 段愛群。1999年。《跨國併購原理與實證分析》。北京市：法律出版社。

- 對外經貿實務雜誌社袁永友主編；柏望生、林澤拯副主編。2001年。《國際商務經典案例》。北京：經濟日報出版社。

- 馬修.林恩（*Matthew Lynn*）著；張濤、劉月榮譯。1996年。《藍天爭霸－波音vs.空中巴士》。台北：南書房出版。

- 徐小波、陳民強。1990年。《跨國投資之法律原理及負稅考慮》。台北：經濟日報出版社。

- 梁國源、羅昌發、陳昆銘等計畫主持。2000年。《跨國事業結合競爭相關問題及其經濟影響之分析》。台北：行政院公平交易委員會出版。

- 湯姆‧伯恩斯（*Tom R.Burns*）等著；周長城等譯。2000年。

《結構主義的視野：經濟與社會的變遷》（*Structration：Economic and Social Change*）。北京：社會科學文獻出版社。

- 普哈拉（*Prahalad, C. K.*）、多茨（*Doz, Yves L.*）著；王文彬等譯。2001年。《跨國公司使命：尋求經營當地化與全球一體化之均衡》。（*The multinational mission：balancing local demands and global vision*）。北京：華夏出版社。

- 瑪莎.費麗莫（*Martha Finnemore*）著；袁正清譯。2001年。《國際社會中的國家利益》（*National Interests in International Society*）。杭州：浙江人民出版社。

- 陳正澄計畫主持。2000年。《我國與歐盟貿易與投資之研究》。台北：行政院經濟建設委員會。

- 陳超雄。1986年。《跨國企業海外投資法律問題之研究》。台北：撰者自印。

- 彭進軍主編。1999年。《股份制企業兼併與收購》。北京：中國人民大學出版社。

- 朝陽。1998年。《中國企業併購論》。北京：中國金融出版社。

- 單驥、何之邁、吳秀明。1999年。《從依賴性理論探討相對市場優勢地位：以公平法立場之研析適用》。台北：行政院公平交易委員會。

- 單驥、何之邁、張明宗計畫主持；劉靜怡協同主持。2000年。《寡占市場「一致性行為」之證據認定方法及其濫用市場地位行為規範》。台北：行政院公平交易委員會。

- 黃赤東、孔祥俊主編。2001年。《反不正當競爭法及配套規定新釋新解（新編本）》。北京：人民法院出版社。

- 黃偉峰。2002年。《併購實務的第一本書》。台北：商周出版。

- 楊佳璋、張子。《經營權爭霸：企業敵意併購攻防戰》。台北：

商周出版。

- 楊德新。1996年。《跨國經營與跨國公司：理論、原理、運作、案例》。北京：中國統計出版社。
- 楊蔭環編著。1993年。《跨國公司經營管理》。北京：旅遊教育出版社。
- 趙秀文主編。1999年。《國際商事仲裁案例評析》。北京：中國法制出版社。
- 維高編著。1997年。《兼併：資本運營核心論》北京市：中國物資出版社。
- 潘秀菊。2002年。《企業的擴充與多角化經營策略：分公司、轉投資、關係企業、併購、控股公司》。台北：永然文化出版。
- 歐洲風險投資協會（*European Private Equity Venture Capital Association, EVCA*）、山西省科技基金發展總公司編；安虎森等譯。2001年。《歐洲風險投資運作規程通覽》。太原：山西人民出版社。
- 戚天常主編。1993年。《中國引進外資法律全書》。北京：中國法政大學出版社。
- 曹建明。2000年。《歐洲聯盟法：從歐洲統一大市場到歐洲經濟貨幣聯盟》。杭州：浙江人民出版社。
- 曹鳳岐主編。1999年。《如何進行企業重組與併購》。北京：北京大學出版社。
- 劉研。1992年。《跨國公司與中國企業國際化》。北京：撰者出版。
- 劉俊海。2000年。《歐盟公司法指令全譯》。北京：法律出版社。
- 劉家琛主編。1999年。《競爭法案例選編》。北京：法律出版社。
- 劉紹樑。1999年。《競爭政策的法律與經濟分析》。台北：漢

興出版社。

- 種明釗編。1997年。《競爭法》。北京：法律出版社。

- 謝百三主編。1997年。《投資中國》。紐澤西：八方文化企業公司。

- 羅伯特‧基歐罕（*Robert O. Keohane*）著；蘇長和、信強、何曜譯。2001年。《霸權之後：世界政治經濟中的合作與紛爭》（*After Hegemony：Cooperation and Discord in the World Political Economy*）。上海：上海人民出版社。

- 羅伯特‧霍恩（*Robert Horn*）、海因‧科茨（*Hein Kötz*）、漢斯‧萊塞（*Hans G.Leser*）。1996年。《德國民商法導論》。北京：中國大百科全書出版社。

- 蘇珊‧伯杰（*Suzanne Berger*）、羅納德‧多爾（*Ronald Dore*）著；韓勝軍、張敦敏、周雲帆等譯。2002年。《國家的多樣性和全球的資本主義》（*National Diversity and Global Capitalism*）。重慶：重慶出版社。

♦ **論文：**

- 一銀。2002年。〈淺談外資併購大陸企業〉。《一銀產經資訊》，第444期，頁43-46。

- 王文宇。1998年。〈世界主要國家併購相關法律規定之比較〉。《經濟情勢暨評論》，第4卷第2期，頁1-29。

- 王志誠。2001年。〈企業併購法制之基礎構造〉。《國立中正大學法學集刊》，第4期，頁91-138。

- 吳力人。1996年。〈藥業的合併與併購--國際研發廠的全民運動？〉。《中華民國開發性製藥研究協會會訊》，第2卷第3期，頁41-44。

- 吳萬益、吳雅蓉、劉界富。2002年。〈國際企業之「策略性角色」、「組織結構」、「人力資源策略」與組織績效之關係－在台子公司之實證〉。《輔仁管理評論》，9卷1期，頁151-196。

- 呂桂玲、方慧娟、李榮謙。2002年。〈國際間金融整合之發展、問題與啟示〉。《國際金融參考資料》，第47輯，頁14-31。

- 呂瑋卿。2000年。〈後競爭時代策略聯盟法律問題初探資訊法務透析〉。《資訊法務透析》，第12卷第2期，頁34-45。

- 李彥樟。2002年。〈「新世紀國際理財與投資新趨勢」暨「新世紀企業併購與策略新思維」研討會〉。《電工資訊雜誌》，第137期，頁26-30。

- 彼得潘。1999年。〈全球電信產業大吹併購風〉。《通訊雜誌》，第63期，頁8-12。

- 邱宏仁。1998年。〈企業資源能力與價值創造程序之全球配置：解析臺商之國際併購策略與實務〉。《經濟情勢暨評論》，第4卷第2期，頁1-29。
1999年。〈金融業跨世紀併購的發展趨勢與管理模式〉。《實用稅務》，第298期，頁27-30。

- 徐守德。1990年。〈多國籍企業〔*Multi-National Corporation，MNC*〕政治風險的評估與管理〉。《政治科學論叢》，第1期，頁65-88。

- 馬杰。2001年。〈國際銀行業併購透析〉。《信用合作》，第67期，頁34-41。

- 馬嘉應、羅慧萍。2002年。〈研析本國企業併購相關法令〉。《財稅研究》，第34卷5期，頁71-98。

- 梁國源、羅友聰。2001年。〈從競爭因素探討美國銀行業的併購法制與啟示〉。《公平交易季刊》，第9卷第3期，頁1-38。

- 陳志民。2002年。〈「嚇阻」（*deterrence*）概念下之反托拉斯法私人訴訟－「最適損害賠償」理論之政策啟示〉。《人文及社會科學集刊》，第14卷第1期，頁55-109。
- 陳益智整理。1999年。〈智慧財產權管理科技產業併購策略座談會紀實〉。《智慧財產權管理》，第21期，頁46-49。
- 陳雅村、葉雅薰。2002年。〈公司改組、監督機制與盈餘管理之研究〉。《會計評論》，34期，頁3-29。
- 黃正一。2001年。〈歐洲聯盟之公開收購規定－以中華開發收購大華證券為例比較我國公開收購規定〉。《法令月刊》，第52卷12期，頁51-67。
- 黃美玲。〈海外直接投資之資本預算決策與績效評估〉。《陽明學報》，第52卷12期，頁51-67。
- 電機產業資訊報導。1997年。〈世界電力產業策略聯盟與併購現況〉。《電機產業資訊報導》，第52卷12期，頁51-67。
- 葉詰頡生。1999年。〈淺論大陸企業併購〉。《萬國法律》，第105期，頁47-56
- 葉寧。1999年。〈公平交易法中有關事業結合併購規定〉。《實用稅務》，第298期，頁8-15。
- 葉銀華。2000年。〈康柏（*Compaq*）收購迪吉多（*Digital*）之個案評析〉。《會計研究月刊》，第173期，頁48-56。
- 楊婉苓。2002年。〈合作研發政策及競爭法制初探－以歐盟為例〉。《科技法律透析》，第2卷第2期，頁55-71。14:1 民91.01 頁28-47
- 劉紹樑。2001年。〈金融法制、企業併購與典範遷移--以合併法與控股法為中心〉。《臺灣金融財務季刊》，第2卷第2期，頁55-71。

- 錢士安。1996年。〈美國國防工業之變遷〉。《美歐月刊》，第11卷第11期，頁21-35。
- 聶建中、姚蕙芸、鄭伊岑。2000年。〈國際化產業競爭趨勢－併購行為探討〉。《產業金融季刊》，第109期，頁16-30。
- 魏杏芳。2002年。〈歐洲共同體競爭法的新面貌〉。《月旦法學》，第82期，頁92-99。
  2002年。〈獨立超然的行政官－論聽證官（*Hearing Officer*）在競爭法案件中的角色〉。《公平交易季刊》，第10卷第1期，頁145-158。
- 蘇聰儒。2001年。〈大陸公司併購法律教戰守則〉。《實用稅務》，第324期，頁81-88。

二、外文部分

曾經或經常參考的國外商管期刊及其簡稱：

- *FAJ: Financial Analysts Journal*（財務分析師期刊）
- *FM: Journal of the Financial Management Association*（財務管理期刊）
- *HBR: Harvard business Review*（哈佛商業評論）
- *JIBS: Journal of international Business Studies*（國際企業研究期刊）
- *M&A: Merger & Acquisitions*（合併與收購雙月刊）
- *M&A Europe: Merger & Acquisitions Europe*（歐洲合併與收購雙月刊）
- *the New MergerWeek: http://www.mergercentral.com/free_mergerweek/mergerweek.cfm*（每週購併新聞）
- *Achtmeyer, W. F. and M. H. Daniell, 1988. 'Postmerger Integration:*

How Advanced Planning Widens Acquisition Rewards', Merger
and Acquisition, 23：1, pp.37-42.

- Aggarwal, R. and F. J. Narratil, 1991. *'Planning a Successful
  Acquisition Strategy: Some Guidelines'*,Managerial Finance,
  17：1, pp.14-18.

- Baches Opi, Sergio, 1997．*'Merger Control in the United States
  and European Union: How should the United States —
  Experience influence the Enforcement of the Council Merger
  Regulation?'*, Journal of Transnational Law and Policy

- Banks, David, 1997. *'Non-Competition Factors and their Future
  Relevance under European Merger Law'*, European Competition
  Law Review.

- BECHTOLD, Rainer, 1996. *'Abwägung zwischen wettbewerblichen
  Vor- und Nachteilen eines Zusammenschlusses in der
  europäischen Fusionskontrolle'*,Europaische Ze itschrift fur
  Wirtschaftsrecht（EuZW）

- Bradley, J. W. and D. H. Korn,1979. *'Acquisition and Merger: A
  shifting route to corporate growth'*,Management Review, 68：
  3,46-51.

- Brealey, R. A. and S. C. Myers,1988. *Principles of Corporate
  Finance,*（McGraw-Hill）

- Cabrera, J. C.1982, *'Takeovers: The risk of the game and how
  to get around them'*, Management Review,71：11,44-50.

- Camesasca, Peter D., 1999. *'The explicit efficiency defence in
  merger control: Does it make the difference?'*, European
  Competition Law Review

- CHESNAIS F. 1994. *La mondialisation.*（Syros, Paris）．

- CHESNAIS F. 1996. *La mondialisation financière.*（Syros, Paris）.

- Dickie, R., Michel, A. and I. Shaked1987, *'The Winner's Curse in the Merger Game', Journal of General Management, 12：3, 32-51.*

- *Dionne, J. L.1988, 'The Art of Acquisition',Journal of Business Strategy, 9：6, 13-17.*
- *EICHENGREEN B., MATHIESON et alii, 1998. Hedge Funds and Financial Market Dynamics. Occasional Paper 166, IMF.*
- *EICHENGREEN B., MUSSA M. et alii, 1998. Capital Account Liberalization. Theoretical and Practical Aspects. Occasional Paper 172, IMF.*
- *F. Chesnais, 1994. La mondialisation du capital, Alternatives économiques, （Syros, France）*
- *FRENCH K.R., POTERBA J.M. 1991. 'Investor Diversification and International Equity Markets'. American Economic Review, 81, 222-226.*
- *Gall, E. A.1991. 'Strategies for Merger Success', Journal of Business Strategy, 12：2, 26-29.*
- *Grazia Ietto-Gillies, 2001.Transnational Corporations: Fragmentation Amidst Integration（Routledge）*
- *Greaney, Thomas L., 2000. 'Why the EU should not adopt the American Efficiency Defense for analyzing Mergers and Joint Ventures', Saint Louis University Law Journal, Summer.*
- *GRIFFITH-JONES S. 1996. 'International Financial Markets: a Case of Market Failure'. In: States or Market? : Neo-liberalization and the Development Policy Debate. C. Cloclough and J. Manor eds.（Oxford：Clarendon Press.）*
- *Hall, P. D. and D. Norburn,1989. 'Successful Acquisitions and the Role of Management', Management Decision, 27：3, 55-58.*
- *Hawk, Barry E. & Huser, Henry L., 1996. European Community Merger Control: A Practitioner's Guide, （The Hague, London,*

405

Boston：Kluwer Academic）

- *Hawkes, Leonard,1992. 'The EC Merger Control Regulation: Not an Industrial Policy Instrument: the De Havilland Decision', ECLR.*

- *Henderson, A. R.1989, 'Business Sales and Acquisitions: Post-Acquisition Integration', CMA Magazine, 63：3, 32-36.*

- *Immenga, Frank A., Die europäischen und US-amerikanischen Leitlinien zur horizontalen Kooperation, RIW 2001, S. 241 ff.*

- *Immenga, Frank A./Stopper, Martin, Impulsgeber "Baby Food Merger": Die Berücksichtigung des Effizienzgedankens im US-amerikanischen und europäischen Fusionskontrollrecht, RIW 2001, S. 512 ff.*

- *IMMENGA, Ulrich, Die Sicherung unverfälschten Wettbewerbs durch Europäische Fusionskontrolle, WuW 1990, S. 371 ff.*

- *IMMENGA, Ulrich/Mestmäcker, Ernst-Joachim, EG-Wettbewerbsrecht, München 1997, Art. 2 FKVO, Rn. 172 ff.*

- *－International Production: Trends, Theories, Effects Cambridge, Polity Press, 1992.*

- *Janicki, Thomas, EG-Fusionskontrolle auf dem Weg zur praktischen Umsetzung, WuW 1990, S. 195 ff.*

- *JOMO K.S.（ed）（1998）. Introduction: Financial Governance, Liberalisation and Crises in East Asia. In: «Tigers in Trouble. Financial Governance, Liberalisation and Crises in East Asia». Zed Books, London.*

- *Kelly, J. F.（1987）, "Talk Eased Merger Stress for Great American Employees," Personnel Journal, Vol.68, No.10, pp.77-85.*

- *KENNEN P. B.（1996）. The Feasibility of Taxing Foreign Exchange Transactions. In HAQ UL M., KAUL I., GRUNBERG*

406

I. Eds: The Tobin Tax. Coping with Financial Volatility. Oxford University Press, New York, Oxford.

- *Kerrn, S.（1986）, "Mergers that Missed," Datamation, Vol.32, No.24, pp.48-52.*
- *KINDLEBERGER C.P.（1978）. Manias, Panics, and Crashes. A History of Financial Crises.*
- *Kinne, Konstanze, Effizienzvorteile in der Zusammenschlußkontrolle. Eine vergleichende Analyse der deutschen, europäischen und US-amerikanischen Wettbewerbspolitik, Nomos 2000.*
- *Kissin, W. D. and J. Herrera（1990）, "International Mergers and Acquisitions," Journal of Business Strategy, Vol.11, No.4, pp.51-54, 1990.*
- *Kleemann, Dietrich, Enthält Art. 2 der EG-FKVO eine wettbewerbsrechtliche Abwägungsklausel?, FS für Otfried Lieberknecht, 1997.*
- *Krafft,Jackie 2000.The Process of Competition,.（Cheltenham, UK. Northampton, MA,USA：Edward Elgar）*
- *KREGEL J.（1998c）. Derivatives and Global Capital Flows: Applications to Asia. Cambridge Journal of Economics, vol 22, pp. 677-692.*
- *KRUGMAN P.（1979）. a Model of Balance of Payments Crises. Journal of Money, Credit and Banking. Vol 11, pp. 311-325.*
- *—La funzione degli investimenti nei modelli econometrici: aspetti teorici e applicazione all'economia italiana Milano, ISCO and F. Angeli, 1969.*
- *Marks, M. L. and J. G. Cutcliffe（1988）, "Making Mergers Work," Training and Development Journal, Vol.42, No.4, pp.30-36.*
- *MAYER M.（1998）.The Asian Disease: Plausible Diagnoses,*

Possible Remedies. Working Paper n 232, Jerome Levy Economics Institute.

- *MAYER M.（1999）. Risk Reduction in the New Architecture: Realities, Fallacies, and Proposals. Working Paper n 268, Jerome Levy Economics Institute.*
- *Mclean, R. J.（1985）, "How to Make Acquisitions Work," Chief Executive, pp.43-46.*
- *Meessen, Karl M., Industriepolitisch wirksamer Wettbewerb im EWG-Fusionskontrollrecht, FS Alfred-Carl Gaedertz, S. 417 ff.*
- *MINSKY H.（1982）. Can «It» Happen Again? M.E. SHARP Inc, New York.*
- *Morgan, N. A.（1989）, "Successful Growth by Acquisition," Journal of General Management, Vol.14, No.2, pp.5-18.*
- *Noel, Pierre-Emmanuel, Efficiency Considerations in the Assessment of Horizontal Mergers under European and U.S. Antitrust Law, ECLR 1997, S. 498 ff.*
- *O. Castel, Les trois âges de l'économie mondiale, Synthèse plus, Sirey, France 1998, pp.189-196.*
- *OBSTFELD M.（1994）. The Logic of currency Crises. Cahiers Economiques et Monétaires, vol 2, pp. 115-130.*
- *OBSTFELD M.（1998）. The Global Capital Market: Benefactor or Menace? Journal of Economic Perspectives. Vol 12, N4, Fall, pp. 9-30.*
- *OBSTFELD M., ROGOFF K.（1996）. The Foundations of International Macroeconomics. Cambridge, MA, MIT Press.*
- *Opgenhoff, Carolin, Die europäische Fusionskontrolle zwischen Wettbewerbsrecht und Industriepolitik, Frankfurt a. M. 2001, S. 66 ff., S. 204 ff.*
- *P.Hugon, Economie politique internationale et mondialisation,*

Economica, France 1997

- *Paine, F. T. and D. J. Power（1984）, "Merger Strategy: A Examination of Drucker's five rules for Successful Acquisition," Strategic Management Journal, Vol.5, No.2, pp.99-110.*

- *Polley, D. W.（1990）, "After the Merger: Manaing the Integration Process," Bankers Magazine, Vol.173, No.5, pp.47-51.*

- *REVEST V.（1999）. Structure de marché et évolutions des bourses de valeurs. Communication au colloque «convergence des systèmes financiers et dynamique finance-industrie», organisé par le CREI-CEDI, Université Paris-Nord.*

- *Rodgers, W. E.（1988）, "Creating an Effective Team After the Acquisition," Bottomline, Vol.5, No.10, pp.33-34.*

- *RUDE C.（1998）. The 1997-98 East Asian Financial Crisis: A New York Market-infomed View. Department of Economic and Social Affairs, United Nations, New York.*

- *SCHWARTZ R.A.（1988）. Equity Markets: Structure, Trading and Performance, Harper and row. Services, The Brookings Institution, Washington D.C., p 159 and p 193.*

- *SHARMA K.（1998）. Understanding the Dynamics behind Excess Capital Inflows and Excess Capital Outflows in East Asia. Department of Economic and Social Affairs, United Nations, New York.*

- *Sheehy, B.（1988）, "Culture Clash: Mergers Usually Fail Because the Number Add up, but the People Don't," Industrial Management, Vol.12, No.2, pp.38-40.*

- *STIGLITZ J.（1998）. The Role of International financial Institutions in the Current global Economy. Adress to the Chicago Council on Foreign Relations. http://www.worldbank.org/html/*

核駁霸業？
競爭法反壟斷審查鉅型企業跨國併購之範例

extdr/extme/jssp022798.htm

- *Strohm, Andreas, BASF/Pantochim/Eurodiol: Change of direction in European merger control?, EC Competition Policy Newsletter Nr.3, Oktober 2001, S. 22 ff.*

- *Taki, S.J.（1987）, "Limiting the Risks in European Acquisition Bids," Multinational Business, No.2, pp.1-9.*

- *Tanner, D. A.（1991）, "Seven Deadly Sins of Strategic Acquisition," Management Review, Vol.80, No.6, pp.50-53.*

- *Tiersten, S.（1989）, "Merger and Acquisition: Minimizing the Turmoil," Incentive, Vol.163, No.4, pp.28-31,129.*

- *VEBLEN T.（1904）. the Theories of Business enterprise. C. Scribner, New York. Volatility. Oxford University Press, New York, Oxford.*

- *Warner, Mark A. A., Efficiencies and Merger Review in Canada, the European Community and the United States: Implications for Convergence and Harmonization, Vanderbilt Journal of Transnational Law, Januar 1994*

- *Wert, D..1986. 'Employee Benefits Success in Mergers, Acquisitions Demands Competent Negotiations, Communications', Employee Benefit Plan Review, 40：9, 58-60.*

三、重要網址

（1）　英國倫敦國際金融期貨暨選擇權交易所（*London International Financial Futures and Options Exange*）
http://www.liffe.com

（2）　*Moodys*國家債信評等、資產估價暨風險管理
http://www.moodys.com/cust/default.asp

（3）　全球總體經濟與金融政策網址（*by Prof. Nouriel Roubini, Stern School of Business, New York University*）
http://www.stern.nyu.edu/globalmacro/

（4）　法國財稅及跨國金融論壇（*Association pour une Taxation des Transactions financières pour l'Aide aux Citoyens*）
http://www.attac.org/fra

（5）　瑞士日內瓦金融事務中心
http://www.geneva-finance.ch/home/index_e.htm

（6）　歐洲聯盟執委會競爭總署
DG IV（*Commission's Directorates-General*）
http://europa.eu.int/comm/competition/index_en.html

（7）　歐洲聯盟執委會競爭政策導覽*raison d'être*
http://europa.eu.int/pol/comp/index_en.htm

（8）　歐洲聯盟法律規章總彙（*eur-lex*）
http://europa.eu.int/eur-lex/en/index.html

（9）　歐洲初審法院案例彙編（*Court of Justice and Court of First Instance*）
http://curia.eu.int/en/index.htm

（10）歐洲議會立法制度監察暨觀測檔案文獻 *Legislative Observatory*（*OEIL*）

　　　http://wwwdb.europarl.eu.int/dors/oeil/en/default.htm

　　（a）歐體企業結合規範 *COS/1996/2018*

　　　　　COS/1996/2018 Merger control, green paper（*amending regul. 4064/89/EEC*）

　　（b）歐體企業併購限度審查指令 *NC/2000/0399*

　　　　　INC/2000/0399 Mergers: application of the merger regulation thresholds（*regul. 4064/89/EEC, 1310/97/CE*）

（11）*http://www.europarl.eu.int/factsheets/3_4_2_en.htm*

（12）聯合國貿易暨發展會議 *http://www.unctad.org/en/*

（13）聯合國貿易暨發展會議2001年世界投資報告年鑑（*World InvestmentReport2001*）

　　　http://www.unctad.org/wir/contents/wir01content.en.htm

（14）歐洲 *Qualiflyer* 飛航聯營網：轄下計歐陸各國十一家飛航企業集團

　　　http://www.qualiflyergroup.com/

附錄圖表

防衛、航空業界併購

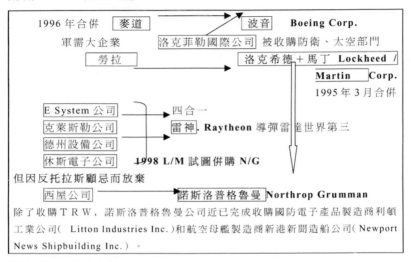

資料來源：本研究整理

國家圖書館出版品預行編目

核駁霸業？：競爭法反壟斷審查鉅型企業跨國併
購之範例 / 吳胤瓛著. -- 一版. -- 臺北市
：秀威資訊科技，2005 [民94]
　　面；　　公分
參考書目:面
ISBN 978-986-7263-87-2 (平裝)

1. 企業合併　2. 國際企業－個案研究
3. 競爭 (經濟)

553.73　　　　　　　　　　　　94020823

社會科學類　AF0029

核駁霸業？－競爭法反壟斷審查鉅型企業跨國併購之範例

作　　　者 / 吳胤瓛
發　行　人 / 宋政坤
執 行 編 輯 / 林秉慧
責 任 編 輯 / 莊芯媚
美 術 編 輯 / 羅季芬
數 位 轉 譯 / 徐真玉、沈裕閔
圖 書 銷 售 / 林怡君
法 律 顧 問 / 毛國樑　律師
出 版 印 製 / 秀威資訊科技股份有限公司
　　　　　　台北市內湖區瑞光路583巷25號1樓
　　　　　　電話：02-2657-9211　　傳真：02-2657-9106
　　　　　　E-mail：service@showwe.com.tw
　　　　　　劃撥帳號：1956386-8
2006 年 7 月　BOD 再刷　2009 年 4 月　BOD 二版
2023 年 4 月　BOD 三版
定價：500元

·請尊重著作權·
Copyright©2009 by Showwe Information Co.,Ltd.